U0088648

臺灣歷史與文化研究輯刊

六　編

第9冊

臨時臺灣糖務局與臺灣新製糖業之發展（1902～1911）

莊天賜　著

花木蘭文化出版社

國家圖書館出版品預行編目資料

臨時臺灣糖務局與臺灣新製糖業之發展（1902～1911）／莊天賜 著 -- 初版 -- 新北市：花木蘭文化出版社，2014〔民 103〕

目 4+332 面；19×26 公分

（臺灣歷史與文化研究輯刊 六編；第 9 冊）

ISBN 978-986-322-953-7（精裝）

1.糖業 2.歷史 3.臺灣

733.08 103015086

臺灣歷史與文化研究輯刊

六 編 第九冊 ISBN：978-986-322-953-7

臨時臺灣糖務局與臺灣新製糖業之發展（1902～1911）

作 者 莊天賜

總編輯 杜潔祥

副總編輯 楊嘉樂

編 輯 許郁翎

出 版 花木蘭文化出版社

社 長 高小娟

聯絡地址 235 新北市中和區中安街七二號十三樓

電話：02-2923-1455／傳眞：02-2923-1452

網 址 http://www.huamulan.tw 信箱 hml 810518@gmail.com

印 刷 普羅文化出版廣告事業

初 版 2014 年 9 月

定 價 六編 21 冊（精裝）新台幣 42,000 元

臨時臺灣糖務局與臺灣新製糖業之發展

（1902～1911）

莊天賜　著

作者簡介

莊天賜，屏東內埔人。天主教輔仁大學歷史學系學士，國立中央大學歷史研究所碩士，國立臺灣師範大學歷史學系博士。分別在臺灣師範大學國際與僑教學院、臺灣藝術大學通識教育中心、世新大學通識教育中心、體育大學通識教育中心、輔仁大學歷史學系任教。著有《快讀臺灣歷史人物》（與李筱峰合撰）、《二次大戰下的臺北大空襲》等書，以及發表十餘篇史學論文與書評，並參與過 18 本地方志編纂。

提　　要

日治初期，臺灣總督府基於臺灣傳統糖業生產方式落後、日本國內精製糖業者原料需求，以及謀求臺灣財政獨立等因素實行糖業改革，1902 年發布臺灣糖業獎勵規則，並設立臨時臺灣糖務局作為執行糖業改革機關。本著作即以糖業獎勵政策為中心，論述糖務局與日治初期糖業發展之關係。

糖務局存立近十年（1902 ～ 1911）間，確實在臺灣從傳統糖業進展到新式糖業的過程中，扮演了重要的角色。至糖務局裁撤前夕，臺灣蔗糖產量較成立之初增加 8 倍，不但接近日本國民消費量總額，甚至出現生產過剩疑慮，達到蔗糖增產的目的，且分蜜糖佔整體糖產量比例從 5%增為 86%，蔗糖品質大幅改善；而新式製糖場數量，亦從 1 處增為 31 處，製糖能力從 350 噸增為 24,390 噸，製糖方式幾乎全面近代化，臺灣本島各廳除桃園外，都設有機械製糖場，使臺灣新式製糖版圖超出原來濁水溪以南的平原地帶，濁水溪以北和濁水溪以南近山丘陵地帶都成為蔗糖的重要產地；製糖業的興盛，也使總督府徵收的砂糖消費稅佔歲入總額的 42%，有效幫助總督府財政獨立。

目次

第一章　緒　論 …… 1
第二章　日治以前臺灣糖業之發展 …… 11
　第一節　清治以前臺灣糖業之發展 …… 11
　第二節　清治時期臺灣糖業之發展 …… 13
第三章　日治初期臨時臺灣糖務局之設立與糖業改革政策之確立 …… 21
　第一節　製糖業改革之背景與獎勵事業之試行 …… 21
　第二節　糖務局之成立與糖業政策之確立 …… 33
　第三節　糖務局之組織及其活動 …… 43
第四章　臨時臺灣糖務局前期獎勵事業與新製糖業之建立（1902～1906） …… 63
　第一節　新式製糖資本之勸誘與獎勵事業之展開 …… 63
　第二節　大製糖工場之獎勵 …… 76
　第三節　獎勵政策之調整與改良糖廍之興起 …… 88
　第四節　蔗作獎勵之配合 …… 107
第五章　臨時臺灣糖務局後期獎勵事業與新製糖業之進展（1906～1911） …… 127
　第一節　日俄戰後初期之獎勵事業與新製糖業之推廣（1906～1908） …… 127
　第二節　糖務局末期之獎勵事業與新製糖業之發展（1909～1911） …… 154
　第三節　蔗作獎勵與製糖獎勵之結合 …… 190
第六章　臨時台灣糖務局之裁撤與新製糖之普及 …… 207
　第一節　糖務局之裁撤與獎勵事業之改變 …… 207
　第二節　糖務局裁撤後新製糖業之發展 …… 223
　第三節　糖務局轉任官員與新製糖會社——以技師事務官為中心 …… 240
第七章　結　論 …… 259
附錄一　糖務局時期改良糖廍資料表 …… 269
附錄二　1903～1907 年度臺南支局轄內甘蔗栽種概況表 …… 297
附錄三　糖務局後期新式製糖場一覽表 …… 315
參考書目 …… 323

表次

表 3-1-1　日本治臺前後砂糖供需額概況表 …… 22
表 3-2-1　糖務局經費與總督府勸業費、「砂糖消費稅」收入概況表 …… 42
表 3-3-1　糖務局局長、事務官、技師、技手一覽表 …… 49
表 4-1-1　糖務局前期臺資新式製糖會社表 …… 71
表 4-3-1　1904～1905 年製糖期新式製糖會社與改良糖廍經營成績 …… 97
表 4-4-1　1902 年度糖業獎勵施行成績表 …… 108
表 4-4-2　1903～1906 年度全臺及各區域甘蔗栽種概況表 …… 110
表 4-4-3　1904、1905 年度西部各廳舊式糖廍與蔗作關係比較表 …… 112
表 4-4-4　1904～1905 年度參與蔗作改良的新式製糖業者 …… 116
表 4-4-5　1904 與 1905 年製糖會社糖廍取締與原料採取範圍比較 …… 119
表 4-4-6　1905～1906 年度蔗苗養成所與新式製糖業者關係表 …… 124
表 5-3-1　1906～1910 年度甘蔗栽種概況表 …… 193
表 6-1-1　糖務局時期製糖場數量、能力及生產量概況表 …… 209
表 6-1-2　糖務局時期糖產量和砂糖消費稅與新渡戶預測比較 …… 210
表 6-1-3　糖務局時期日本砂糖供需額概況表 …… 211
表 6-1-4　總督府歷年糖業獎勵項目與金額概況表 …… 220
表 6-2-1　1911、1912 年度彰化以北新式製糖會社蔗作條件表 …… 235
表 6-3-1　糖務局官員與新製糖會社創立關係表 …… 255

圖　次

圖 3-1-1　20 世紀初舊式糖廍外觀 …… 23
圖 3-1-2　舊式糖廍內部圖 …… 24
圖 3-1-3　1900 年代後期臺灣製糖後壁林製糖所機械壓榨甘蔗 …… 24
圖 3-1-4　1900 年代後期臺灣製糖後壁林製糖所內部 …… 25
圖 3-1-5　固有種甘蔗和改良種甘蔗。左起爲固有種的竹蔗、蚋蔗、紅蔗；改良種 Lahaina、Rose Bamboo …… 27
圖 3-1-6　興建中的橋頭製糖場 …… 32
圖 3-1-7　剛完工的橋頭製糖場 …… 33
圖 3-3-1　明治末期大目降糖業試驗場蔗園 …… 62
圖 3-3-2　明治末期大目降糖業試驗場氣象觀測所 …… 62
圖 4-1-1　大正年間新興製糖工場 …… 75
圖 4-1-2　1907 年剛併入大東製糖時的南昌製糖工場 …… 76
圖 4-2-1　大正年間鹽水港製糖岸內製糖場 …… 87
圖 4-2-2　1908 年剛併入臺灣製糖時的臺南製糖灣裡製糖場 …… 88
圖 5-1-1　1930 年代臺灣製糖阿緱製糖所 …… 137
圖 5-1-2　明治末年怡記製糖三崁店製糖所 …… 138
圖 5-1-3　明治末年怡記製糖鳳山製糖所 …… 138
圖 5-1-4　1930 年代明治製糖蕭壠工場 …… 147
圖 5-1-5　1930 年代南靖工場 …… 148
圖 5-1-6　1930 年代大日本製糖虎尾製糖所 …… 148
圖 5-2-1　1930 年代大日本製糖北港製糖所 …… 171
圖 5-2-2　1930 年代新高製糖彰化工場 …… 171
圖 5-2-3　1930 年代新高製糖大林工場 …… 172
圖 5-2-4　1930 年代帝國製糖臺中第一工場 …… 172
圖 5-2-5　1930 年代帝國製糖臺中第二工場 …… 173
圖 5-2-6　1930 年代明治製糖南投工場 …… 173
圖 5-2-7　1930 年代臺灣製糖埔里製糖所 …… 174

圖 5-2-8　1930 年代臺灣製糖後壁林製糖所 181
圖 5-2-9　1930 年代臺灣製糖臺北製糖所 182
圖 5-2-10　1930 年代明治製糖蒜頭工場 182
圖 5-2-11　1930 年代明治製糖總爺工場 183
圖 5-2-12　1930 年代烏樹林工場 183
圖 5-2-13　1930 年代大日本製糖斗六製糖所 184
圖 5-2-14　大正年間鹽水港製糖旗尾製糖場 184
圖 5-2-15　成立初期的檢糖所 190
圖 5-3-1　明治末年鹽水港製糖附屬農場 203
圖 5-3-2　蒸氣耕耘機 204
圖 5-3-3　1913 年臺北廳競蔗會審查甘蔗 204
圖 5-3-4　1913 年臺北廳競蔗會入選甘蔗 205
圖 6-1-1　驅除甘蔗病蟲害 222
圖 6-2-1　大正初期臺灣糖業圖 225
圖 6-2-2　1930 年代明治製糖溪湖工場 238
圖 6-2-3　1930 年代帝國製糖新竹製糖場 238
圖 6-2-4　1930 年代帝國製糖潭仔墘製糖場 239
圖 6-2-5　1930 年代帝國製糖中港製糖場 239
圖 6-2-6　1930 年代臺灣製糖恆春製糖所 240

第一章　緒　論

一、研究動機

糖是臺灣產業經濟史上重要的物產，根據文獻記載，臺灣糖的生產與出口至少早在荷治時期即已存在，歷經鄭氏王國、清領、日治，以迄戰後中華民國政府時代，糖一直都在臺灣經濟發展中居重要的地位。直到近年來，糖業公司的經營觸角逐漸由糖業轉移到其他副業，糖業才逐漸淡出臺灣經濟發展的舞臺，但無論如何，臺灣糖業史終究是臺灣經濟史中重要的一環。

清初臺灣糖的買賣已經達到「糖觔未出，客人先行定買；糖一入手，即便裝載」〔註 1〕的地步。1860 年代臺灣開港後，臺灣糖輸出日本、澳洲、香港、英國、美國等地，爲臺灣賺取不少外匯。〔註 2〕而 19 世紀西方製糖業的發展正處於工業革命階段，眞空煮糖鍋、離心機等新式製糖機械問世，使製糖業擠身現代化工業之列，同時透過殖民主義擴張，新式製糖工業同步擴展全球。然臺灣的製糖方式卻未能隨著開港後西方文明的大量進入而有所改變，製糖動力仍是採用傳統原始獸力（主要是牛），壓榨甘蔗的器具亦屬石製打造，使臺灣製糖業未與歐美工業革命後的產業近代化產生連結。

1895 年日本統治臺灣，明治維新後近代化經驗隨之移植臺灣，糖業成爲日治初期臺灣總督府（簡稱總督府）首要推動近代化的產業。1902 年，設立執行糖業改革的特設機關臨時臺灣糖務局（簡稱糖務局），有別於其他產業，將糖業改革和近代化特殊化，至 1911 年糖務局裁撤爲止短短 10 年時間，臺灣

〔註 1〕黃叔璥，《臺海使槎錄》（臺北：臺灣銀行經濟研究室，1957 年），頁 21。

〔註 2〕林滿紅，《茶、糖、樟腦業與臺灣之社會經濟變遷（1860～1895）》（臺北：聯經，1997 年），頁 30。

糖業有了驚人的變化，目前臺灣現存的糖廠多數在那 10 年間設立，長達數百年的臺灣糖業發展過程中，糖務局存在的 10 年是臺灣從傳統糖業進入新式糖業的關鍵時期。因此，日治初期糖務局執行甘蔗耕作技術改良、製糖方法改善等糖業改革帶來的糖業變遷，是日治時期糖業史乃至於臺灣糖業史研究的重要課題。

二、文獻回顧與研究目的

向來有關日治時期臺灣糖業史的研究可謂不少，其中，具有開創性地位者當爲 1929 年矢內原忠雄出版之《帝國主義下の臺灣》，該書分爲兩篇，第 2 篇專論糖業問題，蓋因糖業爲臺灣最大的產業，即使在日本帝國中也是僅次於電氣和紡織的大企業，因此糖業研究在臺灣研究或資本主義研究都居重要的地位。〔註 3〕矢內原認爲 20 世紀中因日本國內產業逐漸集中，壟斷資本亦逐漸形成，這些壟斷資本也流向殖民地，使殖民地經濟同樣呈現壟斷資本的特質，可稱之爲殖民地的「資本主義化」。在殖民地「資本主義化」過程中，矢內原強調殖民地經濟研究不可忽視政治權力的角色，而臺灣殖民地糖業的發展，正能爲其論述提供良好的範例。矢內原的學說有很長一段時間被學界視爲臺灣殖民地研究的典範，其結論普遍被引用，甚至被接受成爲定說。〔註 4〕戰後旅日學者涂照彥即是在此一基礎上，修正矢內原的部分論點，完成《日本帝國主義下の臺灣》著作。〔註 5〕矢內原和涂照彥以國家權力的角度論述日治時期糖業發展，固爲確論，然其對執行糖業改革的特設機關糖務局，缺乏細緻的探討和論述，而以宏觀概論的角度看待糖業之變遷，往往對於變遷過程敘述失之簡略，甚至有所誤差，其能否適用於島內不同的區域，仍有待檢證。〔註 6〕

〔註 3〕矢內原忠雄，《日本帝國主義下の臺灣》（東京：岩波書店，1929 年），頁 259。

〔註 4〕黃秀政，〈矢內原忠雄『帝國主義下の台灣』的一些檢討〉，吳密察，《臺灣近代史研究》（臺北：稻香，1990 年），頁 178。

〔註 5〕涂照彥，《日本帝國主義下の臺灣》（東京：東京大學，1975 年）。

〔註 6〕例如筆者曾以日治時期屏東平原糖業發展的例子，發現涂照彥所認爲臺灣總督府糖業改革下的受益者是日本糖業資本家，以及將蔗農耕地規模零星化的傾向歸因於現代製糖業的滲透之論點，並不適用於屏東平原。莊天賜，〈日治時期屏東平原糖業之變遷〉，中壢：國立中央大學歷史研究所碩士論文，2001 年，頁 149～150。

有關日治時期糖業政策的討論，已有魏嚴監〔註7〕、吳美蘭〔註8〕、顏義芳〔註9〕、森久男〔註10〕、黃紹恆〔註11〕等撰專文討論，前兩者的文章屬通論性文字；顏義芳的文章雖集中論述日治初期糖業獎勵政策下臺灣糖業的發展，但論述糖務局的角色則稍嫌簡略；森久男的論著主要考察日治初期糖業保護政策在臺灣總督府殖產興業政策中的意義，論述總督府糖業政策的決策過程，並指出因財政制約，日俄戰前總督府只能利用薄弱的本地資本投資小規模新式製糖業；黃紹恆則從原料採取制度探討新式製糖會社獎勵制度與甘蔗的「獨買權」對蔗農的影響。此外，對於日治初期總督府糖業改革政策的確立具關鍵性地位之新渡戶稻造的「糖業改良意見書」，亦有吳文星〔註12〕及吳叔玲〔註13〕有所論述，吳文星指出一向被視爲對臺灣新式糖業具有開創性地位的「糖業改良意見書」，實際上只是整合日治初期各方關於新式糖業的經驗和意見，並非開創性的看法；吳叔玲則肯定「糖業改良意見書」對糖政的影響，有效提高糖產量，從而改善總督府的財政。

有關日治初期臺灣新式糖業的論述，有黃紹恆撰寫〈明治後期日本製糖業的雙重構造〉和〈從對糖業之投資看日俄戰爭前後臺灣人資本的動向〉兩篇文章〔註14〕，分從製糖業類型和糖業資本的角度作探討，其中，前者著重臺灣粗糖業和日本精糖業間的關聯性，指出1908年日糖事件後，臺灣新式製糖業者兼營粗製糖和精製糖，成爲實際上日本關稅的保護對象；後者則是以

〔註7〕魏嚴監，〈日據時期臺灣糖業政策之探討〉，《臺中商專學報》，第24期，1992年，頁177～200。

〔註8〕吳美蘭，〈日據時代臺灣的糖業政策〉，《臺灣人文》，第3/4期，1978年，頁50～70。

〔註9〕顏義芳，〈日據初期糖業獎勵政策下的臺灣糖業發展〉，《臺灣總督府公文類纂專題研究成果研討會》（南投：臺灣省文獻委員會，1998年）。

〔註10〕森久男，〈臺灣總督府の糖業保護政策の展開〉，《臺灣近現代史研究》，第1輯（東京：臺灣近現代史研究會，1979年），頁42～82。

〔註11〕黃紹恆，〈試論初期原料採取區域制〉，《第三屆臺灣總督府公文類纂學術研討會論文集》（南投：臺灣省文獻委員會，2001年），頁295～303。

〔註12〕吳文星，〈日治時期臺灣糖業改革之序幕〉，《高雄歷史與文化論集》，第3輯（高雄：陳中和翁慈善基金會，1996年），頁1～11。

〔註13〕吳叔玲，〈總督府時代之臺灣糖業研究——以新渡户稻造之「糖業改善意見書」爲中心〉，淡江大學日文研究所碩士論文，2007年。

〔註14〕黃紹恆，〈明治後期日本製糖業的「雙重構造」〉，《國立中央圖書館臺灣分館館刊》，第2卷第1期，1995年9月，頁79～109；黃紹恆，〈從對糖業之投資看日俄戰爭前後台灣人資本的動向〉，《臺灣社會研究》，第23期，1996年，頁83～146。

資本的角度探討日俄戰後日本國內糖業資本如何進入臺灣形成壟斷，以及被排擠的本土糖業資本如何因應，以日俄戰爭為分期，可與前述森久男的專文互相補充。黃氏的專文從不同角度論述日治初期臺灣製糖業的變遷固然有其貢獻，但論及糖業變遷過程似乎缺乏與糖務局的獎勵政策做有系統的聯繫。

吳文星有〈日治時期臺灣糖業改革之序幕〉和〈札幌農學校畢業生與臺灣近代糖業研究——以臺灣總督府糖業試驗場技師技手為中心〉〔註 15〕兩篇專文探討日治時期糖業的研究事業，其中，前者詳盡論述 1901 年新渡戶稻造「糖業改良意見書」提出前，總督府進行的各項糖業改革事業，以及輿論界鼓吹糖業改革之論點；後者指出札幌農學校畢業生在糖業試驗場的角色和業績，並究明其對臺灣近代糖業的影響。糖務局掌理的事業大致可分為研究與獎勵兩大項，其中，糖業試驗場為糖務局後期（1906～1911）研究事業的主要機關，糖務局裁撤後仍繼續存續，吳文星的論文也略論糖務局研究事業對新式糖業發展的影響。吳文星另撰〈札幌農學校與臺灣近代農學的展開——以臺灣總督府農事試驗場為中心〉一文〔註 16〕，雖非專門探討糖業，但其文章指出來臺的札幌農學校畢業生以投入糖業者人數最多，對臺灣近代糖業的改革和發展實居舉足輕重影響之地位，同時表列百餘名札幌農學校畢業生的資歷，對本論文之人事分析有很大的助益；另趙祐志撰〈日人在臺企業精英的社會網絡（1895～1945）〉一文〔註 17〕，專節論述 4 家大型新式製糖會社的學緣網絡，也有助於本論文從事人事分析。

關於日治初期臺灣糖業變遷下蔗農處境之轉變，以及新式製糖業發展下出現的糖場工人，也有不少論文探討。例如，何鳳嬌的論文曾以一章篇幅探討日治初期新式糖業的肇建與發展，概略論述政策與糖業發展的關係，惟其焦點係放在製糖會社經營與蔗農間的互動關係，解明蔗農對製糖會社的抗議是政治性的民族運動或是經濟性的利益需求；〔註 18〕廖偉程則從日治時期臺

〔註 15〕吳文星，〈札幌農學校畢業生與臺灣近代糖業研究——以臺灣總督府糖業試驗場技師技手為中心〉，《臺灣學研究》，第 6 期，2008 年 12 月，頁 1～26。

〔註 16〕吳文星，〈札幌農學校與臺灣近代農學的展開——以臺灣總督府農事試驗場為中心〉，收入吳荔主編，《日本資本主義與臺灣、朝鮮——帝國主義下的經濟變動》（臺北：博揚文化，2011 年），頁 127～160。

〔註 17〕趙祐志，〈日人在臺企業精英的社會網絡（1895～1945）〉，國立臺灣師範大學歷史學系博士論文，2005 年。

〔註 18〕何鳳嬌，〈日據時代臺灣的糖業經營與農民爭議〉，國立政治大學歷史研究所碩士論文，1991 年。

灣工業近代化後，將近代工場工人的歷史劃分爲三個階段，其中第一階段從1905 年開始，全然以新式製糖場工人爲論述主力；〔註 19〕黃修文的論文論述時代橫跨 19 世紀中葉臺灣開港以後的清末至 20 世紀初葉，主要討論日治初期臺灣糖業的變遷，以及蔗農在變遷中的處境和行動，並指出在官方主導的糖業改良政策下，不利於蔗作技術的創新，但蔗農的生產能力有明顯的提昇，專業的蔗農群體逐漸形成。〔註 20〕

此外，將日治時期糖業發展作爲區域史研究主軸的論文也爲數不少〔註 21〕，區域史研究可將論述細緻化，彌補宏觀研究因實證性缺乏而產生的不足。同時，透過各個區域不同的獨特性因素，探究出區域發展的特色。

另一方面，戰後有不少經濟學家採經濟理論和計量方法說明日治時期糖業或整個工業的發展。例如，余國瑞以影響利潤的外在變數變動將日治時期糖業資本分爲五期：一、糖業資本累積的起始期（1902～1910），二、糖業資本獨佔資本的發展期（1911～1920），三糖業資本利潤的危機期（1921～1930），四、糖業資本累積的危機期（1931～1936），五、戰時糖業資本的累積期（1937～1945）；〔註 22〕黃秀梅應用集中度指數的計算，觀察製糖業結構的變化，依資本性質分爲四期：1905～1911 年爲第一期，後退的是本地資本；1912～1919 年爲第二期，後退的是島內日系資本；1920～1927 年爲第三期，後退的是日本糖商資本；1928 年以後形成以日本財閥爲主的局面。另又依新式製糖場產量分期，以 1906～1911 年爲發展新式製糖場的關鍵期，1912～1919 年爲新式製糖會社的壟斷期，1920 年以後爲新式製糖

〔註 19〕廖偉程，〈日據臺灣殖民發展中的工場工人（1905～1943）〉，國立清華大學歷史研究所碩士論文，1993 年。

〔註 20〕黃修文，〈世紀之交的臺灣糖業與蔗農〉，國立政治大學歷史學系碩士論文，2005 年。

〔註 21〕例如楊慧瑾，〈論殖民糖業生產下殖民城市之建構——日據屏東市之個案研究〉，國立臺灣大學建築與城鄉研究所碩士論文，1992 年；林思佳，〈臺灣糖業發展和地方特性之形塑——以高雄縣橋頭鄉爲例〉，國立臺灣師範大學地理學研究所碩士論文，1997 年；王怡方，〈日治時代虎尾市街的出現與成長〉，國立臺灣師範大學地理學研究所碩士論文，1999 年；莊天賜，前引文；江芳菁，〈大林糖廠與大林地區社會經濟發展（1909～1996）〉，國立臺灣師範大學歷史研究所碩士論文，2003 年；鍾書豪，〈花蓮地區的糖業發展（2899～2002）〉，國立花蓮師範學院鄉土文化研究所，2004 年。

〔註 22〕余國瑞，〈日據時期臺灣的新式製糖工業〉，國立臺灣大學經濟研究所碩士論文，1992 年。

會社的高度壟斷期；〔註 23〕許松根認爲日治時期的工業政策在兼顧特性、確立政策時間及確有措施的三者考量下，可分爲兩個階段。1902 至 1937 年是第一階段，以充分應用臺灣的自然資源爲主要考量，工業政策內容先是振興糖業，後是開發日月潭水力發電；1938 年至 1944 年是第二階段，係以配合南進國策爲主要目標；〔註 24〕葉淑貞則比較從日治到戰後輕工業和重化工業成長率，指出糖業因具有比較利益，因而日治時期整體工業結構長期高度偏重於糖業，整體工業未能轉型；〔註 25〕葉淑貞另一篇文章亦進一步指出日治時期工業結構獨重糖業，影響工業成長速度，直到 1940 年以後糖業比重低於整體工業 50%，影響力才減弱。〔註 26〕上述經濟學者中，專以糖業爲研究主題者都試圖以產業結構或資本特性將糖業發展分期；以整個工業發展爲主題者，則都從各項統計指標中發現糖業在日治時期整個工業結構和發展中佔有極大的比重。

此外，米糖相剋和甘蔗收購價格也是非歷史學出身學者熱衷研究的議題〔註 27〕，惟其多是在日治中期新式製糖業發展穩固後形成的議題，於此不再贅述。

〔註 23〕黃秀梅，〈日治期間臺灣糖業的產業結構分析——臺灣糖業合併的再探討〉，國立臺灣大學經濟學系碩士論文，1997 年。

〔註 24〕許松根，〈臺灣的工業政策：日治篇〉，《國家科學委員會研究會刊》，第 8 卷 2 期，1998 年 4 月，頁 349～371。

〔註 25〕葉淑貞，〈臺灣工業產出結構的演變：1912～1990〉，《經濟論文叢刊》，第 24 卷 2 期，1996 年 6 月，頁 227～274。

〔註 26〕葉淑貞，〈臺灣近百年來工業成長型態之剖析〉，《臺灣銀行季刊》，第 60 卷 2 期，2009 年 6 月，頁 304～339。

〔註 27〕根岸勉治，〈臺灣農企業と米糖相剋關係〉，《南方農業問題》（東京：日本評論社，1942 年）；張漢裕等，《臺灣米糖比價之研究》（臺北：臺灣銀行經濟研究室，1953 年）；孫鐵齋，〈臺灣糖業契約原料收買制度之研究〉、〈臺灣農民糖收購問題之檢討〉，《臺灣銀行季刊》，第 7 卷 1 期、第 9 卷 2 期，1954、1960 年，頁 65～83、85～97；柯志明，《米糖相剋：日本殖民主義下臺灣的發展與從屬》（臺北：群學出版社，2003 年）；葉彥珣，〈戰後與日治時期臺灣原料甘蔗契約買收制度之研究〉，國立臺灣大學經濟學研究所碩士論文，1993 年；王俊傑，〈米價比準法之檢討：日治時期甘蔗栽培契約〉，國立臺灣大學經濟學研究所碩士論文，1996 年；古慧雯、吳聰敏，〈論「米糖相剋」〉，《經濟論文叢刊》，第 24 卷 2 期，1996 年，頁 173～204；張榮原，〈省思「米糖相剋」〉，國立清華大學經濟學研究所碩士論文，2001 年；吳育臻，〈臺灣糖業「米糖相剋」的空間差異（1895～1954）〉，國立臺灣師範大學地理學系博士論文，2003 年。

日治時期糖業並不是技術改良的唯一產業，其他有關產業改革之研究成果同樣不少。其中，陳慈玉的文章指出日治時期臺灣鹽業發展係由政府主導，帶有明顯國家資本主義的色彩，並且結合外來技術與本土產業，經由日本企業家、工程師、熟練工等長期居留臺灣進行技術革新；〔註 28〕賴建圖研究的鳳梨產業與糖業同樣兼具農、工業兩部門的特性，其研究指出總督府積極指導獎勵，使鳳梨產業蒸蒸日上，引發資本家投資熱潮。〔註 29〕陳氏與賴氏鹽業與鳳梨產業近代化之研究與糖業某些部分有類似之處，特別是國家權力在產業近代化的過程中著力甚深。此外，吳明勇、葉金惠、曾立維、邱顯明、江辛美、王俊昌〔註 30〕等人亦個別論述日治時期香蕉、柑橘、茶業、醬油、水產等產業的發展，同樣可看到國家權力在產業改良過程中的運作。糖業作爲總督府殖產興業政策的一環，與其它產業改革的方式或有類似之處，但僅將糖業視爲總督府眾多產業獎勵對象之一，似難說明總督府何以要將糖業改革特殊化，成立一個特設機關進行糖業改革。

從上述研究回顧可看出糖業確爲日治時期最重要的產業，而日治初期總督府的獎勵政策確實對臺灣從傳統糖業進入到新式糖業帶來重大影響，只是作爲執行日治初期總督府糖業改革特設機關的糖務局其相關的研究成果並不多。職是之故，本論文擬以糖務局的獎勵事業爲中心，探討其在日治初期新式製糖業建立的過程扮演的角色。希望探討以下幾個課題：

其一，糖務局的經費、組織及人有何事特色，從而觀察其特色對糖業獎勵政策產生的影響。

〔註 28〕陳慈玉，〈日據時期臺灣鹽業的發展——臺灣經濟現代化與技術轉移之個案研究〉，《中國現代化論文集》（臺北：中央研究院近代史研究所，1991 年），頁 579～609。

〔註 29〕賴建圖，〈日治時期臺灣鳳梨產業之研究〉，國立臺灣師範大學歷史研究所碩士論文，2001 年。

〔註 30〕吳明勇，〈日治時期臺灣總督府中央研究所林業部之研究（1921～1939）：以研究事業及其系譜爲中心〉，國立臺灣師範大學歷史學系博士論文，2006 年；葉金惠，〈日本殖民經濟體系下臺蕉問題研究〉，國立臺灣師範大學歷史研究所碩士論文，1992 年；曾立維，〈日治時期臺灣柑橘產業的開啓與發展〉，國立政治大學史學研究所碩士論文，2005 年；邱顯明，〈日治時期臺灣茶業改良之研究〉，國立中央大學歷史研究所碩士論文，2004 年；江辛美，〈日治時期臺灣醬油產業研究〉，國立彰化師範大學歷史學研究所碩士論文，2008 年；王俊昌，〈日治時期臺灣水產業之研究〉，國立中正大學歷史研究所博士論文，2006 年。

其二，糖務局如何執行糖業獎勵政策，並且在糖業獎勵政策形成的過程中，參與決策程度有多少。

其三，糖業改革政策至少牽涉到蔗作和製糖兩部門的發展，糖務局在執行糖業改革政策的過程中如何連結農、工兩部門之獎勵。

其四，糖務局執行總督府糖業改革政策近十年，使製糖業產生什麼樣的改變。

其五，糖務局裁撤後，對糖業獎勵政策和製糖業發展有何影響。

三、史料運用與方法

本論文係以歷史研究法為主，蒐集與解讀相關文獻史料。運用之主要史料可分為以下數項：其一為典藏於國史館臺灣文獻館的《臺灣總督府公文類纂》、《臨時臺灣糖務局公文類纂》，以及東京國立公文書館的檔案。其有助於了解政策形成的原因與過程，其中，《臨時臺灣糖務局公文類纂》與本論文關係最大，可惜散失頗多，所存者多為官有地貸借的資料。其二為官方出版品，包括歷年的《臨時臺灣糖務局年報》、《臺灣糖業統計》、總督府與地方官廳的公報，以及糖務局、殖產局的出版品，其中，《臨時臺灣糖務局年報》的內容有助於了解歷年糖業獎勵方針的演變，以及新式製糖業的經營狀況，統計資料可提供糖業經營狀況完整的數據資料。其三為日治時期出版的各種人名錄、人士鑑，此資料有助於了解新式製糖投資者的背景；其四為報刊雜誌，主要有《臺灣日日新報》、《臺灣協會會報》、《糖業》、《臺灣農事報》、《臺灣農友會報》等，對糖業的報導頗為全面，且刊載許多糖業相關人員的看法，有助於了解當時糖業政策的趨向；其五為多家新式製糖會社出版的會社史，有助於了解會社的設立與發展過程。

四、架構安排

本論文除第一章緒論與末章結論外，計分為 5 章。

第二章　〈日治以前臺灣糖業之發展〉。簡述日本治臺之前臺灣糖業的發展，以使本文有脈絡性的認識。

第三章　〈日本領臺初期之製糖業改革與臨時臺灣糖務局之設立〉。分為製糖改革之背景、新式製糖資本之勸誘與獎勵事業之試行、糖業政策確立與臨時臺灣糖務局之成立等三部分，主要論述糖業獎勵政策與糖務局成立的決策過程，並透過對糖務局成立後的組織和人事分析，作為之後論文撰述背景。

以 1906 年日俄戰爭結束爲分期，糖業獎勵方針〔註 31〕和新式製糖業資本〔註 32〕在前後期有顯著不同，本文在第四、五兩章論述。

第四章　〈臨時臺灣糖務局前期製糖業變遷與獎勵事業（1902～1906）〉。本章分爲 4 節，第一節「新式製糖資本之勸誘與獎勵事業之展開」，探討糖務局創立初期勸誘新式製糖資本的對象、製糖獎勵的途徑，以及如何建立製糖業獎勵的監督管理機制等製糖獎勵策略。第二節「大製糖工場之獎勵」，討論以漸進主義爲製糖獎勵策略的糖務局官僚如何因應由地方官廳發起並得到總督府高層支持的大製糖工場發展方向，以及糖務局如何投入大量資源獎勵大製糖工場並對整個糖業獎勵政策產生什麼影響。第三節「獎勵政策之改變與改良糖廍之興起」，論述糖務局評估初期大、小製糖工場獎勵成效後，如何調整獎勵策略，並究明 1905 年糖務局大量設立改良糖廍在新式製糖改革上代表的意義。第四節「蔗作獎勵之配合」，主要探討糖務局如何在糖業獎勵的過程中逐步摸索且結合蔗作和製糖兩部門，並論述原料採取區域制度實施在蔗作獎勵和製糖獎勵結合上發揮的作用。

第五章　〈臨時臺灣糖務局後期製糖業變遷與獎勵事業（1906～1911）〉。本章分爲 3 節，第一節「日俄戰後初期之獎勵事業與新式製糖業發展（1906～1908）」，討論糖務局 1905 年製糖獎勵方針調整對日俄戰後初期大量日資投資臺灣新式製糖業產生的影響，並論述日資大型製糖會社設立過程和糖務局從中扮演的角色，特別是製糖部門直接獎勵逐漸終止後，糖務局如何維持對新式製糖會社的監督管理機制。第二節「糖務局末期之獎勵事業與新式製糖業發展」，主要先討論 1909 年新式製糖會社越過傳統米糖界線濁水溪的背景，同時論述大型製糖會社大量設立和既有製糖會社不斷擴張的過程，以及分析糖務局如何調整獎勵方針因應局面。第三節「蔗作獎勵與製糖獎勵之結合」，探討糖務局蔗作獎勵的成果，以及糖務局結合新式製糖場和蔗農情況下，如何逐步將蔗作獎勵的責任下放給新式製糖會社。

第五章　〈糖務局之裁撤與新式製糖之發展〉。本章分爲 3 節，第一節「糖務局之裁撤與獎勵事業之改變」，先探討糖務局裁撤之背景，評估糖務局時期執行糖業獎勵政策達到的成果，再從糖務局到殖產局糖務課的職權轉移中的

〔註 31〕宮川次郎，《臺灣糖業概觀》（臺北：臺灣總督府殖產局特產課，1927 年），頁 42。
〔註 32〕參見森久男，前引文；黃紹恆，〈從對糖業之投資看日俄戰爭前後台灣人資本的動向〉，前引文。

人員編制、經費使用及獎勵方式討論糖務局裁撤後的影響。第二節「糖務局裁撤後新式製糖業之發展」，從糖務局裁撤後新式製糖會社的發展與整併過程中，探討糖務局時期的政策在後糖務局時期遺留什麼影響。第三節「糖務局轉任職員與新式製糖會社創立」，探究糖務局職員轉任參與新式製糖會社創立之比例，同時以高級行政官僚和技術官僚爲中心，討論其在新式製糖會社創立過程中發揮什麼影響。

本論文使用的名詞，新式製糖業係指使用機械製糖產業，包括改良糖廍和分蜜糖製糖會社，新式製糖會社和新式製糖場若無特別說明，則專指分蜜糖製糖會社和製糖場。

第二章　日治以前臺灣糖業之發展

第一節　清治以前臺灣糖業之發展

一、臺灣糖業之自然環境

臺灣製糖的原料甘蔗屬熱帶作物，赤道兩側南北緯 37 度間為甘蔗生長的區域〔註 1〕，理論上臺灣全境皆可是甘蔗產地。

實際上，甘蔗生長環境深受氣候因素影響。如在氣溫方面，年均溫攝氏 18.3～29.4 度為適宜甘蔗生長環境，但因冬溫越冷甘蔗的成熟期越長，成熟期越長會提高種蔗成本〔註 2〕，因而冬天相對溫暖的南部條件優於北部。

在雨量方面，適合甘蔗生長的年雨量大約介於 1000～1500 公厘之間，甘蔗生長的特性從蔗苗發芽到成長時期需要較多的雨量，採收期則不宜有太多的水分。〔註 3〕由是觀之，臺灣全島雖皆符合年雨量之條件，但北部全年皆有相當之雨量，南部則呈現夏雨冬乾的特性，雨量條件南部仍較北部優異。

在日照和溼度方面，充足的日照能促進甘蔗生長，尤其是在蔗種成長到相當程度時更需要大量日照，但另一方面，甘蔗也需要至少 70%以上的相對溼度〔註 4〕，因此就日照和溼度條件而言，南部的條件還是優於北部。

職是之故，盡管臺灣全島均有種植甘蔗製糖，但仍以濁水溪為界，以南

〔註 1〕臨時臺灣糖務局，《第二次糖業記事》（臺北：編者，1903 年），頁 3。
〔註 2〕同上註，頁 4。
〔註 3〕同上註，頁 5。
〔註 4〕同上註，頁 5。

爲糖業發達的區域。不過，臺灣南部多颱風，傳統蔗種大多不耐風害，種植甘蔗的農民必須聽天由命，如遇有強大的颱風，往往造成甘蔗歉收，影響到蔗糖減產，這是在傳統糖業時期臺灣南部糖業發展難以克服的因素。

二、荷治時期糖業之發展

明代萬曆年間，陳第觀察到臺灣的原住民已種有甘蔗，惟其用途乃用來釀酒或直接食用，未有製糖紀錄。〔註 5〕

1624 年荷蘭佔領臺灣後，在臺中國人已有植蔗製糖向荷蘭當局繳稅的紀錄，1636 年運往輸往日本的蔗糖有 12 萬餘斤。其後，荷蘭駐臺長官 Hans Putmans 發布獎勵米、糖及其他作物的命令，並透過華人海商蘇鳴崗自中國招募貧民來臺從事蔗糖和稻米生產，蘇氏亦在臺灣建造永久性的石造房屋，供中國移民久居臺灣。

1640 年代以後，臺灣蔗糖產量達到 5 千擔以上（1 擔約等於 100 斤），絕大多數由中國移民生產。1644 年 Francois Caron 就任臺灣長官，更加獎勵蔗糖增產，1645 年底，赤崁（臺南）地區生產的蔗糖有 1 萬 5 千擔。其後，赤崁地區的甘蔗種植面積逐年增加，從 1647 年的 1,469 餘 Morgen（1Morgen 約等於 1 甲）增加到 1656 年的 1,837 餘 Morgen。

1657 年以後，臺灣蔗糖產量持續增加到 1 萬 7 千擔左右，成爲荷屬東印度公司最重要的產業，產量亦較同爲荷蘭屬地的爪哇島爲多。臺灣糖用於島內消費者甚少，約有半數輸往波斯，其次是日本，其餘則送往巴達維亞。〔註 6〕由是觀之，蔗糖在荷治時期即成爲臺灣重要的出口商品。

三、鄭氏王國時期糖業之發展

1661 年鄭成功來臺初期，因數萬軍隊的糧食需求，田園開墾軍隊屯墾多以種植稻米爲主，每年生產的蔗糖減至 1 萬擔左右，不復荷治時期的盛況。〔註 7〕惟鄭氏仍派劉國軒從福建輸入蔗苗，並聘請製糖師傅來臺〔註 8〕，對

〔註 5〕陳第，〈東番記〉，收於沈有容，《閩海贈言》（臺北：臺灣銀行，1959 年），頁 26～27。

〔註 6〕中村孝志，〈荷蘭時代之臺灣農業及其獎勵〉，《荷蘭時代臺灣史研究・上卷》（臺北：稻鄉，1997 年），頁 51～71。

〔註 7〕中村孝志，前引文，頁 78。

〔註 8〕古田一夫，《臺灣赤糖沿革資料（稿）》，未出版，手抄本，國立中央研究院民族學研究所圖書館藏，無頁碼。

糖業發展有其正面意義。

鄭成功去世後，繼位的鄭經為加強發展海外貿易，更加致力於糖業發展。其中，鄭經重要的左右手陳永華曾「不惜勞苦，親歷南、北二路各社，勸諸鎮開墾，栽種五穀，蓄積糧糗；插蔗煮糖，廣備興販。」〔註 9〕原住民也成為鄭氏王國勸誘發展糖業的對象。鄭經曾親率 3 千名士兵攻打中部原住民，因「酷暑將士皆渴，競取所植甘蔗啖之」〔註 10〕，可知在當時仍以原住民為多的中部地區，已種植相當面積的甘蔗。

鄭氏王國時期糖業的運作狀況，據《東寧政事集》記載：「蔗苗種於五、六月，首年則嫌其嫩，三年又嫌其老，惟兩年者為上。首年者熟於次年正月，兩年者熟於本年十二月，三年者熟於十一月。故硤煮之期，亦以蔗分先後。若早為砍削，則漿不足而糖少。大約十二月、正月間始盡興工，至初夏止。初硤蔗漿，半多泥土，煎煮一次，濾其渣穢再煮，入於上清，三煮入於下清，始成糖。」〔註 11〕由是觀之，鄭氏王國時期蔗作以三年為一期，每年年底至次年年初開始製糖，此與清末到日治初期的情況相似。

至鄭氏王國統治末期，臺灣蔗糖產量達到 30 萬擔左右，出口總值可達 2、30 萬兩，主要輸出到日本、呂宋。〔註 12〕鄭氏王國時期糖業發展到鄭經時期，可說已超越荷蘭統治時期的盛況。

第二節　清治時期臺灣糖業之發展

一、清治前期臺灣糖業之發展

1683 年大清帝國攻滅鄭氏王國，次年正式將臺灣納入版圖。清初臺灣糖業的運作過程，巡台御史黃叔璥有如下的觀察：「十月內，築廍屋、置蔗車，僱募人工，動廍硤糖。上園每甲可煎烏糖六、七十擔；中園、下園只四、五十擔。煎糖須覓糖師知土脈精火候，用灰、用油恰中其節。煎成，置糖槽內，用木棍頻攪至冷，便為烏糖。色赤而鬆者，於蘇州發賣；若糖濕色黑，於上海、寧波、鎮江諸處行銷。……。每廍用十二牛，日夜硤蔗；另四牛載蔗到廍，又二牛負蔗尾以飼牛。一牛配園四甲或三甲餘。每園四甲，現插蔗二甲，

〔註 9〕江日昇，《臺灣外記》（臺北：臺灣銀行經濟研究室，1960 年），頁 235。
〔註 10〕郁永河，《裨海紀遊》（臺北：臺灣銀行，1959 年），頁 56。
〔註 11〕引自朱景英，《海東札記》（臺北：臺灣銀行，1958 年），頁 37。
〔註 12〕古田一夫，前引書，無頁碼。

留空二甲，遞年更易栽種。廍中人工：糖師二人、火工二人（煮蔗汁者）、車工二人（將蔗入石車硤汁）、牛婆二人（鞭牛硤蔗）、剝蔗七人（園中砍蔗，去尾，去籜）、採蔗尾一人（採以飼牛）、看牛一人（看守各牛），工價逐月六、七十金。」〔註 13〕

從黃叔璥的敘述透露了幾點訊息：其一，清初的糖廍似乎是到製糖期時才臨時搭建的屋子，並不是固定的建物；其二，蔗園的種植方式採取輪種方式；其三，臺灣蔗糖輸出地以蘇州、上海、寧波、鎮江等中國大陸華中地區爲主；其四，糖廍動用的人力在 17 人左右，各有職司。

儘管大清帝國不如荷蘭東印度公司和鄭氏王國倚重糖業及海外貿易，但大量移墾臺灣的漢人，仍有不少從事糖業，17 世紀末葉，福建分巡臺灣廈門道高拱乾即發現臺民「偶見上年糖價稍長，惟利是趨．舊歲種蔗，已三倍於往昔；今歲種蔗，竟十倍於舊年。」〔註 14〕爲避免發生米荒，高氏發布「禁飭插蔗并力種田示」，限制臺民種蔗，清初似已出現「米糖相剋」的現象。

由於清治前期並無詳細的蔗糖產量統計資料，僅能從清政府延續鄭氏王國時期徵收的蔗車稅數量，略窺臺灣各地糖業發展的情形。清帝國佔領臺灣初期，據諸羅知縣季麒光的報告，鄭氏王國末期徵收的蔗車稅數量共 100 張，計銀 1,976 兩；1685 年，清政府徵收的蔗車稅數量減至 57 張，計銀 456 兩，可看出清治初期臺灣糖業暫時呈現衰退的狀況，其中，臺灣縣徵稅的蔗車數量有 28 張〔註 15〕，超過半數，可知當時臺灣糖業發展的重心在臺南市街周邊。

至 1693 年，臺灣徵稅的蔗車數量增加到 99 張，大約接近鄭氏王國後期的數量。其中，臺灣縣蔗車數有 45 張，其次是鳳山縣的 29 張，諸羅縣則徵收蔗車 25 張。〔註 16〕府城一帶仍是最重要的糖產地，惟重要性已略爲降低。

1744 年，臺灣徵收的蔗車稅數量大幅增加到 346 張，其中，臺灣縣徵收蔗車稅 49 張，鳳山縣徵收 84.5 張，諸羅縣徵收 155 張，彰化縣徵收 57.5 張。〔註 17〕由是觀之，府城一帶徵收的蔗車數量與康熙年間相差無幾，可能在清帝國領臺之初該地糖業已發展到鼎盛，因而其後糖業乃往北邊的諸羅縣和南

〔註 13〕黃叔璥，《臺海使槎錄》（臺北：臺灣銀行經濟研究室，1957 年），頁 56～57。
〔註 14〕高拱乾，《臺灣府志》（臺北：臺灣銀行，1960 年），頁 250～251。
〔註 15〕不著撰人，《福建通志臺灣府》（臺北：臺灣銀行，1960 年），頁 167。
〔註 16〕高拱乾，前引書，頁 138～140。
〔註 17〕范咸，《重修臺灣府志》（臺北：臺灣銀行，1961 年），頁 213～217。

邊的鳳山縣進展，諸羅縣（今雲林虎尾溪以南與臺南新港溪以北之間區域）更一舉成爲臺灣最重要的蔗糖產地。

如前所述，清初臺灣糖的買賣已達「糖觔未出，客人先行定買；糖一入手，即便裝載」的情況。伴隨糖業發達，糖商也發展出同業公會的行郊組織，以臺南行郊最早。雍正、乾隆年間，臺南行郊組織以北郊、南郊、糖郊爲首，合稱三郊。三郊輸出的貨品各有異同，其中北郊以蘇萬利爲號，蔗糖爲主要輸出貨物之一，輸出的目的地以上海、寧波、天津、煙臺、牛莊等中國長江以北地區爲主；南郊以金永順爲號，貨物主要輸往金門、廈門、漳州、泉州、香港、汕頭、南澳等地；糖郊以李勝興爲號，赤糖爲主要輸送貨物，臺灣東港、旗後、五條港、基隆、鹽水港、朴仔腳、滬尾等海港或河港，都設有分行。〔註18〕

從臺南三郊的發展來看，臺灣蔗糖較清帝國佔領臺灣初期增加華北爲主要市場。而糖郊設立分行的地點廣佈臺灣南北，可看出府城一帶的雖已非蔗糖最重要的產地，但卻執臺灣蔗糖貿易的牛耳。以府城糖郊、北郊爲中心，至遲到清代中葉南部已發展出一套完整的蔗糖產銷系統。其中，臺南地區出現出庄、鈷腳等中間商的角色，負責至糖廍採購蔗糖後，運往臺南市街的北郊或糖郊所屬的商行，輸往中國大陸。

鹽水港以北地區的中間商有出庄、鈷腳、糖割三種名稱，採買糖廍的蔗糖後，視所在位置或直接送往臺南的北郊、糖郊，或運往北港、樸子腳（今嘉義朴子）的船頭行，或經由附近街市的糖行轉運到北郊、糖郊或船頭行，再輸往中國大陸。

高屏地區的中間商稱爲託買人、出庄或糖販仔，其亦視糖廍位置，將採購的蔗糖或送往打狗的糖行，或運往東港的船頭行，或經由附近街市打狗糖行的分棧轉運到打狗輸出中國大陸。〔註19〕

要之，清治前期臺灣的製糖業係以府城爲中心，向北往諸羅縣、向南往鳳山縣逐漸擴展，諸羅縣的雲嘉南平原在 18 世紀中葉爲臺灣最重要的糖產第，安平則自始爲臺灣最重要的蔗糖輸出港，中國大陸爲主要市場。

〔註18〕臺灣銀行經濟研究室，《臺灣私法商事編》（臺北：編者，1961 年），頁 11～14。

〔註19〕臨時台灣舊慣調查會，《臺灣糖業舊慣一斑》（臺北：編者，1909 年），頁 77～78。

二、19 世紀中葉臺灣開港後糖業之發展

1858 年英法聯軍之役清廷戰敗，簽訂天津條約臺灣開放港口與東亞、東南亞以外國家通商，先後共開放臺灣（安平）、打狗（高雄）、滬尾（淡水）、雞籠（基隆）等 4 口通商。茶、蔗糖、樟腦爲臺灣開港後的三大出口商品。〔註 20〕

臺灣開港後，臺灣糖業的產銷過程，有較爲完整的紀錄。傳統臺灣種植的蔗種主要有竹蔗、蠟蔗（或稱蚋蔗）、紅蔗等品種，三者皆傳自中國大陸，以竹蔗居多。〔註 21〕臺灣各地栽培甘蔗方式差異不大，與中國南方類似，大多採取極度粗放的方式耕種，耕作土地以旱田居多。每年約在 1 月到 4 月間植蔗，生長期間大概有兩次的施肥和除草，不常進行灌溉。甘蔗生長期大約是 1 年半至 2 年，1 月至 3 月是盛產期。〔註 22〕

爲培養地力，一期甘蔗收成完畢之後，蔗農會種植其他作物輪作，一般地區種植輪作作物的期間是一年半，只有屏東地區輪作期間只需一年。〔註 23〕

收成後的甘蔗，以人力或牛車搬運至糖廍製糖。蔗糖成品有赤糖、白下糖、白糖、冰糖等 4 種。其中，赤糖是最原始的粗製糖，赤糖略爲加工後成爲白下糖，更精製則成白糖，冰糖則是白糖的副產品。〔註 24〕臺灣大多生產赤糖和白下糖，生產赤糖的場所稱爲糖廍，生產白下糖的場所稱糖間。糖間以臺南市街較多，其他地區絕大多數都是糖廍。

從股東的組成來看，糖廍可分爲牛掛廍、牛犇廍、公司廍（或公家廍）、頭家廍等 4 類（亦有將牛掛廍歸併爲牛犇廍）。前兩者股東主要是蔗農，區別在於牛掛廍只接受股東的甘蔗製糖，牛犇廍則是在有餘暇時接受非股東的甘蔗製糖，此運作模式類似於清初黃叔璥觀察到的糖廍；後兩者的股東主要是由糖商或大地主所組成，不同之處在於公司廍由多人集資，頭家廍爲獨資經營。四類糖廍的分布在臺南地區以公司廍爲多，鹽水港、鳳山、屏東等地區則以牛犇廍爲主。〔註 25〕

〔註 20〕林滿紅，《茶、糖、樟腦業與臺灣之社會經濟變遷（1860～1895）》（臺北：聯經， 1997 年），頁 1～2。

〔註 21〕臺灣總督府殖產局特產課，《臺灣糖業概要》（臺北：編者，1926 年），頁 1。

〔註 22〕原熙，〈本島糖業調查書〉，《臺灣總督府公文類纂》，永久保存乙種，1897 年 1 月 4 日。

〔註 23〕臨時臺灣糖務局，《第二次糖業記事》，頁 19。

〔註 24〕原熙，前引文。

〔註 25〕臨時臺灣舊慣調查會，前引書，頁 4～5。

糖廍按規模大小有大廍、中廍、小廍之分。大廍的工人組成大致有負責壓榨甘蔗的「牛婆」約 4 名；負責使役牛隻動作的「趕牛」2 名；從事削蔗皮工作的「刎蔗尾」5 名；專司煮糖汁火候的「火夫」7 名；負責煉製煮沸糖汁的「熟糖」2 名；負責將趨於凝固糖汁製成粗糖的「打糖」2 名；負責使用牛車搬運甘蔗的「使車」4 名；負責牛隻飼養的「飼牛」2 名；負責割取蔗園甘蔗的「剝蔗」5 名；掌管記帳工作的「賬櫃」1 名。〔註 26〕規模較小的糖廍，也至少須有看管牛的工人 1 名，壓榨甘蔗工人 2 名，製糖工人 2 名，火夫 3 名。〔註 27〕與清初糖廍組織相較，工人的職稱雖有不同，工作內容相差並不大。

糖廍製好的糖隨即裝入竹籠中運往渡口，運費係以籠爲單位計算，不過竹籠的大小卻因地方不同而有差異，大體而言，高屏地區的竹籠容積較嘉南地區小，前者一籠可裝的蔗糖在 100 至 125 斤之間，後者可達 150 至 163 斤，運費大部分由買主來負擔。

臺灣開港後，臺灣蔗糖部分仍循開港前的產銷模式輸往中國大陸外，其他外銷蔗糖絕大部分從打狗和安平兩個條約港輸出，糖產地而劃分爲「臺灣府區（TAIWANFOO DISTRICT）」和「打狗區（TAKOW DISTRICT）」，臺灣府區範圍北起北港，南至安平；打狗區範圍北起今高雄市北邊的茄萣港，南至恆春。這也打破了開港前蔗糖輸出安平港一枝獨秀的局面，打狗港甚至後來居上，成爲臺灣最重要的蔗糖輸出港，1880 年，臺灣南部蔗糖有 53 萬擔從打狗輸出，只有 31 萬擔從安平輸出。〔註 28〕

開港後臺灣蔗糖的市場範圍擴大，除開港前的中國大陸外，日本、澳洲、英國、美國、加拿大、紐西蘭、香港等地都是臺灣糖外銷的市場。其中，中國大陸偏好安平輸出的蔗糖，可能與開港前臺灣糖即多由安平輸出中國大陸的現象有關。開港初期延續開港前的情況，輸出中國大陸的蔗糖仍佔臺灣糖輸出總量的 9 成以上，後因國外市場擴大而比重減少，1874 年減至 5 成以下，1877～1883 年間，甚至多僅在 2 成至 3 成間，1890 年代清帝國統治的最後幾年，因歐美市場關閉，比重又回到 5 成以上。

臺灣糖輸出到中國大陸的口岸以天津、煙臺、牛莊、上海、寧波爲主，

〔註 26〕同上註，頁 33～34。
〔註 27〕原熙，前引文。
〔註 28〕林滿紅，前引書，頁 61～62。

合計佔輸出中國大陸蔗糖總額的 9 成以上。〔註 29〕這現象與前述開港前府城北郊主導臺灣糖輸出的口岸幾乎一致，可看出開港前後臺灣糖輸出到中國大陸的產銷體系基本上沒有太大的改變。

臺灣糖的國外市場以日本最重要，日本偏好打狗輸出的蔗糖。日本早期在荷治、鄭氏王國時期已是臺灣糖重要的市場，清治前期，因臺灣糖以輸出中國大陸爲主，日本市場一度衰退。開港初期，日本輸入臺灣糖的數量尚且不如澳洲、香港，1870 年以後，日本開始一枝獨秀，成爲臺灣糖最重要的國外市場，1887 年至 1895 年日本治臺前，輸往日本的臺灣糖皆佔國外市場的 9 成以上〔註 30〕，可看出日本治臺前，臺、日間糖業已有密切的關聯。

總計開港初期臺灣蔗糖輸出的總額爲 25 萬餘擔，和鄭氏王國末期相當。1870 年以後輸出量有突破性的進展，達到 50 萬擔以上，其後受到不同的自然和人爲因素影響，輸出總額變動頗大，最高峰 1880 年輸出量有將近 100 萬擔，最少爲清法戰爭後的 1886 年，僅有 36 萬餘擔，仍多於開港初期。1895 年日本治臺前夕，臺灣蔗糖輸出總額爲 57 萬擔。〔註 31〕

如緒論所言，儘管臺灣製糖業已有相當之發展，生產方式未能隨著大量西方文化進入而有所革新。事實上，早在 1870 年已有外國人將鐵製壓榨機引進臺灣，並將其實驗給製糖業者看，榨汁效果較傳統石磨至少增加 1/3，且購置成本較石磨便宜，但仍幾乎沒有製糖業者願意採用。〔註 32〕1884 年，軍機大臣兼督辦閩海軍務欽差大臣左宗棠曾與閩浙總督楊昌濬、福建巡撫張兆棟聯合上奏「試辦臺糖遺利以濬餉源摺」，其中提到若仿照洋人製糖之法，糖的產量可增加 1、2 倍，主張先由官方購置鐵製器械在臺製糖，民眾見用鐵製器械製糖有利可圖，必起而仿傚，如此製糖利益當可與鹽相當〔註 33〕，但上奏似未見實施。

此外，民間亦有製糖業者沈鴻傑以「製（糖）術未精，謀改良之，自德國購入新機，擇地新營莊，將興製造」，最後卻「以事而止」。〔註 34〕可知清季已有官方和民間製糖業者了解新式製糖的資訊，惜未能付諸實行，使臺灣

〔註 29〕同上註，頁 24～29。
〔註 30〕同上註，頁 30～31。
〔註 31〕同上註，頁 25。
〔註 32〕同上註，頁 85～86。
〔註 33〕左宗棠，《左文襄公全集》（臺北：文海，1964 年），頁 2519～2520。
〔註 34〕連橫，《雅堂文集》（臺北：臺灣銀行經濟研究室，1964 年），頁 78。

糖業並未隨著開港與工業革命後的產業近代化產生連結。

因此清末至日治初期，臺灣的製糖方式仍頗爲原始，搾汁動力採用傳統原始獸力（主要是牛），壓搾甘蔗的器具亦是石製。清末英國駐打狗領事買威令（W. Wykeham Myers, M. B.）指出：臺灣搾糖機器簡陋，糖季經常要不斷修理，搾得的糖汁比鐵製機器少 18%，煮糖的鍋爐也極不清潔，製出糖量多寡完全是靠偶然的機會。〔註 35〕

臺灣搾糖所使用的原料甘蔗，屬於自中國引進的蔗種，無論是得糖率或單位面積產量均不高。儘管當時海外已有較優良的蔗種，然日治之前臺灣官民似乎沒有移植改良的念頭。林滿紅指出清末南部糖業未能改革的原因，以民性的念舊、排外，以及處於順境不求改進等非經濟因素居多。〔註 36〕使得臺灣儘管擁有優異自然環境，糖業卻未能在生產技術上改良，以謀求提升蔗糖產量與品質。

〔註 35〕James W. Davidson，《The Island of Formosa：Past and Present》（臺北：南天書局，2005 年），頁 415～416。

〔註 36〕林滿紅，前引書，頁 87。

第三章　日治初期臨時臺灣糖務局之設立與糖業改革政策之確立

第一節　製糖業改革之背景與獎勵事業之試行

一、製糖業改革之背景

（一）日本精製糖業之原料需求

1890 年代開始，日本本土砂糖的消費數量節節上升，當時日本正在發展精製糖業，而粗糖爲精製糖的原料。然而，日本國內粗糖來源有限，精製糖的生產大半必須依賴國外原料的供應，如此一來不但生產成本提高，而且無法與國外精製糖業競爭，因此，擁有廉價而穩定的原料來源，成爲日本精製糖業者急欲謀取的需求。〔註 1〕

甲午戰後，日本取得臺灣，無疑地取得一個重要的糖產地，臺灣所生產的糖，正是以粗製糖爲主。矢內原忠雄認爲：「甘蔗糖業之歷史即殖民之歷史。」〔註 2〕不過，矢內原所說殖民之歷史，係指西方列強征服殖民地後，把甘蔗糖業移植到殖民地的歷史。而臺灣不同於西方列強殖民地，早在日本佔領之前已有深厚的糖業發展基礎，殖民母國日本並不需要如同西方列強那樣從無到有移植甘蔗糖業，便可擁有相當數量的蔗糖解決日本缺乏原料糖的問題。

〔註 1〕涂照彥，《日本帝國主義下の臺灣》（東京：東京大學，1975 年），頁 60。
〔註 2〕矢內原忠雄，《日本帝國主義下の臺灣》（東京：岩波書店，1929 年），頁 260。

然而日本領臺初期，臺灣糖業一時呈現衰退的局面。新渡戶稻造認為其原因有6：(1) 日本領臺以來，富商、豪族相率回歸中國，貧民喪失融資途徑；(2) 抗日蜂起，田園荒廢，男子勞工減少；(3) 領臺後，各項土木工程與道路開鑿需用勞力，農業勞動者減少；(4) 為防止抗日份子藏匿，道路兩旁 70 公尺以內，禁種甘蔗，減少了蔗園面積；(5) 課稅比以往繁重，成為糖業發達的障礙；(6) 糖價利潤為糖商所壟斷，致使蔗農不願再種甘蔗，蔗園因而廢耕。〔註3〕

因此如表 3-1-1 所示，日本治臺後臺灣蔗糖輸往日本的數量一直未見提高，佔日本本土消費比重大致都在 1 成以下，究其原因，除新渡戶稻造述及的原因外，也與前述臺灣製糖方法落後、蔗糖品質無法提高有關。有輿論認為臺灣製糖方法粗糙，所產出的下等糖運往日本，不過為基層民眾使用，如果民眾知識洞開，了解到精糖之美，感到粗糖之惡，則臺灣糖在日本將無銷路；亦有精製糖業者認為臺灣糖製造甚粗，混合污物，無法精製為雪白之糖，不得已只能使用爪哇糖作為原料精製。〔註4〕易言之，儘管日本取得臺灣這個重要的糖產地，然如無法改良臺灣的製糖方法，改善臺灣糖品質，即無法改善日本精製糖業者取得廉價原料與解決原料來源不足問題。

表 3-1-1　日本治臺前後砂糖供需額概況表

單位：斤

年度	日本消費量	日本製造量		臺灣移入量		外國輸入量	
		數量	比例	數量	比例	數量	比例
1891	250,925,920	83,497,442	33%	-	-	167,531,523	67%
1892	263,831,054	67,007,323	25%	-	-	196,912,263	75%
1893	296,221,910	81,470,579	28%	-	-	214,855,484	72%
1894	318,225,978	90,016,174	28%	-	-	228,664,363	72%
1895	346,084,487	73,889,417	21%	24,371,900	7%	248,342,039	72%
1896	356,829,331	86,250,511	24%	37,502,492	11%	233,352,995	65%
1897	437,387,946	71,762,660	16%	34,531,016	7%	331,451,282	76%

〔註 3〕臺灣總督府殖產局，《臺灣糖業概要》（臺北：編者，1927 年），頁 5。
〔註 4〕〈論臺灣製糖業〉，《臺灣協會會報》，第 14 號，1899 年 11 月 20 日，頁 76。

1898	602,832,962	118,533,117	20%	37,298,642	6%	447,315,327	74%
1899	477,429,906	159,936,912	33%	35,501,220	7%	282,346,574	59%
1900	624,514,493	175,302,719	28%	37,756,300	6%	411,594,274	66%
1901	707,348,018	168,911,755	24%	43,212,145	6%	495,338,418	70%

資料來源：臨時臺灣糖務局，《第二次糖業記事》（臺北：編者，1903 年），頁 125。

因此，臺灣第一家新式製糖會社——臺灣製糖株式會社（簡稱臺灣製糖）創立之時，其創立趣旨中便云：臺灣雖以產蔗糖而聞名，惟製糖之法歷經二百年仍不改舊態，以致糖質粗糙，日本精製糖業者不得不捨近求遠，購粗糖於爪哇等地，徒然遺棄臺島數百萬圓之富源。〔註 5〕由是觀之，臺灣製糖方法之改革實關乎日本精製糖業之發展。

圖 3-1-1　20 世紀初舊式糖廍外觀

資料來源：伊藤重郎，《臺灣製糖株式會社史》，無頁碼。

〔註 5〕伊藤重郎，《臺灣製糖株式會社史》（東京：臺灣製糖株式會社東京出張所，1939 年），頁 76。

圖 3-1-2　舊式糖廍內部圖

資料來源：臨時臺灣糖務局，《第二次糖業記事》，第三圖其二，無頁碼。

圖 3-1-3　1900 年代後期臺灣製糖後壁林製糖所機械壓榨甘蔗

資料來源：宮川次郎，《臺灣糖業の批判》，無頁碼。

圖 3-1-4　1900 年代後期臺灣製糖後壁林製糖所內部

資料來源：宮川次郎，《臺灣糖業の批判》，無頁碼。

（二）日治初期的糖業調查與新蔗種之引進

1895 年日本治臺，總督府在民政局下設立殖產部，負責臺灣產業的調查研究工作，並聘請專家學者從事糖業調查，作爲糖業改革政策擬訂的參考，同年，殖產部針對臺灣固有竹蔗、蚋蔗、紅蔗進行試種，同時進行含糖量研究，了解紅莖蔗含糖量爲青莖蔗的 1.6 倍，頭部含糖量多於尾部。〔註 6〕1896 年，總督府技師原熙總結調查結果提出「本島糖業調查書」，內容涵蓋臺灣糖業的沿革及現況；蔗糖的產地、製造，輸出；甘蔗的品種、種植過程等，皆鉅細靡遺地實地勘查考證。〔註 7〕

與糖業調查同時進行的是新蔗種的引進與改良。1896 年，總督府透過日本駐夏威夷領事首先引進單位面積產量多、含糖分高的夏威夷蔗種 Lahaina 及 Rose Bamboo 來臺，並將蔗苗種植在臺北城外古亭庄，以及基隆河畔大龍峒的

〔註 6〕吳文星，〈日治時期臺灣糖業改革之序幕〉，《高雄歷史與文化論集》，第 3 輯（高雄：陳中和翁慈善基金會，1996 年），頁 3。

〔註 7〕參見原熙，〈本島糖業調查書〉，《臺灣總督府公文類纂》，1897 年乙種永久保存，第 00181 號。

臺北農事試驗場。〔註 8〕

其後，農事試驗場針對新蔗種與臺灣傳統的竹蔗、紅蔗、蚋蔗的種植過程作比較試驗，除 Rose Bamboo 蔗種因遭洪水沖失不計外，其他 4 蔗種比較結果，Lahaina 種每一反面積（約 1/9 甲）可植入 864 株蔗苗，甘蔗成熟後收穫量可達 3,110 貫（16 貫約等於百斤），至於同面積的竹蔗、紅蔗、蚋蔗則分別可植 1,800、1,500、1,500 株，收穫量爲 1,000、288、398 貫，此外，Lahaina 種蔗苗優於臺灣種蔗苗的特性，尚有耐風害、蟲害的能力，以及成熟期短等；在製糖方面，每百貫可製糖 13.44 貫，而同重量的竹蔗、紅蔗、蚋蔗，僅分別製糖 7.80、8.82、9.31 貫，此外，Lahaina 種甘蔗製出的糖品質較佳，蔗渣適合作爲燃料，其整體收益遠大於臺灣傳統蔗種，新蔗種與傳統蔗種間的優劣高下立判。而臺灣傳統蔗種則以竹蔗的搾汁量、得糖率、耐風害蟲害皆較紅蔗、蚋蔗優良。〔註 9〕

1898 年，殖產局再從鹿兒島、小笠原島、琉球等地輸入新蔗種〔註 10〕，針對夏威夷的 Lahaina、鹿兒島縣的大島郡產種、臺灣的竹蔗等 3 蔗種，以一反（約 1/9 甲）爲單位面積評估其優劣。結果在收入方面，夏威夷蔗種以每單位收穫量 19,440 斤、製糖率 12.0%、製糖量 2,333 斤、收入 116.65 圓，表現最優；大島郡蔗種收穫量爲 8,000 斤、製糖率 7.0%、製糖量 560 斤、收入 28.0 圓，表現居中；臺灣傳統的竹蔗，以收穫量 5,480 斤、製糖率 6.9%、製糖量 378 斤，收入 18.90 圓，表現居末。在支出方面，由於夏威夷蔗種需支付較高的肥料費、甘蔗搬運及壓搾費用，計 43.136 圓，高於大島郡種 23.190 圓、臺灣竹蔗 19.339 圓。收支統算後，夏威夷蔗種可淨賺 73.514 圓，大島郡種可淨賺 4.81 圓，而臺灣傳統竹蔗則虧損 0.439 圓。〔註 11〕由於經濟效益相差懸殊，臺灣總督府乃確立引進夏威夷蔗種。

〔註 8〕臺灣總督府殖產局，《臺灣糖業概要》，前引書，頁 2。

〔註 9〕臺灣總督府民政部殖產課農事試驗場，〈製糖試驗成績報告〉，《臺灣總督府公文類纂》，1898 年永久保存，第 00324 號。

〔註 10〕臺灣總督府殖產局，《臺灣糖業概要》，前引書，頁 3。

〔註 11〕臺灣總督府民政部殖產課農事試驗場，〈製糖試驗成績報告〉，《臺灣總督府公文類纂》，1898 年永久保存，第 00324 號。

圖 3-1-5　固有種甘蔗和改良種甘蔗。左起爲固有種的竹蔗、蚋蔗、紅蔗；改良種 Lahaina、Rose Bamboo。

資料來源：臨時臺灣糖務局，《第二次糖業記事》，第一圖，無頁碼。

1900 年，總督府將夏威夷種蔗苗分發至臺中、臺南 2 縣，以及宜蘭、臺東 2 廳試植，獲得不錯的成效，新蔗苗漸次推廣全臺。其後又發現兩蔗種中，Rose Bamboo 種比 Lahaina 種的種植成績來得優良。次年，總督府又從夏威夷引進 Elo Caradonia 與 Stripe Singapore 兩蔗種，以及自爪哇引進烏蔗、花蔗等種試植，惟其成效仍不如 Rose Bamboo 種，於是 Rose Bamboo 種成爲日治初期蔗農種植改良蔗苗的主力。〔註 12〕

《臺灣協會會報》社論指出臺灣糖業改革的最主要事項有三：其一爲改善栽培的方法，包括選擇糖分多的夏威夷種蔗苗、耕耘得宜、施肥適度等作法；其二爲改善製糖方法，指出臺灣傳統製糖方法拙劣且不清潔，致使品質不如爪哇糖，只有改善製糖方法才是臺灣糖業維持存續之道；其三爲改善農業方法，認爲臺灣糖業的利潤多歸製糖業者所有，使實際耕作的蔗農因無利可圖而怠於栽培，因而主張蔗農可以按照時價自由買賣，這樣佃農才會願意努力栽培，地主和佃農兩方都有利可圖。〔註 13〕

（三）臺灣總督府之財政獨立計畫

日本統治初期，總督府爲了鎮壓蜂起的抗日勢力，導致財政支出龐大，日本政府不但未享受佔領臺灣的果實，反而還得從國庫撥經費來彌補赤字，例如 1897 年，臺灣的財政赤字便多達 1,500 萬圓。〔註 14〕

1898 年兒玉源太郎出任第 4 任臺灣總督，提出所謂 20 年計劃，要求自 1899 年度起，以發行公債和興辦實業的方式，逐步使臺灣在十餘年間達到財政獨立，不再仰賴日本政府補助。〔註 15〕其中，認爲振興產業以開闢富源爲臺灣財政獨立成功與否的重要因素。

在眾多產業之中，又以糖業最受時人矚目。當時財政大臣井上馨在召見兒玉時，即勉勵其以振興產業，特別是製糖業，來增加臺灣財政收入；〔註 16〕河野信治撰《日本糖業發達史》一書，認爲糖業之盛衰不獨有關臺灣之財政，且是日本殖民政策成敗之所繫。〔註 17〕當時輿論亦矚目臺灣的糖業，如《臺

〔註 12〕參見臺灣總督府殖產局，《臺灣糖業概要》，前引書，頁 3、28。

〔註 13〕〈論台灣製糖業〉，前引文，頁 75～76。

〔註 14〕森久男，〈臺灣總督府の糖業保護政策の展開〉，《臺灣近現代史研究》，第 1 輯（東京：臺灣近現代史研究會，1979 年），頁 43。

〔註 15〕井出季和太，《臺灣治績志》（臺北：長谷理教，1937 年），頁 368～369。

〔註 16〕伊藤重郎，前引書，頁 64。

〔註 17〕河野信治，《日本糖業發達史・生產篇》（神户：日本糖業發達史編纂所，1930 年），頁 90。

灣協會會報》即強調糖業盛衰延及臺灣全島的產業，對日本全國的影響也不少；〔註 18〕《臺灣經濟雜誌》也指出製糖業將是臺灣最有希望且特別有利的財源。〔註 19〕

1901 年，民政長官後藤新平在日本帝國議會報告道：「有關砂糖的獎勵，將充分地積極進行。由於糖業的獎勵，全國可免三千萬圓的砂糖輸入，因此，將盡力獎勵糖業以達到自給自足的目的。」〔註 20〕職是之故，以糖業為中心謀求臺灣財政獨立的殖產興業政策順勢展開，而製糖業改革的成敗可說是其中的關鍵。

二、新式製糖方法之引進與製糖資本之勸誘

日治時期臺灣新式製糖方法的引進，開始於兒玉源太郎與後藤新平時期。兒玉重要的財政幕僚、也是二十年計劃的幕後中心人物杉山茂丸，向兒玉陳述應建立糖業為臺灣經濟的根本，然後始進行其他生產事業。得到兒玉正面的回應。同時，杉山又收購原屬日本八重山糖業會社買自北海道紋鼈製糖所的舊機器，並將之送至臺灣，成為日治時期臺灣新式製糖機器的濫觴。〔註 21〕

1899 年，總督府殖產課囑託山田𤋮起草「臺灣糖業政策意見書」，提出以總額 3 千萬圓在臺灣引進大型新式製糖業的計劃。其時，總督府殖產課內雖對製糖方法改革之必要已有共識，但對改革方式仍未有一致的意見，主要意見有 3 派：其一，主張將舊式糖廍所使用的石車略加改良即可；其二，主張必須購買新式製糖機器，但新式機器採用小規模鐵製機器即可；其三，主張應立即購置大型機器，建設大規模的製糖工場。〔註 22〕前兩者為殖產課的主流意見，第 3 項意見為山田𤋮的主張，在殖產課內顯得孤立。後來山田𤋮努力說服兒玉與後藤，同意在投資金額大幅減為 50 萬圓的修正案下，將山田的主張具體化。〔註 23〕

接著，總督府開始著手勸誘糖業資本投資新式製糖業，以臺灣本土資本

〔註 18〕〈論臺灣製糖業〉，前引文，頁 74。
〔註 19〕吳文星，〈日治時期臺灣糖業改革之序幕〉，前引文，頁 7。
〔註 20〕森久男，前引文，頁 50～51。
〔註 21〕同上註，頁 375～376。
〔註 22〕〈臺灣製糖方法の改善〉，《臺灣協會會報》，第 18 號，1900 年 3 月 20 日，頁 33～34。
〔註 23〕森久男，前引文，頁 54。

與日本國內資本兩方面分頭進行。1900 年 3 月，兒玉和後藤趁著於臺北淡水館召開揚文會，許廷光、蔡國琳、蘇雲梯等南部幾個重要士紳北上與會之機，宴請南部士紳，在座者尚有辜顯榮與臺南縣知事今井艮一。宴中，兒玉提出南部士紳出資 20 至 30 萬圓投資新式製糖場，總督府則願提供必要的補助和配合措施之建議。辜顯榮率先承諾願出資 15 萬圓，許廷光等士紳的反應則不甚熱烈，使對本土資本的勸誘不了了之。〔註 24〕

另一方面，1899 年 12 月，後藤新平赴日即將歸臺之時，銜兒玉總督之命，向三井物產合名會社（簡稱三井物產）常務理事益田孝提出設立新式製糖場的希望，益田氏先將之詢問日本精製糖株式會社專務董事鈴木藤三郎與社長長尾三十郎意見，獲得兩人的贊同。接著，將兩人的意見向三井家陳述，進一步進入交涉階段。

三、臺灣製糖株式會社之創立與總督府獎勵事業之試行

1900 年 3 月，三井物產營業部長福井菊三郎因樟腦事宜來臺，即將返日之時，就設立新式製糖場事宜與後藤新平交涉，福井氏提出 3 年相對於資本金 50 萬圓 6%的補助金，以及支持耕作改良與原料供給的條件；後藤新平同意 1900～1901 年度先給予 12,000 圓補助金，次年開始再補助全年 6%、最高 3 萬圓的補助，並承諾在鐵道鋪設與水租權取得上提供協助；同時，無給借調殖產局技手山田濈給會社 1 年，從事糖業調查，但提出 1 項附帶條件：三井物產須以 7 萬 5 千圓價額承購八重山製糖株式會社（簡稱八重山製糖）的機械。

其後，三井物產檢查擬承購八重山製糖的機械，發現結晶罐、壓搾機械、汽罐等重要物件都有新製的必要，認爲承購低效率的機械並不合算，乃再提出補助金提供延長兩年爲 5 年的交換條件，得到兒玉總督的認可。

另一方面，發起人之一的鈴木藤三郎在井上馨侯爵的支持下，將新會社的資本額增爲 100 萬圓。1900 年 6 月 13 日，新會社舉行第一次發起人會，發表「臺灣製糖株式會社創立旨趣書」，列名發起人的有 Robert Walker Irwin（夏威夷駐日本公使）、田島信夫（毛利家）、武智直道、長尾三十郎、上田安三郎、益田孝、鈴木藤三郎等 7 人，會中確認會社資本額爲 100 萬圓，分爲 2 萬股，每股 50 圓，第一期繳交 1/4 股金。9 月，第一期股金繳交完畢，其中，

〔註 24〕 辜顯榮，〈後藤新平公の略實を追懷す〉，辜顯榮翁傳記編纂會編，《辜顯榮翁傳》（臺北：編者，1939 年），頁 300～301。

三井物產佔 1,500 股，爲最大股東，宮內省與毛利家各 1,000 股，次之，臺人陳中和 750 股，爲第四大股東，其與王雪農（250 股）爲創立會社的 95 名股東中僅有的兩名臺人。同年 12 月 10 日，臺灣製糖於東京日本橋東京銀行集會所召開創立大會，會中通過確認會社章程與創立費用，並選舉幹部，最後選出鈴木藤三郎、益田孝、陳中和、田島信夫、武智直道爲董事，長尾三十郎、上田安三郎、岡本貞烋爲監事，Irwin 被推爲顧問。董事間再互選出鈴木藤三郎爲社長。

1900 年 6 月，臺灣製糖召開第一次發起人會議確認創立事宜後，同月向總督府提出該年度 12,000 圓的補助金申請。9 月獲得總督府許可，隨著補助金的發放，總督府亦對臺灣製糖發布命令項目，內容共 6 條，要旨爲：(1) 本年度補助金爲 12,000 圓；(2) 章程之制定與變更日期及條項、計畫書之事業變更及其條項、就任或解任幹部之姓名等事項，須儘速向臺灣總督申報；(3) 會社成立日至 1901 年 3 月 31 日之事業功程及必要費用之決算書，於同年 4 月中向臺灣總督報告；(4) 臺灣總督得隨時派遣吏員查察事業之實際情況；(5) 臺灣總督於本命令之外，認爲必要時得隨時發布特殊之命令；(6) 有違背臺灣總督發布之命令，得廢止補助金給予或是減少額度，或命令繳還全數或一部分已交付之補助金。〔註 25〕

從對臺灣製糖的命令項目來看，總督府雖得以隨時掌握臺灣製糖的計畫書、章程、人事狀況，但實際上操控或指導的命令並不多，僅籠統規定「必要時得隨時發布特殊之命令」。

臺灣製糖取得補助金後，1900 年 10 月，鈴木藤三郎與山本悌二郎共同來臺勘查製糖工場用地，範圍遍及屏東平原、旗山丘陵、臺南平原等地，原先臺灣製糖基於總督府的調查，預定於蔴荳設立工場，然經鈴木與山本二人探勘後，擇定曾文街（今臺南善化）與橋子頭（今高雄橋頭）兩地其中之一爲製糖工場用地，後因橋子頭位於高雄與臺南之間，與兩地都相距不遠，有運輸與用水之便而雀屏中選。1901 年 2 月，山本悌二郎被任命爲會社經理，開始著手進行會社事業，同月，製糖工場開始建設，11 月，承購自八重山製糖的機械裝置完成，進行試運轉，次年 1 月 15 日，正式展開第一期製糖作業。〔註 26〕

〔註 25〕伊藤重郎，前引書，頁 63～103。
〔註 26〕同上註，頁 112～132。

臺灣製糖開始運作後，1901～1903 兩年度都依據最初設計的 50 萬資本額申請 6%的 3 萬圓補助金，這也是當初兒玉源太郎所應允的最高額度，然臺灣製糖在補助金之外，1902～1903 年度又另以其他用途名義申請補助金 15,700 圓以及原料購買補助 18,000 圓，結果在第二期營業結算後，臺灣製糖得以分配給股東 5%的股利。此舉引起輿論的批評，認爲臺灣製糖仰賴總督府的補助金方有盈餘，而補助金的意義在於塡補會社創立初期可能的虧損，有股利應作爲次期的準備金，或是作爲流動資本的融通。〔註 27〕實際上，總督府於該年度所發給的補助金總額爲 51,600 圓，此金額的計算方式，依據臺灣製糖社長鈴木藤三郎於 1903 年向總督府申請補助金時所言，爲當時實繳資本額 86 萬之 6%〔註 28〕，易言之，至少在 1902～1903 年度，臺灣製糖即已突破創立之初總督府所承諾上限 3 萬圓的補助額度，且是以另立名目的方式來突破。

圖 3-1-6　興建中的橋頭製糖場

資料來源：伊藤重郎，《臺灣製糖株式會社史》，無頁碼。

〔註 27〕〈臺灣製糖會社（一）〉，《臺灣日日新報》，1902 年 10 月 1 日，第 2 版。

〔註 28〕〈臺灣製糖株式會社補助金下付認可、糖務局〉，《臺灣總督府公文公纂》，永久保存追加，1903 年 12 月 9 日。

圖 3-1-7　剛完工的橋頭製糖場

資料來源：伊藤重郎，《臺灣製糖株式會社史》，無頁碼。

第二節　糖務局之成立與糖業政策之確立

一、臺灣糖業改良意見書之提出

總督府勸誘新式製糖資本初具成效後，亦積極統合日治以來各項糖業調查與意見，制訂全面性的糖業政策。1900 年 1 月，兒玉源太郎致電給滯留美國的農學博士新渡戶稻造，委託其進行臺灣殖產相關事務，特別是糖政相關措施的調查。接著，新渡戶藉著參加巴黎萬國博覽會的機會，調查歐美各國及其殖民地之糖政，回程時並順道實地考察埃及和爪哇的糖業。1901 年 1 月，新渡戶稻造回到日本，2 月，旋即應聘來臺擔任總督府技師，5 月，出任民政部殖產課長，11 月總督府官制改正，擔任代理殖產局長。

新渡戶到任後，視察臺灣全島的各項產業，尤其重視糖業的調查研究。其後，參酌國內外情況及相關人士意見，研擬糖政與獎勵方法之具體方案，1901 年 9 月，起草「糖業改良意見書」，內容有本島糖業現況、本島適合糖產

理由、本島改良糖業方法、本島糖政上急務等 4 大項。〔註 29〕

其中對於糖業改良方法，新渡戶提出的要點與方法如下：〔註 30〕

1. 改良甘蔗種類

據之前的製糖試驗，夏威夷移植的 Rose Bamboo 和 Lahaina 種蔗苗確實比臺灣固有種蔗苗優良，因而主張應全面採用新蔗種，如此將可增加 30 至 90%的糖產量。推廣方法可以廣告或集會教授的方式讓農民理解外國蔗種的優良，在耕作利益上以獎勵的方式勸誘農民新植外國蔗苗取代固有蔗種，若勸誘無效，不得已時可採取強制耕作的處置方式，由官方養成種苗，販賣或是無償交付給農民種植。

2. 改良培養法

主張甘蔗的耕作採取集約方式與使用肥料，如此則糖可增產 10 至 100%。推廣方法包括分發新蔗種的同時，教導改良耕作法；由政府購入化學肥料，在初期 4、5 年間有條件地無償分發新蔗種給耕作者；在各地適當的地方設置模範小蔗園，向民眾展示各種肥料有效的程度。

3. 灌溉設備

補助小埤圳工程和組織水利組合來進行大規模工程，如此糖可增產 10 至 50%。當務之急為先進行灌溉試驗，確認灌溉有效的程度；開鑿小規模溝渠者，依照其設計給與補助金；獎勵水利組合組織，委託民間事業興辦大規模灌溉工程。

4. 既有的田園改換成蔗園

特別是將不適合種稻的田園改植甘蔗，如此約可增加 1 萬甲的蔗園。推行的方法包括讓蔗農知曉集約甘蔗栽培方法的利益；在打破習慣的目的下，以附贈種子或肥料的獎勵方式誘導農民改種甘蔗。

5. 獎勵新墾適宜種植甘蔗的土地

約可擴張 3 萬甲的蔗園。要點有選定適合開墾的土地給人民周知；以律令發布獎勵法，對於開墾成功者給與土地所有權；依獎勵法給與蔗苗與肥料；開墾若干甲以上的土地依其地形補助灌溉排水工程。

〔註 29〕宮川次郎，《臺灣糖業概觀》（臺北：臺灣總督府殖產局特產課，1927 年），頁 18。

〔註 30〕河野信次，《臺灣糖業觀》（神戶：日華日報社，1915 年），頁 58～85。

6. 改良製糖法

依照地方狀況的不同，設立改良糖廍、大規模新式製糖場、糖業組合，將可增加10至30%的糖產量。手段有政府購入外國製小型機械，無償貸借或是低利分期付款的方式給舊式糖廍主；對大規模機械製糖工場設立者，視其規模依適當方法給與相當的獎勵金；勸誘耕作者結成團體設立共有糖廍，使耕作者與製造者利益一致。

7. 改良壓搾法

傳統的壓搾器具效果不佳，改進壓搾方法當可增加糖產20至40%的糖產量。具體的推廣方法與前項製糖法改良手段相同。

從以上的項目來看，新渡戶主張政府採取獎勵作爲推行糖業改良的主要方法。並預估如能依照上述改良方法，則到1911年度糖產量當可由70萬擔（1擔等於百斤）增加爲162至359萬擔；「砂糖消費稅」收入可從74萬圓增加3倍，達到221萬圓。

此外，新渡戶又擬定糖業間接獎勵方策，包括：（1）提高外國糖進口稅率；（2）施行退稅法；（3）開通搬運之便；（4）擴張銷路；（5）公訂甘蔗價格；（6）實行糖業教育；（7）促進產業組合組織；（8）配發蔗作和製糖改良刊物資料；（9）甘蔗保險之措施；（10）牛畜之保護；（11）獎勵製造酒精等副產品。

而在糖政急務方面，新渡戶提出：（1）發布糖業獎勵方法；（2）設置糖務局爲獨立機關；（3）糖務局的支局設置於南部，中北部待事業有所進展時再行研議；（4）培養技術生，伴隨新蔗種的分發，教導新蔗苗的栽培方法；（5）派遣技手赴夏威夷採購完善的蔗苗；（6）收買八重山和臺灣栽培的外國種新蔗苗；（7）於臺南地區另設甘蔗苗圃；（8）設立甘蔗試驗所；（9）購入各種小型搾糖機，經試驗後，認定適當者貸借或出售給民間人士；（10）促進產糖組合的設立；（11）獎勵開拓適合甘蔗種植的土地；（12）伴隨栽培法的改良謀求水利開發；（13）製作事業計畫書供資本家的企業參考；（14）按照產糖地的狀況勸誘大規模企業。〔註31〕

新渡戶稻造的「糖業改良意見書」，正如吳文星的研究指出：其意義在於整合向來各方的經驗和意見，使總督府的糖業改革政策和措施有較周延的藍圖。〔註32〕其中有關新式製糖方法的改良，新渡戶對採用大規模或是小規模

〔註31〕宮川次郎，《臺灣糖業概觀》，前引書，頁23～24。
〔註32〕吳文星，〈日治時期臺灣糖業改革之序幕〉，前引文，頁11。

機械製糖，各有提出獎勵的意見，看似沒有明確主張該採何種方式。然新渡戶在糖業改良意見書中亦認爲，在當時運輸設備尚不發達的情況下，大規模製糖工場並不適合設立，因大規模工場所需的甘蔗原料亦多，而甘蔗的搬運有其時效性，錯過搾汁時機，將影響製糖品質。其認爲應先擴張現有糖廍，達到每個糖廍至少有 100 甲土地的原料來源，進而裝置試驗效果優良的機械，待製糖品質稍達一致之後，再進一步追求糖業進展。〔註 33〕因而，新渡戶對製糖改革的態度，有論者認爲是所謂的「小製糖論」，甚至批判糖業改良意見書延遲臺灣糖業的發展〔註 34〕，或認爲僅止於農業改良上的意義。〔註 35〕不過，也有論者持較正面的看法，認爲新渡戶的觀點爲過渡時期的權宜辦法，以當時臺灣的實際狀況，距離糖業革命展開的基礎條件尚遠，一味主張大規模經營畢竟毫無意義。〔註 36〕無論如何，該意見書確實對總督府的政策發生作用，除蔗農組成合作生產組織、制定公訂蔗價、甘蔗保險等意見外，其餘論點幾乎全爲總督府所採行，並據之發布「臺灣糖業獎勵規則」（簡稱糖業獎勵規則）及設立糖務局作爲執行機關。〔註 37〕

二、中川製糖所之獎勵事業

不過，在「糖業改良意見書」發布不久、糖業獎勵規則與糖務局尚未具體化之際，總督府卻核准一項糖業獎勵申請，獎勵對象爲日人中川虎之助在臺南設立製造再製糖的中川製糖所。

中川虎之助早在日本治臺之前，即於八重山島從事墾殖事業，開設中川農場，採取大農場集約耕作的方式，使用美國改良農具栽種甘蔗。開發農場獲得初步成功後，1895 年 1 月，與澁澤榮一等人創立八重山製糖，擔任專務董事，收購北海道紋鼈製糖場的機械。然八重山製糖的成績不盡理想，1899 年即中止運作，1902 年正式宣告解散。

經營八重山製糖失利後，中川虎之助轉入臺灣發展，1901 年於臺南車站前設立從事白糖製造的中川製糖所。原本原料糖預定從附近臺人製糖場收購，爲了避免購買困難而改採以自製原料糖爲主，購買爲輔的方針，於是再

〔註 33〕河野信次，前引書，頁 81～82。
〔註 34〕守屋源二，《山田熙君談話》（東京：作者，1933 年），頁 71。
〔註 35〕河野信治，《日本糖業發達史》生產篇，前引書，頁 97～99。
〔註 36〕信夫清三郎，《近代日本產業史序說》（東京：日本評論社，1942 年），頁 339。
〔註 37〕涂照彥，前引書，頁 62～63。

建原料糖製造場，使用原八重山製糖的器械，以馬、牛為動力。中川氏又另在鹽水港廳蔴荳設立蔗園，供應製糖所需。〔註38〕

另一方面，中川虎之助向總督府申請補助金，1901年10月獲得許可，補助金額為4萬圓，分兩年度補助。〔註39〕如同臺灣製糖前例，隨著補助金的發放，總督府亦對中川製糖所頒布命令書，內容多達14條，要旨為：（1）臺灣總督府對白糖製造業與模範蔗園創設撥付補助金4萬圓；（2）補助金分為第一類與第二類兩種，第一類為3萬圓，第二類為1萬圓，按事業進行程度給與；（3）第一類補助金僅限於兩種用途，一為與白糖製造場及其房屋的建築費和用地購入費，二為購買白糖製造器具機械費用；（4）第二類補助金作為模範蔗園耕作費；（5）第一類補助金請款時，須檢附製造場及其房屋建築設計書，以及器具機械購買明細書，其中建築費於著手時給付1/3，餘款視其成效，每次給付1/2，器具機械費於訂約時給付定價2/10，物品運抵製造場後再給餘款；（6）模範蔗園面積至少20甲以上，其甘蔗的1/10有5年無償繳納給總督府的義務，關於總督府對蔗園耕作方法與蔗苗種類相關之指揮，不得以任何理由拒絕；（7）第二類補助金請款時，須檢附30甲土地5年租借契約及耕作方法設計書，經總督府查閱，一次或分數次給款，款項的4/5寄存於總督府指定之銀行，指定金額之外，不得擅自領出；（8）負有連續5年從事白糖製造的義務，並以第三條之建築物與器具機械登記作為抵押，如無法履行義務，擔保品所有權轉移給總督府；（9）事業相關之收支，須設簿冊及關係書類詳加整理；（10）總督府得隨時派員監查事業狀況與收支計算；（11）事業設計書之變更或追加須呈請總督府認可；（12）每年3、6、9、12月向總督府報告功程現況，7月中報告收支計算書及作業成績；（13）本命令頒布60天內著手設備，30天內開始製糖；（14）如有休業的情況須呈請總督府核准，涉及休業1年以上可視為廢業。〔註40〕

由以上命令書觀之，中川製糖所獲得的補助同時來自於製糖部門的製糖場建築與機械費用補助，以及蔗作部門的蔗作獎勵，其所受的限制和監督遠較臺灣製糖為多，總督府不但詳加限定補助金的用途及給付條件，並設定擔保品，要求至少須營業5年，且每隔3個月須向總督府報告現況。

〔註38〕信夫清三郎，前引書，頁290～293。

〔註39〕〈純白糖製造の補助〉，《臺灣日日新報》，1901年10月2日，第2版。

〔註40〕〈和白糖製造の補助金下附命令〉，《臺灣協會會報》，第37號，1901年10月20日，頁33～35。

總督府核准中川虎之助獎勵申請的時間，是在新渡戶稻造公布「糖業改良意見書」後的一個月，從獎勵內容與命令書的項目，似可看出糖業改良意見書內容的影子。特別是對於模範蔗園的獎勵，其耕作面積規定須為 20 甲以上的集約耕作法，以及 5 年內收成均需繳納 1/10 的甘蔗給總督府規定，顯然是依照糖業改良意見書的內容。顯示在特設獎勵機關成立之前對中川製糖所的獎勵，乃係糖業改良意見書實行獎勵的緒端，而模範蔗園的獎勵，也是總督府蔗作獎勵的首例。

三、殖產局臺南出張所之設立

糖業改良意見書大體獲得兒玉源太郎採納後，1901 年 11 月 5 日，兒玉於總督官邸召集臺灣官紳代表，演講殖產興業之方針，並列舉各項產業施政大綱，其中，糖業之振興，為各項產業之首，略謂糖為物產之大宗，產量曾達 1 億斤以上，然晚近產量年年衰減，回復無期；糖業之盛衰關係甚大，因此將之置於殖產改良事業之首位，採取的方法有自海外移植改良蔗種，教導民眾栽種方法，利用新式機械改良傳統製糖方法等，以提高成分，節縮生產費用，以期數年之後糖產量較今日倍增。〔註 41〕兒玉的宣示可視為總督府即將實行一連串糖業改革政策的先聲。

接著，後藤新平發文給嘉義、鹽水港、臺南、蕃薯藔、阿猴等南部 5 廳廳長，說明總督府將提供耕作者種苗、肥料，補助灌溉工程，提供製糖業者機械租借及財政補助等糖業保護方針，希望地方首長能研究如何使農民有安穩的糖業生產環境，並讓廳內農民知悉糖業保護企劃與方法，了解政府追求農民安穩的意圖。〔註 42〕

另一方面，總督府參照新渡戶稻造意見，制定糖業獎勵規則與設立糖務局，在等待中央政府與帝國議會承認的同時，先行在勸業費中撥出 6 萬圓充當糖業獎勵費，並於 1901 年 11 月 19 日在臺南設立殖產局臺南出張所，由總督府技師藤根吉春出任所長，負責甘蔗耕作及蔗糖製造改良與獎勵等相關事項、蔗園及糖業調查、獲補助金糖業者之業務監督等工作。另又於鹽水港廳蔴荳堡設置甘蔗試驗苗圃，隸屬出張所管轄，開始培養糖業技術傳習生。同

〔註 41〕〈殖生興業に關する兒玉總督の演說大要〉，《臺灣協會會報》，第 39 號，1901 年 10 月 20 日，頁 27。

〔註 42〕〈糖業保護ニ關シ南部地方廳ヘ通達〉，《臺灣總督府公文類纂》甲種永久保存，1901 年 12 月 18 日。

時，派遣技手今井兼次赴夏威夷選購優良蔗苗，移植回臺進行試驗改良。以上種種措施皆在爲即將設立的糖務局鋪路。〔註43〕

儘管殖產局臺南出張所只是糖務局設立之前的過渡機關，仍積極推動糖業改良和獎勵事務，在製糖改良方面，相關官僚採取策略爲購置小型器械先進行製造試驗，經試驗結果適用後，再推廣至民間，或貸借、或賣給製糖業者。〔註44〕

因此，殖產局乃向美國購置 Eureka 和 Ohio 等兩種壓搾器械共 3、4 臺〔註 45〕，其中，前者是以石油發動機爲動力的機器，後者爲石車改良的鐵製壓搾器具。接著，於 1902 年 4 月 27 日至 5 月 4 日，利用 1 星期的時間，在臺南農事試驗場進行 Eureka 式壓搾機試驗，結果平均 1 小時約可壓搾竹蔗 330 貫（16 貫約等於百斤），得出糖汁 1 石 3 斗，耗費石油 1 升 2 合至 1 升 4 合，殖產局評之爲成績良好。〔註46〕

接著，當局分別將器械置於蔴荳甘蔗試驗苗圃、大目降、鳳山、阿猴，用以向當地製糖業者展示機械效力。其中，在臺南的部分，分別於蔴豆地區舊式糖廍主李軒之處勸誘展示試驗，以及於大目降支廳參事蘇有志所開設的舊式糖廍試驗 Aurora 和 Ohio 兩種石車改良器械，結果無論紅蔗或竹蔗的搾汁率均遠優於傳統舊式石車，且一日搾取的原料還可較舊式石車節省約 16%強，以 4 個月製糖期來計算，共可節省 627 圓以上，另亦可較舊式石車節省壓搾甘蔗和使牛的人力，省下大量的製作成本。李軒更直接提出貸借新式壓搾器的申請。〔註47〕這些都爲日後糖務局設立先行奠定製糖改革之基礎。

殖產局臺南出張所亦進行糖業技術生之培養，1901 年 12 月 14 日，總督府以訓令第 419 號公布「臺灣總督府糖業技術傳習生養成規程」。翌年 1 月開始招收糖業傳習生，講習地點在蔴荳甘蔗試驗苗圃，講習爲期 3 個月。修習科目有植物學大意、物理學大意、化學大意、農學大意、甘蔗栽培法、製糖法、土語等 7 項。〔註48〕課程安排偏重教授甘蔗農業，此與新渡戶在糖業改良意見書中即主張糖業技術生之培養偏重教導新蔗苗栽培方法有

〔註43〕臺灣總督府殖產局，《臺灣糖業概要》，前引書，頁 8；〈糖務局新設計畫〉，《臺灣日日新報》，1901 年 11 月 14 日，第 2 版。

〔註44〕〈糖業獎勵〉，《臺灣日日新報》，1901 年 11 月 20 日，第 2 版。

〔註45〕〈壓搾機購入に就て〉，《臺灣日日新報》，1902 年 3 月 5 日，第 2 版。

〔註46〕〈製糖機の試驗成績〉，《臺灣協會會報》，第 45 號，1902 年 6 月 20 日，頁 45。

〔註47〕〈臺南の製糖事情〉，《臺灣協會會報》，第 53 號，1903 年 2 月 20 日，頁 19。

〔註48〕《府報》，第 1076 號，1901 年 12 月 14 日，頁 29。

關。〔註 49〕4 月，第一期糖業傳習生共 10 人結業。〔註 50〕

因總督府並未限制傳習生學歷，而大多數學員未受過正規基礎教育，造成教學上的困擾，加上修業時間只有 3 個月，很難在短時間內學習到具體的糖業知識，因此在第一期傳習生修業期間，相關官員即已研擬修正傳習生養成規程。〔註 51〕不過因糖務局設立在即，糖業講習業務將由新機關承接，糖業傳習生制度實施一期即暫告中止。

四、臺灣糖業獎勵規則之發布與臨時臺灣糖務局之成立

1901 年底，依據新渡戶稻造意見所起草的糖業獎勵規則預算獲得帝國議會通過。1902 年 6 月 14 日，臺灣總督府以律令第五號正式公布糖業獎勵規則。其中，重要獎勵事項如下〔註 52〕：

第一條：對於從事甘蔗之栽培或蔗糖之製造者，在臺灣總督認爲適當的情況下，給予甘蔗種苗費、肥料費、開墾費、灌溉排水費、製糖機械器具費獎勵金，必要時得給予或貸借現品取代獎勵金。

第二條：臺灣總督認定以一定的原料數量從事蔗糖製造者，得給予補助金。

第三條：爲種植甘蔗而開墾官有地者，其土地無償借與申請者，若開墾成功則賦予業主權。

第五條：爲種植甘蔗而欲建設排水或灌溉設施時，如設施涉及到官有地，則無償借與其土地。

第十一條：對接受此規則獎勵者，臺灣總督得發布與糖業相關必要之命令。

6 月 19 日，總督府再以府令第四十三號公布糖業獎勵規則施行細則，明確規定獎勵規則第一條中甘蔗種苗費和肥料費的補助對象，限於耕作蔗園面積達 1 町（約等於 0.99174 公頃）以上者（後改爲改良種蔗苗的耕作者）、開墾費的補助對象爲 5 町面積以上（後改爲 5 甲）的開墾者、灌溉排水費補助對象須爲千圓以上的工程或經由官廳特別指定者。

依據糖業獎勵規則第二條規定，能取得補助金者未限定於新式製糖業

〔註 49〕臺灣總督府殖產局，《臺灣糖業概要》，頁 8。

〔註 50〕井出季和太，前引書，頁 396。

〔註 51〕〈明治三十四年十二月訓令第四一九號糖業技術傳習生養成規程中改正（訓令第一二八號）〉，《臺灣總督府公文類纂》，甲種永久保存，冊號 714，文號 18，1902 年 4 月 26 日。

〔註 52〕臺灣總督府殖產局，《糖務關係例規集》（臺北：編者，1919 年），頁 17～18。

者，但施行細則中則明定所謂「一定的原料數量從事蔗糖製造者」，爲 1 日（12 小時）能使用甘蔗原料 1 萬 2 千貫（45 噸）以上的製糖業者，以及能使用 2 千 4 百貫（9 噸）以上粗製糖原料的精製糖製造者。〔註 53〕之前臺南農事試驗場 Eureka 式壓搾機進行一星期的製糖試驗，平均每小時可壓搾甘蔗 330 貫，換算 1 日 12 小時，爲原料 3,960 貫〔註 54〕，傳統石車壓搾的數量更低於此數，因而從糖業獎勵規則施行細則有關使用原料之規定來看，一般舊式糖廍，甚至裝置改良式壓搾器都無法達此要求，糖業獎勵規則的主要受益對象，將是新式製糖場和改良糖廍業者。

糖業獎勵規則制定同時進行的是籌設糖務局，初期日本當局原意在總督府民政部增設 40 名糖業相關判任官員額，但後藤新平明確回覆要特設糖業改良機關，內置技師 3 人和判任官 30 人，而非在民政部增加員額。〔註 55〕

1902 年 2 月帝國議會審議總督府預算，其間，眾議員新井章吾要求說明糖業改良的實施方法，時任總督府財務局主計課長峽謙齊答詢，糖業改良費的方向著重在訓練人員和改良蔗苗，爲進行兩項工作，須在臺南置一糖務局，就近實地總理一切事務，增加的人員與廳舍，可利用 1901 年度官制改革中裁減的員額和官舍。〔註 56〕

相關預算獲得通過後，1902 年 3 月總督府以「爲追求糖業改良與促進糖業發展而擬定獎勵方法的同時，認爲有必要設置專務管理機關」，向內務省提請發布糖務局官制〔註 57〕，1902 年 6 月 17 日，日本當局以敕令發布「臨時臺灣糖務局官制」，糖務局正式成立，預定以 10 年爲限達成甘蔗農業和製糖工業的改革目標。6 月 19 日，殖產局臺南出張所廢止，其所屬業務與所轄臺南農事試作場、麻荳苗圃，悉數移交給糖務局。〔註 58〕不過，殖產局臺南出張所所屬的技師、屬和技手，包括所長藤根吉春，以及町田永五郎、石橋傳吉等，多數並未轉入糖務局，僅有五十里八十八轉任糖務局屬。

〔註 53〕同上註，頁 19～20。

〔註 54〕〈製糖機の試驗成績〉，前引文，頁 45。

〔註 55〕〈糖業改良事務所設置ニ關スル件〉，《臺灣總督府公文類纂》永久保存（追加），1901 年 9 月 8 日。

〔註 56〕《第十六回帝國議會眾議院豫算委員會第一分科會會議錄・第十三回》，1902 年 2 月 3 日，頁 165～166。

〔註 57〕〈臨時臺灣糖務局官制中改正並ニ臺灣總督府職員官等俸給令中改正ノ件〉，《臺灣總督府公文類纂》甲種永久保存，1902 年 3 月 12 日。

〔註 58〕臺灣總督府殖產局，《臺灣糖業概要》，前引書，頁 9。

糖務局的經費主要來自兩個方面，其一，爲總督府在特別會計歲出臨時部預算中增列「臺灣糖業改良及獎勵費」項目，內容有俸給及諸給、廳費、修繕費、死傷津貼、賠償及訴訟、旅費、雜給及雜費、栽培及試驗費等，大致是糖務局糖業直接獎勵以外的經費。其二，爲在歲出臨時部勸業費項目中核撥糖業直接獎勵經費。〔註 59〕

糖業獎勵經費向來都佔總督府勸業費中多數，並且增減情形趨近正相關；糖務局成立初期糖業獎勵經費佔糖務局總經費不到一半，1905～1906 年度開始，糖業獎勵經費始佔糖務局總經費半數以上，並且比例節節上升，大體來說，糖務局糖業獎勵以外的經費增減並不多，糖業獎勵經費則到後期明顯增加，也帶動糖務局總經費的增加。要之，謂糖業獎勵事業爲糖務局乃至於日治初期總督府最重要的殖產事業實不爲過。此外，糖業獎勵經費和砂糖消費稅的徵收情況亦有關聯，砂糖消費稅收入增加，往往次年度糖業獎勵經費也增加，糖業獎勵支出始終佔砂糖消費稅收入 1 至 3 成（參見表 3-2-1）。

表 3-2-1　糖務局經費與總督府勸業費、「砂糖消費稅」收入概況表

單位：圓

年度	總督府勸業費	糖務局經費			前年度砂糖消費稅收入
		糖業獎勵費	其他經費	合計	
1902	187,129	105,027	131,873	236,900	747,447
1903	240,250	140,434	147,077	287,511	761,656
1904	239,828	139,827	144,689	284,516	1,453,980
1905	440,822	269,169	200,376	469,545	1,866,548
1906	482,850	266,655	210,603	477,258	2,399,942
1907	525,076	295,675	138,741	434,416	2,004,450
1908	887,496	640,930	162,895	803,825	6,430,014
1909	1,083,117	813,529	153,116	966,645	8,915,926
1910	2,817,979	2,553,353	210,570	2,763,923	11,979,782
1911	3,393,730	3,341,008	237,458	3,578,466	9,181,693

資料來源：1. 臺灣總督府殖產局糖務課，《臺灣糖業統計》（臺北：編者，1914 年）。
2.《臺灣總督府統計書》第 5-15，1903～1913 年。

〔註 59〕〈臨時臺湾糖務局官制ヲ定メ○臺灣總督府職員官等俸給令中ヲ改正ス〉，國立公文書館微捲第 016000 號，1902 年 6 月 17 日。

第三節　糖務局之組織及其活動

一、糖務局之人事與組織

糖務局設局長 1 人，新渡戶稻造為首任局長，局長以下，編制專任事務官 1 人，由澎湖廳長兼臨時臺灣土地調查局事務官淺田知定轉任；專任技師 4 人，除新渡戶稻造具有技師身分外，尚包括從殖產局農商課技手升任技師的小花和太郎、原殖產局農商課囑託堀宗一、原殖產局臺南出張所囑託東條秀介等，另殖產局農商課長橫山壯次郎任糖務局兼任技師。此外，尚編制專任屬、技手、通譯等職，共 30 人。〔註 60〕

歷任糖務局長，僅有首任的新渡戶稻造具有技師身分。新渡戶稻造尚兼任代理殖產局長，繼新渡戶任糖務局長的祝辰巳亦兼任殖產局長。1906 年 11 月祝辰巳升任民政長官，仍續兼任糖務局長一職，此後歷經大島久滿次、內田嘉吉，民政長官兼任糖務局長成為慣例。

淺田知定為帝國大學政治科畢業，1900 年來臺擔任澎湖廳長，經由後藤新平指派出任糖務局首任主管行政事務的事務官〔註 61〕，新渡戶稻造赴京都帝國大學任教時，擔任代理局長。1907 年淺田知定去職後，事務官一職由近藤武義繼任，近藤武義畢業於東京法政大學。1910 年總督府將糖務局事務官編制擴增為 2 人〔註 62〕，增聘金田政四郎任事務官，金田畢業於京都帝國大學法科大學，為糖務局末代和糖務局裁撤後殖產局時期首任的糖務課長。

糖務局成立之初新渡戶稻造等 5 名技師全數皆札幌系〔註 63〕出身。其中，橫山壯次郎為 1889 年札幌農學校畢業，1895 年來臺，為時任總督府代理殖產部長橋口文藏延攬任商工課鑛山主任，負責調查基隆、瑞芳等地的煤礦和金

〔註 60〕臺灣總督府，《臺灣總督府職員錄》（臺北：臺灣日日新報社，1902 年），頁 14～16；臺灣總督府，《臺灣總督府職員錄》（臺北：臺灣日日新報社，1903 年），頁 17、69～71。

〔註 61〕〈採取區域制の瀨蹈を廳長にやらした〉，《臺灣日日新報》，1925 年 12 月 3 日，第 3 版。

〔註 62〕〈臨時臺灣糖務局官制中ヲ改正ス〉，國立公文書館微捲第 020300 號，1910 年 3 月 26 日。

〔註 63〕吳文星將札幌農學校及改制後的東北帝國大學農科大學、北海道帝國大學出身者略稱為「札幌系」，本文沿用其詞。吳文星，〈札幌農學校畢業生與臺灣近代糖業研究——以臺灣總督府糖業試驗場技師技手為中心〉，《臺灣學研究》，第 6 期，2008 年 12 月，頁 2。

礦。〔註 64〕其後擔任殖產局農商課長，糖務局成立後兼任技師。

小花和太郎曾就讀札幌農學校預科 5 年，1896 年受橫山壯次郎推薦以殖產事務囑託身分來臺〔註 65〕，後被任命爲技手，曾巡迴臺中、臺南、臺北等縣從事調查，以及調查基隆、石碇兩堡的金礦和煤礦〔註 66〕，糖務局成立後升任技師。〔註 67〕

堀宗一係 1882 年札幌農學校畢業，爲次新渡戶稻造一期的學弟，曾於德國從事製糖研究半年，來臺前，曾任札幌製糖會社首任社長、技師長及北海道廳技手，並從事糖業相關雜誌編纂〔註 68〕，小花和太郎稱其爲日本屈指可數的「糖通」。〔註 69〕另一方面，堀宗一亦爲北海道設廳後第二部部長及北海道炭礦鐵道會社創設社長堀基之甥，1891 年新渡戶甫自德國留學回國，便受到堀基懇請出任北鳴學校教頭〔註 70〕，1901 年新渡戶來臺擔任殖產課長，隨即延攬具北海道甜菜製糖經驗的堀宗一以糖業關係事務囑託身分來臺。〔註 71〕1902 年糖務局成立，堀宗一任糖務局技師兼臺南支局支局長。〔註 72〕

東條秀介是 1901 年新渡戶稻造任殖產課長時，以農藝化學專長應聘來臺擔任糖業事務囑託〔註 73〕，糖務局創立當時擔任技師，並兼任臺南農事試驗場場長。〔註 74〕

〔註 64〕吳文星，〈札幌農學校與臺灣近代農學的展開——以臺灣總督府農事試驗場爲中心〉，收入吳茲主編，《日本資本主義與臺灣、朝鮮——帝國主義下的經濟變動》（臺北：博揚文化，2011 年），頁 132。

〔註 65〕〈森貞藏外二名（小花和太郎、松尾万喜）殖產事務囑托ノ件〉，《臺灣總督府公文類纂》永久保存（進退），1896 年 9 月 1 日。

〔註 66〕〈技手小花和太郎臨時台灣土地調查局技手ニ任用ノ件（元臺北縣）〉，《臺灣總督府公文類纂》永久保存（進退），1899 年 3 月 1 日。

〔註 67〕〈小花和太郎恩給證書送付ノ件（臺中廳）〉，《臺灣總督府公文類纂》，永久進退，1911 年 12 月 11 日。

〔註 68〕〈堀農學士〉，《臺灣日日新報》，1901 年 8 月 28 日，第 2 版；北海道廳內務部編，《北海道の拓殖と甜菜糖業》（札幌：編者，1926 年），頁 11。

〔註 69〕小花和太郎，〈沒す可からざる人人〉，《糖業》，第 8 期，1915 年 5 月，頁 19。

〔註 70〕北海道大學，《北大百年史：通說》（東京：ぎょうせい，1982 年），頁 151。

〔註 71〕〈堀宗一糖業ニ關スル事務ヲ囑託ス殖產課勤務ヲ命ス〉，《臺灣總督府公文類纂》進退追加保存，1901 年 8 月 23 日。

〔註 72〕《府報》，第 1078 號，1902 年 6 月 28 日，頁 50。

〔註 73〕〈農學士東條秀介糖業ニ關スル事務ヲ囑託ス〉，《臺灣總督府公文類纂》進退追加保存，1901 年 11 月 5 日。

〔註 74〕〈臺東總督府技師藤根吉春ニ臺南農事試驗場長ヲ免シ臺灣總督府技師東條

其後，先後有柳本通義、下斗米乍治（1905 年改名相馬乍治）、吉田碩造、金子昌太郎、石田研、山村悅造、三宅勉等擔任糖務局專任技師。總計 11 名專任技師中，僅下斗米乍治出身東京工業學校，非屬札幌系；同時，有 6 名技師出身北海道或曾任職北海道廳。

如將兼任技師也加入分析，橫山壯次郎、青柳定治、川上瀧彌、山田申吾等 4 名技師中僅有山田申吾出身東京物理學校，非屬札幌系，且其餘 3 人皆出身北海道或曾任職北海道廳。

易言之，糖務局高級技術官僚技師階層札幌系色彩非常濃厚，專長偏重農學，且半數以上出身北海道，唯有非札幌系出身的下斗米乍治具工業專長（參見表 3-3-1）。

糖務局創立初期 8 名技手中，田畑爲治、中水喜美山出身九州鹿兒島，加上擁有九州甘蔗栽培製糖經驗的田村熊治，有 3 人具有九州背景，出身北海道和札幌系者僅有中西潔，其他 4 人則分別出身愛知、神奈川、宮城等地。

整個糖務局時期任命的專任技手計有 41 人，其中，九州出身者有 21 人，超過半數；糖務局後期任命的專任技手有 24 人，其中，九州出身有 15 名，佔超過 6 成。九州出身的 21 名技手中，鹿兒島籍有 11 人，熊本籍有 6 人，前期除福岡出身的黑瀨俊彥外，全數皆爲鹿兒島出身，且鹿屋農學校畢業者比例不少；後期 15 名九州出身技手，鹿兒島、熊本兩縣出身各佔 6 人，餘 3 人屬大分縣籍，熊本縣出身的 6 名技手悉數爲熊本農學校畢業。

北海道出身的技手除中西潔外，尚有今井兼次、菅井博愛兩人，3 人皆出身札幌系，如再加上秋田縣籍的田中信親也出身札幌系，札幌系在糖務局技手階層中仍屬少數。

由是觀之，糖務局技手階層的出身背景和技師大異其趣，雖然專長仍以農學背景居多，但有半數出身九州，並以鹿兒島和熊本佔大宗，北海道和札幌系出身者反成少數（參見表 3-3-1）。

再分析學歷，糖務局技師階層全數都受過近代高等農業或工業教育自不待言。技手階層受過近代高等農工業教育者比例亦甚高。其中，糖務局前期聘用的技手受過近代農工教育者有半數，其他多爲具相關實務經驗者；後期僅有村木忠次係因相關實務經驗而被聘請，其餘悉數都是近代高等農業或工

秀介ニ臺南農事試驗場長ヲ命ス〉，《臺灣總督府公文類纂》進退追加保存，1902 年 6 月 20 日。

業學校出身，並且，而相當比例是畢業 5 年內即來臺，平均年紀亦較前期爲低（參見表 3-3-1）。

在正式職員外，糖務局於支局尚設置 5 名以內的糖務委員，判任官待遇，每月支薪 20 圓以內，負責提供支局長對糖業改良及獎勵事業的諮詢，並應支局長要求從事糖業改良及獎勵工作，其資格爲支局管轄範圍內具有糖業經驗者及地方名望者。其後，任命蘇有志、劉神嶽、林英三、張洵卿、蘇雲梯等 5 人爲糖務委員，其分別是臺南、鹽水港、嘉義、鳳山、阿緱等廳的地方領導階層和糖業從事者，正好是最初臺南支局直轄與轄下 4 個出張所各有 1 名委員，頗能兼顧地方平衡，且此 5 名委員直到臺南支局裁撤都未更替。〔註 75〕

在組織上，糖務局設有庶務、糖務兩課。庶務課掌管事務有：（1）機密相關事項；（2）局長官印及局印保管相關事項；（3）官吏之進退相關事項；（4）公文書類收發相關事項；（5）公文書編纂、保管及圖書保管相關事項；（6）統計報告相關事項；（7）甘蔗耕作及蔗糖製造獎勵相關事項；（8）糖業經濟調查相關事項；（9）糖業技術傳習生募集相關事項；（10）獲取補助金糖業者之會計監督相關事項；（11）預、決算相關事項；（12）會計調度相關事項；（13）官有財產相關事項；（14）局中管理相關事項等〔註 76〕，由事務官淺田知定兼任課長。〔註 77〕

糖務課掌管事務有：（1）甘蔗耕作與蔗糖製造之改良相關事項；（2）開墾及灌溉、排水調查等相關事項；（3）製糖機械、器具調查相關事項；（4）標本相關事項；（5）蔗苗養成相關事項；（6）獲得補助金、獎勵金，或相當現品給與、貸借之糖業者業務之監督相關事項；（7）糖業技術傳習生養成相關事項；（8）分析相關事項等〔註 78〕，由横山壯次郎擔任課長。〔註 79〕

此後兩課的執掌尚稱穩定，僅 1908 年 12 月 13 日修改分課規程，庶務課刪除甘蔗耕作和蔗糖製造獎勵，以及糖業技術傳習生募集兩項任務，改分由糖務課和糖業試驗場負責，並增加製糖場管理及製糖場及其他相對補助相關

〔註 75〕臺灣總督府，《臺灣總督府文官職員錄（明治 39～40）》（臺北：臺灣日日新報社，1906～1907 年），頁 62、85。

〔註 76〕〈臨時臺灣糖務局分課規程制定〉，《臺灣總督府公文類纂》甲類永久保存，1902 年 6 月 19 日。

〔註 77〕臺灣總督府，《臺灣總督府職員錄》，1903 年，頁 69。

〔註 78〕〈臨時臺灣糖務局分課規程制定〉，《臺灣總督府公文類纂》甲類永久保存，1902 年 6 月 19 日。

〔註 79〕臺灣總督府，《臺灣總督府職員錄》，1903 年，頁 69。

事項等任務；糖務課除增加獎勵任務外，另亦刪除糖業技術傳習生養成之任務，改由糖業試驗場負責。〔註80〕1910年6月11日，因實施臺灣製糖及纖維工場胎權規則，而將其相關事項歸由庶務課負責。〔註81〕

庶務課下再分爲庶務、監督、調查、會計等 4 係，至糖務局後期，庶務係負責機密及人事、局長官印及局印保管、公文書收發及保管、圖書保管等業務；監督係負責製糖場設立變更裁撤及其他管理監督、製糖場其他相對補助、原料採取區域及原料處分、臺灣製糖工場財團及臺灣製糖工場胎權等相關事項業務；調查係負責統計報告及編纂、糖業經濟調查等業務；會計係負責預決算、收入、出納、調度、生產物處分、官有財產、營繕及官舍管理、局中管理、傭人雇免等業務。〔註82〕

糖務課下分爲獎勵、農務、工務等 3 係，至糖務局後期，獎勵係負責甘蔗耕作及肥料之獎勵、開墾灌溉及排水獎勵、製糖機械器具及其他獎勵等業務；農務係負責甘蔗耕作之改良指導、甘蔗病蟲害之調查及預防驅除、農具之調查及指導、開墾灌溉或排水之調查及設計、巡迴演講、標本等相關事項業務；工務係負責蔗糖製糖之改良指導、機械器具之調查及保管、機械器具之設計及監督、工事建築之設計及監督、工事之設計及監督、測量製圖等業務。〔註83〕

依據「臨時臺灣糖務局官制」第十條規定，臺灣總督得在必要之地設置支局，分掌局中事務。然受限於經費，總督府僅在臺南設置1個支局，管轄範圍爲原殖產局臺南出張所的管轄範圍，由堀宗一擔任支局長，將糖業改革的主力集中在南部。下設嘉義出張所，管轄範圍爲嘉義廳；鹽水港出張所，管轄範圍爲鹽水港廳；鳳山出張所，管轄範圍爲鳳山廳；阿猴出張所，管轄範圍爲阿猴、蕃薯藔兩廳，另臺南廳由支局直轄，臺南支局管轄範圍以外的地區，則由糖務局直轄。〔註84〕1903年3月，糖務局爲進一步將糖業改革主

〔註80〕《府報》，第2591號，1908年12月13日，頁36。

〔註81〕《府報》，第2978號，1910年6月11日，頁35。

〔註82〕臺灣總督府民政部殖產局，《臨時臺灣糖務局第十年報》（臺北：編者，1912年），頁4～6。

〔註83〕同上註，頁6～7。

〔註84〕〈臨時臺灣糖務局支局名稱位置及管轄區域（府令第四四號）並二臨時臺灣糖務局臺南支局嘉義、鹽水港、鳳山、阿猴各出張所名稱位置及管轄區域制定（告示第七九號）〉，《臺灣總督府公文類纂》甲類永久保存，1902年6月19日。

力向北拓展，乃增設斗六出張所。〔註 85〕1905 年 6 月，糖務局爲節約經費，乃廢止各出張所，專由臺南支局直營，並將一部分業務委託地方官廳進行。〔註 86〕

日俄戰後初期，大型製糖會社紛紛在南部設立製糖場，糖務局有鑑於南部製糖工業已大有進展，農業也必須要有同步的發展，爲使南部製糖會社在原料使用上不虞匱乏，1907 年 6 月 1 日，糖務局本局移置於臺南，以疏通製糖、蔗作兩部門之事務。〔註 87〕

糖務局本局轉移臺南後，臺南支局也隨之廢止，另在臺北設立分室，作爲與總督府聯絡的管道。不過，糖務局本局很快於 1908 年年底移回臺北，其因爲當時的糖務局兼任事務官宮尾舜治亦身兼殖產、財務兩局事務，常駐在臺北，無法機動處理糖務局事務，加上縱貫鐵路通車，南北往來方便，因而再將本局移回臺北。〔註 88〕

値得注意的是，糖務局本局再度遷回臺北後，臺南支局未隨之恢復，似乎意味著糖務局的糖業獎勵不再專以南部爲主力。這從糖務局每個年度公布的糖業獎勵方針可看出，1907 年糖務局剛將本局遷到臺南時，該年度公布的糖獎勵方針大綱仍如前幾年度所揭示：獎勵主力在南部，中北部如有餘力方爲之。〔註 89〕次年度以後的獎勵方針，則不再有獎勵主力放在南部的宣示。〔註 90〕

此外，每個年度糖務局都召集地方官廳殖產相關人員舉行糖務會議，討論年度的糖業發展方向，1907 年底，糖務局召開的糖務會議仍如前幾年出席者爲原臺南支局所轄阿緱、蕃薯藔、鳳山、臺南、鹽水港、嘉義、斗六等南部 7 個廳的總務課長及殖產主任；〔註 91〕1908 年，參與的官廳首度增加彰化廳。〔註 92〕

〔註 85〕〈臨時臺灣糖務局臺南支局管內ニ斗六出張所ノ增設ニ關スル件〉，《臺灣總督府公文類纂》永久保存，1903 年 3 月 9 日。

〔註 86〕臨時臺灣糖務局，《臨時臺灣糖務局第四年報》（臺北：編者，1905 年），頁 2。

〔註 87〕〈糖務局移轉說〉，《臺灣日日新報》，1907 年 5 月 24 日，第 2 版。

〔註 88〕同上註；臺灣總督府特產課，《臺灣糖業概觀》（臺北：編者，1927 年），頁 51。

〔註 89〕臨時臺灣糖務局，《臨時臺灣糖務局第六年報》（臺南：編者，1908 年），頁 2。

〔註 90〕同上註，頁 1～3。

〔註 91〕〈臺南の糖業會議〉，《臺灣日日新報》，1907 年 12 月 3 日，第 2 版。

〔註 92〕〈中南部の糖務打合會〉，《臺灣日日新報》，1908 年 11 月 17 日，第 2 版。

1911 年糖務局裁撤，大部分職權轉由殖產局新設的糖務課負責（詳見第六章）。

表 3-3-1　糖務局局長、事務官、技師、技手一覽表

姓　名（生卒年）	糖務局職位（在任時間）	原籍	學歷或專長（畢業年）	任職糖務局前主要經歷	離任後職位
新渡戶稻造（1862～1933）	技師兼局長（1902～1904）	岩手	札幌農學校（1881） 農學博士（1899）	殖產局代理局長	京都帝國大學法科大學教授
祝辰巳（1868～1908）	局長（1904～1908）	山形	帝國大學法科大學政治學科（1892）	民政局事務官 財務局主計課長、局長 專賣局長	任內去世
大島久滿次（1865～1918）	局長（1908～1910）	愛知	帝國大學法科大學法律科（1888）	眾議院書記官 民政局參事官 警視總長 民政長官	神奈川縣知事
內田嘉吉（1866～1933）	局長（1910～1911）	東京	帝國大學英法科（1891）	遞信部事務官 船舶司檢所司檢官 臨時臺灣燈標建設部事務官 遞信大臣秘書官 遞信省管船局長 拓殖局第一部部長 民政長官	任內糖務局裁續任民政長官
淺田知定（1862～1926）	事務官 庶務課長 臺南支局長 代理局長（1902～1907）	福岡	帝國大學政治科（1887）	愛媛縣參事官 岩手縣書記官 貴族院書記官 澎湖廳長	東洋製糖專務董事
近藤武義（1869～？）	屬 庶務課長 事務官（1907～1910）	新潟	法政大學（1899）	青森縣大林區署林務課課長 遞信屬 通信屬 總督府屬	中央製糖專務董事

金田政四郎 （1882～1913）	糖務課長 事務官 1909～1911	滋賀	京都帝國大學法科大學 （1906）	總督府屬 總督府事務官	續任殖產局糖務課長 任內去世
宮尾舜治 （1868～1937）	兼任事務官 代理局長 （1909～1910）	新潟	帝國大學法科大學法律學科 （1896）	大藏屬　神戶稅關監視部長 總督府事務官 安平打狗淡水稅關長 財務局稅務課長 專賣局長 彩票局長 殖產局長 代理民政長官	內閣拓務局第一部長
堀宗一	技師 臺南支局長 （1902～1904）	北海道	札幌農學校 （1882）	北海道廳技手 屬　札幌製糖社長 技師長　總督府囑託	鹽水港製糖技師長
橫山壯次郎 （1868～1909）	兼任技師 糖務課長 （1902～1903）	北海道	札幌農學校 （1889）	北海道廳技手 札幌農學校助教授 總督府技師 臺北縣技師 總督府農商課長 免糖務局兼官	仍任總督府技師
小花和太郎 （1868～）	技師 糖務課長 庶務課長代理 臺南支局長 糖務局長代理 （1902～1909）	東京	札幌農學校預科5年退學	北海道廳第二部雇 總督府技手，	林本源製糖專務董事
東條秀介 （1873～1907）	技師 糖業講習所主任 （1902～1907）	山口	札幌農學校 （1897）	共益完全肥料株式會社專務董事兼技術長 臺南農事試驗長技師兼場長	任內去世
柳本通義 （～1937）	技師 （1902～1903）	北海道	札幌農學校 （1880）	北海道廳技手、技師 總督府技師兼殖產課長 專賣局技師	專任總督府技師
青柳定治	兼任技師 （1903～1904）	北海道	札幌農學校 （1899）	總督府鹽務局技手 總督府技師兼臺北 臺中農事試驗場場長	煙草專賣局技師

下斗米牛治（1869～1946）	技師（1904～1906）	東京	東京高等工業學校（1896） 美國密西根大學理學碩士（1903）	東京高等工業學校助教授、教授兼應用化學科工場長	明治製糖專務董事
川上瀧彌（～1915）	兼任技師 1904～1911	山形	札幌農學校（1900）	北海道廳林務課囑託 熊本縣農業學校教諭 總督府技師	兼任技師至糖務局裁撤
吉田碩造（1874～）	技師兼糖業試驗場場長（1907～1911）	熊本	札幌農學校（1900）	北海道廳水產課囑託 札幌農學校講師 熊本農學校教諭 農業試驗場囑託主任 臺中廳技師	留任殖產局糖務課技師
金子昌太郎（1876～）	囑託 技師（1907～1911）	群馬	札幌農學校（1904）	德島農學校教諭	糖業試驗場技師兼農務係長
山田申吾（1872～1913）	兼任技師 代理糖務局長（1908～1910）	熊本	東京物理學校（1893）	愛知縣技手 度量衡調查所主任 總督府度量衡司檢所技師　殖產局權度課課長	中央製糖專務董事
石田研（1881～1939）	技師（1909～1911）	北海道	札幌農學校（1905）	總督府技師兼農事試驗場勤務 奉天試驗場技師	糖業試驗場技師兼農藝化學係長
山村悅造（1880～1943）	囑託 技師（1907～1911）	兵庫	札幌農學校（1907）	糖業試驗場技師兼農藝化學研究室主任	糖業試驗場技師兼農藝化學研究室主任
三宅勉（1880～1972）	技師（1910～1911）	北海道	札幌農學校（1904）	樺太廳囑託 東北帝大農科大學講師 糖業試驗場技師兼病理昆蟲係長	糖業試驗場技師兼病理昆蟲係長
田村熊治（1858～）	技手（1902～1907）	東京	農事	沖繩縣屬 宮古、久米、八重山等島甘蔗栽培和製糖事務擔當 沖繩縣農事試驗場場長	總督府囑託

				總督府撫墾署技手 臺北縣屬 總督府民政局技手 澎湖廳技手 總督府技手	
岡田祐二	技手 （1902～1904）	愛知	藥學研究	臺南廳囑託 阿緱廳技手	鹽水港製糖技師
田畑爲治 （1870～）	技手 （1902～1909）	鹿兒島	大日本實業學會普通農學科修畢 （1898）	鹿兒島縣大島廳雇 砂糖改良勸業委員 總督府民政部殖產課技手	
中水喜美山 （1879～）	技手 （1902～1911）	鹿兒島	鹿兒島鹿屋農學校 （1902）	兼任鳳山廳技手	糖務局裁撤後離職
甲田力	技手 （1902～1903）	宮城		嘉義廳屬	蕃薯寮廳技手
中西潔 （1870～）	技手 （1902～1903）	北海道	札幌農學校預科肄業	臺北縣辨務署技手 桃園廳技手	臺東廳技手
小谷仙治	技手 （1902～1903）	愛知		鳳山廳技手	
迫田郁樓 （1866～）	技手 （1902～1904）	廣島	教導團工兵科 （1884）	臺南縣殖產課臨時雇 殖產局事務囑託	
今井兼次	技手 （1903～1906）	北海道	札幌農學校預科肄業	總督府民政部殖產課雇 總督府民政部殖產課技手	大日本製糖農務係長
長谷川賢三	囑託 技手 （1903～1905）	神奈川		鳳山廳巡查 總督府囑託	
鶴仲壽美 （1882～）	技手 （1903～1911）	鹿兒島	鹿兒島鹿屋農學校	鹿兒島鹿屋農學校助手	續任糖業試驗場技手
田中與作	技手 （1904～1911）	山口	土木	臨時陸軍檢疫所囑託 臨時陸軍建築部技手 埼玉縣技手	續任糖業試驗場技手

鶴見愛眾	雇 技手 （1904～1906）		測量術		
黑瀨俊彥 （1869～）	技手 （1905～1911）	福岡	陸軍戶山學校 （1891） 糖業技術生	第三高等學校助教授 兼任臺南廳技手	續任糖務課技手
芝田德市郎 （1883～）	技手 （1905～1907）	鹿兒島	糖業技術生	兼任阿緱廳技手	
山下辰二	技手 （1905～1908）	鹿兒島	糖業技術生	兼任斗六廳技手	
町田種八郎 （1881～）	雇 技手 （1906～1911）	群馬	群馬農業校 （1903）		嘉義廳技手
森宋吉	囑託 技手 （1907～1909）	鹿兒島	鹿兒島鹿屋農學校 （1902）		鹽水港製糖旗尾工場原料係長
齋藤信義 （1879～）	囑託 技手 （1907～1910）	熊本	熊本農學校 （1903）		新興製糖大寮農場農事擔當
勇爲秀 （1878～）	囑託 技手 （1907～1910）	鹿兒島	鹿兒島簡易農學校 （1901）		
岡本唯一郎	囑託 技手 （1907～1909）	岡山	岡山農學校 （1901）		在臺從事礦業
泰爲孝	雇 技手 （1907～1911）	鹿兒島	大島郡實業補習學校 （1901）		
瀧本潔 （1876～）	技手 （1907～1911）	山形	新潟農學校 （1891）		續任糖務課技手
熊野御堂子長 （1878～）	技手 （1907～1911）	大分	大分農學校 （1897） 東京理財專修學校 （1900）	宇佐郡農業學校教諭	續任糖務課技手

村木忠次（1874～）	囑託 雇 技手 （1908～1910）	三重	甘蔗栽培事務 模範蔗園監督		明治製糖原料係長
邦山奧八（1884～）	技手 （1909～1911）	鹿兒島	龜津鐵研夜學舍 （1901） 測量製圖	臨時沖繩縣土地整理局助手 鹽水港廳技手	續任糖務課技手
德田善平（1885～）	雇 技手 （1909～1911）	熊本	熊本農學校 （1905）	實業補習學校訓導	續任糖務課技手
和田常記	雇 技手 （1909～1911）	熊本	熊本農學校		續任糖業試驗場技手
荒木時治郎	雇 技手 （1909～1910）	香川	香川木田郡立農學校		
土井由太郎	雇 技手 （1909～1911）	德島	香川木田郡立農學校		續任糖業試驗場技手
長谷部浩	技手 （1909～1911）	秋田	札幌農學校 （1904）	宜蘭廳技手	續任糖務課技手
菅井博愛	雇 技手 （1910～1911）	北海道	札幌農學校 （1909）		續任糖務課技手 1912年任臺灣製糖技師
清水愼一	技手 （1910～1910）	大分	大分農學校		
吉岡三郎（1881～）	技手 （1910～1911）	熊本	熊本農學校	蕃薯藔廳技手 鹽水港廳技手 臺南廳技手	續任糖務課技手
浦上義業（1885～）	囑託 技手 （1910～1911）	熊本	熊本農學校 （1903）	熊本農學校助教諭 恆春廳種畜場囑託 兼耕耘係長 民政部殖產局囑託	續任糖業試驗場技手
豐島林良（1887～）	囑託 技手 （1911～1911）	鹿兒島	鹿兒島縣大島農學校 （1905）	鳳山農會巡視員 鳳山廳農會技手 臺南廳農會技手	續任糖務課技手

西岡雄次郎（1885～）	囑託 技手 （1911～1911）	熊本	熊本農學校農藝化學研究（1905） 東京肥料分析講習所（1911）	總督府農事試驗場雇	續任糖業試驗場技手
小野佐雄（1882～）	囑託 技手 （1911～1911）	山形	東京高等工業學校應用化學科（1907）	尋常高等小學校訓導代理	續任糖業試驗場技手
田中信親（1876～1921）	囑託 技手 （1911～1911）	秋田	札幌農學校農藝科（1903）	秋田縣農事試驗場技手 秋田縣山本郡農業技手	續任糖業試驗場技手
瀨之口澄美（1885～）	技手 （1911～1911）	鹿兒島	東京高等工業學校應用化學科（1907）	山口縣工業技手	檢糖所技手
武石清次	技手 （1911～1911）	大分	大分農學校		續任糖務課技手

資料來源：

1. 吳文星，〈札幌農學校與臺灣近代農學的展開——以臺灣總督府農事試驗場爲中心〉，前引文。
2. 吳文星，〈札幌農學校畢業生與臺灣近代糖業研究——以臺灣總督府糖業試驗場技師技手爲中心〉，前引文。
3. 何鳳嬌編，《日治時期臺灣高等官履歷》，第1冊（臺北：國史館，2004年）。
4. 〈糖務局事務官淺田知定依願免官〉，《臺灣總督府公文類纂》永久保存（進退），冊號1335，文號25，1907年5月21日；〈近藤武義恩給證書送付ノ件（臺北廳）〉，《臺灣總督府公文類纂》永久保存，冊號1770，文號8，1911年3月2日；〈事務官金田政四郎（昇級、賞與、危篤）〉，《臺灣總督府公文類纂》永久保存，冊號2181，文號8，1913年9月1日；〈糖務局技師堀宗一昇級ノ件〉，《臺灣總督府公文類纂》永久保存（進退），冊號1022，文號23，1904年7月7日；〈小花和太郎恩給證書送付ノ件（臺中廳）〉，《臺灣總督府公文類纂》永久保存，冊號1774，文號15，1911年12月11日；〈東條秀介昇等昇級ノ義内申ノ件〉，《臺灣總督府公文類纂》永久保存（進退），冊號1121，文號5，1905年3月16日；〈元糖務局技手田村熊治ニ恩給下賜ノ儀上申該證書交付ノ件〉，《臺灣總督府公文類纂》永久保存，冊號1273，文號9，1907年6月1日；〈總督府技師兼臨時臺灣糖務局技手今井兼次昇級及賞與依願免官ノ件〉，《臺灣總督府公文類纂》永久保存（進退），冊號1232，文號58，

1906年8月15日；〈糖務局技手岡田祐二昇級及依願免官ノ件〉，《臺灣總督府公文類纂》永久保存（進退），冊號1019，文號25，1904年5月11日；〈田畑爲治總督府屬ニ任シ殖產課勤務ヲ命ス〉，《臺灣總督府公文類纂》進退追加保存，冊號689，文號50，1901年6月13日；〈臨時臺灣糖務局技手長谷川賢三依願免官ノ件〉，《臺灣總督府公文類纂》永久保存（進退），冊號1122，文號12，1905年4月5日；〈中水喜美山任臨時台灣糖務局技手ノ件〉，《臺灣總督府公文類纂》永久保存，冊號1726，文號78，1910年8月1日；〈蕃薯藔廳屬甲田力依願免官ノ件〉，《臺灣總督府公文類纂》永久保存（進退），冊號1232，文號38，1906年8月11日；〈元臨時臺灣糖務局技手迫田郁樓恩給ノ件〉，《臺灣總督府公文類纂》永久保存，冊號1056，文號16，1905年8月22日；〈恩給證書下付（中西潔）〉，《臺灣總督府公文類纂》永久保存，冊號3139，文號23，1921年10月1日；〈鶴仲壽美恩給証書送付ノ件〉，《臺灣總督府公文類纂》永久保存，冊號2780，文號4，1918年3月1日；〈田中與作恩給証書送付（臺北廳）〉，《臺灣總督府公文類纂》永久保存，冊號2098，文號7，1913年9月1日；〈斗六廳技手山下辰二外五名臨時臺灣糖務局技手又ハ屬兼任ノ件〉，《臺灣總督府公文類纂》永久保存（進退），冊號1231，文號41，1906年7月20日；〈糖務局技手鶴見愛眾依願免官ノ件〉，《臺灣總督府公文類纂》永久保存（進退），冊號1222，文號27，1906年11月18日；〈糖務局技手岡本唯一郎昇給、賞與、依願免〉，《臺灣總督府公文類纂》永久保存（進退），冊號1568，文號71，1909年11月1日；〈糖務局技手勇爲秀免本官並ニ賞與ノ件〉，《臺灣總督府公文類纂》永久保存，冊號1723，文號63，1910年5月1日；〈糖務局技手齊藤信義賞與及ヒ免官ノ件〉，《臺灣總督府公文類纂》永久保存，冊號1729，文號64，1910年11月1日；〈長谷部浩恩給証書下付〉，《臺灣總督府公文類纂》永久保存，冊號4015，文號2，1926年；〈府技手菅井博愛（賞與、依願免本官）〉，《臺灣總督府公文類纂》永久保存，冊號2073，文號42，1912年11月1日；〈恩給證書下付（瀧本潔）〉，《臺灣總督府公文類纂》永久保存，冊號2214，文號22，1914年4月1日；〈恩給證書下付（熊野御堂子長）〉，《臺灣總督府公文類纂》永久保存，冊號2213，文號7，1914年1月1日；〈清水愼一任臨時台灣糖務局技手〉，《臺灣總督府公文類纂》永久保存，冊號1723，文號30，1910年5月1日；〈菅井博愛任臨時台灣糖務局技手〉，《臺灣總督府公文類纂》永久保存，冊號1723，文號30，1910年5月1日；〈瀨之口澄美任臨時台灣糖務局技手〉，《臺灣總督府公文類纂》永久保存（進退），冊號1881，文號46，1911年2月1日；〈囑託豐島林良、西岡雄次郎任糖務局技手〉，《臺灣總督府公文類纂》永久保存（進退），冊號1881，文號39，1911年2月1日；〈囑託小野佐雄、田中信親任糖務局技手ノ件〉，《臺灣總督府公文類纂》永久保存（進退），冊號1883，文號95，1911年3月1日；〈浦上義業任糖務局技手〉，《臺灣總督府公文類纂》永久保存，冊號 1727，文號 68，1910 年 9 月 1 日；〈臺南廳技手吉岡三郎臨時臺灣糖務局技手任命ノ件〉，《臺灣總督府公文類纂》永久保存，冊號 1729，文號 28，1910 年 11 月 1 日；〈和田常記、荒木時治郎、土井由太郎任糖務局技手〉，《臺灣總督府公文類纂》永久保存（進退），冊號 1564，文號 8，1909 年 9 月 1 日。

二、糖務局之活動

糖務局在獎勵事業之外，糖業之研究與改良也是另一項重要事業。糖務局成立之初，接收殖產局臺南出張所的臺南農事試作場、麻荳苗圃，隸屬臺南支局，另設臺北、臺中甘蔗苗圃，從事甘蔗栽培之試驗。1903 年 2 月，臺南支局設分析所，從事各項分析試驗工作。同年 5 月，於臺南廳大目降街（今臺南新化），開設甘蔗試作場，不久廢止臺南農事試作場與麻荳苗圃，集中從事蔗作改良研究事業。〔註 93〕

另一方面，糖務局成立後，也研擬新的糖業技術生培養制度。1904 年 9 月 29 日，總督府以訓令第 247 號發布「臨時臺灣糖務局糖業講習生養成規程」〔註 94〕，並於年底至次年年初招募第一期糖業講習生。1905 年 1 月，糖業講習所於大目降街甘蔗試作場內正式成立，並於 2 月 12 日舉行第一期講習生開學儀式。

隨著糖業講習所的運作，分析所也轉移至甘蔗試作場內，糖務局逐漸將研究試驗機關整併於一地。〔註 95〕1906 年 7 月 10 日，總督府以告示第 55 號，廢止糖業講習所、分析所、甘蔗試作場等 3 機構的名稱，而統一稱爲糖業試驗場，仍屬臺南支局管轄。〔註 96〕

糖業試驗場設立之初，任務有甘蔗蔗糖及副產品試驗、蔗苗養成、分析、糖業講習生養成等，設栽培、講習、庶務等 3 掛，並多次派員前往世界各重要的糖產地，從事調查研究，作爲臺灣糖業發展的參考。1906 年 11 月，新設之製糖能力 60 噸新式製糖工場開始製糖，一面提供甘蔗與製糖試驗之用；一面作爲講習生實習工廠。〔註 97〕次年年初，再增建酒精製造場，從事製糖副

〔註 93〕臨時臺灣糖務局，《臨時臺灣糖務局第三年報》（臺北：編者，1905 年），頁 1。
〔註 94〕《府報》，第 1602 號，1904 年 9 月 29 日，頁 41～42。
〔註 95〕〈明治四十三年度總督府に於ける勤業施設の要項（續）〉，《臺灣農事報》，第 47 號，1910 年 10 月 25 日，頁 47。
〔註 96〕臨時臺灣糖務局，《臨時臺灣糖務局第七年報》（臺北：編者，1908 年），頁 88。
〔註 97〕〈糖業試驗場〉，《臺灣》，第 5 期，1911 年 4 月，頁 68～69。

產品酒精製造試驗〔註 98〕，糖業試驗場設施至此大致完備。

1907 年 7 月 17 日，總督府以訓令 130 號公布「臨時臺灣糖務局糖業試驗場規程」，明定糖業試驗場職掌任務有：（1）甘蔗及輪作物之耕種試驗相關事項；（2）蔗糖及副產品之製造試驗相關事項；（3）種苗之養成及繁殖相關事項；（4）甘蔗及輪作物之病蟲害相關事項；（5）糖業報告演講相關事項；（6）糖業相關物料之分析鑑定及調查相關事項；（7）糖業講習生養成相關事項，置場長 1 人〔註 99〕，由技師吉田碩造擔任場長。其下分爲 5 部，第 1 部負責農務，技師金子昌太郎擔任部長；第 2 部負責化學分析，技師山村悅造擔任部長；第 3 部負責病理昆蟲研究，囑託石田昌人擔任部長；第 4 部負責糖業講習教務，仍由石田昌人任部長；第 5 部負責庶務。至糖務局裁撤爲止，糖業試驗場之職掌事務大致不變。〔註 100〕

糖務局自糖業試驗場設立以來，吉田碩造以降任命的技師除石田研派遣海外外，悉數皆於糖業試驗場任職。糖業試驗場場長及各部負責人全數都是札幌系出身。

其中，吉田碩造爲 1900 年札幌農學校畢業，專攻農藝化學，曾任農事試驗場囑託、主任，1907 年補相馬半治缺，由臺中廳技師轉任糖務局技師，兼任糖業試驗場長首任場長，直到糖務局裁撤轉爲殖產局糖務課技師。

金子昌太郎爲 1904 年札幌農學校畢業，專攻農學、養蠶學，1907 年入糖業試驗場任囑託接掌農務部門，1908 年升任技師，糖務局裁撤後仍任糖業試驗場技師兼農務係長。

山村悅造爲 1907 年札幌農學校畢業，專攻農藝化學，畢業後隨即入糖業試驗場任囑託掌理化學分析部門，1909 年升任技師，糖務局裁撤後續任糖業試驗場技師兼農藝化學研究室主任。

石田昌人爲石田研之兄，1897 年札幌農學校畢業，專攻昆蟲學，1907 年擔任糖業試驗場囑託，掌管病理昆蟲、糖業講習兩部門，糖務局裁撤後續任糖業試驗場囑託兼昆蟲室主任（參見表 3-3-1）。〔註 101〕

〔註 98〕〈裝置機器〉，《臺灣日日新報》，1907 年 2 月 21 日，第 4 版。

〔註 99〕《府報》，第 2234 號，1907 年 7 月 17 日，頁 43。

〔註 100〕〈明治四十三年度總督府に於ける勧業施設の要項（續）〉，《臺灣農事報》，第 47 號，1910 年 10 月 25 日，頁 48～50。

〔註 101〕吳文星，〈札幌農學校畢業生與臺灣近代糖業研究——以臺灣總督府糖業試驗場技師技手爲中心〉，前引文，頁 14～20。

糖業試驗場創立之初從事的栽培試驗有甘蔗種類、肥料、種植季節、蔗苗栽種株數、發芽株數、甘蔗與稻輪作、甘蔗與甘薯及豆類輪作、甘蔗與豆類間作等實驗；分析試驗有甘蔗、蔗糖、土壤、綠肥、用水、石灰、燃料、水泥等試驗；酒精釀造試驗；昆蟲試驗經的調查研究發現甘蔗害蟲 73 種、益蟲 38 種、中間昆蟲 8 種。〔註 102〕

此後糖業試驗場除延續前述研究試驗外，為因應逐漸產生的甘蔗品種退化和病蟲害問題，1908～1909 年度分別從日本大島、沖繩、澳洲、夏威夷、爪哇、埃及等地引進新蔗種進行栽培試驗，並調查各地病蟲害情形，認為黃色螟蟲危害最大，其次是蔗龜，再次是二點螟蟲；另一方面，新式製糖會社越過濁水溪在中部設立，糖業試驗場乃委託彰化的新高製糖株式會社、臺中的松岡製糖場進行水田和旱田甘蔗種植比較試驗。〔註 103〕

綜觀糖業試驗場的研究成果可謂不勝枚舉，惟有輿論指出，糖業試驗場與各製糖場間缺乏聯絡，以致試驗場所僅限試驗場內〔註 104〕，糖業試驗場研究成果未能充分推廣，糖務局時期研究事業受到侷限。

培養基層新式糖業人才是糖業試驗場另一項事業。糖業講習生的學制為 2 年，前兩期糖業講習生分為製糖、機械兩科，兩科共同必修算術、國語或土語、實習等科目；製糖科學習的專業科目有農學大意、甘蔗栽培法、化學大意、製糖分析術、製糖法等 5 科；機械科學習的專業科目有：物理學大意；、機械學大意、汽罐及汽機操作法、製糖機械操作法、工場用具製作法及製圖等 5 科。〔註 105〕相當程度修正了先前糖業傳習生偏重學習甘蔗農學之課程安排。

1908 年 12 月 13 日，總督府以訓令第 204 號修正糖業講習生養成規程，第三期糖業講習生開始廢除製糖科、機械科分科教育。〔註 106〕第一學年以學習基礎能力普通科目為主，課程有農學總論、物理化學大意、製糖及機械學大意、甘蔗栽培法、修身、地理、數學、國語或土語、體操等 9 科；第二學

〔註 102〕臨時臺灣糖務局，《臨時臺灣糖務局第六年報》，頁 33～143。

〔註 103〕臨時臺灣糖務局，《臨時臺灣糖務局第八年報》（臺北：編者，1910 年），頁 41～306。

〔註 104〕北山生，〈糖業通信（十八）——糖業試驗場（下）〉，《臺灣日日新報》，1910 年 2 月 24 日，第 3 版。

〔註 105〕《府報》，第 1602 號，1904 年 9 月 29 日，頁 41。

〔註 106〕臨時臺灣糖務局，《臨時臺灣糖務局第九年報》（臺北：編者，1911 年），頁 402。

年則逐步教授專門科目，並加強實地教學，修習科目減少農學概論和地理，增加甘蔗病蟲害。〔註 107〕

此外，每學年會安排講習生進行一次的修業旅行。其中，第一學年生旅行天數大約 5 至 6 天，主要參觀中部以南各製糖會社工場和農場，學習重點放在工場硬體設備調查和農場運作；第二學年生旅行的天數達 10 餘天，除參觀製糖會社的工場和農場外，第五期之後的講習生還遠至臺北參拜臺灣神社，以及參觀國語學校、醫學校、中央研究所、農事試驗場等機關，學習著重在製糖技術調查和農場運作。〔註 108〕時有論者肯定糖業講習制度在糖業技術改良上的貢獻，而大多數糖業講習生也都能學以致用，進入官廳、製糖會社等公私立機關任職。〔註 109〕

糖務局尚成立官方助成糖業設施之旁系機關，以協助局務推展。〔註 110〕該機關原爲以糖務局臺南支局職員爲中心，結合轄區製糖業者、糖業從業者及甘蔗耕作者而成的糖業倶樂部，1904 年改稱爲臺灣糖業協會（簡稱糖業協會），事務所設在臺南支局內，以甫由臺南支局長轉任鹽水港製糖技師長堀宗一爲會長，糖務局技師東條秀介爲副會長，每月發行會刊。〔註 111〕

糖務局前期糖業協會的功能不明顯。1906 年下半年日資紛紛投資臺灣製糖業，糖務局乃規劃擴大糖業協會規模，以糖務局職員爲中心，網羅新式製糖業者、大糖商、金融界代表及其他有關官民，並發行機關報《臺灣糖報》，報導島內外糖界消息〔註 112〕，由糖務局臺南支局長淺田知定任會長，鹽水港製糖會社技師長堀宗一任副會長。

1908 年 3 月糖業協會改選幹部，堀宗一續任副會長，當時臺南支局已經裁撤，會長一職乃商請民政長官兼糖務局長祝辰巳擔任，此後糖務局長兼任會長成定例。同時糖業協會選出高島菊次郎、石川昌次（新興製糖）、槇哲、重永壯輔、瀧井瀧三、伊藤友吉、丸田治太郎、相馬半治、淺田知定、藤澤靜象、鈴木岩次郎、松岡富雄、吉田碩造、近藤武義等 14 名評議

〔註 107〕臺灣總督府民政部殖產局，《臨時台灣糖務局第十年報》，頁 655。

〔註 108〕臨時臺灣糖務局，《臨時台灣糖務局第九年報》，頁 404～405；臺灣總督府民政部殖產局，《臨時台灣糖務局第十年報》，頁 658～659。

〔註 109〕宮川次郎，《糖業禮讚》（臺北：臺灣糖業研究會，1928 年），頁 207。

〔註 110〕井出季和太，前引書，頁 521。

〔註 111〕〈糖業協會と雜誌の發行〉，《臺灣日日新報》，1906 年 1 月 13 日，第 4 版。

〔註 112〕宮川次郎，《臺灣糖業概觀》，頁 60。

員。其中，松岡富雄、吉田碩造、近藤武義分別是糖務局囑託、技師、事務官，屬糖務局官員代表；石川昌次、槇哲、丸田治太郎、相馬半治、淺田知定、藤澤靜象分別是新興、鹽水港、臺灣、明治、東洋、大日本等新式製糖會社代表；高島菊次郎、鈴木岩次郎分別是三井物產、鈴木商店等糖商代表；重永壯輔、瀧井瀧三、伊藤友吉分別是臺灣、三十四、臺灣貯蓄等各銀行代表，評議員是由糖務局官員及製糖會社、糖商、銀行等 4 股勢力組成。

常駐協糖業會打理會務的幹事職位則由五十里八十八（糖務局屬）、松田八百刀（糖務局屬）、田畑爲治（糖務局技手）等擔任，3 人皆糖務局職員。〔註 113〕糖務局打算進行之糖業改良事項，有些會交由糖業協會先行推廣。

例如 1908 年糖務局希望各新式製糖會社辦理甘蔗品評會，乃首度將甘蔗品評會列爲糖業補助項目，補助金額 5 千圓。〔註 114〕其採取的推廣策略即是先透過糖業協會舉辦帶動各製糖會社起而仿效。

1908 年 12 月，糖務局補助、糖業協會主辦之甘蔗品評會假臺南糖務局舊辦公室舉行，糖務局技師吉田碩造任審查委員長，參與資格爲斗六廳以南 7 廳出品的甘蔗。〔註 115〕1909 年後，明治、東洋、大日本等新式製糖會社亦紛紛舉辦甘蔗品評會，糖業協會的推廣產生效果（詳見第五章第三節）。

1910 年臺灣大型新式製糖會社勃興，蔗糖產量大幅增加，糖務局實施限制製糖能力，加上各製糖會社聯合組成臺灣糖業聯合會，使臺灣糖業協會功能逐漸消失而解散。〔註 116〕

〔註 113〕〈糖業協會の大會〉，《臺灣日日新報》，1908 年 3 月 4 日，第 2 版。評議員與幹事之來歷，係根據《臺灣日日新報》人事報導，以及《臺灣總督府職員錄（明治 41 年）》而來。

〔註 114〕臨時臺灣糖務局，《臨時臺灣糖務局第七年報》，頁 3。

〔註 115〕〈實業巡回通信（十五日）〉，《臺灣日日新報》，1909 年 7 月 20 日，第 3 版。

〔註 116〕井出季和太，前引書，頁 533。

圖 3-3-1　明治末期大目降糖業試驗場蔗園

資料來源：金子昌太郎，《甘蔗農學》，無頁碼。

圖 3-3-2　明治末期大目降糖業試驗場氣象觀測所

資料來源：金子昌太郎，《甘蔗農學》，無頁碼。

第四章　臨時臺灣糖務局前期獎勵事業與新製糖業之建立（1902～1906）

第一節　新式製糖資本之勸誘與獎勵事業之展開

一、新式器械之引進與推廣

糖務局成立後，參考殖產局臺南出張所改良製糖器械試驗成績，向美國訂購 30 臺 Ohio 式鐵製壓搾器，於 1903 年底運抵臺灣〔註 1〕，為首年度新式製糖器械貸借的主力。

糖務局最初計畫將其中 5 臺壓搾器配置在北部地區，其餘 25 臺則借給南部製糖業者使用，期限 2 年，申請資格為 1 期製糖量達 10 萬斤以上的業者，25 臺器具按各廳糖廍數比例分配，臺南、鹽水港、阿猴等 3 廳各分配 5 臺，鳳山廳 6 臺，嘉義廳 3 臺，蕃薯藔廳 1 臺。〔註 2〕

然而，器具的推廣並不順利，據新渡戶稻造的回憶，臺灣人對鐵製壓榨器接受度不高的原因竟是因為搾汁效果太好，以致搾完汁的蔗莖變得破碎，不便用來作為煮糖的材薪。〔註 3〕且壓搾器剛運抵臺灣，部分器具即破損，最後只貸借出 14 臺，且半數在南部以外地區，其中，臺東廳貸借 4 臺，彰

〔註 1〕〈臺南の製糖事情〉，《臺灣協會會報》，第 53 號，1903 年 2 月 20 日，頁 19。

〔註 2〕〈本年度台灣南部糖業獎勵の方針及其順序〉，《臺灣協會會報》，第 49 號，1902 年 10 月 20 日，頁 43。

〔註 3〕新渡戶稻造，〈臺灣に於ける糖業獎勵の成績と將來〉，《臺灣農事報》，第 43 號，1910 年 6 月 25 日，頁 4。

化、新竹、臺中 3 廳各 1 臺，顯然未照前述各廳的額度分配；而裝置在南部地區 7 臺器械，蕃薯寮、阿猴、鳳山等廳各有 2 臺，鹽水港廳有 1 臺，其中，裝置在蕃薯寮與阿猴廳的 4 臺器械都位在離新式製糖場或改良糖廍頗遠之處〔註 4〕，似可看出在新式製糖暫不能及的偏遠地區，糖務局擬以鐵製壓搾器提升糖產量的策略。

另一方面，1902 年新渡戶稻造藉著與後藤新平巡遊美國之機，親至俄亥俄州辛辛那提市鐵工場選購分蜜糖製糖機械，最後購入歐美最新式 Niles 式第四號壓搾機 1 臺，製糖能力可達 60 噸以上，連同運送費、保險費及其他手續費，價格大約 2 萬圓，委託三井物產運往臺灣。〔註 5〕

糖務局原先計畫將美國採購的 Niles 式壓搾機裝置在南部產地，並設立製糖所作爲製糖業者的模範。阿緱廳因灌漑便利、原料豐富及許多住民從事糖業，一度被選爲最適當的設立地點。糖務局並評估預算約 7 萬 2 千圓，預計在 1902 或 1903 年初設立。〔註 6〕但後來機械貸借給 1903 年在阿緱成立的南昌製糖會社〔註 7〕，而模範製糖場則改設立在大目降試作場，成爲糖業講習所的實習糖場。〔註 8〕

綜言之，先後成立的殖產局臺南出張所和糖務局爲推廣製糖改革，乃將製糖機械巡迴各處，讓製糖業者見識到製糖機械的效用，據糖務局事務官淺田知定評估，新機械的效力確實獲得糖業者的信賴。因此 1903 至 1904 年間開始有本土製糖業者投資新式製糖業，響應總督府的製糖改革。〔註 9〕

二、獎勵事業之展開與新式製糖會社之成立

依據糖業獎勵規則施行細則第四條之規定，總督府須在每年度初期公告獎勵金比例，糖業獎勵規則發布後，總督府隨即以告示第 78 號公布 1902～1903 年度獎勵金的發放比率，其中，製糖機械器具購買費補助規定爲機器價格的 2 成以內〔註 10〕，此後每年度比率大致不變。但對新式製糖會社提供的補助金

〔註 4〕臨時臺灣糖務局，《臨時臺灣糖務局第三年報》（臺北：編者，1905 年），頁 269。

〔註 5〕〈製糖壓搾機ナイルス式の購入〉，《臺灣日日新報》，1902 年 9 月 12 日，第 2 版。

〔註 6〕〈模範製糖所新設の計畫〉，《臺灣日日新報》，1902 年 9 月 12 日，第 2 版。

〔註 7〕〈南昌製糖會社の成立〉，《臺灣日日新報》，1902 年 9 月 16 日，第 2 版。

〔註 8〕〈模範製糖場〉，《臺灣日日新報》，1905 年 11 月 19 日，第 4 版。

〔註 9〕〈南部糖況〉，《臺灣日日新報》，1903 年 4 月 16 日，第 3 版。

〔註 10〕《府報》號外，1902 年 6 月 19 日，頁 7。

比例，則無明文規定。

糖業獎勵規則公布及糖務局設立的第二個月，本土資本即積極回應製糖改革，1902 年 7 月 15 日，臺南維新製糖合資會社（以下簡稱維新製糖）在臺南三郊組合成立，爲臺資的第一家新式製糖會社，資本額 20 萬圓，分 2 千股，每股 100 圓。〔註 11〕發起人有盧經堂、吳飄香、石慶章、蔡荣包、謝榮東、陳炳如、陳郁夫、張治三等 8 人，其中，盧經堂出資 5 萬圓爲最大股東，擔任社長；吳飄香、石慶章、蔡荣包皆出資 3 萬圓；謝榮東和陳炳如各出資 2 萬圓；陳郁夫、張治三則出資 1 萬圓。工場位置設在鹽水港廳西港仔打鐵庄（今臺南市西港區營西里）。〔註 12〕

維新製糖的工場雖然設在鹽水港廳轄區內，但發起人與股東組成悉數皆爲臺南和安平的糖商，且與三郊組合關係密切，社長盧經堂爲三郊組合幹事、外商買辦，石慶章爲幹事長，其他發起人多爲會員。吳飄香、陳炳如、陳郁夫在日治初期爲輸出蔗糖達 50 萬斤的糖商，張治三的糖行輸出額也有 30 萬斤〔註 13〕，不過，三郊組合組合長王雪農卻沒有投資維新製糖（參見表 4-1-1）。

1902 年 9 月，維新製糖在進行製糖場工程同時，也委託三井物產向美國訂購製糖能力 60 餘噸之 Eureka 式發動機及附屬器具，總金額 12,440.70 圓。〔註 14〕簽訂機械購買契約後，社長盧潤堂向糖務局申請機器價格 20%，即 2,488.14 圓的製糖機械器具費補助金，1902 年 12 月獲得核准。〔註 15〕

繼維新製糖後，1903 年 4 月 10 日又有新興製糖合股會社（以下簡稱爲新興製糖）在鳳山廳成立，陳中和、陳文遠、陳升冠、周鳴球、簡忠（即張簡忠）等 5 人爲發起人，資本額爲 24 萬，並計畫向附近蔗農地主募股，確保原料供應無虞。製糖工場設在小竹下里芎蕉腳庄（今高雄市大寮區會社里），預計 6 萬圓用來購買美國製新式機械，15 餘萬圓投入建築房舍、倉庫，其餘作爲流動資本。〔註 16〕9 月，新興製糖申請改組爲株式會社，股東增加陳晉臣、

〔註 11〕〈臺南維新糖合股會社の成立〉，《臺灣日日新報》，1902 年 8 月 3 日，第 2 版。

〔註 12〕〈商事會社設立認可各廳報告ノ件〉，《台灣總督府公文類纂》，冊號 9845，文號 7，1904 年 9 月 1 日，第 04818 號。

〔註 13〕臨時臺灣舊慣調查會，《臨時臺灣舊慣調查會第二部——調查經濟資料報告》（臺北：編者，1905 年），頁 208。

〔註 14〕〈維新製糖會社計畫と豫定計畫〉，《臺灣日日新報》，1902 年 12 月 10 日，第 2 版。

〔註 15〕〈維新製糖會社出願許可〉，《臺灣日日新報》，1902 年 12 月 24 日，第 2 版。

〔註 16〕〈新興製糖會の事業開始準備〉，《臺灣日日新報》，1903 年 7 月 26 日，第 2 版。

孫明輝 2 人，排除簡忠，其中，陳中和出資 11 萬圓，陳升冠出資 8 萬圓，陳文遠出資 2 萬圓，周鳴球、陳晉臣、孫明輝則各出資 1 萬圓。〔註 17〕9 月 17 日新興製糖舉行創立總會，陳中和當選社長，陳升冠任副社長，陳文遠、陳晉臣爲監事，孫明輝爲董事，周鳴球爲經理。〔註 18〕

分析新興製糖的股東，1900 年社長陳中和已投資臺灣製糖 37,500 圓，並擔任董事，不是第一次投資新式製糖。〔註 19〕陳中和等新興製糖股東大體爲打狗地區的糖商或買辦，且大部分爲苓雅寮（今高雄市苓雅區）出身，只有陳升冠、孫明輝居旗后（今高雄市旗津區）地區，陳升冠兼爲高雄區街庄長、陳文遠爲苓雅寮區街庄長，爲兩地重要的領導階層（參見表 4-1-1）。

新興製糖成立之初，社長陳中和隨即向糖務局申請 5 年的補助金，糖務局審核認爲，新興製糖發起人爲本島資產家中少數有力者，具有多年經營糖業之經驗，且會社各方面設計均屬恰當，符合糖業獎勵規則第二條及施行細則第七條第一款補助金的申請資格，乃核定 1903～1904 年度補助金額爲 14,400 圓。不過，次年度以後 4 年之補助，則規定須按各年度預算再行審議。〔註 20〕

由於糖業獎勵規則及施行細則並未規定補助金的年限與比例，陳中和之所以一口氣提出 5 年的補助申請，應是循臺灣製糖之前例，只是糖務局受限於年度預算，只能逐年審議補助金，而糖務局核定 14,400 圓的補助金額，亦同樣是循臺灣製糖前例，爲新興製糖 24 萬圓資本額的 6%。

隨著補助金的發放，糖務局對新興製糖頒布命令項目，要點有：(1) 1903～1904 年度補助金爲 14,400 圓，製糖開始後申請隨即發放；(2) 每年度事業預定計畫和收支預算書及製糖結束後的事業功程決算書，須分別在年度初和年度過後 3 個月內向糖務局提出；(3) 事業預定計畫與功程書須記載購買甘蔗、製造砂糖、包裝及販運生產品、「砂糖消費稅」等事項；(4) 有通知股東繳交資金，募集社債或借貸金錢情形時，須隨時向糖務局報告，並於翌月 5 日報告股金和社債金額；(5) 如有變更規約、役員異動或其他重大事項，不

〔註 17〕〈商事會社設立認可各廳報告ノ件〉，《臺灣總督府公文類纂》，冊號 9845，文號 7，1904 年 9 月 1 日，第 04818 號。

〔註 18〕〈新興製糖會の本年度事業〉，《臺灣日日新報》，1903 年 9 月 29 日，第 2 版。

〔註 19〕伊藤重郎，《臺灣製糖株式會社史》（東京：臺灣製糖株式會社，1940 年），頁 83～84。

〔註 20〕〈新興製糖合股會社補助金下付認可〉，《臺灣總督府公文類纂》甲種永久追加，1903 年 6 月 10 日。

得延遲向糖務局長報告；（6）會社需成為同業者的模範，在不妨礙業務的限度下，設施得允許公眾縱覽，並努力啓發一般糖業者；（7）須依糖務局發布命令進行收購原料及開發土地等相關方法；（8）臺灣總督及糖務局長得隨時派員監察事業與收支狀況。〔註21〕

以上項目大多數與糖務局發布給臺灣製糖的命令相同，其中，第2、3、4、5、7、8項規定可說是糖務局對會社的監督機制，第6項規定則要求新興製糖負有宣傳糖業獎勵的義務。

新興製糖1903～1904年度的補助金申請雖獲核准，卻因購買的機械來不及裝置完成著手製糖，遭糖務局依前述命令條項第一項之規定取消補助金。1904年10月製糖機械全數安裝完成開始製糖後，新興製糖再度申請補助金，糖務局核准的金額與發布的命令與前年度相同。〔註22〕

在東部有賀田金三郎的賀田製糖所設立。賀田氏係在1899年11月間向臺東廳申請從事開墾，土地面積廣達約2萬町（1町約等於0.99174公頃），經試種多項作物後，發現甘蔗和煙草最具成效。〔註23〕糖務局成立後，賀田氏依據糖業獎勵規則向糖務局申請無償貸借吳全城一帶共860餘町土地開墾為蔗園，獲得准許後，先行開闢其中389町土地，並向糖務局申請設立新式製糖場。1903年5月，獲糖務局貸借製糖能力20噸之Niles式第四號機械及附屬器具，成為東部第一間新式製糖工場。〔註24〕

在阿猴廳有蘇雲梯計畫以20至30萬圓設立新式製糖場〔註25〕，不久萬丹士紳李仲義及打狗糖商陳文遠、盧潤堂加入新式製糖場設立計畫，預定使用製糖能力70噸之機器。〔註26〕1903年7月18日，糖務局核准南昌製糖會社（以下簡稱為南昌製糖）設立計畫，但之後資金募集並不順利，原先預計20至30萬圓資本額最後縮水到6萬圓。〔註27〕9月，南昌製糖正式成立，

〔註21〕同上註。
〔註22〕臨時臺灣糖務局，《臨時臺灣糖務局第三年報》，頁193～196。
〔註23〕〈賀田氏の開墾事業〉，《臺灣日日新報》，1900年12月12日，第2版。
〔註24〕〈吳全城蔗園狀況〉，《臺灣日日新報》，1904年8月31日，第2版。
〔註25〕〈台灣製糖會社の大合同〉，《臺灣協會會報》，第58號，1903年7月20日，頁37。
〔註26〕黃紹恆，〈從對糖業之投資看日俄戰爭前後台灣人資本的動向〉，《臺灣社會研究》，第23期，1996年，頁106。
〔註27〕〈南部台灣に於ける製糖會社〉，《臺灣協會會報》，第64號，1904年1月20日，頁9。

共 14 名發起人，蘇雲梯、李仲義、陳文遠、盧潤堂各爲出資 1 萬圓的大股東，由蘇雲梯任社長，其餘 2 萬圓出資者大部分與前述 4 人也有密切關連，例如，蘇雲梯的兩個弟弟蘇雲英、蘇雲從分別出資 2 千和 3 千圓；李仲義家族的李仲清、李鼎昌商號分別出資 2 千圓和 3 千圓；陳文遠以陳和義商號列名出資 3 千圓；盧潤堂家族有盧肇基、盧贊興出資 3 千和 1 千 5 百圓。4 個家族外，另有打狗苓雅寮林炳堂、曾遠堂各出資 1 千圓，阿猴街陳訓甫出資 5 百圓。製糖場設在港西中里公館庄（今屏東市公館里）〔註 28〕，由糖務局貸借新渡戶稻造於美國訂購製糖能力 60 噸之 Niles 式製糖機械。〔註 29〕1904 年 11 月製糖場興建完成準備開工之際，又因糖車不足，再貸借給三輪糖車 5 輛。〔註 30〕

南昌製糖的股東組成大致是阿猴和打狗兩地各持一半資本，社長蘇雲梯在南昌製糖成立前爲舊式糖廍和糖行負責人，也是地主，阿猴廳糖業組合成立後，擔任組合長，糖務局成立後被選爲糖務委員，爲廳內糖業界的龍頭，又有廳參事的職位，爲屏東平原最重要的領導階層〔註 31〕，1903 年曾以「阿緱廳管內人民總代」的名義領銜向總督府陳情，促成「阿猴」的廳、街名在 1905 年更名爲「阿緱」；〔註 32〕李仲義也是舊式糖廍和糖行的負責人，雖然無政治職位，但資產額有 50 萬圓，爲屏東平原首富。〔註 33〕蘇、李二氏可說是阿猴廳在地最重要的政、經人士。打狗糖商陳文遠曾參與投資新興製糖並擔任監事，其糖行在阿猴街（今屏東市）和東港街設有分行；盧潤堂早期曾任職德商東興洋行與英商瑞興洋行，後自行開設新德記商行，是打狗地區重要的蔗糖輸出商行，仍任洋行買辦，其在阿猴街設有精米場。〔註 34〕由是觀之，陳、盧二氏雖爲打狗糖商，但都在阿猴廳設立商號，故仍得以地緣關係參與設立南昌製糖（參見表 4-1-1）。

1903 年 10 月，鹽水港廳有蔴荳製糖會社（簡稱蔴荳製糖）成立，發起人

〔註 28〕〈商事會社設立認可各廳報告ノ件〉,《台灣總督府公文類纂》，冊號 9845，文號 7，1904 年 9 月 1 日，第 04818 號。

〔註 29〕〈南昌製糖會社の成立〉,《臺灣日日新報》，1903 年 9 月 16 日，第 2 版。

〔註 30〕臨時臺灣糖務局，《臨時臺灣糖務局第三年報》，頁 203。

〔註 31〕下村宏修，《臺灣列紳傳》（臺北：臺灣總督府，1916 年），頁 321。

〔註 32〕〈阿猴廳廳名訂正ニ關スル件〉,《臺灣總督府公文類纂》，冊號 943，文號 7，1904 年 1 月 13 日，第 00943 號。

〔註 33〕下村宏修，前引書，頁 322。

〔註 34〕同上註，頁 307～309。

爲林耀宗等 8 人，資本金 5 萬圓，分 1 千股，每股 50 圓。〔註 35〕其後，蔴荳製糖開放廳內糖業者認購股份，最終股東人數達到 314 名，李軒爲社長，最大股東爲投資 2 萬圓的蔴荳街人士林八房，崁子庄（今臺南市麻豆區安業地區）出身的社長李軒出資 1 萬 5 千圓，爲第二大股東，兩者投資佔總資本額的 7 成。〔註 36〕蔴荳製糖的機械同樣是糖務局貸借的 Niles 式製糖機械。〔註 37〕1904 年 12 月開始製糖時，因抽水器與糖車不足，糖務局再緊急貸借揚水唧筒與 5 臺三輪糖車。〔註 38〕

蔴荳製糖的股東全數爲蔴荳地區人士，地域色彩非常濃厚，且幾乎沒有糖商，與前述幾個新式製糖會社的股東組成不同。其中，郭心丹擔任蔴荳區長、鹽水港廳參事等職，爲政治職位最高者；鄭品爲蔴豆地區首富，擔任寮仔廍區庄長，其他包括社長李軒在內的股東多半爲保正。從蔴荳製糖資本額只有 5 萬圓，股東人數卻高達 314 人來看，蔴荳地區多數蔗農和製糖業者極有可能都入股蔴荳製糖（參見表 4-1-1）。

賀田組、南昌製糖、蔴荳製糖都是資本額不到 10 萬圓的新式製糖會社，糖務局皆以貸借機械 5 年爲獎勵，同時也對之發布命令項目，其內容隨製糖場位置與時間先後而有些許差異。

貸借機械命令項目規定每年度須向糖務局報告的事項與提供新興製糖補助金的命令項目大致相同，有年度事業預定計畫和收支預算、社債募集、章程及役員變更事項等，同時，糖務局亦要求會社得允許公眾縱覽，糖務局得發布糖業相關命令並隨時派員監察事業狀況及收支。

另一方面，糖務局規定會社有維修機械的責任，爲確保貸借機械的使用效率，糖務局尚規定每個製糖期連續或累積休業達一定天數，須預先報請糖務局長核准，糖務局長亦有權將機械改交他人使用。其中，東部的賀田組製糖所因較易受到甘蔗產量少及原住民出草因素干擾，休業天數連續 30 天或累積達 60 天才須報請糖務局長認可；〔註 39〕南昌製糖的休業規定爲連續 3 天或累積達 10 天，較賀田組嚴格許多〔註 40〕，尤其是製糖期間定會遇到新年，工

〔註 35〕〈蔴荳製糖株式會社の創立〉，《臺灣日日新報》，1903 年 11 月 18 日，第 2 版。
〔註 36〕〈蔴荳製糖會社事務の進程〉，《臺灣日日新報》，1904 年 5 月 22 日，第 2 版。
〔註 37〕〈蔴荳製糖株式會社の創立〉，《臺灣日日新報》，1903 年 11 月 18 日，第 2 版。
〔註 38〕臨時臺灣糖務局，《臨時臺灣糖務局第三年報》，頁 215。
〔註 39〕同上註，頁 243～245。
〔註 40〕同上註，頁 204～206。

場勢必得停工數日，且會社創立初期常因機械故障、原料不足等因素休業，南昌製糖的休業規定顯然有些窒礙難行，其後，糖務局依據南昌製糖的執行狀況，修改蔴荳製糖的休業規定爲連續 7 天或累積 20 天〔註 41〕，可看出糖務局透過對糖業獎勵實施狀況修正執行規定的一面。

至 1903 年爲止，糖務局確立了 3 種新式製糖會社的獎勵方式，其一爲補助 2 成以內的製糖購置機械費用；其二爲提供會社資本額 6%的補助金；其三爲貸借機械。而此時期設立的 5 家新式製糖會社規模都在 5 萬到 24 萬圓間，製糖能力介於 60 至 100 噸，屬於小型新式製糖工場。如前所述，新渡戶稻造主張的製糖改革策略，是在運輸設備發達前先擴張舊式糖廍，進而裝置試驗效果優良的機械，待製糖品質稍達一致之後，再進一步追求糖業進展，此即所謂漸進主義或小製糖所論方針，當時清一色札幌系的糖務局技術官僚體系，幾乎都是小製糖所論者〔註 42〕，儘管兒玉與後藤傾向大製糖工場主義，但糖務局初期小型製糖會社的發展顯然較符合糖務局官僚的主張。

另一方面，糖務局初期新式製糖的勸誘極度仰賴糖商資本，如最早成立的維新製糖資本全數來自臺南、安平糖商，自不待言。新興製糖成立的過程，更可看出糖商資本的重要性。如前所述，新興製糖最初成立的發展方針爲對工場附近地主募股，以確保原料無虞，發起人之一的簡忠，因擔任工場所在地小竹下里赤崁區（今高雄市大寮、林園區）庄長〔註 43〕，爲執行此方針的要角。但到 9 月會社改組，簡忠卻未列名發起人，這顯示會社對附近地主募股策略失敗，而資金的缺口，轉由陳晉臣和孫明輝塡補，其中，孫明輝爲打狗地區輸出蔗糖數量達百萬斤以上的大糖商，實力和陳中和不相上下。〔註 44〕簡忠的退出與陳、孫兩人的加入，可看出糖商資本在新興製糖創立過程中具有舉足輕重的地位。

規模較小的南昌製糖，最早的發起人蘇雲梯本身是糖行主，擔任打狗糖商與阿猴製糖業間中介仲買的角色，原本他欲成立一家 20～30 萬圓資本額的會社，但顯然集資不順，在引進打狗糖商陳文遠、盧潤堂的資金後，才勉強

〔註 41〕臨時臺灣糖務局，《臨時臺灣糖務局第四年報》（臺北：編者，1906 年），頁 166。

〔註 42〕森久男，〈臺灣總督府の糖業保護政策の展開〉，《臺灣近現代史研究》，第 1 輯（東京：臺灣近現代史研究會，1979 年），頁 53。

〔註 43〕臺南新報社，《南部臺灣紳士錄》（臺南：編者，1907 年），頁 551。

〔註 44〕臨時臺灣舊慣調查會，前引書，頁 208。

以 6 萬圓資本額成立會社，糖商同樣在南昌製糖成立過程扮演重要角色。

蔴荳製糖是唯一糖商資本不具重要性的新式製糖會社，其因爲會社募股對象自始至終都是蔴荳居民，該地糖商勢力不強，且 5 萬圓資本額，扣除最大股東林八房出資 2 萬圓及李軒出資 1 萬 5 千圓，其餘 1 萬 5 千圓資金由 312 位股東集資並不困難，加上鹽水港廳爲對股東融資，特別協調臺灣銀行以股東耕地爲擔保，貸款林八房 2 萬圓，鄭品等 20 人 5 千圓，確保會社創立初期資金繳納順利。〔註 45〕使蔴荳製糖成爲唯一無糖商資本挹注，純由地方蔗農地主、糖廍主組成的製糖會社，且也是唯一繳滿資本額的新式製糖會社。

由是觀之，糖商是糖務局成立初期新式製糖會社的主要投資者，傳統製糖業者或蔗農除非如同蔴荳製糖那樣經由地方官廳主導，否則難以參與新式製糖會社。

表 4-1-1　糖務局前期臺資新式製糖會社表

資本額：萬圓 / 動力：噸

會社	資本	動力	股東名	股東角色	股東重要政商經歷（1903～1906）	出身地
維新	20	70	盧經堂	社長 發起人	安平農業組合長、三井會社米穀砂糖買辦、三郊組合幹事、豐源號主	臺南市街
			吳飄香	發起人	三郊組合會員、砂糖什貨商益章號主	臺南市街
			石慶章	發起人	三郊組合幹事長、糖米行、三井洋行買辦、糖行慶源章號主	臺南市街
			蔡棻包	發起人	臺南糖商	臺南市街
			謝榮東	發起人	米穀砂糖商、三井洋行買辦、三郊組合幹事長、泉益號主	臺南市街
			陳炳如	發起人	砂糖什貨商、三郊組合會員、吉春號主	臺南市街
			陳郁夫	發起人	砂糖什貨商、三郊組合會員、裕泉號主	臺南市街
			張治三	發起人	油砂糖布什貨商，謙德號主	臺南市街

〔註 45〕〈蔴荳製糖會社事務の進程〉，《臺灣日日新報》，1904 年 5 月 22 日，第 2 版。

新興	24	100	陳中和	發起人 社長	臺灣製糖董事、和興公司經理、南興公司主任、紳章	苓雅寮
			陳升冠	副社長	打狗區街庄長、糖米行順源號主	旗后
			陳文遠	監事	苓雅寮區庄長、順和號主、和義號號主、農商銀行重役、和興公司股東、紳章	苓雅寮
			周鳴球	監事	糖米買辦、瑞成號主	苓雅寮
			孫明輝	經理	糖米買辦、捷興號經理	旗后
			陳晉臣	股東	苓雅寮第一保保正、振祥改良糖廍負責人、米穀行	苓雅寮
			陳北學	重役	臺南德記源順洋行主砂糖行	苓雅寮
			陳和智	重役	和興公司股東、租館	苓雅寮
			陳和信	董事	和興公司股東	苓雅寮
南昌	6	60	蘇雲梯	社長 發起人	阿緱廳參事、臺南新報社監事、糖廍主、糖行、裕昌號、糖務委員、紳章	阿緱市街
			李仲義	發起人	糖廍主、糖米行、豐昌改良糖廍主、鼎昌號主、下淡水溪首富、紳章	阿緱萬丹
			陳文遠	發起人	新興製糖監事	苓雅寮
			盧潤堂	發起人	糖米買辦、紳章、新德記號主	旗后
			蘇雲從	發起人		阿緱市街
			蘇雲英	發起人	糖行、慶昌號	阿緱市街
			李仲清	發起人		阿緱萬丹
			盧肇基	發起人		旗后
			陳和義	發起人	陳文遠商號	苓雅寮
			李鼎昌	發起人	李仲義商號	阿緱萬丹
			盧贊興	發起人		旗后
			林炳堂	發起人	關帝廟支廳保西里八甲庄合成合源號砂糖製造所管理人	臺南
			曾遠堂	發起人	農商銀行嘉義出張所主任，與林炳堂相熟	臺南
			陳訓甫	發起人		阿緱市街

蔴荳	5	60	李軒	社長 發起人	炭仔庄保正、糖廍主	蔴荳地區
			林杍	董事	子良妙庄保正	蔴荳地區
			林耀宗	發起人		蔴荳地區
			鄭品	董事	寮仔廍區庄長、西庄製糖社長、書房教讀、蔴荳首富	蔴荳地區
			林波	董事	書房教師	蔴荳地區
			王自元	董事	蔴荳庄保正、糖廍主	蔴荳地區
			郭茂	監事	蔴荳庄保正	蔴荳地區
			郭心丹	監事	鹽水港廳參事、蔴荳區長、糖廍主、鹽務支館承辦	蔴荳地區
鹽水港	30	350	王雪農	社長	南興公司安平精米所總辦、德昌公司總辦、農商銀行重役、德興砂糖製造所管理人、鹽水港製糖社長、三郊組合幹事、臺南商工會會長	臺南市街
			郭升如	常務董事	鹽水港廳街長、德昌棧承辦、糖商、紳章	鹽水港地區
			翁煌南	董事	鹽水港廳參事、糖廍主、糖行慶元號主、紳章	鹽水港地區
			葉瑞西	監事	鹽水港區街庄長、鹽務總館、紳章	鹽水港地區
			劉神嶽	董事	鹽水港廳參事、珍美改良糖廍主、紳章、糖務委員	鹽水港地區
			沈植珍	發起人	糖廍主	鹽水港地區
			黃錦興	董事	鹽水港廳第三保保正、糖商益興號主、紳章	鹽水港地區
			周興臣	發起人	糖廍主、德昌改良糖廍主、紳章	鹽水港地區
			連淮泗	監事	果毅後區庄長、糖廍主、書房教師	鹽水港地區
			郭浩雋	董事	鹽水港廳參事、糖廍主、紳章	鹽水港地區
			陳人英	董事	鹽水港廳保正、源成號主、芳昌號主	鹽水港地區
			葉澄波	監事	牛墟董事、紳章	鹽水港地區
			周及三	監事	列名紳士錄	鹽水港地區
			郭洪淼	董事	糖廍主、聯契改良糖廍主	鹽水港地區
			劉北鴻	監事	糖廍主	鹽水港地區

			陳曉嵐	監事		鹽水港地區
臺南	30	180	王雪農	社長	鹽水港製糖社長	臺南市街
			蔡國琳	董事	臺南廳參事、砂糖商、紳章	臺南市街
			吳子周	董事	臺南廳參事、商工會副會長、紳章、合發號主	臺南市街
			羅文旺	發起人	糖間廣逢春號主	臺南市街
			陳顯三	發起人	臺南廳第二十保保正	臺南市街
			張文選	專務董事	臺南第三區街長、關帝廟合德製糖所管理人、砂糖商、萬青號主、紳章	臺南市街
			吳道源	董事	臺南新報董事、醫生、紳章	臺南市街
			余君屛	發起人	臺南廳第十五保保正	臺南市街
			楊鵬搏	發起人	臺南第一區街長、紳章	臺南市街
			陳修五	發起人	臺南第二區街長、紳章	臺南市街
			張建功	發起人	臺南區街長、紳章	臺南市街
			黃鷺汀	監事	臺南第四區街長、砂糖商金長恭號主、臺南商工會幹事	臺南市街
			郭炭來	董事	臺南第五區街長、三郊組合副會長、臺南商工會幹事、寶益號主	臺南市街
			黃隆	發起人	糖廍主，	臺南仁德
			陳挺	發起人	糖廍主	臺南仁德
			蘇試	發起人	灣裡街區長	臺南灣裡
			陳鴻鳴	監事	善化里東堡庄長、糖廍主、日成號主	臺南灣裡
			蘇有志	監事	臺南廳參事、糖商、糖務委員、紳章	臺南大目降
			林阮金	發起人	糖廍主	臺南大目降
			江以忠	發起人	臺南廳參事、製糖業、紳章	臺南噍吧哖
			陳蟳	發起人		臺南噍吧哖
			徐番江	發起人	關帝廟支廳保東里庄長	臺南關帝廟
			鄭利記	監事	大潭庄區長	臺南歸仁
			張金聲	發起人	安平區庄長、醫生、中和號主	臺南安平
			林鳳流	發起人		臺南學甲

			吳筱霞	專務董事	糖行主	臺南市街
			林霽川	董事	砂糖行主、臺南商工會幹事	臺南市街
			葉爾純	監事	典舖開源號主、農商銀行理事	臺南市街
			顏振聲	監事	醫生	臺南市街
			陳冠英	監事	糖米買辦，德昌號	臺南市街
			黃殷經	監事	列名紳士錄	臺南市街
			楊愷	監事	永內區庄長、砂糖製造	臺南永康

資料來源：

1. 臺南新報社，《南部臺灣紳士錄》（臺南：編者，1907 年）。
2. 下村宏修，《臺灣列紳傳》（臺北：臺灣總督府，1916 年）。
3. 〈言爲厲階〉，《臺灣日日新報》，1913 年 12 月 25 日，第 6 版；〈續獎南商〉，《臺灣日日新報》，1899 年 12 月 15 日，第 3 版。
4. 〈商事會社設立認可各廳報告ノ件〉，《臺灣總督府公文類纂》15 年保存，1904 年 9 月 1 日。
5. 臨時臺灣糖務局，《臨時臺灣糖務局第三年報》（臺北：編者，1905 年）。

圖 4-1-1　大正年間新興製糖工場

資料來源：佐藤吉治郎，《臺灣糖業全誌》（臺中：株式會社臺灣新聞社，1926 年），頁 193。

圖 4-1-2　1907 年剛併入大東製糖時的南昌製糖工場

資料來源：伊藤重郎，《臺灣製糖株式會社史》，無頁碼。

第二節　大製糖工場之獎勵

一、大製糖工場設立背景

儘管符合糖務局官僚漸進主義主張的小製糖工場爲糖務局初期製糖改革的主流，但由於地方官廳擁有新式製糖會社的設立核准權限，提供了兒玉與後藤大製糖工場主義一條實現的途徑，其中，鹽水港廳廳長村上先是實現新式大工場主張的關鍵人物。

村上先是一名熱心糖業改革者，1903 年 2 月首先糾合廳內從事糖業者組成 6 區的糖業組合，以謀求改良蔗糖品質、擴張通路及融通製糖業者資金。鑑於牛隻與蔗作和製糖關係密切，實行牛畜保護改良繁殖計畫，並在獎勵規則外，自行補助蔗園堀井等水利工事。〔註 46〕

1903 年 8 月，村上先核准鹽水港街士紳郭升如、翁煌南、葉瑞西、劉神

〔註 46〕〈鹽水港廳の糖業奬勵方法〉，《臺灣協會會報》，第 55 期，1903 年 4 月 20 日，頁 36。

嶽、沈植珍、黃錦興、周興臣、連淮泗等 8 人提出 20 萬圓資本額之鹽水港製糖合股會社設立計畫（簡稱鹽水港製糖），郭升如擔任社長。〔註 47〕乍看之下，鹽水港製糖合股會社與之前成立的維新、新興等會社規模相差無幾，但至 10 月，村上先進一步將 6 區的糖業組合整併爲鹽水港與蔴荳兩區域，各設一家新式製糖會社，前者即 8 月獲得核准尚未運作之鹽水港製糖合股會社，預計裝置 350 噸製糖能力的大機械；後者爲規模較小的蔴荳製糖會社。〔註 48〕

規模較小的蔴荳製糖很快就在 10 月底成立，反而是 8 月核准的鹽水港製糖合股會社卻遲遲無法運作，其原因在於 20 萬圓的資本額沒有能力維持 350 噸的新式工場，會社勢必要增資。

最初會社的增資目標爲 50 萬圓，且募資的對象限於鹽水港廳居民〔註 49〕，但廳內資產家資力不足，最後資本額僅增加爲 30 萬圓，而出資最多的王雪農爲臺南安平糖商，並非鹽水港廳居民，能夠入股的原因在於其所經營德昌號的分棧開設在鹽水港街，而分棧負責人正是原鹽水港製糖合股會社社長郭升如；此外，大稻埕茶商郭春秧也有意出資，但被拒絕。〔註 50〕

1903 月 12 月 12 日，鹽水港製糖以改組爲株式會社的名義獲鹽水港廳當局認可。適巧 1904 年 1 月杉山茂丸以 13 萬 5 千圓的代價收購札幌製糖工場一具 70 噸製糖能力機械，並委託 Samuel 商會橫濱支店送至臺灣〔註 51〕，機械原欲貸借給阿緱廳的南昌製糖，因南昌製糖募股不如預期而轉貸給鹽水港廳。〔註 52〕

取得機械的村上先與糖務局協商後，決定以札幌製糖 70 噸能力舊機械加上糖務局補助向英國訂購的新機械，構成鹽水港製糖 350 噸的製糖能力。

不過當時鹽水港製糖股東實際繳交的股金只有一半的 15 萬圓，顯然無法支付價額高達 20 萬圓以上的英國新機械。於是村上先居中斡旋，以會社的資產與股票爲擔保，向 Samuel 商會借款 15 萬圓，年利率爲 7%，取得借

〔註 47〕〈商事會社設立認可各廳報告ノ件〉，《台灣總督府公文類纂》，冊號 9845，文號 7，1904 年 9 月 1 日，第 04818 號。

〔註 48〕〈鹽水港廳下糖業獎勵〉，《臺灣日日新報》，1903 年 10 月 21 日，第 2 版。

〔註 49〕〈鹽水港製糖會社〉，《臺灣日日新報》，1904 年 1 月 12 日，第 2 版。

〔註 50〕翼浦漁人，〈夢の跡〉，《臺灣近現代史研究》，第 2 輯（東京：臺灣近現代史研究會，1980 年），頁 155。

〔註 51〕〈杉山其日庵臺灣糖業策謀秘談〉，材木信治，《日本糖業秘史》（神户：材木糖業事務所，1939 年），頁 180。

〔註 52〕森久男，前引文，頁 63。

款的第一年只須繳還利息，第二年開始分 4 年還款，並給予 Samuel 商會臺灣支店 3 年的蔗糖委託販賣權，第四年以後如欲解除委託販賣，利息則提高到 9%。〔註 53〕

1904 年 3 月 20 日，增資改組後的鹽水港製糖舉行創立總會，王雪農爲社長，原社長郭升如爲常務董事，郭浩雋、黃錦興、翁煌南、劉神嶽、陳人英等人爲董事，葉瑞西、葉澄波、周及三等人爲監事，工場設在鹽水港廳岸內庄（今臺南市鹽水區岸內里）〔註 54〕，隨後，王雪農委託 Samuel 商會向英國訂購製糖機械〔註 55〕，鹽水港製糖成爲糖務局成立第一家大規模新式製糖會社。

從鹽水港製糖成立過程可看出，大規模新式糖場的出現鹽水港廳長村上先扮演重要的角色。村上先之所以如此堅持設立大型新式糖場，應與持大製糖工場主義的後藤新平之支持有關，村上先和後藤新平都是岩手縣人，岩手縣出身的官吏多自認爲後藤新平的親屬，加以兩人可能有遠親關係〔註 56〕，村上先常仰仗後藤新平的關係展現權勢，當時任職糖務局負責監督蔴荳製糖工場的增本作市即認爲村上先是一名好大喜功且喜歡表現威嚴的人。〔註 57〕鹽水港製糖設立後，後藤新平也認爲應盡力保護〔註 58〕，從另一個角度來看，村上先亦在實行兒玉與後藤的大製糖工場主義。

鹽水港製糖的成立，帶動隔鄰臺南廳籌設的新式製糖會社往大工場主義發展。1903 年 11 月時，臺南廳原有設立 3 家新式製糖會社計畫，其一，以臺南市街資本爲主，發起人有蔡國琳、郭炭來、羅文旺、黃加冬、吳子周、黃殷浩等 14 人，資本額 10 萬圓，由發起人出資 4 萬 4 千圓，其餘資金向附近蔗園地主募集，工場擬設在文賢里車路墘庄（今臺南市仁德區）；其二，結合臺南市街與大目降支廳（今臺南新化一帶）資本，發起人有王雪農、張文選

〔註 53〕〈三百五十十噸ノ機械貸付ニ関スル計畫〉，《後藤新平文書》微捲資料，國家圖書館藏。

〔註 54〕〈鹽水港製糖株式會社〉，《臺灣日日新報》，1904 年 3 月 27 日，第 2 版。

〔註 55〕佐藤吉治郎，《臺灣糖業全誌》（臺中：株式會社臺灣新聞社，1926 年），頁 34。

〔註 56〕小川功，〈“虛業家”による外地取引索・証券会社構想の瓦解——津下精一の台湾証券交換所出資と吉川正夫仲買店買収を中心として〉，《彦根論叢》，第 367 號，2007 年 7 月，頁 99～100。

〔註 57〕〈改隸以後建築的變遷（一）〉，《臺灣建築會誌》，第 16 輯第 1 號，1944 年 6 月，頁 28。

〔註 58〕〈鹽水港製糖創業時代と受難時代〉，材木信治，前引書，頁 226。

等 20 人，資本金 10 萬圓，由發起人出資 9 千 1 百圓，工場擬設在仁德北里崁腳庄（今臺南市仁德區）；其三，由灣裡支廳（今臺南善化一帶）糖業者發起，資本額 10 萬圓，其中，3 萬 7 千圓由發起人出資。〔註 59〕

1904 年 3 月，臺南廳長山形脩人主導將 3 個製糖會社設立計畫合爲一家大型新會社〔註 60〕，名稱定爲臺南製糖株式會社（以下簡稱臺南製糖），資本額 30 萬圓，分 6 千股，每股 50 圓，其中，臺南廳直轄地區認股 11 萬圓、關帝廟（今關廟）地區 4 萬 5 千圓、大目降地區 5 萬圓，灣裡（今善化）地區 3 萬 5 千圓，噍吧哖（今玉井）和安平地區各 5 千圓，剩餘 5 萬圓開放給會社附近蔗農地主認購。〔註 61〕

1904 年 5 月 15 日，臺南製糖召開創立總會，蔡國琳、吳子周、羅文旺、陳顯三、張文選、吳道源、余君屛、王雪農、楊鵬搏、陳修五、張建功、黃鷺汀、郭炭來、黃隆、陳挺、蘇試、陳鴻鳴、蘇有志、林阮金、江以忠、陳蟳、徐番江、鄭利記、張金聲、林鳳流等 25 人列爲發起人，選出王雪農爲社長，張文選、吳筱霞爲專務董事，蔡國琳、吳子周、吳道源、郭炭來、林霽川爲董事，葉爾純、陳鴻鳴、蘇有志、鄭利記、顏振聲、黃鷺汀、陳冠英、黃殷經爲監事，工場設在善化里西堡六份寮庄（今臺南市善化區六分里）。〔註 62〕

鹽水港製糖和臺南製糖的成立，可說是地方官廳強力運作集中地區資本的結果，因此股東結構具有強烈的地域色彩，且糖商資本不像先前成立的維新、新興等會社具有絕對主導地位，傳統製糖業者、蔗農地主及地方領導階層同樣都是會社主要股東。

例如，鹽水港製糖的股東除王雪農外都是鹽水港廳內的人士，並且散居在蔴荳以外地區，與蔴荳製糖爲廳內的兩股新式製糖業勢力。翁煌南、劉神嶽、陳人英爲廳參事，郭升如、葉瑞西、連淮泗爲街庄長，尙有數名保正，翁煌南身兼製糖業者和糖商，其餘股東則以糖廍主居多數，劉神嶽尙爲糖務局鹽水港廳的糖務委員。

臺南製糖股東出身地方領導階層的情況更加明顯，特別是臺南廳直轄臺南市街的區長及 5 名區街長悉數爲發起人，蔡國琳、吳子周爲參事，多人爲

〔註 59〕〈臺南廳下三製糖會社設立計劃〉，《臺灣日日新報》，1903 年 11 月 25 日，第 2 版。

〔註 60〕〈臺南製糖復活〉，《臺灣日日新報》，1913 年 1 月 27 日，第 3 版。

〔註 61〕〈臺南製糖會社設立計畫〉，《臺灣日日新報》，1904 年 3 月 27 日，第 2 版。

〔註 62〕臨時臺灣糖務局，《臨時臺灣糖務局第三年報》，頁 237～241。

保正，臺南市街外，蘇有志與江以忠分別爲大目降和噍吧哖地區參事，黃隆、陳挺、陳鴻鳴、蘇試、徐番江、鄭利記、楊愷爲區長或街庄長；在糖業經歷方面，臺南市街出身的股東以糖商爲多，臺南市街以外的股東則以傳統製糖業者爲主（參見表 4-1-1）。

二、糖務局人事之調整

1903 年 10 月蔴荳製糖工場正進行建設時，曾有鹽水港廳官僚向糖務局官員呈請設立大製糖工場，卻被指責是反對總督府方針；〔註 63〕1904 年初，糖務局臺南支局長堀宗一積極勸誘陳晉臣開設改良糖廍，繼而有 4 家改良糖廍分別在鳳山、臺南、斗六等 3 廳設立〔註 64〕，由此可看出大製糖工場積極籌組之同時，糖務局內部仍戮力發展小規模的製糖場。

不過，面對大製糖工場發展，總督府也開始在糖務局展開符合獎勵大製糖工場發展的人事調整。

1904 年 1 月，新渡戶稻造兼任京都帝國大學法科大學教授，返日本任教，糖務局長一職由非技術官僚的淺田知定代理。〔註 65〕同年 6 月，新渡戶辭去總督府職位，專任京都帝國大學法科大學教職〔註 66〕，糖務局長一職由財務局長祝辰巳繼任，此外，祝氏亦代理殖產局長。〔註 67〕

祝辰巳爲山形縣人，1892 年帝國大學法科大學政治學科畢業，文官高等考試合格後分發至大藏省任職，1896 年由大藏省遴選來臺擔任總督府民政局事務官，1897 年任財務局主計課長。其後以財政專長爲後藤新平倚重，先後接掌財務、專賣、糖務、殖產等局，1906 年後藤新平離任，獲後藤推薦接任民政長官一職。〔註 68〕1908 年 5 月歿於民政長官任內，後藤新平親自爲其撰寫墓誌銘，稱祝氏「獎殖產興業，榷樟腦煙鹽，治績大舉，臺灣財政有今日，其功居多矣。」〔註 69〕可見兩人關係深厚。祝辰巳接掌糖務局應與執行後藤

〔註 63〕翼浦漁人，前引文，頁 154。
〔註 64〕丁王生，〈糖界回顧錄（下）〉，《糖業》，第 170 期，1928 年 10 月，頁 24。
〔註 65〕〈淺田知定糖務局長代理ヲ命セラル〉，《臺灣總督府公文類纂》永久保存（進退），1904 月 1 月 25 日。
〔註 66〕《府報》，第 1548 號，1904 年 6 月 29 日，頁 48。
〔註 67〕〈財務局長祝辰巳殖產局長心得及糖務局長ヲ命セラル〉，《臺灣總督府公文類纂》永久保存（進退），1904 月 6 月 15 日。
〔註 68〕何鳳嬌編，《日治時期臺灣高等官履歷》，第 1 冊（臺北：國史館，2004 年），頁 361。
〔註 69〕後藤新平，〈祝君墓誌銘〉，《臺灣日日新報》，1908 年 6 月 5 日，第 3 版。

新平製糖改革理念有關。

祝辰巳上任糖務局長之同時，後藤新平召見臺南支局長堀宗一，以總督府須充分保護鹽水港製糖經營爲由，請堀氏入社協助社務。〔註70〕曾任札幌製糖第一代社長和技師長的堀宗一，體驗過北海道甜菜製糖的失敗，札幌製糖機械運來臺灣後，又因緣際會被指派負責安裝機械，堀宗一商請糖務局囑託橋本貞夫前來共同協助。據橋本回憶，當時並沒有機械安裝的設計圖，造成組裝上很大的難題，好不容易組裝完成，卻製不出蔗糖，經研究結果是因過濾罐不足，最後勉強只能製出泥蔗糖，在缺乏經費下，雖說總督府承諾要給予保護，但機械畢竟太老舊，似乎也別無辦法。〔註71〕而共同參與組裝機械的堀宗一，恐怕同樣也不看好鹽水港製糖未來發展，但在後藤新平的指派下，1904年7月，堀宗一先以生病爲由休職〔註72〕，8月正式進入鹽水港製糖擔任技師長。〔註73〕

堀宗一休職進入鹽水港製糖，固然與其曾擔任札幌製糖會社技師長經歷有關。然堀宗一和新渡戶稻造畢竟是糖務局札幌系官僚體系的中心人物，1904年兩人先後去職，一時使糖務局內札幌系技術官僚重要性降低，特別是接替堀宗一技師職位者爲非札幌系出身的相馬半治。

相馬半治又名下斗米半治，曾任小學校訓導，先後就讀於陸軍教導團步兵科與東京工業學校，1896年東京工業學校畢業，留校任助教授，1899年獲校長手島精一推薦取得文部省留學獎學金赴美、德、英等 3 國從事石油及製糖業研究，其間受文部省委託停留爪哇進行爲期 6 週的糖業視察，1903 年取得美國碩士學位，回國途中順道停留夏威夷進行 3 週的糖業視察，回國後任東京高等工業學校教授（1901年東京工業學校改制）。〔註74〕因這段留學時期經歷，相馬半治成爲一名大製糖工場主義者。

1904年2月，相馬半治以糖業事務囑託身分來臺進行糖業視察，目睹糖務局成立後甘蔗農業雖有進展，但製糖工業僅有臺灣製糖 1 家大規模製糖工場，距糖業改革成功目標尚遠，乃向村上先陳述應發展大製糖工場的糖業改革理

〔註70〕〈鹽水港製糖創業時代と受難時代〉，前引文，頁228。

〔註71〕同上註，頁227～228。

〔註72〕〈糖務局技師堀宗一昇級ノ件〉，《臺灣總督府公文類纂》永久保存（進退），1904年7月7日。

〔註73〕〈堀宗一氏〉，《臺灣日日新報》，1904年8月11日，第2版。

〔註74〕〈元臨時臺灣糖務局技師相馬半治ヘ恩給証書下付〉，《臺灣總督府公文類纂》永久保存（追加），1907年3月15日。

念，與奔走設立鹽水港製糖的村上先一拍即合。村上先隨後向後藤新平推薦相馬半治來臺任官，經後藤新平與文部省交涉，1904 年 7 月，相馬半治受聘爲糖務局技師，仍兼任東京高等工業學校教授，每年 4 月到 11 月在東京從事教務，製糖期的 12 月至 3 月則來臺於臺南支局執行勤務，並一度兼任糖務課長。〔註 75〕

相馬半治出任糖務局技師，打破糖務局清一色札幌系出身的技師技術官僚體系，而其大製糖工場主義亦與札幌系的糖務局官僚不同，據河野信治的說法，相馬半治來臺任職是抱持在糖務局內部會有相當摩擦的覺悟。〔註 76〕從新渡戶稻造、堀宗一去職，到相馬半治應聘擔任技師等糖務局之人事調整，似可看出糖務局積極獎勵大製糖工場之發展方向。

三、大製糖工場之獎勵

總督府承諾充分保護的鹽水港製糖，糖務局官員中除堀宗一休職入社擔任技師長外，尚有囑託橋本貞夫任會社庶務課長、專研藥學分析的技手岡田祐二轉任會社技師，稍後又有大目降甘蔗試作場主任佐佐木幹三郎入社擔任農務部長，後藤新平則推薦鎌原幸治擔任經理，使鹽水港製糖在農、工技術階層及經營管理階層無不充斥著糖務局轉任的官僚。〔註 77〕

儘管鹽水港製糖無償取得原札幌製糖機械，但向英國訂購的機械價格仍高達 22 萬餘圓，依之前糖務局規定補助機械購置費用 2 成，會社仍要支出將近 18 萬圓，加上其他創業費用，會社 30 萬圓資本將所剩無幾，難以支應往後的營運費用。於是糖務局特別研擬修改機械購置費用補助的比例，擬斟酌機械種類及會社實際狀態適度提高製糖機械器具費獎勵比率。〔註 78〕最後決定修改糖業獎勵規則施行細則，於第四條「依據糖業獎勵規則第一條給予的獎勵金比例，在每年度的初期告示之」之條文中增加「臺灣總督認爲必要情況時，得不依前項告示之比例辦理」規定〔註 79〕，提供彈性補助獎勵的金額。

這項修正確實爲鹽水港製糖大開方便之門。1904 年 3 月 22 日，社長王雪農向總督府申請製糖機械器具費用獎勵金，糖務局以 30 萬資本額難以負

〔註 75〕相馬半治，《還曆小記》（東京：著者，1929 年），頁 186～187。

〔註 76〕〈相馬翁明糖今昔譚〉，材木信治，前引書，頁 249。

〔註 77〕〈鹽水港製糖創業時代と受難時代〉，前引文，頁 227～228。

〔註 78〕〈臺灣糖業獎勵規則施行細則改正〉，《臺灣總督府公文類纂》，冊號 857，文號 14，1903 年 12 月 1 日。

〔註 79〕《府報》，第 1435 號，1903 年 11 月 28 日，頁 101。

擔會社營運爲由，核准全額補助 223,849.015 圓機械購置費用，但因經費龐大而分批發放。機械費用獲核准全額補助後，鹽水港製糖隨即與 Samuel 商會簽訂委託購買機械契約，糖務局先以 1903～1904 年度經費撥付 48,300 圓補助金。〔註 80〕機械運到打狗港後，再以 1904～1905 年度的經費先後撥付 58,620 圓和 5,700 圓。〔註 81〕機械安裝完成準備開始製糖之際，糖務局最後補足 111,229.015 圓補助款。〔註 82〕另一方面，糖務局亦指派北海道出身的囑託成田一雄負責設計及監督製糖場興建工程，並貸借修理器具和石油發動機使工程順利進行。〔註 83〕

隨著機械購置費用獎勵金的發放，糖務局對鹽水港製糖發布命令事項，內容大部分與先前對其他會社頒布的命令項目相同，但增加「會社設立後負有持續 15 年從事砂糖製造之義務」項目，並規定會社設立計畫書預定之事業 15 年內不得縮小，如因原料不足或其他事由不能達成事業預定目標時，須預先得到糖務局長認可，並以製糖機械作爲擔保，必要時得命令繳還獎勵金。〔註 84〕

糖務局規定鹽水港製糖至少 15 年的營運年限，可能與維新製糖的經營狀況不佳瀕臨倒閉有關，儘管糖務局官員積極協調維新製糖借款維持營運，股東仍不願繳交股金，使會社處於倒閉的危機中，一旦會社倒閉，先前糖務局撥付的糖業獎勵金勢將付諸流水。〔註 85〕有維新製糖前車之鑑，糖務局顯然不願傾力補助的鹽水港製糖重蹈覆轍而規定營運年限。

1905 年，糖務局進一步趁發放 10,500 圓補助金的時機對鹽水港製糖發布新的命令項目，將前述機械擔保規定更加具體化。除明定繳還獎勵金的金額爲 223,849.015 圓，即糖務局先前撥付給鹽水港製糖全額的製糖機械器具獎勵金外，爲避免作爲繳還獎勵金擔保品的製糖機械遭到變賣，或是因其他事故導致損害，規定會社的董事和監事須負連帶責任。

爲此，總督府再與鹽水港製糖簽訂動產保管契約，以總督兒玉源太郎爲債權人，鹽水港製糖爲債務人，明訂債務者的規定事項，要點有：(1) 223,849.015

〔註 80〕〈糖業獎勵金下付ニ關シ臨時臺灣糖務局へ指令〉，《臺灣總督府公文類纂》，冊號 4817，文號 1，1904 年 4 月 1 日。

〔註 81〕臨時臺灣糖務局，《臨時臺灣糖務局第三年報》，頁 222。

〔註 82〕臨時臺灣糖務局，《臨時臺灣糖務局第四年報》，頁 210。

〔註 83〕〈改隸以後建築的變遷（一）〉，前引文，頁 29；臨時臺灣糖務局，《臨時臺灣糖務局第三年報》，頁 222。

〔註 84〕臨時臺灣糖務局，《臨時臺灣糖務局第三年報》，頁 222～226。

〔註 85〕〈維新製糖會社事業停止〉，《臺灣日日新報》，1904 年 5 月 20 日，第 3 版。

圓的獎勵金須用來購買目錄記載之兩臺壓搾機等共 40 個物件；(2) 債務人不得對債權人下達繳還獎勵金命令持異議；(3) 鹽水港製糖爲履行前述義務，提供目錄記載之物件爲擔保；(4) 鹽水港製糖的董事與監事爲擔保品之善良管理人，負有保管的責任；(5) 提供之擔保品如有變賣，或因非天災及其他不可抗力因素導致債權人損害，鹽水港製糖的董事與監事須負連帶責任。〔註 86〕

由是觀之，糖務局一方面投入大量補助金給鹽水港製糖，一方面也透過命令項目對會社設限，以避免獎勵成果毀於一旦。由於鹽水港製糖的經營管理幹部幾乎都是總督府指定，且會社不動產又因被設定爲 Samuel 商會借款的抵押，股票在還清欠款前全數由村上先保管〔註 87〕，加上製糖機械作爲獎勵金的擔保品不能任意處分，使全數鹽水港製糖的臺人股東不但對會社經營沒有置喙的餘地，並且還要負擔經營的成敗責任。

糖務局以破例的方式提供鹽水港製糖全額的機械購置獎勵金，對同樣 30 萬圓資本額的臺南製糖之獎勵方式也呈現破例的一面。先是協助會社以競標的方式購買機械，並提供 2,390 圓的機械購置補助〔註 88〕，並在製糖場工程尚在進行同時即撥付實繳資本額 30 萬圓 6% 之 18,000 圓補助金，打破先前新興製糖須在製糖開始後才發放補助金的前例。〔註 89〕

糖務局補助臺南製糖同時也和臺南廳協商，安排曾任糖務局雇，時任臺南廳總務課長山本行道辭官入臺南製糖擔任業務監督。〔註 90〕山本行道爲長崎人，曾任福岡縣、東京府收稅屬，1895 年以雇員身分來臺，先後擔任民政局、鳳山縣、澎湖廳屬，1902 年糖務局成立，以澎湖廳總務課長身分轉任糖務局屬，同年 10 月轉任臺南廳屬兼總務課長，1905 年 11 月辭官。〔註 91〕山本行道進駐臺南製糖擔任監督，固然與其任職臺南廳有關，但山本和時任糖務局臺南支局長淺田知定同樣出身九州，山本擔任澎湖廳總務課長時，淺田爲澎湖廳長，後又隨淺田轉任職糖務局，安排山本擔任臺南

〔註 86〕臨時臺灣糖務局，《臨時臺灣糖務局第四年報》，頁 211～215。

〔註 87〕宮川次郎，《鹽糖の槇哲》（東京：作者，1939 年），頁 121。

〔註 88〕〈製糖器械の入札〉，《臺灣日日新報》，1904 年 7 月 16 日，第 2 版；臨時臺灣糖務局，《臺灣糖業一斑》（臺北：編者，1908 年），頁 26。

〔註 89〕臨時臺灣糖務局，《臨時臺灣糖務局第四年報》，頁 247～250。

〔註 90〕〈元臺南廳總務課長の送別會〉，《臺灣日日新報》，1905 年 12 月 13 日，第 5 版。

〔註 91〕〈山本行道恩給證書下付ノ件〉，《臺灣總督府公文類纂》永久保存，1906 年 4 月 19 日。

製糖業務監督，實具有糖務局和地方官廳共同監督臺南製糖運作的意義。

糖務局傾注全力獎勵鹽水港與臺南兩家規模較大的新式製糖會社，確實可看出 1904 年新渡戶稻造去職後糖務局轉往大製糖工場獎勵的方針，但同一年度糖務局卻削減給予臺灣製糖的補助金。當時臺灣製糖股東已經繳滿 100 萬圓的資本額，照例向糖務局提出第四年度資本額 6%之 6 萬圓補助申請，糖務局卻以臺灣製糖基礎已經穩固，無須撥付全額補助金爲由，僅核准補助金 4 萬圓。〔註 92〕同屬大規模製糖場，糖務局全力獎勵鹽水港製糖和臺南製糖，卻減少臺灣製糖的補助，兩者看似矛盾，時任臺灣製糖經理山本悌二郎認爲這是持小製糖場主義的糖務局官僚刻意刁難，甚至認爲新渡戶稻造和淺田知定仇視臺灣製糖。〔註 93〕事實上，當初兒玉源太郎承諾給臺灣製糖的 6%補助，是以資本額 50 萬圓爲計算基準，即以 3 萬圓爲補助上限，因此，如前所述當臺灣製糖資本額增加爲 100 萬圓時，只得採取另立名目的方式突破 3 萬圓的補助上限。糖務局成立後，新渡戶稻造核准以實繳資本額 6%爲補助金額，臺灣製糖不再需要另立名目來補滿補助金額，節省不少行政程序且提高撥付補助金效率。〔註 94〕

1904～1905 年度減少臺灣製糖補助金實際是在祝辰巳任內核定，減少的原因雖未必是臺灣製糖基礎已經穩固，但恐怕也非源自小製糖主義官員之掣肘。該年度隨著補助金發放，糖務局頒布給臺灣製糖的命令項目，新增會社如有盈餘須將之投入增設機械的規定〔註 95〕，正與大製糖工場主義的發展方針吻合，補助金的減少，應與糖務局大力支援鹽水港製糖和臺南製糖排擠到糖業獎勵經費有關。

在金錢的獎勵外，擔任糖務局代理局長的淺田知定進一步參考國外糖業相關著作，發覺糖業先進國家或由新式製糖會社掌握自有土地，或由政府實施原料採取區域制度保障大型製糖工場原料來源，乃與鹽水港廳長村上先協調以廳令發布相關政策，透過政策保障大製糖工場所需原料。〔註 96〕

〔註 92〕〈臺灣製糖補助金下付〉，《臺灣日日新報》，1904 年 9 月 16 日，第 2 版。

〔註 93〕〈臺閣に列したる山本二峯先生〉，河野信治，《日本糖業發達史》人物篇，前引書，頁 224。

〔註 94〕〈臺灣製糖株式會社補助金下付認可、糖務局〉，《臺灣總督府公文公纂》，永久保存追加，1903 年 12 月 9 日。

〔註 95〕臨時臺灣糖務局，《臨時臺灣糖務局第三年報》，頁 159。

〔註 96〕〈採取區域制の瀨踏を廳長にやらした〉，《臺灣日日新報》，1925 年 12 月 3 日，第 3 版。

1904 年 5 月 11 日，鹽水港廳以廳令第六號發布「糖廍取締規則」，要旨有：（1）每年製糖期開始前 8 個月.由廳長告示糖廍限制區域；（2）限制區域內欲開設糖廍者須在 1 個月前獲廳長核准；（3）糖廍設立申請書應記載糖廍開設位置、資本額、預定壓搾甘蔗數量、甘蔗來源區域、預定製糖量及簽訂原料購買契約之蔗農姓名、價格、數量與概略約定事項；（4）未獲允許而私自開設糖廍者，廳長得令其變更或關閉。〔註 97〕

同年 7 月 19 日，鹽水港廳以告示第二十八號公布兩處糖廍限制區域，其一，爲以鹽水港製糖爲中心的區域，範圍包括太子宮堡太子宮、新營、茄苳腳等庄（以上在今臺南市新營區），鹽水港堡鹽水港、竹仔腳、土庫、溪州寮、岸內等街庄（以上在今臺南市鹽水區），白鬚公潭堡五間厝庄，龍蛟潭堡牛稠底、義竹圍、角帶圍、東后寮、新庄、埤仔頭等庄全境，以及新店、溪州兩庄之一部分（以上在今嘉義縣義竹鄉）；其二，爲以蔴荳製糖爲中心的區域，範圍包括蔴荳堡蔴荳、溝仔墘、磚仔井、安業、謝厝寮等庄全境，以及寮仔腳庄一部分（均在今臺南市麻豆區境內）。〔註 98〕

1904 年 7 月 4 日，境內擁有臺灣製糖和新興製糖兩家會社的鳳山廳也以廳令第四號發布「糖廍取締規則」，其要點與鹽水港廳相似。〔註 99〕7 月 26 日，鳳山廳以告示第三十四號公布糖廍限制區域爲大竹里之苓雅寮、前鎮、大港埔、林德官、籬子內、一甲、五甲、戲獅甲、過田仔、竹仔腳等庄（以上在今高雄市三民、新興、苓雅、前鎮、前金、鳳山等區），小竹上里之九曲堂（今高雄市大樹區）、磚仔窯、翁公園、山仔頂等庄，小竹下里之大寮、栲潭、赤崁等庄（以上在今高雄市大寮區），赤山里之牛潮埔庄（今高雄市鳳山區），以及觀音上里、觀音中里、觀音下里、半屏里、興隆外里、仁壽上里、仁壽下里、嘉祥外里、維新里、長治一圖里、長治二圖里、文賢里等 12 里全境（以上 12 里在今高雄市燕巢、大社、仁武、阿蓮、岡山、路竹、湖內、茄萣、永安、彌陀、梓官、橋頭、楠梓等區，以及左營、三民兩區之一部分）。〔註 100〕其中，觀音上里以下 12 里屬臺灣製糖的區域，其他屬新興製糖，同時存在的兩個改良糖廍則被排除在外。

1904 年 9 月 5 日，擁有南昌製糖的阿猴廳亦以廳令第二十二號公布「糖

〔註 97〕《鹽水港廳報》，第 165 號，1904 年 5 月 11 日，頁 359。
〔註 98〕《鹽水港廳報》，第 174 號，1904 年 7 月 19 日，頁 383。
〔註 99〕《鳳山廳報》，第 122 號，1904 年 7 月 8 日，頁 136。
〔註 100〕《鳳山廳報》，第 126 號，1904 年 7 月 28 日，頁 142。

廍取締規則」，其內容與鹽水港、鳳山兩廳略有差異。要旨有：（1）每年 4 月爲限制區域公告時間，舊式糖廍申請期限爲限制區域公告後 5 個月內；（2）詳加規定糖廍內外各項設備與建築的尺寸與隔間，並要求必須固定每日清潔糖廍；（3）開設在居住區域外的糖廍必須設置管理人專門管理，以確保糖廍安全；（4）違反規則者處 10 圓以下之罰金或科料。〔註 101〕同日，阿猴廳再以告示第四十五號公布糖廍限制區域爲港西中里阿猴、頭前溪、公館、歸來、大湖（以上在今屏東市）、社皮等街庄（在今屏東縣萬丹鄉）〔註 102〕，亦即以南昌製糖爲中心的範圍。由此可看出阿猴廳的糖廍取締規則與鹽水港、鳳山兩廳最大之不同，在於將糖廍限制區域內舊式糖廍的衛生與安全管理納入規範中，但保障新式製糖的目的相同。

事實上，3 個地方官廳所制定的「糖廍取締規則」，皆未明定以新式製糖場爲中心劃設糖廍限制區域，但實際公布限制區域範圍都以新式製糖場爲中心，且不分規模大小，原本以保障大製糖工場原料來源爲前提而制定的糖廍取締規則，最後是將小製糖工場也納入保障中，改良糖廍則被排除在保障範圍外。

圖 4-2-1　大正年間鹽水港製糖岸內製糖場

資料來源：佐藤吉治郎，《臺灣糖業全誌》，頁 38。

〔註 101〕《阿猴廳報》，第 148 號，1904 年 9 月 8 日，頁 368。
〔註 102〕同上註，頁 369。

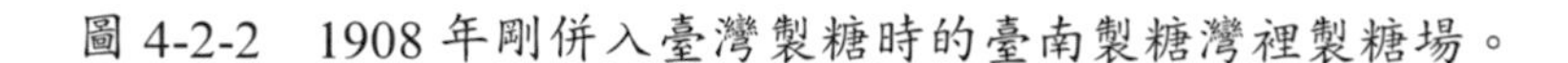
圖 4-2-2　1908 年剛併入臺灣製糖時的臺南製糖灣裡製糖場。

資料來源：伊藤重郎，《臺灣製糖株式會社史》，無頁碼。

第三節　獎勵政策之調整與改良糖廍之興起

一、新式製糖會社獎勵之困境與獎勵政策之改變

儘管糖務局成立初期對新式製糖資本的勸誘獲得一定的成效，但後續卻面臨如何確保獎勵成果的困境。

如最早成立的維新製糖資本額雖號稱 20 萬圓，但股東實際僅繳納 25,192.553 圓，加上糖務局撥給的機械獎勵補助金，資金總計只有 2 萬 8 千多圓，隨後開業費用去 2 萬 5 千多圓，只剩下 3 千多圓難以支應營運費用，結果 1903～1904 年製糖期開始不久即付不出購買原料的費用與工人薪資〔註 103〕，緊急向三井物產借款 7,350 圓，才使工場繼續運作，然整個製糖期仍因資金不足、製糖技術不熟練等因素，實際只運作 46 天，製出蔗糖 31,300 斤，與預訂 40～50 萬斤相差甚遠，最終會社虧損 7 千餘圓。〔註 104〕

〔註 103〕〈維新製糖會社事業停止〉，《臺灣日日新報》，1904 年 5 月 19 日，第 3 版。
〔註 104〕臨時臺灣糖務局，《臨時臺灣糖務局第三年報》，頁 192～193；〈維新製糖會社の蹉跌眞相〉，《臺灣日日新報》，1904 年 5 月 28 日，第 2 版。

面對會社虧損，維新製糖股東不願繼續繳納股金，臺南支局長堀宗一乃出面協調借款 3 萬圓，條件是年納利息 7 分，並逐次以繳交股金的方式還款，但股東只願借款償還前債，不願以繳交股金作為還款的條件，協商因而破局。〔註 105〕

其後，維新製糖一度傳出解散的傳聞，1904 年 8 月股東勉強繳交 7 千多圓股金還清三井物產的債務〔註 106〕，但會社資金缺乏的問題還是沒有解決。同時，受到糖務局全額補助鹽水港製糖購置機械的啓發，股東提出希望糖務局能收購會社的製糖機械，再免費貸借機械給會社使用，而會社亦可將賣機械所得作為 1904～1905 年度的營運資金的想法，但未獲糖務局核准。〔註 107〕1905 年 1 月 14 日，維新製糖提出休業申請，糖務局以該年度為限核准其申請。〔註 108〕

為解決困境，糖務局與會社亟思引進新資本維持會社運作。1905 年 8 月，會社股東決定再出資 1 萬圓，並引進鹽水港廳資本家和安平外商 Harry Hastings 資本各 2 萬 5 千圓，擬將增資的 6 萬圓用作修理舊機械與擴張製糖能力至 140 噸。〔註 109〕

最終因會社股東和 Harry Hastings 未能就工場設備問題達成共識，Harry Hastings 退出維新製糖增資計畫，只能繼續尋找資金，以彌補資金缺口，經此耽擱，1905～1906 年製糖期維新製糖再度申請休業。〔註 110〕

面對維新製糖的僵局，鹽水港廳乃出面協調廳內製糖業者收購會社〔註 111〕，不久，鹽水港廳居民集資 5 萬圓收購維新製糖〔註 112〕，維新製糖終在 1906～1907 年製糖期復業。重新復業的維新製糖由謝群我擔任社長，謝群我為臺南三郊組合長，與維新製糖舊股東悉數為三郊組合出身相同，且又屬鹽水港廳轄內學甲出身的資本家〔註 113〕，因而得以入主維新製糖。不過，

〔註 105〕〈維新製糖會社事業停止〉，前引文。
〔註 106〕〈臺南通信〉，《臺灣日日新報》，1904 年 8 月 18 日，第 2 版。
〔註 107〕〈維新製糖會社の本年度事業中止〉，《臺灣日日新報》，1904 年 11 月 22 日，第 2 版。
〔註 108〕臨時臺灣糖務局，《臨時臺灣糖務局第三年報》，頁 193。
〔註 109〕〈維新製糖會社の新發展〉，《臺灣日日新報》，1905 年 8 月 15 日，第 4 版。
〔註 110〕〈維新多偃蹇〉，《漢文臺灣日日新報》，1905 年 11 月 15 日，第 4 版。
〔註 111〕〈鹽水港糖業一斑〉，《臺灣日日新報》，1906 年 2 月 6 日，第 4 版。
〔註 112〕〈各製糖會社成績〉，《臺灣日日新報》，1906 年 8 月 25 日，第 4 版。
〔註 113〕謝國興撰、許雪姬等編，《臺灣歷史辭典》（臺北：遠流，2004 年），頁 1300。

重組後的維新製糖轉變為製糖能力 40 噸的改良糖廍，實繳資本額也只有 2 萬 2 千圓〔註 114〕，與最初 20 萬資本額的新式製糖會社已截然不同。

以資本額 24 萬圓成立的新興製糖，最初實繳資金只有 12 萬圓，其餘 12 萬圓股東協議於需用時才繳交。1903 年 10 月製糖場工程開工，原本預定 1904 年 1、2 月間完工開始製糖。〔註 115〕卻因工程延宕到 3 月才完成，加上安裝機械費時，使會社錯過 1903～1904 年製糖期〔註 116〕，糖務局核准的補助金也因而作廢。

1904 年 8、9 月間新興製糖工場終於完工。〔註 117〕10 月 10 日，社長陳中和趁民政長官後藤新平與糖務局長祝辰巳到南部巡視之機，邀請其參加工場試運轉儀式，該年度正式開始製糖。〔註 118〕初期受到機械故障影響，每天至多只能消耗 1、2 萬斤原料，且在收購原料的問題上始終與蔗農存在歧見，必須勞動鳳山官廳出面協調〔註 119〕，一直到 1905 年 4 月前後製糖作業才較上軌道，但隨即又因降雨不斷，影響原料搬運且減失糖分，最終只生產出蔗糖 863,669 斤，不到預訂 126 萬斤的 7 成，結算收支，在糖務局 14,400 圓補助金的挹注下勉強達到 6,513.443 圓的盈餘。〔註 120〕

儘管第一個製糖期新興製糖維持帳面上的盈餘。但不久陳中和的和興公司爆發財務危機，影響新興製糖的運作，總督府認為不能任由和興公司失敗影響到糖界與南部經濟的發展，乃由糖務局長祝辰巳親自介入協調〔註 121〕，由糖務局定下財務整理方針，以製糖場設備為擔保，向臺灣銀行借款 26 萬圓，預定於 1909 年 10 月分期償清借款，新興製糖暫時渡過財務危機。由於糖務局擔負斡旋的角色，對會社借款負有一定責任，乃派遣囑託香西貞彪常駐會社監督營運。〔註 122〕

南昌製糖剛開始進行製糖場工程不久，即遇上日俄戰爭爆發造成建築材

〔註 114〕臨時臺灣糖務局，《臨時臺灣糖務局第九年報》（臺北：編者，1911 年），頁 448。

〔註 115〕〈新興製糖會社の本年度事業〉，《臺灣日日新報》，1903 年 9 月 29 日，第 2 版。

〔註 116〕〈新興製糖會社の近狀〉，《臺灣日日新報》，1904 年 3 月 10 日，第 2 版。

〔註 117〕〈新興製糖會社工場新築〉，《臺灣日日新報》，1904 年 8 月 11 日，第 2 版。

〔註 118〕〈新興製糖會社の試運轉式〉，《臺灣日日新報》，1904 年 10 月 21 日，第 2 版。

〔註 119〕〈南部糖界瑣報〉，《臺灣日日新報》，1904 年 11 月 26 日，第 2 版。

〔註 120〕臨時臺灣糖務局，《臨時臺灣糖務局第三年報》，頁 148～149、162。

〔註 121〕〈銀行對糖商問題〉，《臺灣日日新報》，1906 年 6 月 9 日，第 2 版。

〔註 122〕宮川次郎，《臺灣糖業概觀》（臺北：臺灣總督府殖產局特產課，1927 年），頁 157。

料費用暴漲，工程一度中止，經官方補助工程費後才繼續進行〔註 123〕，1904 年年底工場完成，次年初開始製糖，卻因製糖機器發生故障及工人操作機器不熟練等因素頻頻停工，總計整個製糖期休業日期達到 43 天，製糖量也僅有約 23 萬斤，不到預期製糖量的一半〔註 124〕，計算收支共虧損 5,592 圓，論者評之爲同時期新式製糖工場中成績最不良者。〔註 125〕

同年年底南昌製糖展開 1905～1906 年製糖期作業，旋又發生壓搾機故障情況，臺南支局隨即派技師赴會社檢查〔註 126〕，將破損機械送往安平海興公司修理，爲減低停工損失，糖務局乃緊急調來維新製糖的機械及大目降甘蔗試作場的石油發動機，才得以繼續製糖。〔註 127〕然而，仍因操作機械不熟練成績未見起色，糖務局再派遣屬五十里八十八及山田松太郎、松尾眞直兩名囑託帶領全體 40 多名講習生進駐會社，依個人所長分司其職，務使會社營運有起色〔註 128〕，最終製糖量較前期稍微增加爲 38 萬餘斤，但也僅略超過預期製糖額的一半。〔註 129〕

1905～1906 年製糖期結束後，蘇雲梯鑒於創社以來社員不合，與事務員的衝突不斷，乃請託臺南支局協調罷黜多數的技術員和事務員，各部門僅留 1、2 人，往後的人力悉聽臺南支局調度〔註 130〕，糖務局形同接管南昌製糖。1906 年底南昌製糖如期展開 1906～1907 年製糖作業，仍發生蒸氣罐和煙囪破損情況，糖務局再補助經費修復。本期的製糖成績終較前兩期有起色，製出蔗糖 58 萬多斤，不過，這時以收購南昌製糖會社爲前提的日資大東製糖會社成立，次年年初南昌製糖便被大東製糖併購。〔註 131〕

〔註 123〕〈臺灣經濟界に於ける日露戰爭の影響〉，《臺灣協會會報》，第 78 號，1905 年 3 月 20 日，頁 17。

〔註 124〕〈臺灣南部製糖會社概況〉，《臺灣協會會報》第 83 號，1905 年 8 月 20 日，頁 20。

〔註 125〕黑谷了太郎，〈台灣製糖界の企業主體の變遷〉，《臺灣時報》，1935 年 1 月號，頁 17。

〔註 126〕〈阿緱製糖近況〉，《漢文臺灣日日新報》，1906 年 1 月 17 日，第 4 版。

〔註 127〕〈南昌製糖會社の機械一部變更〉，《臺灣日日新報》，1906 年 1 月 20 日，第 4 版。

〔註 128〕〈阿緱通信：南昌會社之經營〉，《漢文臺灣日日新報》，1906 年 3 月 14 日，第 4 版。

〔註 129〕臺灣總督府民政部文書課，《臺灣總督府第十統計書》，1908 年，頁 596。

〔註 130〕〈南昌製糖の革新〉，《臺灣日日新報》，1906 年 8 月 31 日，第 4 版。

〔註 131〕臨時臺灣糖務局，《臨時臺灣糖務局第六年報》（臺北：編者，1908 年），頁 162、216～217。

規模與南昌製糖相近的蔴荳製糖，1904 年 2 月開始進行製糖場工程，6 月完工，因已過製糖期只能進行試運轉。〔註 132〕同年年底蔴荳製糖正式展開製糖作業，結果遇到與南昌製糖類似的狀況，休業多達 50 天，原預計壓搾的 501 萬餘斤原料最後僅消耗 390 萬餘斤，其餘原料緊急交由附近舊式糖廍代爲壓搾，總計製出蔗糖產量爲 28 萬 4 千斤，決算收支有 6,331.064 的盈餘。〔註 133〕

1905 年 12 月 10 日，蔴荳製糖進行第二期製糖作業〔註 134〕，翌年 2 月機械發生故障暫時停工，部分原料轉委託附近舊式糖廍搾取〔註 135〕，機械修復後繼續製糖，雖然造成些許損失，但因品質優良頗得糖商好評〔註 136〕，產品多數委由津坂商店賣往名古屋，獲利豐富。〔註 137〕

1906～1907 年製糖期開始之前，糖務局再貸借蔴荳製糖蒸氣罐和分蜜機，1906 年 12 月 11 日開始進行第三期製糖作業，但仍無法避免機械故障問題，因此糖務局兩度給予經費修復煙囪和過濾罐，才使製糖作業較爲順利。〔註 138〕最後製出蔗糖 94 萬餘斤，成績優於之前兩期，決算後有 7,220.887 圓盈餘。不過，製糖期結束後不久，蔴荳製糖即與日資的明治製糖協商合併事宜，1907 年 8 月 26 日雙方正式合併。〔註 139〕

從上述小規模製糖會社的經營狀況來看，糖務局不僅在會社創立時提供獎勵，更在會社後續經營提供糖業獎勵規則以外的協助，然唯一能獲利的竟是規模最小的蔴荳製糖。

事實上，蔴荳製糖與其他會社同樣都有機械故障的問題，能夠逆勢賺錢之因與其股東結構有所關聯。如前所述股東人數多達 314 人的蔴荳製糖，幾乎所有蔴荳地區農、工兩部門的糖業者都是股東，然因規模不大糖廍限制區域不廣，許多股東仍可在限制區域的外圍開設舊式糖廍，一旦遇到機械故障等狀況，蔴荳製糖隨時可將原料轉給外圍的舊式糖廍製糖，不致造成損失，而同一時期鄰近的鹽水港製卻遇到機器未裝置妥善的情況必須賠償蔗農損失

〔註 132〕〈蔴荳製糖會社事務の進程〉，《臺灣日日新報》，1904 年 5 月 22 日，第 2 版。
〔註 133〕臨時臺灣糖務局，《臨時臺灣糖務局第四年報》，頁 180～181。
〔註 134〕〈蔴荳製糖會社事務の進程〉，《臺灣日日新報》，1904 年 5 月 22 日，第 2 版。
〔註 135〕〈鹽水港廳下の糖業一斑〉，《臺灣日日新報》，1906 年 4 月 14 日，第 4 版。
〔註 136〕〈各會社製糖狀況〉，《臺灣日日新報》，1906 年 4 月 10 日，第 4 版。
〔註 137〕〈各製糖會社成績〉，《臺灣日日新報》，1906 年 8 月 25 日，第 4 版。
〔註 138〕臨時臺灣糖務局，《臨時臺灣糖務局第六年報》，頁 217。
〔註 139〕同上註，頁 311～324。

〔註 140〕，其他的製糖會社同樣也遇到工場設備尚未就緒即因天災或戰爭先損失一筆原料費用；再者，蔴荳製糖設立當時獲得臺灣銀行融資一筆營業經費，卻因製糖場工程延宕來不及製糖，會社乃撥出其中 5,900 圓以 5% 低利放款給製糖業者開設舊式糖廍製糖，不但可以解決已經收購的原料，還賺得一筆額外收入；此外，蔴荳製糖尚占有地利之便，得以免費取得糖務局蔴荳苗圃棄置的蔗莖，並將之提供給附近的糖廍壓搾，又獲得一筆額外收入。〔註 141〕由此可看出蔴荳製糖以糖業組合形式結合的股東結構，給予會社原料和資金調度帶來一定的便利。

相對之下，其他新式製糖會社仰賴的糖商資本反成爲會社經營的阻礙，例如，維新製糖的股東在第一期經營虧損後即不願繼續繳納股金，造成會社停擺；陳中和的和興公司因糖價大跌造成巨額虧空，拖累新興製糖財務；〔註 142〕南昌製糖也因蘇雲梯與打狗糖商不和，促使糖務局整頓會社人事接管會社。

因此，1905 年糖務局長祝辰巳在檢討數年來糖業改革得到的經驗時，認爲如蔴荳、南昌、新興等製糖能力 60 至 150 噸之小規模新式工場在收支成本考量下，並不適於未來糖業發展。〔註 143〕所謂收支成本不單是指會社盈虧，還包括小規模糖務局投注不少人力和經費去維持小規模工場經營，所得到的蔗糖增產效果是否能成正比，祝辰巳對之似乎是持否定的看法。

作爲大製糖工場代表的鹽水港製糖在成立初期亦遭受到不少的困難，首先是向英國訂購之機械在運往臺灣的路程中發生眞空罐破損的情況，負責訂購機械的 Samuel 商會只得向英國重新訂購眞空罐，導致製糖場工程延宕。〔註 144〕1905 年 1 月製糖場完工後，又因連日降雨延遲到 4 月 6 日才進行機械試運轉，等到 17 日開始製糖時，已近製糖期尾聲〔註 145〕，總計蔗糖產量不到 20 萬斤，統算虧損 6 千多圓。由於鹽水港製糖投入大多數的資本在製糖場工程，已無餘資可作爲下一期營運經費，同時也無力償還 Samuel 商會 15 萬圓借款的利息，對此，儘管糖務局已經投注 20 餘萬的補助金，

〔註 140〕臨時臺灣糖務局，《臨時臺灣糖務局第四年報》，頁 224。
〔註 141〕〈機械製糖の著手期〉，《臺灣日日新報》，1905 年 12 月 23 日，第 4 版。
〔註 142〕戴寶村，〈陳中和新興製糖會社之發展〉，《高雄歷史與文化論集》，第 3 輯（高雄：陳中和翁慈善基金會，1996 年），頁 78。
〔註 143〕祝辰巳，〈糖務ニ就テ〉，《後藤新平文書》微捲資料，國家圖書館藏。
〔註 144〕〈鹽水港廳製糖會社近況〉，《臺灣日日新報》，1904 年 9 月 11 日，第 2 版。
〔註 145〕〈鹽水港製糖會社の製糖〉，《臺灣日日新報》，1905 年 4 月 18 日，第 2 版。

仍以鹽水港製糖存廢關乎南部製糖業發展，必須給予相當之保護爲由，額外核准提供 10,500 圓的利息金〔註 146〕，使鹽水港製糖得以繼續製糖。另一方面，祝辰巳亦積極介入整頓會社財務，徵得後藤新平同意後，罷黜鎌原幸治經理職位，改由 Samuel 商會推薦的槇哲接任，槇哲剛上任時會社竟無任何帳簿，可見經營之混亂。〔註 147〕

臺南製糖的製糖場工程也是波折不斷，先是社長王雪農爆發財務危機，又發生會社資金不夠支付向德國訂製的製糖機械費用，經發起人之一的吳道源增資 5 萬圓才解決難題。〔註 148〕接著，又發生技師長染病造成工程延宕的情況，同時從德國載運製糖機器的船隻竟在蘇伊士運河沉沒〔註 149〕，原訂 1905 年底完工的工場延遲到次年。當時原料採取區域制度已經實施，糖務局爲避免臺南製糖無法全數消化區域內的原料，乃縮減其原料採取區域，並核准在區域內設立舊式糖廍，總計會社收支呈現小額虧損。〔註 150〕

新渡戶稻造在回顧初期糖業獎勵政策時，認爲製糖改革要從原始製糖方法急速躍進到使用蒸氣動力的大製糖工場，投入西洋或是日本資本或許可能，仰賴臺灣資本自行奮起則屬無望，因而採取漸進主義的製糖改革，最終仍是要達到大工場組織的目標。〔註 151〕易言之，糖務局最初之所以未採取大製糖工場的發展策略，本土製糖資本的薄弱與安於現狀，爲交通考量以外的主要因素。鹽水港製糖能夠以 30 萬圓資本額擁有 350 噸製糖能力的工場，如非地方官廳強力主導與糖務局傾力保護勢難辦到。而鹽水港成立初期的經營情況，也說明以 30 萬資本額運作 350 噸製糖能力工場的結果，是會社將大部分資金固定在工場機械設備，只能靠補助或借款維持會社營運。但受限於預算，糖務局不可能以鹽水港製糖同樣的規格獎勵更多的大型製糖場，因此，1906 年 9 月明治製糖株式會社發起人向祝辰巳提出大規模新式製糖場設立計畫時，多次遭到祝辰巳以時機尚早爲由擱置，直到明治製糖株式會社表達不

〔註 146〕〈鹽水港製糖會社の善後に就て〉，《臺灣日日新報》，1905 年 7 月 28 日，第 4 版；臨時臺灣糖務局，《臨時臺灣糖務局第四年報》，頁 210～211。

〔註 147〕〈鹽水港製糖創業時代と受難時代〉，前引文，頁 228。

〔註 148〕下村宏修，前引書，頁 2。

〔註 149〕〈起工期及豫想額〉，《漢文臺灣日日新報》，1905 年 11 月 9 日，第 3 版。

〔註 150〕〈製糖事業勃興〉，《漢文臺灣日日新報》，1906 年 12 月 13 日，第 2 版。

〔註 151〕新渡戶稻造，〈臺灣に於ける糖業奬勵の成績と將來〉，《臺灣農事報》，第 43 號，1910 年 6 月 25 日，頁 9。

依賴糖業補助且展現持久經營決心，總督府才核准設廠計畫。〔註 152〕由此看來，糖務局雖未否定大規模製糖場的發展，也不認爲糖務局還有能力以補助鹽水港製糖的方式補助其他大製糖工場。職是之故，1905 年祝辰巳擬定製糖改革方針時，一面肯定大規模製糖的利益，一面卻宣示未來將僅保護既有會社，不再急於新設新式製糖工場，並讓低資本且能有效增加蔗糖產量的改良糖廍自由增設，作爲將來設立大規模工場的基礎。〔註 153〕

二、改良糖廍之興起

（一）改良糖廍興起背景

糖務局之所以將製糖業改革的主力轉向改良糖廍，與當時改良糖廍的經營狀況有關聯。如前所述，正當鹽水港製糖積極籌設時，糖務局官僚仍試圖發展小製糖場，在糖務局臺南支局長堀宗一承諾貸借機械的勸誘下，1904 年有 4 個改良糖廍設立，分別是陳晉臣於鳳山廳大竹里籬仔內庄（今高雄縣鳳山市）以 3 萬 7 千圓資本金設立的振祥製糖所；〔註 154〕王希璧以 1 萬圓資金於鳳山廳大竹里牛寮庄（今高雄縣鳳山市五甲地區）設立的璧記製糖所；黃家興以 5 萬 1 千餘圓資本金於臺南廳武定里三崁店庄（今臺南縣永康市）設立的興發（黃發）製糖所；林本以 3 萬 7 千餘圓資本金在斗六廳西螺堡莿桐巷街（今雲林縣莿桐鄉）開設的林本製糖所。

4 個改良糖廍皆是獨資經營。〔註 155〕其中，開設振祥製糖所的陳晉臣爲苓雅寮第一保保正，亦爲新興製糖的發起人，1905 年擔任新興製糖經理，同時經營兩製糖場，也是新興製糖主要股東中唯一不具糖商身分者。〔註 156〕開設璧記製糖所的王希璧同時經營糖米雜貨行，亦爲鳳山市街保正，屬地方領導階層；〔註 157〕開設興發製糖所的黃家興無其他政商經歷資料，在《南部臺灣紳士錄》的記載僅單純爲改良糖廍負責人；〔註 158〕林本家族從父輩開始經營舊式糖廍獲得巨利，林本歷任保正、莿桐巷區長等職，爲斗六地區重要的

〔註 152〕上野雄次郎編，《明治製糖株式會社三十年史》（東京：明治製糖株式會社東京事務所，1936 年），頁 1～3。

〔註 153〕祝辰巳，〈糖務ニ就テ〉，《後藤新平文書》微捲資料，國家圖書館藏。

〔註 154〕丁王生，〈糖界回顧錄（下）〉，《糖業》，第 170 期，1928 年 10 月，頁 24。

〔註 155〕臨時臺灣糖務局，《臨時臺灣糖務局第三年報》，頁 249～263。

〔註 156〕下村宏修，前引書，頁 309～310。

〔註 157〕臺南新報社，前引書，頁 523。

〔註 158〕同上註，頁 101。

領導階層。〔註 159〕由是觀之，糖務局勸誘投資改良糖廍的對象以具地方領導階層身分的豪農或舊式糖廍主為主，與新式製糖會社仰賴糖商資本的情況不同。

4 個改良糖廍中，經營成績最好的是興發製糖所，1904～1905 年期製糖量 567,770 斤，遠多於南昌、蔴荳、鹽水港等新式製糖會社；8.1%的得糖率也贏過所有臺資新式製糖會社，卻僅在改良糖廍中排第 3（參見表 4-3-1）；1 萬 8 千圓的獲利，同樣勝過全部臺資新式製糖會社。雖然 1905 年 6 月下旬曾遭遇強雨阻礙原料搬運造成 1 萬 6 千圓的損失，統算仍有約 2,000 圓的收益，獲利率達 7%。〔註 160〕

1905～1906 年製糖期興發製糖所為擴大規模，自行訂購兩臺 100 噸能力的機械，並歸還糖務局貸借的 40 噸壓搾能力機械，製糖場的總壓搾能力達到 200 噸〔註 161〕，得到改良糖廍模範工場的稱譽。

振祥製糖所 1904～1905 年的蔗糖產量為 394,304 斤，同樣勝過南昌、蔴荳、鹽水港等製糖會社，得糖率 9%，居全數臺資新式製糖會社與改良糖廍之冠，並與規模最大臺灣製糖不相上下（參見表 4-3-1）。此外，負責人陳晉臣為提高石油發動機的效率，特別是在製糖期外機器有半年閒置期間加裝精米和稻米脫殼機發展副業，增加製糖場營收。同廳王希璧的璧記改良糖廍亦起而仿效，都為改良糖廍獲得不少額外收入。〔註 162〕

林本改良糖廍因位在斗六廳，甘蔗栽種面積與產量都遠少於鹽水港以南區域，且種植的甘蔗以得糖率最低的竹蔗佔絕大部分，因此蔗糖產量和得糖率都居 4 改良糖廍之末〔註 163〕，但相較於同區域的舊式糖廍仍優異許多。而其 6.5%的得糖率依然勝過新興、南昌、鹽水港等新式製糖會社，獲利 6 千圓幾乎達到資本額的一半（參見表 4-3-1）。〔註 164〕

當時《臺灣協會會報》曾刊載一篇比較各式製糖場經濟效益的文章，其中，作者比較資本額 70 萬圓、製糖能力 350 噸的新式製糖場和資本金 4 萬圓、

〔註 159〕下村宏修，前引書，頁 296。

〔註 160〕〈山崁店製糖會社の發展計畫〉，《臺灣日日新報》，1905 年 8 月 15 日，第 4 版。

〔註 161〕〈興發製糖所之開辦〉，《漢文臺灣日日新報》，1905 年 12 月 30 日，第 3 版。

〔註 162〕坂本軍二，〈鳳山廳下ニ於ケル石油發働器應用ノ製糖業副業トシテノ籾摺兼精米業〉，《臺灣農友會報》，第 10 期，1907 年 5 月，頁 34～35。

〔註 163〕臺灣總督府，《臺灣總督府第五統計書》（臺北：編者，1904），頁 642～647。

〔註 164〕〈嘉義及斗六之新式糖廍〉，《漢文臺灣日日新報》，1905 年 9 月 29 日，第 3 版。

製糖能力 75 噸的改良糖廍，發現 1905 年改良糖廍的獲利率可達 88.78%，新式製糖場的獲利率只有 48.5%，造成差距的原因，在於新式製糖場生產和管理費用較改良糖廍多 2.5 倍，規模效益不足，造成新式製糖場的發展不如改良糖廍。〔註 165〕環顧當時臺灣所有的新式製糖會社，只有臺灣製糖擁有超過 70 萬圓資本額與 350 噸製糖能力的規模，顯然輿論趨向亦認爲改良糖廍的經濟效益優於小型新式製糖會社。因此對糖務局而言，以貸借機械的方式獎勵改良糖廍收到的效益，確實比傾注全力獎勵的新式製糖會社爲佳。

再者，當時環境亦出現兩項新式製糖業發展的有利因素，其一，爲 1904 年歐洲甜菜糖減收造成甘蔗糖價格暴漲，加上歐洲廢止砂糖保護金政策，使甘蔗糖業前景看好；〔註 166〕其二，爲大租權的收買出現新的資本投資新式糖業。而 1904～1905 年製糖期新式製糖會社與改良糖廍高下立判的營運成績，讓有意發展新式製糖業的本地資本傾向投資改良糖廍，這意向明顯表現在臺南製糖的後續發展與斗六製糖會社（簡稱斗六製糖）的設立上。

如前所述，臺南製糖原本是一家資本額 30 萬圓的新式製糖會社，正當製糖工場工程波折不斷時，股東竟先行設立 4 個改良糖廍〔註 167〕，以致資金不夠支付製糖機械及製糖場後續工程，最後靠吳道源等部分股東增資 5 萬圓才解決難題。

斗六製糖是一家 30 萬圓資本額的會社，資本規模與鹽水港製糖、臺南製糖相當，更大於新興、南昌、蔴荳等 3 家新式製糖會社，但會社採取設立 3 個改良糖廍的經營模式，而不設立新式製糖場。

表 4-3-1　1904～1905 年製糖期新式製糖會社與改良糖廍經營成績

會社	原料消費（斤）	蔗糖產量（斤）	得糖率	損益（圓）	備註
臺灣	65,324,460	5,927,700	9.1%	+245,409.665	補助金 40,000 圓
維新	-	31,300	-	-7,000 餘	爲 1903～1904 製糖期成績，1904～1905 製糖期爲休業狀態

〔註 165〕〈台灣に於ける各式製糖法損益の計算〉，《臺灣協會會報》，第 90、91 號，1906 年 4、5 月 20 日，頁 14～17、13～15。

〔註 166〕臨時臺灣糖務局，《臨時臺灣糖務局第三年報》，頁 4～5。

〔註 167〕〈臺南製糖の分工場設立計畫〉，《臺灣日日新報》，1905 年 7 月 26 日，第 6 版。

新興	13,563,724	863,669	6.4%	+5,153.89	補助金 14,400 圓
南昌	3,575,150	230,300	6.4%	-5,592	貸借機械
蔴荳	3,906,716	284,000	7.3%	+6,331.064	貸借機械
鹽水港	3,803,848	143,100	3.8%	-6,467.191	機械費用補助 223,849.015 圓 補助金 10,500 圓
臺南	尚未開業	尚未開業	-	尚未開業	補助金 18,000 圓
振祥	4,357,614	394,304	9.0%	—	貸借機械
璧記	1,528,210	131,583	8.6%	—	貸借機械
興發	7,033,466	567,770	8.1%	—	貸借機械
林本	1,090,000	70,309	6.5%	—	貸借機械

說明：振祥製糖所以下爲改良糖廍，無收支資料。

資料來源：

1. 臨時臺灣糖務局，《臨時臺灣糖務局第三年報》、《臨時臺灣糖務局第四年報》。
2. 〈製糖所作業成績〉，《臺灣日日新報》，1905 年 5 月 19 日，第 2 版。

（二）改良糖廍設立情況

在上述背景下，1905 年掀起一波改良糖廍設立潮，至 7 月，全臺已有 46 組人馬向糖務局提出設立申請〔註 168〕，尤以斗六和嘉義兩廳受到林本改良糖廍獲利豐富的刺激，反應最爲熱烈。〔註 169〕總計 1905～1906 年共有 50 家改良糖廍獲准成立，向隅者更不在少數，例如，鹽水港廳有 20 多組人馬提出申請，最後糖務局根據申請者的區域、身分、財產、經驗，僅核准設立 8 家改良糖廍；〔註 170〕反應最熱烈的嘉義、斗六兩廳，糖務局共核准設立 15 家改良糖廍（後增到 17 個），其他向隅者須等待來日甘蔗種植面積擴張後才能獲得核可；〔註 171〕阿猴廳也有海豐鄭家與頭前溪庄（今屏東市頭前里）士紳楊株提出資本金 7 千圓的改良糖廍申請遭否決，原因是其條件不如同時提出申請、工場地點相同資本額有 2 萬圓的崇興製糖。〔註 172〕

〔註 168〕〈改良糖廍〉，《臺灣日日新報》，1905 年 7 月 25 日，第 4 版。

〔註 169〕〈嘉義及斗六之新式糖廍〉，《漢文臺灣日日新報》，1905 年 9 月 29 日，第 3 版。

〔註 170〕〈機器糖廍之興盛〉，《漢文臺灣日日新報》，1905 年 7 月 15 日，第 4 版。

〔註 171〕〈嘉義及斗六之新式糖廍〉，《漢文臺灣日日新報》，1905 年 9 月 29 日，第 3 版。

〔註 172〕王世慶編，《台灣公私藏古文書影本》，第 6 輯，第 471 號。

糖務局原先任改良糖廍自由設立的政策，至此已變成須由糖務局評估申請者的身分、財產、經驗方准予設立，由此看來改良糖廍申請熱潮恐怕超出糖務局的預估。分析 50 家改良糖廍之分布，可看出糖務局已將新式製糖的版圖擴展到嘉義廳，並一舉越過傳統米糖分界的濁水溪，西部各廳中，只有桃竹苗地區尚未有新式製糖業發展。以下分析各廳改良糖廍設立情況和投資者出身結構（參見附錄一）。

1905 年阿緱廳成立 8 家改良糖廍，多數集中在平原北部區域，潮州以南則未見成立。已知的 11 位投資者中，絕大多數都是傳統糖廍主，少部分是糖行主，亦有兼營糖廍和糖行者，其中，豐昌改良糖廍負責人李仲義也是南昌製糖的大股東，同時投資新式製糖會社與改良糖廍。此外，尚有不少「社會中較有權力、聲望、財富〔註 173〕」的地方領導階層投資改良糖廍，如林芳蘭、李復卿、藍高全，分別是萬巒、潮州、阿里港等地區的街庄長；藍高川是阿緱廳參事；李仲義、王祺懷是紳章持有者，若加上南昌製糖負責人蘇雲梯本身亦爲參事，阿緱廳的新式製糖投資者屬地方領導階層的比例甚高。

1905 年蕃薯藔廳設立 2 家改良糖廍，分位於今美濃、旗山地區。兩家改良糖廍是以糖業組合形式經營，由組合長領銜擔任負責人，與其他廳的經營方式不同，其運作模式係由製糖業者出資，蔗農提供原料，收益對半分帳。〔註 174〕

已有臺灣、新興 2 家新式製糖會社，以及陳晉臣、王希璧兩家改良糖廍的鳳山廳，1905 年再有 3 家改良糖廍設立，且集中在下淡水溪（今高屏溪）右岸的大樹、林園兩區域，與居中的新興製糖沿下淡水溪構成帶狀新式製糖地帶。改良糖廍負責人中，黃遜人和吳烏健都是該地區的街庄長。

臺南廳新設 4 個改良糖廍，悉數都屬臺南製糖經營。這可能與臺南製糖的股東組成結構囊括廳內重要糖業者有關。4 個改良糖廍平均分布在今天的仁德、歸仁、新市、安定等平原區域。

鹽水港廳新設 8 家改良糖廍，有 6 家分布在縱貫鐵路沿線地區，由北而南分別爲水上番子寮地區、後壁、柳營、六甲、官田，另 2 家分布在佳里與鹽水。投資者結構有幾項特色：其一，有半數的投資者原來就是鹽水港製糖或蔴荳製糖的股東，包括在六甲開設改良糖廍的劉北鴻爲鹽水港製糖監事，在柳營開設

〔註 173〕吳文星，《日據時期台灣社會領導階層之研究》（臺北：正中，1992 年），頁 5。
〔註 174〕〈蕃薯寮雜俎（上）〉，《臺灣日日新報》，1905 年 8 月 6 日，第 4 版。

改良糖廍的劉神嶽爲鹽水港製糖董事，鹽水港和臺南製糖的社長王雪農也投資周興臣設在鹽水的改良糖廍，蔴荳製糖董事鄭品亦在官田西庄開設改良糖廍；其二，多數投資者爲傳統糖廍主，包括劉北鴻、黃廷祥、黃宗順、張乃文、周興臣、黃詰等；其三，多數投資者爲地方領導階層，如劉神嶽爲參事，黃廷祥、鄭品爲街庄長，劉神嶽、黃廷祥、蘇觀覽、周興臣、黃獻琛都是紳章持有者，劉北鴻與鄭品分別是鹽水港廳與麻豆地區的首富。〔註 175〕

嘉義廳成立 7 個改良糖廍，散佈在今中埔、太保、朴子、六腳、民雄、新港，以及水上十一指厝地區。投資者有幾項特色：其一，投資者多數爲傳統糖廍主或糖行主，如江山輝、陳曉星、王少儀、黃連興、黃番王等即是；其二，屬地方領導階層者的比例甚高，如江山輝、林玉崑、黃有章、黃連興等人爲區街庄長，林玉崑、黃連興、黃有章、薛果堂等都持有紳章；其三，有不少投資者爲嘉義銀行的理事，如賴尙文、黃連興、黃有章、薛果堂等即是，此可能與嘉義銀行原就以種蔗與製糖資金放款爲主要業務有關〔註 176〕，兼職改良糖廍和嘉義銀行在資金融通上本有其便利之處，例如，下六庄改良糖廍負責人江山輝即藉另一股東賴尙文是嘉義銀行理事之便，向銀行貸款 1 萬圓從事數十甲的甘蔗耕種。〔註 177〕

斗六廳設立 10 家改良糖廍，爲改良糖廍最多的廳。其中，30 萬圓資本額的斗六製糖擁有設立 3 個改良糖廍。第一工場設在大坵田堡土庫庄（今雲林土庫鎭），由製糖會社自行購買壓搾能力 120 噸的機械；第二、第三工場分別設在大坵田堡五間厝庄（今雲林虎尾鎭）和他里霧堡小東庄（今雲林斗南鎭），機械向糖務局貸借，壓搾能力各 80 噸。〔註 178〕

斗六製糖的股東主要分爲 2 個勢力，其一，爲嘉義大林薛均堂、薛果堂兩兄弟；其二，爲虎尾拓殖組合（簡稱虎尾拓殖）的股東。虎尾拓殖是由臺中廳黃茂盛、林汝言、莊啓鏞結合斗六廳曾君定、林月汀、林𣏌、王兜、李昌等人共同向官廳請墾斗六廳大坵田堡內廉使、北溪厝、大墩仔、牛埔仔等庄（今虎尾、二崙內）而組成。〔註 179〕虎尾拓殖亦在開墾地開設改良糖廍，

〔註 175〕〈家稅減輕〉，《漢文臺灣日日新報》，1905 年 7 月 14 日，第 4 版。

〔註 176〕〈嘉義銀行開業期と放資〉，《臺灣日日新報》，1905 年 3 月 3 日，第 2 版。

〔註 177〕〈銀行創立後之農商〉，《漢文臺灣日日新報》，1905 年 10 月 1 日，第 4 版。

〔註 178〕〈斗六製糖會社の開業期〉，《臺灣日日新報》，1905 年 8 月 1 日，第 4 版；臨時臺灣糖務局，《臨時臺灣糖務局第四年報》，頁 261。

〔註 179〕〈創立虎尾拓殖組合〉，《漢文臺灣日日新報》，1905 年 8 月 13 日，第 4 版。

由林䨇擔任社長。

斗六廳類似虎尾拓殖以開墾土地進而開設改良糖廍的案例不少，此與1902 年鐵國山抗日事件平定後，空出斗六至竹山一帶的抗日根據地有關，除虎尾拓殖成功開墾 1,600 甲土地並開設改良糖廍外，尚有日人安見茂墾成石榴班（今斗六市內）70 甲土地後，以 5 千圓價格賣給薛果堂開設改良糖廍；林新慶在官府尚未許可前私墾溪州堡（今莿桐鄉內）2、3 百甲土地，並於該地設立改良糖廍；吳克明向官府請墾保長廍（今斗六市內）一帶土地，並將該土地作爲自己開設改良糖廍的原料採取區域。〔註 180〕由是觀之，這一時期斗六廳成爲改良糖廍最多的區域，實與開墾事業進展有頗大關聯。而前述多名開墾者因在日本平定抗日行動中擔任「協力者」角色，進而取得土地開墾權，開設改良糖廍，其後也成爲斗六廳重要的地方領導階層。〔註 181〕

彰化廳南北各設立 1 個改良糖廍，一在今和美，一在今溪州，前者是由舊式糖廍公司廍類型升級，由原舊式糖廍主要股東簡茂林擔任負責人〔註 182〕，其他股東身分包括布莊、米行老闆、保正、通譯等；後者則是東螺東、西堡內（大致在今溪州、埤頭兩鄉）12 間舊式糖廍整合爲一，由 18 名股東合股 4 萬圓成立北斗製糖公司（簡稱北斗製糖）〔註 183〕，已知的 8 名股東中，大多是彰化地區重要的社會領導階層，例如社長林慶岐爲參事、林慶賢爲北斗區庄長、陳紹年爲田中央庄長（今田中鎮）、葉惠清爲舊眉庄長（今溪州鄉內），前 3 人都持有紳章，另尚有李雅歆爲彰化銀行董事亦持有紳章。

南投廳設立 1 家改良糖廍，位在今南投市小半山地區，爲簡茂林整合南投、草屯一帶 4 家舊式糖廍組成〔註 184〕，簡茂林即是前述彰化和美改良糖廍的負責人。

臺中廳設立兩個改良糖廍，集中在大肚溪下游右岸區域，其一爲劉以專設在沙鹿北勢坑地區的改良糖廍，劉以專與霧峰林家關係密切，1889 年林朝棟與林文欽合設林合公司經營樟腦業時，劉以專負責統帥 1 營的隘勇防範原

〔註 180〕〈創立斗六開墾成績〉，《漢文臺灣日日新報》，1905 年 8 月 19 日，第 4 版。
〔註 181〕如曾君定、林月汀、林䨇、王兜、吳克明、李昌等。參見下村宏修，前引書，頁 216、225、239～241、262～263、277。
〔註 182〕〈糖廍改良〉，《漢文臺灣日日新報》，1905 年 8 月 24 日，第 4 版。
〔註 183〕〈彰化糖廍改良〉，《漢文臺灣日日新報》，1905 年 10 月 19 日，第 4 版。
〔註 184〕〈南投糖廍〉，《漢文臺灣日日新報》，1905 年 8 月 26 日，第 4 版。

住民〔註185〕，1905年曾代理林烈堂擔任嘉義製腦組合組合長一職，並承接林獻堂嘉義製腦組合的股份。〔註186〕在糖業經營方面，劉以專除開設改良糖廍外，亦將臺中 9 個舊式糖廍結合成糖業組合，從臺灣銀行借貸資金給組合成員發展糖業；〔註187〕另一個改良糖廍爲黃茂盛在大肚地區所開設，黃茂盛爲大肚區長，亦爲虎尾拓殖主要股東，在斗六廳投資多家改良糖廍。

臺北廳設立 3 家改良糖廍，爲苗栗以北唯一設有改良糖廍的官廳。此與廳長佐藤友雄熱心於糖業改革有關，製糖場取締規則公布後，佐藤友熊隨即召集廳內54名製糖業者，除說明製糖場取締規則政策外，並勸誘眾人整併舊式糖廍集資設立機器製糖場。原計畫在大龍峒（今臺北大同區）與龜崙溪州（今臺北永和市頂溪地區）設立兩個工場，並派兩名股東前往臺南考察製糖場。〔註188〕最後增設爲3個改良糖廍，並成立臺北（工場位置在大龍峒）、艋舺（工場位置在今萬華）、枋橋（工場位置在今臺北板橋溪州地區）3 家公司經營。其中，臺北製糖公司整併芝蘭一堡北勢湖庄（今臺北市內湖）、溪州底庄（今臺北市士林社子地區），芝蘭二堡和尚洲崁庄（今臺北縣蘆洲市），興直堡三重埔溪尾庄、六張後庄、簡仔入番田庄（以上均位於今臺北縣三重市）等地的舊式糖廍，資本金 5 萬圓，總辦爲大稻埕紳商陳鎭印；艋舺製糖公司整併擺接堡加蚋仔庄（今臺北市萬華雙園地區）、港仔嘴庄（今臺北縣板橋市江翠地區）、龜崙蘭溪州庄（今臺北縣永和市頂溪地區）等地之舊式糖廍，資本金 4 萬圓，總辦爲楊碧山；枋橋製糖公司整併擺接堡三抱竹庄、溪州庄、苦苓腳庄（以上均位於今臺北縣板橋市）等地之舊式糖廍，資本金 3 萬圓，總辦爲陳秋風。〔註189〕

1906年糖務局再核准設立7家改良糖廍，其中5家在鹽水港廳，另2家分別在鳳山、嘉義廳兩廳。鳳山廳的改良糖廍是由日人岡村庄太郎設立，爲臺灣第一家日資改良糖廍。岡村僅將其經營的鳳梨罐頭工場設備略加改造，即兼營製造蔗糖，動力爲應用罐頭工場使用之蒸氣機。〔註190〕

〔註185〕連橫，《臺灣通史》（南投：臺灣省文獻委員會，1992年），頁371。
〔註186〕〈嘉義腦務狀況〉，《漢文臺灣日日新報》，1905年8月24日，第4版。
〔註187〕〈臺中廳下製糖事業〉，《漢文臺灣日日新報》，1905年11月22日，第3版。
〔註188〕〈臺北製糖場設立之計畫〉，《漢文臺灣日日新報》，1905年7月23日，第4版。
〔註189〕〈臺北製糖事業〉，《漢文臺灣日日新報》，1905年8月23日，第4版。
〔註190〕〈岡村工場と改良糖廍〉，《臺灣日日新報》，1906年9月5日，第2版。

位於嘉義廳的改良糖廍係由薛果堂設立，如前所述，前一年薛果堂在斗六與嘉義兩廳投資多家改良糖廍，此爲其投資製糖事業的延續。

位於鹽水港廳的 5 家改良糖廍，其中 1 間爲鹽水港廳居民集資 2.2 萬圓重組而成的維新製糖。另外 4 個改良糖廍集中設立在近海的將軍、西港、七股、佳里等地區，幾乎是在塡補廳內平原區域新式製糖業的空白地帶。〔註 191〕這 4 家改良糖廍負責人都是當地的領導階層，有 2 名區庄長與 2 名保正，黃愼儀同時是紳章持有者（以上改良糖廍的資料參見附錄一）。

由於新設立的改良糖廍爲數眾多，無法像最早設立的 4 個改良糖廍那樣全數都貸借到糖務局的製糖機械，能貸借到機械的只有臺北製糖公司〔註 192〕、南投簡茂林經營的改良糖廍、彰化的北斗製糖、蕃薯寮廳的兩個糖業組合〔註 193〕，以及斗六製糖 2 個分工場具 80 噸壓搾能力機械等。〔註 194〕

綜觀此一時期改良糖廍設立的區域，仍以濁水溪以南傳統糖業重鎭佔絕大部分，且多是屬製糖業者自發性的投資，而非受到糖務局貸借機械獎勵的勸誘，情況與最初的新式製糖會社和 4 個改良糖廍不同。因此，糖務局乃順勢將貸借機械的糖業獎勵對象轉向中北部及南部近山地區的製糖業者，使新式製糖業的版圖往中北部與旗山丘陵（蕃薯寮廳地區）擴大。

就投資者的結構來看，南部改良糖廍的投資者多數是舊式糖廍主或糖行主，且多爲地方領導階層，能自發設立改良糖廍，顯示糖務局前期的製糖業改革已有進展；而中北部舊式糖廍主自發投資改良糖廍的情況不多，多數還是因官方的勸誘而參與製糖改革。

（三）改良糖廍設立之獎勵與經營情況

多數改良糖廍雖然無法貸借到糖務局的機械，但多委託糖務局購買壓搾機械，機械送到後，糖務局技師與技手還負責安裝與調整機械，確保機械足堪使用。〔註 195〕糖務局經手的機械通常價格較爲低廉，如嘉義廳多數改良糖廍主委託嘉義砂糖共同販賣組合顧問安藤清松，向臺南小栗商會購買 5 組 12 馬力的石油發動機和 40 噸能力的壓搾機，每組價格爲 5,060 圓，而鹽水港廳的改良糖廍主委託糖務局向日商有馬彥吉購買同等機械只要

〔註 191〕〈下季之洋蔗糖廍〉，《漢文臺灣日日新報》，1906 年 11 月 29 日，第 4 版。
〔註 192〕〈臺北製糖事業〉，《漢文臺灣日日新報》，1905 年 8 月 23 日，第 4 版。
〔註 193〕臨時臺灣糖務局，《臨時臺灣糖務局第四年報》，頁 257。
〔註 194〕〈貸下製糖器械〉，《漢文臺灣日日新報》，1905 年 11 月 25 日，第 3 版。
〔註 195〕〈糖業數則〉，《漢文臺灣日日新報》，1905 年 8 月 20 日，第 4 版。

3,400 多圓，使嘉義廳製糖業者懷疑安藤顧問和小栗商會共謀欺騙製糖業者。〔註 196〕

正確操作機械是改良糖廍面臨的一大課題，當時改良糖廍使用機械的動力分爲石油和蒸氣兩種，以石油發動機佔多數，糖務局顧慮到機器如無法熟練操作，恐易造成故障與損壞，決定募集石油發動機練習生，開設技術講習課程，由各改良糖廍主推薦人選。結果有 57 人報名，包括鳳山廳 6 人、蕃薯藔廳 6 人、阿緱廳 8 人、嘉義廳 12 人、斗六廳 8 人、鹽水港廳 6 人、南投廳 4 人、宜蘭廳 1 人、臺中廳 4 人、臺北廳 2 人，其中有 3 名是日本人。講習地點在大目降甘蔗試作場。〔註 197〕

講習期間，純然實地教授機械操作，原預計講習爲期 30 天，後發現時間太短，再延長 10 天〔註 198〕，講習結束，全數 57 人都獲得糖務局臺南支局頒發證書。〔註 199〕但講習的成效似乎欠佳，受訓人員回到改良糖廍實際操作機械，仍屢屢造成機械破損。〔註 200〕

糖務局亦協助使用蒸氣動力的改良糖廍向日本招聘 13 名技術人員，分配 5 人到鹽水港廳、2 人到臺南製糖分工場、4 人到阿緱廳、各 1 人到彰化和臺中兩廳，統一規定工作期限 8 個月製糖期者月俸爲 40 圓，一年者月俸爲 35 圓，人員往返臺、日間的交通費概由改良糖廍主提供。〔註 201〕

糖務局對於改良糖廍也就僅止技術上的協助。而 50 家改良糖廍的經營狀況可說是好壞不一。成績好者，如 1906～1907 年製糖期彰化廳北斗製糖的蔗糖產量達到 60 萬斤，獲利 1 萬圓，使採取區域內次期甘蔗種植的面積大幅增加；〔註 202〕又如 1905～1906 年製糖期阿緱廳李仲義的改良糖廍產量高達 89 萬 5 千多斤，超過所在港西中里 28 個製糖所的總和；〔註 203〕鹽水港廳劉神嶽與周興臣的兩個改良糖廍亦因機械操作順利，每日分別可製出 7 千 5 百斤至 8

〔註 196〕〈月津糖況二則〉，《漢文臺灣日日新報》，1905 年 7 月 8 日，第 3 版。

〔註 197〕〈糖業數則〉，《漢文臺灣日日新報》，1905 年 8 月 20 日，第 4 版。

〔註 198〕〈石油發動機練習生〉，《臺灣日日新報》，1905 年 9 月 10 日，第 2 版。

〔註 199〕〈證書授與〉，《臺灣日日新報》，1905 年 10 月 6 日，第 6 版。

〔註 200〕〈改良糖廍と技術者の不熟練〉，《臺灣日日新報》，1906 年 2 月 23 日，第 4 版。

〔註 201〕〈招聘汽機及汽罐師〉，《漢文臺灣日日新報》，1905 年 11 月 5 日，第 3 版。

〔註 202〕〈北斗製糖告終〉，《漢文臺灣日日新報》，1907 年 4 月 20 日，第 3 版；〈北斗製糖と甘蔗作〉，《臺灣日日新報》，1907 年 8 月 25 日，第 4 版。

〔註 203〕莊天賜，〈日治時期屏東平原糖業之研究〉，中壢：國立中央大學歷史研究所碩士論文，頁 52。

千斤的蔗糖，成績可觀。〔註 204〕

營運狀況不理想者也不乏其人。如斗六製糖成立之初因經營狀況不佳，使股東不願繳納第二期股金，會社只得引進辜顯榮數萬圓資金，造成股東不和，加上工場技師不適用，五間厝工場機械故障無法製糖，須賠償區域內蔗農損失等因素，1 年間虧損高達 9 萬圓，爲此斗六廳長介入會社人事，改由辜顯榮出任社長；〔註 205〕薛果堂有兩間改良糖廍因虧損連連而考慮廢業。〔註 206〕阿緱廳陳良的改良糖廍因製造成績欠佳造成股東不合，陳良以資本額 8 折將股份轉讓給其他股東；〔註 207〕嘉義廳江山輝的改良糖廍運作 1 個多禮拜機械即告損壞，搾出的蔗汁量與舊式糖廍相差不多。〔註 208〕臺北廳的 3 間改良糖廍因職工技術不熟練，機械故障，導致頻頻停工，臺北製糖公司每日所能搾取的蔗汁不過 1 萬 2 千多斤（相當於 15 噸壓搾能力），艋舺製糖公司只能壓搾 6 千 5 百多斤，枋橋製糖公司更只能搾取 4 千 5 百斤，使得區域內多數甘蔗來不及製糖即枯萎。〔註 209〕

日治後期有論者回顧到這一波改良糖廍認爲是以失敗告終，失敗之因包括舊有的原料搬運方式無法適用於壓搾機的效率，致使機械往往必須暫停運作等待原料累積，進而影響營運；同時，機械操作具有專業性，非得雇用日本人不可，與舊式糖廍的農人可兼職搾汁或煮糖不同。〔註 210〕

三、改良糖廍勃興下獎勵方針之改變

不過，實質上決定 1905 年改良糖廍成敗的還是在於糖務局的政策。如前所述，小規模製糖會社經營的失利及大規模工場獎勵的經費限制，促成這一波改良糖廍設立的熱潮。但這並不意味糖務局官僚否定大製糖場的設立，從前述祝辰巳發表糖務局未來發展方針的看法，可發現所謂的「小製糖所論」實爲衡量現實環境下不得不採取的手段，無論是將獎勵主力放在農業改良，或是自由設立改良糖廍，都是一種徐圖漸進的策略，目標在爲日後大型製糖場出現鋪路，並非僅止於發展小規模製糖工場而滿足。這一項觀點事實上也

〔註 204〕〈糖廍搾蔗好況〉，《漢文臺灣日日新報》，1906 年 3 月 21 日，第 3 版。
〔註 205〕〈斗六製糖會社近情〉，《漢文臺灣日日新報》，1907 年 1 月 22 日，第 4 版。
〔註 206〕〈機器廍計畫再興〉，《漢文臺灣日日新報》，1906 年 8 月 1 日，第 3 版。
〔註 207〕〈製糖業合併〉，《漢文臺灣日日新報》，1906 年 3 月 13 日，第 4 版。
〔註 208〕〈嘉義機器廍之狀況〉，《漢文臺灣日日新報》，1906 年 1 月 24 日，第 4 版。
〔註 209〕〈臺北之製糖界〉，《漢文臺灣日日新報》，1907 年 2 月 14 日，第 4 版。
〔註 210〕丁王生，〈糖界回顧錄（下）〉，《糖業》，第 170 期，1928 年 10 月，頁 24。

是回歸到當初新渡戶稻造糖業改良意見書中的觀點。

因此，就在 1905 年改良糖廍大量設立的同時，糖務局也變更前年度公布的部分獎勵方針，對於往後新設之新式製糖場，規定原料消費需達 300 噸以上才予以補助，並致力於現有新式製糖場能力擴張。300 噸原料消費能力相當於鹽水港製糖的規模，糖務局至此已否定小規模新式製糖場的發展方向。

對於改良糖廍糖務局也宣布中止補助，且規定未來只有在山地河谷間原料採取集中困難的地方才核准設立改良糖廍，如堅持要在適合新式製糖場設立的地點，或新式製糖場預定地設置改良糖廍者，則須接受新式製糖場設立具體化時改良糖廍得隨時撤除之條件，才能准許設立。〔註 211〕由此可看出糖務局在發動這波改良糖廍設立潮後，一方面有意將未來改良糖廍的設立視作是建立大型新式製糖會社的過渡，而不再是製糖業獎勵的主力；另一方面，糖務局也規劃出未來新式製糖場分布於平原地帶，改良糖廍分布丘陵、山區地帶之新式製糖業空間配置方向。

實際操作上糖務局亦確實執行上述方針，如當阿緱廳潮州、萬巒地區多名製糖業者各自申請在潮州庄範圍內設立多家改良糖廍時，糖務局長祝辰巳即告知萬丹、潮州間未來可能設立大型製糖場，最好整合成 1 間改良糖廍並開設在萬巒佳佐地區，如此大型製糖場設立後才不相妨害。〔註 212〕由此可看出儘管糖務局促成改良糖廍興建潮，但未來大型新式製糖的發展才是糖務局主要的考量重點。

就製糖業改革而言，在大規模新式製糖場發展條件尚未成熟時，改良糖廍如有政策上的配套，未必會是將來大型新式製糖出現的阻礙，反而可能具有先行整合舊式糖廍的效用，從前述幾個改良糖廍設立經過都可看到這樣的整合過程，因此，改良糖廍在製糖改革中的成敗，似乎不應以改良糖廍的存廢下定論。不過，改良糖廍爲大型製糖提供先期整合的作用，也確定了改良糖廍在傳統製糖進入新式製糖過程的過渡地位，過渡時間的長短，則取決於大型製糖會社設立條件成熟時機到來的快慢。

〔註 211〕臨時臺灣糖務局，《臨時臺灣糖務局第四年報》，頁 1～2。

〔註 212〕〈創設機廍〉，《漢文臺灣日日新報》，1905 年 7 月 14 日，第 4 版。

第四節　蔗作獎勵之配合

一、糖務局成立初期之蔗作獎勵與製糖業發展

依據獎勵規則，糖務局對於蔗作農業的獎勵項目包括：（1）以現金或物品補助甘蔗苗費或肥料費、開墾費、灌溉費或排水費（第一條）；（2）免費貸借官有地給以開闢蔗園爲目的的開墾者，並在土地全部開墾成功後無償給予所有權（第三條）；（3）免費貸借官有地給因種植甘蔗而建造灌溉或排水設施者（第五條）。準此，可看出蔗作獎勵的重點在於使甘蔗耕種面積增加、蔗作方式集約化，以及甘蔗苗改良。

獎勵規則亦規定獲得之現金或物品不得用來作爲其他目的使用（第六條）；取得官有地所有權與開墾費者，非經總督許可，不得廢種甘蔗（第四條）；獲得蔗園之灌溉、排水獎勵金或物品補助者，非經總督許可，不得在蔗園種植其他作物或從事蔗園以外的灌溉（第七條）。這些規定都在確保獎勵之效果。〔註213〕

再依據獎勵規則施行細則，獲取蔗苗費或肥料費補助者至少須爲耕作 1 町步（約 0.99174 甲）以上的農民，獲取開墾費獎勵者，開墾土地面積至少須 5 町步以上（第六條）；向官方貸借官有地從事甘蔗種植者，原則上貸借土地面積在 50 町步內（第八條）；官有地開墾年限，10 町步以內爲 2 年，20 町步以內爲 3 年，50 町步以內爲 5 年（第九條）。〔註214〕

而在獎勵金發放的比率上，規定甘蔗苗費獎勵金每 1 反步（1/10 町）金額 3.6 圓以內，肥料費每 1 反步金額 5 圓以內，開墾費每反步金額 2 圓以內，灌溉或排水費獎勵金額爲工程費 5 成以內。〔註215〕

1905 年，總督府以府令第七十三號修正獎勵規則施行細則，將獎勵標準中的面積單位町步改爲甲，反步改爲分，以適應臺灣的計算面積制度。〔註216〕

獎勵規則公布後，1902 年 9 月 16 日糖務局臺南支局召集轄區各出張所主任舉行糖務會議，討論獎勵預算如何進行最有效的運用，最後議決糖業獎勵方針，其中，共 1,840,456 株的改良蔗苗分配給 150 甲土地種植，阿猴與蕃薯蓼廳分配 50 甲，嘉義與鹽水港廳分配 50 甲，鳳山與臺南廳分配

〔註213〕《府報》第 1172 號，1902 年 6 月 14 日，頁 27。
〔註214〕《府報》號外，1902 年 6 月 19 日，頁 1～2。
〔註215〕《府報》號外，1902 年 6 月 19 日，頁 7。
〔註216〕《府報》，第 1836 號，1905 年 9 月 26 日，頁 71。

50 甲，每人以分配 1 甲的份量爲原則；肥料分爲人造肥料與傳統肥料兩種，人造肥料優先分配給種植改良蔗苗者，並依各廳改良蔗種分配比例發送；在蔗園開墾方面，有阿猴廳的蘇雲梯、李廷光，以及蕃薯寮廳手巾寮地區的今村大牛提出約 60 甲土地的開墾申請，全數以 1 甲 20 圓的標準補助。〔註 217〕

不過，糖務局首年度的蔗作獎勵似乎不太成功，從表 4-4-1 可看出獎勵項目中僅有官有地貸借一項較爲熱烈，共提出 179.22 町的申請，超過預定 150 町的額度。改良蔗苗與改良肥料獎勵，原先預定額度爲 150 町步，結果只有 16.5 町步的土地提出申請，後來可能是在地方官廳及糖務局不斷勸誘下，才有 103.65 町耕地獲得改良蔗苗與改良肥料獎勵，但實際執行的只有 22.3 町，比例甚低；灌溉工程獎勵預定額度爲 6 千圓，平均分配各廳，結果只有阿緱廳有人提出申請，核定的額度只有 1,021 圓，不到預定的 1/5，實際執行更只有 651 圓；模範蔗園原先預計指定額度爲 14 處，只有嘉義、阿緱兩廳提出 6 處的申請；即使是傳統肥料獎勵，也只有阿緱廳有人提出申請。由是觀之，糖務局成立之初的蔗作改良，蔗農響應的情況並不熱烈，只有可以取得土地所有權的官有地貸付是唯一受到歡迎的項目。

表 4-4-1　1902 年度糖業獎勵施行成績表

		直　隸	嘉　義	鹽水港	鳳　山	阿　緱	合　計
改良蔗苗及改良肥料	預定	28.50 町	18.50 町	40.50 町	17.50 町	45.00 町	150.00 町
	決定	—	18.50 町	37.25 町	2.54 町	45.46 町	103.65 町
	申請	16.50 町	—	—	—	—	16.50 町
	執行	—	—	—	0.54 町	21.75 町	22.30 町
灌溉費	預定	1200 圓	1200 圓	1200 圓	1200 圓	1200 圓	6000 圓
	決定	—	—	—	—	1021 圓	1021 圓
	執行	—	—	—	—	651 圓	651 圓
官有地貸借	預定	10.00 町	50.00 町	—	30.00 町	60.00 町	150.00 町
	申請	8.00 町	40.00 町	—	70.00 町	61.22 町	179.22 町

〔註 217〕〈本年度台灣南部糖業獎勵の方針及其順序〉，《臺灣協會會報》，第 49 期，1902 年 10 月 20 日，頁 42～43。

機器貸借	預定	5 臺	3 臺	5 臺	6 臺	6 臺	25 臺
	申請	5 臺	4 臺	4 臺	3 臺	6 臺	22 臺
模範蔗園	預定	4 處	2 處	2 處	2 處	4 處	14 處
	申請	—	2 處	—	—	4 處	6 處
固有蔗園	預定	—	—	—	—	—	—
	申請	—	—	—	—	13.00 町	13.00 町
	決定	—	—	—	—	—	—
傳統肥料配予	預定	759 圓	519 圓	1080 圓	440 圓	1200 圓	4000 圓
	申請	—	—	—	—	34 甲	34 甲
	決定	—	—	—	—	—	—

說明：1. 直隸是指臨時糖務局臺南支局直轄之地，即臺南廳管轄之地。

2. 一町約等於 0.99174 甲

資料來源：〈臺灣砂糖獎勵施行成績〉，《臺灣協會會報》，第 52 號，1903 年 1 月 20 日，頁 41。

糖務局首年度蔗作的成效也反映在往後幾年的蔗作統計上，1903 至 1905 年 3 年間，臺灣從事蔗作的戶數從 34,797 戶增爲 44,672 戶，而同一時期全臺農戶數則是從 383,137 戶減少到 359,580 戶；蔗作面積從 16,526.41 甲增爲 24,972.36 甲，增加率爲 51.1%，同一時期全臺的耕地面積增加率僅爲 16.9%，可看出蔗作面積擴張之迅速。

首年度糖務局在蔗種改良與肥料推廣方面雖然遭受挫折，但糖務局仍嘗試以多種途徑繼續推廣，例如，1903 年 11 月 1 日至 10 日，糖務局開放民眾參觀大目降甘蔗試作場，並對臺南支局範圍內的街庄長或糖業者提供 5 折的乘車優惠；〔註 218〕同時，透過免費發放方式推廣肥料使用，終於在 1904 年間傳出不錯的成效〔註 219〕，1904～1905 年度鳳山、嘉義、鹽水港、阿緱等廳甚至出現改良蔗苗不足的情況〔註 220〕，原本 1 株價值 2 厘的改良蔗苗，竟有蔗農願意出 8 厘的價格收購。〔註 221〕不過終究因收效較晚，直到 1905～1906 年度改良甘蔗的種植面積仍僅佔整體甘蔗種植面積的 3.2%，糖業重鎭南部比

〔註 218〕《府報》，第 1418 號，1903 年 10 月 20 日，頁 47。

〔註 219〕〈蔗農及人造肥料〉，《臺灣日日新報》，1904 年 11 月 25 日，第 2 版。

〔註 220〕〈甘蔗改良種苗の不足〉，《臺灣日日新報》，1904 年 10 月 15 日，第 2 版。

〔註 221〕臨時臺灣糖務局，《臨時臺灣糖務局第三年報》，頁 114。

例亦只有 3.1%，中部更低到僅 1.1%，反而是北部和東部擁有較高的改良甘蔗種植，這主要是因北部及東部原本甘蔗種植就少，容易拉高改良種比例所致（參見表 4-4-2）。

表 4-4-2　1903～1906 年度全臺及各區域甘蔗栽種概況表

單位：面積（甲）／收穫量（斤）

年度	甘蔗栽種		南　部	中　部	北　部	東　部	全　臺
1903	栽種者戶數		26,400	4,149	4,205	43	34,797
	固有種	栽種面積 （比例）	12,239.45 （99.7%）	2,361.58 （100%）	1,835.01 （100%）	53.06 （100%）	16,489.10 （99.8%）
		收穫量 （比例）	558,377,383 （99.2%）	58,223,084 （100%）	60,073,415 （100%）	2,022,320 （100%）	678,696,202 （99.3%）
	改良種	栽種面積 （比例）	37.31 （0.3%）	0 （0%）	0 （0%）	0 （0%）	37.31 （0.2%）
		收穫量 （比例）	4,461,700 （0.8%）	0 （0%）	0 （0%）	0 （0%）	4,461,700 （0.7%）
	合計	栽種面積	12,276.76	2,361.58	1,835.01	53.06	16,526.41
		收穫量	562,839,083	58,223,084	60,073,415	2,022,320	683,157,902
1904	栽種戶數		27,604	5,133	4,780	20	37,537
	固有種	栽種面積 （比例）	15,700.04 （98.7%）	3,733.91 （99.9%）	1,908.58 （98.1%）	21.38 （99.4%）	21,353.91 （98.9%）
		收穫量 （比例）	907,710,616 （98.3%）	106,407,139 （99.9%）	42,437,820 （95.0%）	244,165 （99.9%）	1,056,799,740 （98.3%）
	改良種	栽種面積 （比例）	199.73 （1.3%）	2.50 （0.1%）	37.87 （1.9%）	0.12 （0.6%）	240.22 （1.1%）
		收穫量 （比例）	15,832,389 （1.7%）	102,000 （0.1%）	2,240,600 （5.0%）	200 （0.1%）	18,175,189 （1.7%）
	合計	栽種面積	15,899.77	3,736.41	1,946.45	21.50	21,594.13
		收穫量	923,543,005	106,509,139	44,678,420	244,365	1,074,974,929
1905	栽種戶數		31,738	7,590	5,320	24	44,672
	固有種	栽種面積 （比例）	17,108.21 （96.9%）	4,963.56 （98.9%）	2,024.52 （92.0%）	80.53 （83.7%）	24,176.82 （96.8%）
		收穫量 （比例）	881,894,726 （96.4%）	161,519,417 （98.7%）	55,531,782 （77.3%）	1,550,291 （76.9%）	1,100,496,216 （95.5%）

	改良種	栽種面積（比例）	548.45（3.1%）	55.69（1.1%）	175.76（8.0%）	15.64（16.3%）	795.54（3.2%）
		收穫量（比例）	33,126,050（3.6%）	2,155,337（1.3%）	16,269,980（22.7%）	464,855（23.1%）	52,016,222（4.5%）
	合計	栽種面積	17,656.66	5,019.25	2,200.28	96.17	24,972.36
		收穫量	915,020,776	163,674,754	71,801,762	2,015,146	1,152,512,438
1906	**栽種戶數**		47,968	15,515	6,673	16	70,172
	固有種	栽種面積（比例）	20,125.96（91.3%）	9,149.02（97.4%）	2,825.09（87.3%）	90.10（73.0%）	32,190.17（92.5%）
		收穫量（比例）	1,123,816,351（89.3%）	282,924,116（96.5%）	86,325,647（70.7%）	3,871,410（69.9%）	1,496,937,524（89.1%）
	改良種	栽種面積（比例）	1,921.87（8.7%）	248.60（2.6%）	411.67（12.7%）	33.30（27.0%）	2,615.44（7.5%）
		收穫量（比例）	134,592,932（10.7%）	10,331,592（3.5%）	35,718,858（29.3%）	1,665,000（30.1%）	182,308,382（10.9%）
	合計	栽種面積	22,047.83	9,397.62	3,236.76	123.40	34,805.61
		收穫量	1,258,409,283	293,255,708	122,044,505	5,536,410	1,679,245,906

說明：北部是指臺北、深坑、基隆、桃園、新竹、苗栗、宜蘭等廳；中部是指臺中、彰化、南投、斗六等廳；南部是指嘉義、鹽水港、臺南、鳳山、阿緱、蕃薯蔡、恆春等廳；東部是指臺東廳。

資料來源：《臺灣總督府統計書》第7-10，1905～1908年，以及筆者計算而得。

簡言之，糖務局前期蔗作改良與獎勵的成效以增加蔗作戶口與蔗作面積較大。這樣的成效也反映在1905年改良糖廍設立潮時的製糖業發展。如前所述，改良糖廍的設立能整合一定範圍的舊式糖廍，加上原料採取制度原則上排除舊式糖廍，理論上改良糖廍應該會對舊式糖廍產生排擠，但1905～1906年製糖期的舊式糖廍卻沒有因改良糖廍的大量出現而減少，反而從前一年度的1,055間逆勢增爲1,100間。〔註222〕主因即甘蔗種植面積從24,972.36甲增爲34,805.61甲，增加率幅度39.4%爲糖務局成立後增加率最高的一年，甘蔗收穫量亦從1,152,512,438斤增爲1,679,245,906斤，增加幅度高達45.7%（參見表4-4-3）。

〔註222〕古田一夫，《台灣赤糖沿革資料（稿）》，未出版，手抄本，附表，無頁碼。

表 4-4-3　1904、1905 年度西部各廳舊式糖廍與蔗作關係比較表

廳　別		阿 緱	蕃薯寮	鳳 山	臺 南	鹽水港	嘉 義	斗 六
改良糖廍增設數		8	2	3	4	8	7	10
舊式糖廍數	1904年度	167	24	64	179	221	102	57
	1905年度	172	21	12	129	234	141	78
	增減數	+ 5	- 3	- 42	- 50	+ 13	+ 39	+ 21
蔗作面積增加率（%）		38.7	88.5	12.3	- 5.6	37.3	36.8	162.9
甘蔗收穫增加率（%）		39.7	96.9	8.2	14.9	47.5	60.4	102.3

廳　別		彰 化	南 投	臺 中	苗 栗	桃 竹	臺 北	**全 臺**
改良糖廍增設數		2	1	2	0	0	3	**50**
舊式糖廍數	1904年度	17	29	24	61	98	18	**1,055**
	1905年度	19	34	28	79	116	16	**1,100**
	增減	+ 2	+ 5	+ 4	+ 18	+ 18	- 2	**+ 45**
蔗作面積增加率（%）		53.8	31.2	3.4	133.6	53.9	40.5	**39.4**
甘蔗收穫增加率（%）		13.9	64.3	42.7	107.9	101.8	46.7	**45.7**

資料來源：《臺灣總督府統計書》第 8-9，1906～1907 年；以及筆者計算而得。

進一步檢視西部各廳糖廍數量與甘蔗栽種的關係，更可發現其中的相關性。

1904～1905 年阿緱廳的舊式糖廍共有 167 間，次一個製糖期增設 8 個改良糖廍後，舊式糖廍仍略增爲 172 間，該廳的蔗作面積亦從 3,075.94 甲增爲 4,265.61 甲，增加率 38.7%，甘蔗收穫量從 156,491,761 斤增爲 218,680,724 斤，增加率 39.7%。廳內舊式糖廍增加的主要地區在港東中里（今屏東縣新埤、東港、林邊，以及佳冬一部分），舊式糖廍數從 11 個增爲 22 個，另擁有南昌製糖及 2 個改良糖廍的港西中里（今屏東縣屏東、長治、麟洛、鹽埔，以及內埔一部分），兩年的舊式糖廍數都是 48 個，並沒有減少。主因爲這兩個里各有 386.5 反和 150 反（一反約 0.099174 甲）土地闢成蔗園〔註 223〕，同時兩里也是阿緱廳蔗作面積增加最快的區域。

1904～1905 年度鳳山廳的舊式糖廍有 64 間，增設 3 間改良糖廍後，舊式糖廍驟減爲 12 間，主因在該廳的甘蔗種植面積與收穫量增加的幅度只有

〔註 223〕臨時臺灣糖務局，《臨時臺灣糖務局第三年報》，頁 144。

12.3%與 8.2%，遠低於全臺平均數。其中，擁有 4 間改良糖廍與新興製糖的大竹里（今高雄市三民、新興、苓雅、前鎮、前金，以及鳳山部分地區）、小竹上里（今高雄市大寮、大樹部分地區）、小竹下里（今高雄市林園全境，以及大寮部分地區）蔗作面積竟然減少，甘蔗收穫量則僅有大竹里因改良甘蔗種植面積增加而略有成長外，其他兩里亦減少，因此兩里的舊式糖廍總數從 42 個大幅減少為 4 個。

設有 2 間改良糖廍的蕃薯藔廳，舊式糖廍數從 24 減為 21 個，事實上該廳的蔗作面積從 429.47 甲大幅增為 809.54 甲，增加率達 88.5%，甘蔗收穫量也大增 96.9%。但因改良糖廍所在的港西上里（今高雄市美濃全境，以及旗山、屏東縣里港部分地區）蔗作面積與甘蔗產量增幅都居各里之末，使其舊式糖廍數從 18 間減至 7 間，成為整個廳舊式糖廍減少的主因，其他各里舊式糖廍則略有增加。

臺南廳的舊式糖廍數從 179 間大幅減少為 129 間，為全臺舊式糖廍減少最多的區域，主因在該廳蔗作面積從 4,146.77 甲減少為 3,915.66 甲，也是全臺唯一蔗作面積減少官廳。但離新式製糖場和改良糖廍較遠的楠梓仙溪西里（今臺南市玉井、南化、楠西部分地區）和外新化南里（今臺南市左鎮全境，以及山上部分地區），以及臺南製糖所屬新化北、新化西、新化東等里（今臺南市新市、山上大部分地區）之蔗作面積卻大幅增加 2 至 4 倍，5 個里的舊式糖廍數量也分別增加 2 至 6 間。

鹽水港、嘉義、斗六等 3 廳為 1905 年改良糖廍設立最多的區域，但同一時期 3 個廳的舊式糖廍都增加，其中，鹽水港廳的舊式糖廍數從 221 間增為 234 間，同一時期全廳的蔗作面積也增加約 37.3%，甘蔗產量更增加 47.5%，近海的西港、漚汪、蕭壠等 3 堡（今臺南市西港、將軍、佳里、七股等地區）因區域內沒有改良糖廍設立，且蔗作面積增加率也冠於全廳，因此舊式糖廍數一口氣從 45 間增為 69 間，為該廳舊式糖廍得以增加的主因。

增設 7 間改良糖廍的嘉義廳，舊式糖廍數亦從 102 間大幅增為 141 間，是增加最多的官廳，且廳內大多數堡的舊式糖廍數都增加，增加較多的大槺榔西堡（今嘉義縣六腳，以及太保、朴子部分地區）和大坵田西堡（今嘉義縣東石、朴子、鹿草部分地區）都有改良糖廍設立，但因 1904～1905 年度曾君定在兩堡各成功開闢 613 和 47 反面積的蔗園〔註 224〕，使蔗作面積分別大增

〔註 224〕同上註。

71.5％與 200.3％，舊式糖廍不但不受排擠減少，反而增加。

斗六廳爲全臺蔗園擴張最多的區域，如靠山的沙連（今南投縣竹山、鹿谷全境），以及近海的海豐（今雲林縣臺西全境，以及東勢、麥寮部分地區）、尖山（今雲林縣口湖、四湖全境，以及水林部分地區）、蔦松（今雲林縣水林鄉部分地區）等堡，在糖務局成立初期都無種植甘蔗紀錄，至 1906 年時已開闢蔗園 3 百多甲。1905 年該廳設立全臺最多的 10 間改良糖廍，但舊式糖廍仍同時增加 21 間，且大多數堡都有增加。這與當時蔗園的大量開闢有關，總計蔗作面積從 1,608.80 甲大幅增爲 4,229.82 甲，幅度達 162.9％之多，甘蔗收穫量也增加 102.3％。其中，一口氣設立 3 間改良糖廍的大坵田堡（今雲林縣土庫全境，以及虎尾部分地區）仍因虎尾拓殖會社開闢大量蔗園無法消耗全數甘蔗而有 8 間舊式糖廍設立，同樣擁有 3 間改良糖廍的溪州堡（今雲林縣斗六、莿桐全境，以及林內部分地區）亦同時增加 5 間舊式糖廍，時人評論濁水溪以南斗六的糖業至此時才算興盛（以上參見表 4-4-3，各里部分參見附錄二）。〔註 225〕

南投及濁水溪以北各廳，除設立 3 間改良糖廍的臺北廳舊式糖廍數量略有減少外，其他各廳都呈現增加的情況。特別是桃、竹、苗 3 個沒有設立改良糖廍的區域，舊式糖廍增加的數量頗多（參見表 4-4-3）。

因此，蔗作面積和甘蔗產量增加是 1905 年改良糖廍大量設立時舊式糖廍仍能繼續增加的主因，即使是靠近、甚至是改良糖廍所在的區域，如適時有相當面積的新蔗園開闢，仍能維持新式製糖和傳統製糖共存的局面，不會產生排擠效應。從另一個角度來看，也代表糖務局成立前期新式製糖能力提升的速度仍趕不上甘蔗原料增產，儘管糖務局將大部分糖業獎勵經費投注製糖部門，但其成效似乎仍有限。

另一方面，儘管蔗作面積增加成果顯著，然對執行糖業改革的特設機關糖務局而言，改良蔗苗增殖與甘蔗栽種集約化方面的成效，似乎才較具有糖業改革的意義。

1904 年，糖務局爲加速推廣改良蔗苗，除保留原有改良蔗苗和人造肥料獎勵外，另針對糖務局臺南支局轄區實行蔗苗養成所制度。〔註 226〕蔗苗養成

〔註 225〕〈查斗六糖業至本年始盛〉，《漢文臺灣日日新報》，1906 年 7 月 27 日，第 4 版。

〔註 226〕〈改良甘蔗に就て〉，《臺灣日日新報》，1904 年 10 月 9 日，第 2 版。

所申請條件爲面積至少 1 甲以上且種植甘蔗 2 年以上的土地，養成所的蔗苗由大目降甘蔗試作場免費提供，並以每甲種植 1 萬 4 千株蔗苗爲標準，補助肥料費或現品，預計每甲可種出 7 倍（9 萬 8 千株）之蔗苗，並規定糖務局臺南支局得以每株 3 厘以下的價格收購。〔註 227〕事實上，蔗苗養成所制度不僅只推廣改良蔗苗，也包括改良蔗作方式，設立蔗苗養成所者必須遵守糖務局頒布「蔗苗養成所監督規程」中有關密植、深耕、施肥、病蟲害防治等規定，並接受糖務局每個月派遣的課員或出張所職員指導並監督耕作方式。〔註 228〕

由於有不少糖業者兼具糖廍主和蔗農地主身分，使蔗作獎勵和製糖獎勵得以達到相輔相成的效果，例如，新渡戶稻造在糖業協會第一回甘蔗品評會頒獎典禮上致詞時曾回憶：糖務局成立前後有一次與 1 名 60 餘歲的老蔗農討論到甘蔗耕作的話題，老農自詡其繼承父祖之事業植蔗經驗已有 60 年，得意於自己的蔗作技術，也以種植竹蔗自滿。新渡戶乃邀老農共同參觀臺南農事試驗場，老農見到 Lahaina 種蔗苗，試咬一口後對其高甜度深感驚異，但仍懷疑種植成效，新渡戶乃請老農將蔗種攜回試種，結果在糖業改良政策實施次年，老農發現外國種甘蔗種植成績良好，遂一改舊觀念，戮力於改良種蔗苗栽培，並積極申請設立改良糖廍，投入新式製糖改革。〔註 229〕

新渡戶對老農雖「姑隱其名」，但若檢視 1904～1905 年度的蔗作改良獎勵名單，可發現老農的情況並非特例，有不少獲選爲蔗苗養成所或取得改良蔗苗、人造肥料獎勵的蔗農地主，都在 1905 年投資設立改良糖廍。如阿緱廳的藍高川、藍高全、徐阿蘭、李復卿；蕃薯藔廳的今村大牛；鹽水港廳的張乃文、黃獻琛、黃萬得；嘉義廳的江山輝、賴尚文、林玉崑、黃番王；斗六廳的薛均堂、李昌、林氇；南投廳的簡茂林；臺中廳的黃茂盛等皆是。也有新式製糖會社的投資者或改良糖廍主後來獲得蔗作獎勵，如南昌製糖的李仲義；兼爲新興製糖股東和改良糖廍主的陳晉臣；臺南製糖的李霽川、蘇試、徐番江；鹽水港製糖的陳人英、郭升如；蔴荳製糖的鄭品、李軒等皆是；1904 年設立的 4 個改良糖廍主中，除陳晉臣外，尚有王希璧、林本也獲得蔗作獎勵（參見 4-4-4）。

〔註 227〕臨時臺灣糖務局，《臨時臺灣糖務局第三年報》，頁 146～147。

〔註 228〕同上註，頁 153～155。

〔註 229〕新渡户稻造，〈糖業懷舊談〉，《臺灣農事報》，第 25 號，1909 年 1 月 25 日，頁 1～2。

表 4-4-4　1904～1905 年度參與蔗作改良的新式製糖業者

廳　別	蔗園地點或住所	姓　名	蔗作獎勵事項	新式製糖經歷
阿緱	港西上里阿里港街	藍高全	改良蔗苗	改良糖廍股東
	港西上里阿里港街	藍高川	人造肥料、蔗苗養成所	改良糖廍主
	港西下里萬丹庄	李仲義	人造肥料、蔗苗養成所	南昌製糖股東改良糖廍主
	港西下里新東勢庄	徐阿蘭	人造肥料、蔗苗養成所	改良糖廍主
	港東上里潮州庄	李復卿	蔗苗養成所	改良糖廍股東
鳳山	大竹里苓雅寮庄	陳晉臣	改良蔗苗	新興製糖股東改良糖廍主
	大竹里照墻後街	王希璧	蔗苗養成所	改良糖廍主
蕃薯藔	港西上里手巾寮庄	今村大牛	改良蔗苗	改良糖廍主
臺南	臺南市看西街	林霽川	蔗苗養成所	臺南製糖董事
	善化里西堡灣裡街	蘇試	蔗苗養成所	臺南製糖發起人
	保東里埤仔頭庄	徐番江	蔗苗養成所	臺南製糖發起人
鹽水港	茄苳南堡安溪寮庄	張乃文	改良蔗苗	改良糖廍主
	茄苳南堡番仔寮庄	黃獻琛	改良蔗苗	改良糖廍主
	茄苳南堡番仔寮庄	黃萬得	改良蔗苗	改良糖廍股東
	赤山堡官佃庄	陳人英	改良蔗苗	鹽水港製糖董事
	鹽水港堡鹽水港街	郭升如	蔗苗養成所	鹽水港製糖董事
	蔴豆堡寮仔廍	鄭品	蔗苗養成所	蔴荳製糖董事改良糖廍主
	蔴豆堡崁仔庄	李軒	蔗苗養成所	蔴荳製糖社長
嘉義	嘉義市街	賴尚文	改良蔗苗	改良糖廍股東
	牛稠溪堡月尾潭庄	林玉崑	改良蔗苗	改良糖廍股東
	嘉義西堡山仔頂庄	江山輝	改良蔗苗、蔗苗養成所	改良糖廍主
	大槺榔西堡蒜頭庄	黃番王	蔗苗養成所	改良糖廍主
斗六	西螺堡莿桐巷庄	林本	蔗苗養成所	改良糖廍主
	他里霧堡蔴園庄	薛均堂	改良蔗苗	改良糖廍主
	他里霧堡他里霧庄	李昌	改良蔗苗	斗六製糖監事
	大坵田堡土庫庄	林氇	蔗苗養成所	斗六製糖股東改良糖廍主

南投	南投堡營盤口庄	簡茂林	改良蔗苗	改良糖廍主
臺中	大肚下堡大肚庄	黃茂盛	改良蔗苗	改良糖廍主

資料來源：據表 4-1-1、附錄一及臨時臺灣糖務局，《臨時臺灣糖務局第三年報》，頁 113～153 整理而成。

甘蔗農業是製糖工業的上游產業，兩者間的關係密不可分，雖然有不少糖業者同時響應糖務局蔗作改革和製糖改革，但糖務局前期的獎勵方式仍是蔗作獎勵和製糖獎勵各行其是，政策上並無直接聯繫或配套，這一情況直到原料採取制度實施才開始改變。

二、原料採取區域制度之實施

如前所述，糖務局成立初期，在蔗作獎勵和製糖獎勵之間，似無嚴謹的配套措施，直到 1905 年原料採取區域制度實施，新式製糖業的原料來源才有明文保障。

原料採取區域制度可追溯到前述 1904 年由鹽水港、鳳山、阿猴等 3 廳制定的「糖廍取締規則」，在論及原料採取區域制度前，有必要先說明地方官廳糖廍限制區域的運作方式。

地方官廳是以新式糖場的中心劃定糖廍限制區域範圍，但實際發布的對象是舊式糖廍，要求區域內設立舊式糖廍須經核准，且詳細申報預定消費甘蔗的數量、區域及蔗農姓名，其目的在讓廳長控制區域內的原料數量以確保新式糖場有足夠的原料。易言之，糖廍取締規則從條文看來是對舊式糖廍的管理，實質上是對新式製糖場的保護。

因此，糖廍限制區域雖無原料採取區域之名，但實質上就是新式製糖場甘蔗的收購區域。如新興製糖即在鳳山廳公布的糖廍限制區域內遴選有名望者出任原料委員，委託收購各庄的甘蔗；〔註 230〕鹽水港製糖也採取類似的作法。南昌製糖和蔴荳製糖兩間規模較小的製糖會社，則是由會社與蔗農直接簽訂購買契約，範圍同樣是地方官廳規定的糖廍限制區域。〔註 231〕

不過，受到天候、機械、人爲等諸多因素影響，廳長欲精準操控原料數量供應製糖所需實有困難。例如，鹽水港廳在 1904～1905 年製糖期前否決限制區域內 40 個舊式糖廍的設立申請〔註 232〕，不料在製糖期開始之初，會社卻

〔註 230〕臨時臺灣糖務局，《臨時臺灣糖務局第三年報》，頁 197。
〔註 231〕同上註，頁 207；臨時臺灣糖務局，《臨時臺灣糖務局第四年報》，頁 181。
〔註 232〕〈鹽水港蔗農の損失〉，《臺灣日日新報》，1905 年 6 月 4 日，第 2 版。

因製糖機械延遲運抵及製糖場工程進度落後等因素，遲遲無法展開製糖作業，爲此，鹽水港廳緊急核准製糖會社設立 27 個舊式糖廍消化原料，以減輕損失〔註 233〕，但到製糖期後期還是無法完全消耗區域內的原料，鹽水港廳乃在之前否決的 40 個舊式糖廍中核准設立 17 個舊式糖廍，然糖廍主已無利潤，蔗農也蒙受損失，引起非議〔註 234〕，導致次年度鹽水港製糖區域內甘蔗種植面積縮小（參見附錄二）。由此看來，糖廍限制區域極度偏重保障新式製糖場的利益的結果，反不利於糖業發展。

如前所述，糖務局暫且將製糖改革主力放在改良糖廍之際，大量設立的改良糖廍難免會與新式製糖場產生原料爭奪問題，爲統合起見，1905 年 6 月 7 日臺灣總督府以府令第三十八號發布「製糖場取締規則」。主要條文有 4 條，要點如下：（1）新設或變更新式製糖場與改良糖廍須經糖務局長許可，未受許可糖務局長得隨時命令撤除或變更；（2）申請者須填具固定書式、申請書及附屬書類呈交地方官廳。地方官廳受理申請書後應附加意見送交糖務局長審核；（3）糖務局長許可新設或變更新式製糖場與改良糖廍同時，應劃定其原料採取區域，採取區域內非經糖務局長許可不得設立舊式糖廍；（4）原料採取區域的限定或變更概由臺灣總督府府報告示之。〔註 235〕

相較地方官廳的「糖廍取締規則」，糖務局的製糖場取締規則有三項較大的改變：其一，明確規定實施對象爲新式製糖場與改良糖廍；其二，發布對象爲新式製糖場和改良糖廍，而非舊式糖廍；其三，規定原料採取區域內原則上不得設立舊式糖廍，縮小權設舊式糖廍的空間。

爲防止新式製糖業者可能藉原料採取區域制度便宜行事，糖務局發布給製糖會社、改良糖廍的命令事項，也加入原料採取區域相關的條文〔註 236〕，要點有：（1）糖務局長認爲有必要時，原料採取區域得隨時變更；（2）區域內甘蔗須以相當代價全數消費。如因天候、機械故障，以及其他因素導致不能全數消費原料時，須盡速準備處理方法向糖務局長申告，並請其指揮。如延遲申告或因申請者便宜行事喪失割取甘蔗時機，造成蔗農損害，申請者應負賠償責任；（3）原料採取區域內之甘蔗在全部消費後，非經糖務局長核准不得從區域外搬運原料製糖；（4）應允許採取區域內蔗農出資入股；（5）應

〔註 233〕臨時臺灣糖務局，《臨時臺灣糖務局第三年報》，頁 229～230。
〔註 234〕〈鹽水港蔗農の損失〉，《臺灣日日新報》，1905 年 6 月 4 日，第 2 版。
〔註 235〕《府報》，第 1764 號，1905 年 6 月 7 日，頁 10。
〔註 236〕〈製糖會社命令條件〉，《臺灣日日新報》，1906 年 9 月 5 日，第 2 版。

努力提供資本或蔗苗、肥料、農具予區域內從事甘蔗改良及增殖的蔗作者。〔註 237〕

上述要點可看出糖務局一方面明確規範新式製糖業者在採取區域內應負的義務，以避免產生弊端；另一方面也試圖以原料採取區域爲媒介，結合新式製糖業者和蔗農爲共同體。這樣的設計，使原料採取制度不僅只是對新式製糖業者的原料保障，尙有寓蔗作改良於其中的更深層意義。

原料採取區域的劃定，原則上正常程序爲：先由新式製糖業者初擬原料採取區域，交由地方官廳加註意見，再由糖務局做最後的定奪〔註 238〕，糖務局似乎仍相當程度尊重或仰賴地方官廳意見。然實際上地方官廳爲了會社運輸原料與製品方便，大多沿道路劃設細長區域；而糖務局劃設的原料採取區域則多以會社或改良糖廍爲中心點向四方延長，兩者方式不同。〔註 239〕

分析兩者考量不同之因，在於 1904 年 3 官廳所實行的糖廍取締規則本就以新式製糖會社爲主要考量，加上新式製糖會社家數不多，劃設區域並無太多顧忌，自然首要考量會社發展；但糖務局的原料採取區域加入數十間改良糖廍，劃設方法複雜許多，不能完全以新式製糖會社作考量而犧牲改良糖廍權益，故以會社或改良糖廍爲中心點向四方延長劃設畢竟比較容易且公平。

再比較同一會社在糖廍限制區域與原料採取區域的範圍，可以發現規模較大的鹽水港製糖和新興製糖範圍均增廣，如鹽水港製糖的區域原有 16 個街庄，至 1905 年一口氣增加今嘉義縣鹿草鄉 14 個庄的範圍；新興製糖原有 9 個街庄，至 1905 年增加高雄鳥松與部分高雄市區共 3 個庄的範圍。相對之下，規模和改良糖廍相當的南昌製糖、蔴荳製糖原料採取區域都縮小，蔴荳製糖原有 6 個庄減爲 4 個庄，南昌製糖原有 6 個街庄減半只剩 3 庄，部分減少的街庄成爲改良糖廍的原料採取區域（參見表 4-4-5）。

表 4-4-5　1904 與 1905 年製糖會社糖廍取締與原料採取範圍比較

會社名	1904 年糖廍取締範圍	1905 年原料採取區域範圍
鹽水港	太子宮堡太子宮庄、新營庄、茄苳腳庄	太子宮堡太子宮庄、新營庄、茄苳腳庄、舊廍庄、下角帶圍庄

〔註 237〕臨時臺灣糖務局，《臨時臺灣糖務局第四年報》，頁 258～259。

〔註 238〕〈製糖業者の檢束〉，《臺灣日日新報》，1905 年 10 月 22 日，第 2 版。

〔註 239〕〈製糖原料採取之區域〉，《漢文臺灣日日新報》，1905 年 10 月 26 日，第 3 版。

	鹽水港堡鹽水港街、竹仔腳庄、土庫庄、溪州寮庄、岸內庄	鹽水港堡鹽水港街、竹仔腳庄、土庫庄、溪州寮庄、岸內庄、舊營庄、蕃仔厝庄、孫厝寮庄、田寮庄
	白鬚公潭堡五間厝庄	白鬚公潭堡五間厝庄、竹仔腳庄、溪州庄、頂潭庄、下潭庄、白沙墩庄
	龍蛟潭堡牛稠底庄、義竹圍庄、角帶圍庄、東后寮庄、新庄、埤仔頭庄及新店庄、溪州庄一部分	龍蛟潭堡牛稠底庄、義竹圍庄、角帶圍庄、東后寮庄、新庄、埤仔頭庄、西後寮庄、頭竹圍庄
蔴荳	蔴荳堡蔴荳庄、溝仔墘庄、磚仔井庄、安業庄、謝厝寮庄，以及寮仔腳庄一部分	蔴荳堡磚仔井庄、安業庄、謝厝寮庄，以及溝仔墘庄庄一部分
新興	大竹里竹仔腳庄、苓雅寮庄、前鎮庄、大港埔庄、林德官庄、籬子內庄、一甲庄、五甲庄、戲獅甲庄、過田仔庄	大竹里竹仔腳庄
	小竹上里九曲堂庄、磚仔窯庄、翁公園庄、山仔頂庄	小竹上里九曲堂庄、磚仔窯庄、翁公園庄、山仔頂庄
	小竹下里大寮庄、栲潭庄、赤崁庄	小竹下里大寮庄、栲潭庄、赤崁庄、潭頭庄、溪洲庄
	赤山里牛潮埔庄	赤山里牛潮埔庄、赤山庄、崎仔腳庄、鳥松腳庄、大腳腿庄、夢裡庄、田草埔庄、圣埔庄、十九灣庄、山仔腳庄、本館庄、灣仔內庄
南昌	港西中里阿猴街、頭前溪庄、公館庄、歸來庄、大湖庄、社皮庄	港西中里頭前溪庄、公館庄、歸來庄
臺南	尚未運作	善化里東堡、善化里西堡、新化北里、新化里西堡之一部分
臺灣	鳳山廳觀音上里、觀音中里、觀音下里、半屏里、興隆外里、仁壽上里、仁壽下里、嘉祥外里、維新里、長治一圖里、長治二圖里、文賢里。	鳳山廳嘉祥外里、長治一圖里、長治二圖里、文賢里、維新里、觀音上里、觀音中里、觀音下里、仁壽上里、仁壽下里、半屏里、興隆外里。
		臺南廳崇德西里、文賢里、依仁里。

資料來源：《府報》，第 1853 號，1905 年 10 月 25 日，頁 63。

另一方面，地方官廳往往會有地方本位主義，例如，1904～1905 年製糖期末由於鹽水港製糖無法完全消化區域內的甘蔗原料，位於鳳山廳的臺灣製糖曾委託德記商行到鹽水港廳新營庄與當地的隆記、復順兩商行協商採買剩餘原料，遭到鹽水港廳反對而作罷，最終使蔗農受到損失。〔註 240〕而由糖務局統合劃設原料採取區域可打破廳界，有利於往後大型製糖會社的設立與發展。1905 年 10 月，糖務局公布第一波製糖會社和改良糖廍的原料採取區域，臺灣製糖的原料採取區域即橫跨鳳山、臺南兩廳；薛均堂的改良糖廍亦跨及斗六、嘉義兩廳。〔註 241〕

糖務局擁有原料採取區域的核准與劃設權限，使糖務局取得對新式製糖業較大的主導權，糖務局和地方官廳對製糖業的管理開始產生分工情況。如 1904 年臺南廳曾以廳令第十三號公布「砂糖製造人心得」，規定廳內蔗糖製造者必須向官廳申告製糖場的基本資料〔註 242〕，製糖場取締規則公布後，臺南廳在「砂糖製造人心得」中追加項目，規定原料採取區域外欲從事製糖者須向官廳申告糖廍位置、原料採取區域、原料取得方法、原料預訂消費數量、製糖預訂數量、糖廍組織與資本額、發起人與出資者姓名與住所、砂糖倉庫構造等事項，獲得官廳許可後才能設立糖廍，擅自開設糖廍者臺南廳長可隨時命令其撤除或變更。〔註 243〕1906 年，臺南廳進一步規定在原料採取區域內開設舊式糖廍除須獲糖務局長核准外，亦須得到臺南廳長核准，目的在於防止糖廍設立在甘蔗缺乏區域，亦為得以隨時檢查蔗糖確保品質。〔註 244〕

嘉義廳在公布製糖場取締規則後，亦以廳令第十五號公布糖廍取締規則，與臺南廳同樣規定須經官廳許可才能在原料採取區域外設立舊式糖廍，並須申告糖廍位置、原料採取區域、原料取得方法、原料預訂消費數量、製糖預訂數量、糖廍組織與資本額、發起人與出資者姓名與住所等事項，如未經核准而開設糖廍，嘉義廳長可隨時命令其撤除或變更。〔註 245〕

原料採取區域實施後，在執行上糖務局和地方糖業者間仍有許多須磨合之處。首先，糖務局無法精算新式製糖場和改良糖廍之製造能力劃設原料採取區域，因而 1905 年許多新式製糖場和改良糖廍開工之際，惟恐機械能力不能完全運轉，紛紛打算設舊式糖廍調節原料消費，糖務局對此抱持認可的態

〔註 240〕〈鹽水港蔗農の損失〉，《臺灣日日新報》，1905 年 6 月 4 日，第 2 版。
〔註 241〕《府報》第 1853 號，1905 年 10 月 25 日，頁 63～64。
〔註 242〕《臺南廳報》，第 224 號，1904 年 10 月 23 日，頁 403。
〔註 243〕《臺南廳報》，第 309 號，1905 年 12 月 3 日，頁 543。
〔註 244〕〈更正糖廍規則〉，《漢文臺灣日日新報》，1906 年 9 月 27 日，第 4 版。
〔註 245〕《嘉義廳報》，第 309 號，1905 年 9 月 15 日，頁 543。

度。〔註 246〕並以府令第八十二號修正製糖場取締規則，將第三條第二項「原料採取區域內非經臨時臺灣糖務局長認可，不得設立舊式糖廍」之條文改為「原料採取區域內既存之舊式糖廍不得經營製糖，亦不得在區域內買入甘蔗，但獲得臨時臺灣糖務局長許可者不在此限」。〔註 247〕修正前後最大的差別，在於修正後規定區域內可以設立舊式糖廍，只是可否收購甘蔗從事製糖須得到糖務局長核准，實際上這是為新式製糖業者權設舊式糖廍調節消費原料的作法鋪路。

新式製糖業者以設立舊式糖廍消化原料的作法並非無前例可循，前述鹽水港廳實行糖廍限制區域制度之初，鹽水港製糖即因無法消化區域內的甘蔗而獲官廳核准自設舊式糖廍，在仍無法完全消化原料下鹽水港廳才又核准會社以外的業者設立舊式糖廍，糖務局可能是受此啓發，因而當臺南製糖因原料採取區域內的原料意外豐富無法全面吸收原料時，糖務局擬准許臺南製糖設置附屬的舊式糖廍，但對會社以外為數眾多的申請者，糖務局卻以會社尚未開始製糖為由否決申請，引起不滿。〔註 248〕

臺南製糖原本盤算要在 1905～1906 年製糖期製糖場工程尚未完成之際，由會社核准採取區域內舊式糖廍以會社名義製糖，每籠蔗糖由會社收取 5、60 錢手續費，預估可得到 3 萬圓利益。〔註 249〕

糖務局一開始完全配合臺南製糖，下令 1905～1906 年度臺南製糖原料採取區域內特准設立 40 間舊式糖廍，但要申請者與會社交涉，製糖原料由會社供應。〔註 250〕然區域內舊式糖廍主對這樣的作法非議頗大，最後臺南製糖撤回糖廍自營的作法，由糖務局准許社外 46 名製糖業者設立舊式糖廍結束爭議。〔註 251〕

鳳山廳的新興製糖也有類似的狀況，會社因機械設備不完全無法壓搾採取區域內的所有甘蔗，因而臨時開設 11 個舊式糖廍來消化原料。〔註 252〕

〔註 246〕〈製糖原料採取之區域〉，《漢文臺灣日日新報》，1905 年 10 月 26 日，第 3 版。
〔註 247〕《府報》，第 1858 號，1905 年 11 月 2 日，頁 4。
〔註 248〕〈申請製造〉，《漢文臺灣日日新報》，1905 年 12 月 5 日，第 4 版。
〔註 249〕〈臺南製糖會社之收利法〉，《漢文臺灣日日新報》，1905 年 9 月 16 日，第 4 版。
〔註 250〕〈准設舊廍〉，《漢文臺灣日日新報》，1905 年 12 月 5 日，第 4 版。
〔註 251〕〈臺南製糖會社對糖廍開始問題の解決〉，《臺灣日日新報》，1906 年 1 月 23 日，第 4 版。
〔註 252〕〈製糖成績〉，《漢文臺灣日日新報》，1905 年 11 月 22 日，第 3 版。

糖務局不斷特例允許設立舊式糖廍消化原料，造成新式製糖業者對原料採取制度的誤解，以為採取區域內新式製糖場享有收買甘蔗的權利，但不須盡收購全數甘蔗之義務，甚至認為因機械能力不足延遲收購甘蔗造成蔗農損失亦可不負賠償責任。〔註253〕

對此，蔗農也有反彈新式製糖業者的作法，不少蔗農改種其他作物或將甘蔗搬出區域之外賣給其他製糖業者，也有蔗農合作在區域邊界處開設舊式糖廍自行搾汁製糖，甚至有蔗農寧願將蔗種移到區域外種植。〔註254〕至此，糖務局似乎警覺到執行原料採取制度必須尋求蔗作農業和製糖工業平衡的重要性，1906年12月22日，再以府令八十號修正製糖場取締規則，將原本第三條「原料採取區域內既存之舊式糖廍不得經營製糖，亦不得在區域內買入甘蔗，然獲得臨時臺灣糖務局長許可者不在此限」之規定，又改回「原料採取區域內非經臨時臺灣糖務局長核准不得設立舊式構造之糖廍」，並增加「原料採取區域內的所有甘蔗非經臨時臺灣糖務局長核准不得搬出區域外，或成為砂糖以外的製品原料」。並追加1項罰則，規定違反規則者處200圓以下之罰金。〔註255〕

同時，糖務局也不再輕易准許設立舊式糖廍，並不斷加強連結原料採取區域內新式製糖業者與蔗農間之關係，此部分將在後文論及。原料採取制度至此完全確立，至日治末年為止基本內容都沒有太大的改變。

三、1905～1906年度蔗作獎勵與製糖改革

1905年底，糖務局公布原料採取制度實施後第一年度的糖業獎勵方針，其中，蔗作獎勵方面擬就既有蔗園增加生產力為方針，故除前幾年度已取得開墾補助許可者外，新申請的開墾費補助一概中止，灌溉排水費用補助也因受補助者有運用不善之處中止補助，肥料補助也因蔗農已知肥料的妙用，而改鼓勵各廳糖業或農業團體共同購買肥料，由糖務局斡旋壓低價格，暫時停止肥料補助。〔註256〕因而1905～1906年度糖務局專以普及改良蔗苗為蔗作獎勵方針，設置蔗苗養成所成為最主要的蔗作獎勵項目。

1906年2月，糖務局公布該年度蔗苗養成所名單有15筆，共100甲土地，

〔註253〕〈製糖會社命令條件〉，《臺灣日日新報》，1906年9月5日，第4版。

〔註254〕〈鹽水港廳下の糖業一斑（上）〉，《臺灣日日新報》，1906年4月13日，第4版。

〔註255〕《府報》第2102號，1906年12月22日，頁63。

〔註256〕〈糖業獎勵の方針〉，《臺灣日日新報》，1906年6月3日，第2版。

從名單可發現幾項特色：

其一，有 4 筆土地直接以新式製糖會社的名義被選爲蔗苗養成所，包括新興製糖 1 筆、臺南製糖 3 筆，和以往全由個人身分取得不同。

其二，獲選者幾乎是製糖業者或會社，即使是唯一看來不屬製糖業者或會社的大年農業組合，其組合長林霽川亦爲臺南製糖董事，蔗作成果大多提供臺南製糖使用。〔註 257〕其餘 11 名製糖業者或會社，有 2 家屬新式製糖會社、1 名是新式製糖會社社長、3 名是新式製糖會社董事、3 名是改良糖廍負責人，僅有嘉義廳的林墨卿爲舊式糖廍主，但其同時也是嘉義廳糖業組合第二區組合長。〔註 258〕

其三，單一官廳的蔗作改良名額多由單一會社或組合壟斷。如阿緱廳只有蘇雲梯獲選，蘇雲梯爲南昌製糖的社長，亦是阿緱糖業組合的組合長，養成所位置設在南昌製糖工場所在街庄，培植出的蔗苗悉數提供南昌製糖使用；〔註 259〕鳳山廳的 16 甲蔗苗養成所額度全爲新興製糖壟斷，且位置亦在製糖工場所在街庄；蕃薯藔廳的兩處蔗苗養成所皆由港西糖業組合組合長宋守四獲選，養成所全位於鄰近改良糖廍的港西上里中壇庄（今高雄市美濃區內）；斗六廳的兩處蔗苗養成所都由林氊負責，林氊身兼斗六製糖股東和改良糖廍主，兩處養成所的位置分別在斗六製糖第一、第二工場所在的街庄；臺南廳其中 1 處蔗苗養成爲前述臺南製糖董事林霽川主持的大年農業組合負責，另 3 處都屬臺南製糖所有，且位置都在善化境內，距離製糖場頗近；鹽水港廳的 3 處蔗苗養成所負責人都是鹽水港製糖董事，其中，翁煌南的養成所位在鹽水港製糖工場所在街庄，郭升如的養成所位在鹽水港製糖原料採取區域內。只有嘉義廳的 2 處蔗苗養成所例外，1 處負責人爲舊式糖廍主，另 1 處爲改良糖廍主（參見表 4-4-6）。

表 4-4-6　1905～1906 年度蔗苗養成所與新式製糖業者關係表

廳別	蔗園地點	姓名或會社	甲數	新式製糖相關
阿緱	港西中里公館庄	蘇雲梯	17.0	南昌製糖社長、製糖工場所在街庄

〔註 257〕〈赤崁帆影〉，《漢文臺灣日日新報》，1908 年 4 月 11 日，第 4 版。
〔註 258〕〈出嫡納親〉，《漢文臺灣日日新報》，1907 年 11 月 8 日，第 5 版。
〔註 259〕〈阿緱製糖近況〉，《漢文臺灣日日新報》，1904 年 1 月 17 日，第 4 版。

鳳山	小竹下里大寮庄	新興製糖	16.0	製糖工場所在街庄
蕃薯寮	港西上里中壇庄	宋守四	0.9	港西糖業組合改良糖廍主、原料採取區域內
	港西上里中壇庄	宋守四	2.1	港西糖業組合改良糖廍主、原料採取區域內
臺南	臺南市小西門外	大年農業組合	3.0	組合長林霽川為臺南製糖董事
	善化里東堡北子店庄	臺南製糖	7.0	本工場原料採取區域
	善化里東堡跨北子店、坐駕兩庄	臺南製糖	5.0	本工場原料採取區域
	善化里西堡曾文庄	臺南製糖	5.0	本工場原料採取區域
鹽水港	鹽水港堡岸內庄	翁煌南	12.0	鹽水港製糖董事、製糖場所在街庄
	太子宮堡茄苳腳庄	郭升如	5.0	鹽水港製糖董事、原料採取區域內
	果毅後堡新厝仔庄	劉神嶽	7.0	鹽水港製糖董事、改良糖廍主
嘉義	嘉義西堡柳仔林庄	林墨卿	4.0	嘉義糖業組合第二區組合長、舊式糖廍主
	大槺榔西堡蒜頭庄	黃番王	9.0	改良糖廍主、改良糖廍所在街庄
斗六	大坵田堡五間厝庄	林𣾷	3.6	改良糖廍主、斗六製糖股東、斗六製糖第二工場所在街庄
	大坵田堡土庫庄	林𣾷	3.4	改良糖廍主、斗六製糖股東、斗六製糖第一工場所在街庄

資料來源：據表 4-1-1、附錄一及臨時臺灣糖務局，《臨時臺灣糖務局第六年報》，頁157～159 整理而成。

綜上所述，糖務局雖未明言蔗苗養成所的申請標準須為製糖業者，但從實際的作法來看，原料採取制度實施後糖務局已有將蔗作獎勵和製糖業者結合為一的想法。

此外，該年度糖務局頒布給臺南製糖補助金的命令條項中出現會社原料收購區域務採縮小方針，並獎勵培養改良蔗種栽培者之規定；〔註 260〕同時，對 50 間改良糖廍統一頒布的命令項目亦明定採取區域內對於力圖從事甘蔗改良及增殖之甘蔗耕作人應努力供給其資本，或蔗苗、肥料、農具。〔註 261〕由此可知，糖務局不僅開始試圖結合蔗作獎勵和製糖獎勵，亦希望新式製糖業

〔註 260〕臨時臺灣糖務局，《臨時臺灣糖務局第四年報》，頁 250。

〔註 261〕同上註，頁 258～259。

者也能擔負區域內蔗作改良的責任。

對大多數新式製糖業者而言，也許不須糖務局的規定或提醒也會努力培養與獎勵改良種甘蔗。例如，1906 年度全臺只有鳳山廳的仁壽下里（今高雄市橋頭全境，以及岡山部分地區）、仁壽上里（今高雄市岡山、彌陀、梓官部分地區）、嘉祥外里（今高雄市阿蓮全境，以及岡山部分地區）有種植改良種甘蔗的紀錄，3 個里全數是臺灣製糖的原料收購區域，其中位於仁壽下里臺灣製糖會社自有蔗園，種植改良種甘蔗的面積更佔絕大部分〔註 262〕，1905 年度臺灣製糖自有蔗園的甘蔗種植面積約有 300 甲，種植改良種甘蔗的面積有 130 甲，佔蔗園總面積 43.3%〔註 263〕，遠高於全臺 3.2%的比例。1905～1906 年度鹽水港製糖也開始選擇接近會社的 500 甲土地種植改良甘蔗，作爲次年度原料採取區域內的蔗種。〔註 264〕儘管鹽水港製糖和臺南製糖有多處蔗園被選爲蔗苗養成所，可獲大目降甘蔗試作場免費配送改良蔗苗，但 1906 年底鹽水港製糖仍投入 2 萬圓購買改良種蔗苗和肥料，免費分發給區域內的佃戶，臺南製糖亦籌劃購買改良蔗苗 5 百萬株發給佃戶種植。〔註 265〕

由是觀之，原料採取區域實施後，糖務局的蔗作獎勵也逐漸透過原料採取區域和新式製糖連結，而多數新式製糖業者在明確的原料採取範圍內，亦有加強蔗作改良的動因。換言之，糖務局不單只是將原料採取制度當作保障新式製糖業原料來源的政策，也作爲加速推動蔗作改良的媒介，這些都爲日後大型新式製糖工場的創立奠定良好基礎。

〔註 262〕臺灣總督府，《臺灣總督府第七統計書》（臺北：編者，1904 年），頁 646。
〔註 263〕臨時臺灣糖務局，《臨時臺灣糖務局第四年報》，頁 119。
〔註 264〕〈鹽水港製糖及蔗園〉，《漢文臺灣日日新報》，1906 年 2 月 14 日，第 4 版。
〔註 265〕〈籌劃多備蔗料〉，《漢文臺灣日日新報》，1906 年 9 月 29 日，第 4 版。

第五章　臨時臺灣糖務局後期獎勵事業與新製糖業之進展（1906～1911）

第一節　日俄戰後初期之獎勵事業與新製糖業之推廣（1906～1908）

一、獎勵政策之調整

日俄戰後，日本國內的經濟情勢處於鐵路國有化和外資導入成功、金融市場利息降低、各企業景氣復甦及大量資金湧入民間的情況中，多餘的資金紛紛尋求投資管道，臺灣製糖業成為日本資金投資的對象，使臺灣大型製糖會社發展出現契機。〔註 1〕

如前所述，1905 年改良糖廍大量設立時，糖務局變更獎勵方針，規定往後僅補助原料消費達 300 噸以上之新設新式製糖場，否定小規模新式製糖會社的補助發展路線。

日俄戰後，日本國內資本在無任何補助下紛紛來臺創立大型製糖會社或設立新式製糖場，這樣的發展雖非糖務局發動的結果，但為順應新局，糖務局再度調整製糖獎勵政策，1906～1907 年度的獎勵方針規定製糖機械器具費補助除特殊情況外一概中止，新式製糖會社利息補助僅限於既有會社基於特殊需要；〔註 2〕1907～1908 年度進一步規定無論是製糖機械器具費或利息補助

〔註 1〕森久男，〈臺灣總督府の糖業保護政策の展開〉，《臺灣近現代史研究》，第 1 輯（東京：臺灣近現代史研究會，1979 年），頁 79。

〔註 2〕臨時臺灣糖務局，《臨時臺灣糖務局第六年報》（臺南：編者，1908 年），頁 2。

都僅限於既有會社的特殊需求，全然排除對新設製糖會社的直接獎勵；另一方面，1907～1908 年度糖務局也新增改良糖廍裁撤補助項目，補助新式製糖會社買收或賠償原料採取區域內改良糖廍費用，不分新設或既有會社一體適用。〔註3〕

改良糖廍裁撤補助的構想係糖務局長祝辰巳所提出，據糖務局技師小花和太郎回憶，1904 年祝辰巳剛接任糖務局長時，面臨新式製糖會社經營狀況不佳的困境，因而與大多數人一樣對臺灣糖業持悲觀看法。日俄戰後經濟情勢轉變，南部大型製糖會社勃興，祝辰巳旋即改變悲觀看法，趁此時機力謀糖業進一步發展與革新，故 1907～1908 年度將糖務局預算增加約二倍半，部分增加預算即用於改良糖廍撤廢補助，主要目的在盡速解決區域內改良糖廍處分問題，縮減新式製糖會社創立開工製糖時程〔註 4〕，同時亦因體察新式製糖會社創立之初大量資金需求，減輕賠償改良糖廍撤廢可能造成的負擔。〔註5〕

事實上，1905～1906 年度改良糖廍大量設立時，糖務局即已言明日後區域內如有設立新式製糖場，改良糖廍得隨時撤除，並由會社提供適度的賠償，糖務局原可不過問新式製糖會社與改良糖廍的賠償事宜，但此一時期糖務局一方面逐漸中止新式製糖業的直接獎勵，另一方面卻提供改良糖廍撤廢補助，可看出糖務局並非全然放棄製糖獎勵，只是將獎勵方式從直接的現金或機械補助轉爲政策上的間接協助。

二、既有新式製糖會社之獎勵與新式製糖會社之改組和擴張

1906 年 8 月 30 日，臺灣製糖召開臨時股東大會，決議增資 400 萬圓在橋子頭增設 400 噸壓榨能力的第二工場和酒精工場，開闢大規模後壁林農場及設立 1,000 噸壓榨能力的製糖工場，並改善原料搬運設備。

1907 年年底，橋仔頭第二工場完工，次年 1 月開始製糖；1908 年 3 月，橋仔頭酒精工場落成，同年 4 月展開作業；1906 年後壁林農場獲總督府許可開發，1907 年 12 月後壁林工場完工，次年 1 月開始製糖〔註6〕，臺灣製糖完成第一期之工場增設與能力擴張。

〔註 3〕臨時臺灣糖務局，《臨時臺灣糖務局第七年報》（臺北：編者，1909 年），頁 2。
〔註 4〕〈故祝長官と糖業〉，《臺灣日日新報》，1908 年 5 月 28 日，第 2 版。
〔註 5〕臺灣總督府特產課，《臺灣糖業概觀》（臺北：編者，1927 年），頁 36。
〔註 6〕伊藤重郎，《臺灣製糖株式會社史》（東京：該社東京出張所，1939 年），頁 148～155。

另一方面，臺灣製糖亦準備大舉擴張勢力範圍至鳳山廳以外區域，其首要目標爲擁有廣大甘蔗種植地帶的屏東平原。然因 1906 年臺灣製糖才進行第一回增資，依日本商法規定企業股金未繳滿全額不得增資，臺灣製糖乃鑽法律漏洞，另成立大東製糖株式會社（簡稱大東製糖）行增資之實。〔註 7〕

1906 年 11 月 17 日，糖務局核准由藤田四郎等 12 人發起之資本額 150 萬圓大東製糖設立計畫〔註 8〕，12 名發起人中，大東製糖社長藤田四郎，常務董事武智直道和山本悌二郎，董事田島信夫、益田太郎、鈴木藤三郎，監事岡本貞烋、賀田金三郎、津田靜一等 9 人同時在臺灣製糖擔任同樣職務。〔註 9〕由於募集資金甚爲踴躍，次月大東製糖的資本額迅速擴張爲 500 萬圓，其中約 8 成股份爲臺灣製糖股東掌握。〔註 10〕

當時阿緱廳內尚有南昌製糖，大東製糖代表旋即與南昌製糖蘇雲梯、李仲義等大股東商談購併事宜。〔註 11〕營運狀況不佳的南昌製糖遵照糖務局方針，以略高於 6 萬圓資本額之 62,437.36 圓代價讓渡給大東製糖，南昌製糖原先從糖務局貸借的製糖機器全數轉給大東製糖繼續使用。〔註 12〕

1907 年 4 月，臺灣製糖決定合併大東製糖。5 月，糖務局核准臺灣製糖和大東製糖之合併計畫，臺灣製糖以增資 500 萬圓方式購併大東製糖〔註 13〕，臺灣製糖勢力正式進入阿緱廳。7 月 3 日，糖務局發布臺灣製糖在阿緱廳的原料採集區域範圍爲港西中里、港西下里、港東上里、港東中里、港東下里、新園里及港西上里土庫、瀰力肚、三張廍 3 庄以外區域，涵蓋今屏東縣枋寮鄉以北大部分的平原地帶。〔註 14〕11 月，臺灣製糖選定港西中里歸來庄（今屏東市歸來里）設立製糖場，同時，承繼自南昌製糖的新式製糖場也命名爲公館庄製糖所開始運作。〔註 15〕1908 年末，阿緱工場竣工，開始製糖，壓搾能力 1,200 噸。

〔註 7〕黃紹恆，〈從對糖業之投資看日俄戰爭前後臺灣人資本的動向〉，《臺灣社會研究》第 23 期，1996 年，頁 125。

〔註 8〕伊藤重郎，前引書，附錄年表頁 23。

〔註 9〕同上註，頁 295～298。

〔註 10〕同上註，頁 156～157。

〔註 11〕同上註，頁 157。

〔註 12〕〈大東製糖の擴張〉，《臺灣日日新報》，1907 年 3 月 5 日，第 4 版。

〔註 13〕伊藤重郎，前引書，頁 289。

〔註 14〕臨時台灣糖務局，《臨時台灣糖務局第六年報》，頁 337。

〔註 15〕伊藤重郎，前引書，附錄年表頁 27。

臺灣製糖擴張觸角也往北延伸到臺南廳的臺南製糖。當時臺南製糖 35 萬圓股份有 1/4 被臺灣製糖以臺人名義收購，另有超過 1/4 股份掌握在臺南製糖 10 名大股東之手，而該 10 名股東有意與臺灣製糖合作臺南製糖增資計畫。〔註 16〕

1907 年 10 月底，臺灣製糖主要幹部岡本貞烋、賀田金三郎、田島信夫、武智直道、津田靜一、山本悌二郎、益田太郎、藤田四郎、鈴木藤三郎等 9 人，與臺南製糖主要幹部王雪農、蔡國琳、陳鴻鳴、張文選等 4 人，共同依日本商法發起成立臺南製糖株式會社（簡稱新臺南製糖）。11 月 29 日，新臺南製糖假臺灣製糖東京事務所舉行創立大會，正式承繼臺南製糖事業，由臺灣製糖社長藤田四郎兼任新臺南製糖社長，臺灣製糖其他幹部兼任新臺南製糖職位情形與大東製糖如出一轍，唯一不同的是，舊臺南製糖幹部得以在新會社取得一席之地，如前後任社長王雪農、蔡國琳皆取得新臺南製糖董事職位；舊臺南製糖董事陳鴻鳴、張文選取得監事職位。

新臺南製糖資本額為 200 萬圓，分 4 萬股，每股 50 圓。4 萬股中有 7 千股甲種股份（全額繳納）分配舊臺南製糖股東；另 33,000 股乙種股份（每股實繳 32.5 圓）中，2 萬股分配臺灣製糖股東，3 千股分配舊臺南製糖幹部，1 萬股委託臺南廳長募集。〔註 17〕同時，決定致贈舊臺南製糖幹部功勞金 5 萬圓、業務監督山本行道 7 千圓、其他職員 5,600 圓〔註 18〕，會社被購併後，舊臺南製糖一般股東所持股份沒有改變，幹部則額外多分配到 3 千股和功勞金 5 萬圓，獲益不少。

新臺南製糖將承接舊會社的新式製糖場改稱灣裡工場，同時保留原 4 個改良糖廍繼續經營。1908 年 9 月 30 日，新臺南製糖併入臺灣製糖。〔註 19〕

至此，臺灣製糖完成第一次勢力範圍的擴張，資本額從創設初期的 100 萬圓暴增為 1,200 萬圓，其間除透過正常股東大會增資外，亦先後以另創大東製糖和新臺南製糖等新會社再伺機合併的方式，規避日本商法進行增資，可見會社擴張之強烈需求，這也讓本土資本的南昌製糖和臺南製糖走入歷史。

〔註 16〕〈臺南製糖の新計畫〉，《臺灣日日新報》，1907 年 7 月 28 日，第 2 版。
〔註 17〕伊藤重郎，前引書，頁 160～161。
〔註 18〕〈臺南製糖と功勞金〉，《臺灣日日新報》，1907 年 11 月 28 日，第 2 版。
〔註 19〕伊藤重郎，前引書，頁 161～162。

此一時期，總督府承諾給予臺灣製糖 5 年資本額 6%的利息補助正好在 1906 年屆滿，從臺灣製糖的擴張可看出已擺脫初期經營困境，不需再仰賴糖務局機械或利息援助。

臺灣製糖後是鹽水港製糖的改組與擴張。如前所述，鹽水港製糖自成立開始即接受糖務局最多補助，同時也受到最多的監督。另一方面，由於會社成立之初半數資本來自英國 Samuel 商會借款，雖然利息較低，但蔗糖販賣權利須由 Samuel 商會包辦，因而鹽水港製糖受到掣肘甚多。

1905～1906 年度，鹽水港製糖在糖務局大力支援及堀宗一、橋本貞夫、槙哲等人奮力維持下，先是將原先用於甜菜製糖的北海道壓搾機修改適用甘蔗製糖，透過 Samuel 商會添購的新機器也運到，會社製糖能力大增，1906 年 1 月 5 日開始製糖後，機器運作情況大致良好，平均每天製糖量約有 4 萬斤，最終全期製糖量達到 4 百多萬斤，利潤不但足以彌補前期 6 千多圓損失，還能在分配股利後發給職員 5 千圓獎金。〔註 20〕鹽水港製糖的盈餘清償 Samuel 商會 1/4 債款，爲解除 Samuel 商會的蔗糖販賣權，會社打算另行向其他銀行或商會借款，償還 Samuel 商會全部債務。〔註 21〕

日俄戰後大型製糖會社紛紛在臺設立，使計畫產生改變，在堀宗一策劃奔走下，鹽水港製糖決定擴張資本，並依日本商法改組株式會社。〔註 22〕這項增資行動最初遭到社長王雪農以降臺人股東反對，但因對 Samuel 商會的欠債未清，所有股票都由鹽水港廳廳長村上先保管作爲債務擔保，王雪農等人終究無法阻止增資計畫。〔註 23〕

1907 年 1 月 15 日，鹽水港製糖召開股東大會，決議將資本額增爲 500 萬圓，同時就資本額中提出 32 萬 2 千 5 百圓補償舊股東，持 500 股以下舊股東對新會社股份擁有多 1 倍股數的優先承購權，積欠 Samuel 商會 11 萬餘圓的債務概由新會社承擔，舊會社的全數財產及糖務局補助的兩式製糖器械全部移交給新會社，1906～1907 年期盈餘由新會社取得。由於舊鹽水港製糖股東實際只繳交 18 萬 7 千餘圓，加上新鹽水港製糖代爲償還 Samuel 商會 11 萬餘圓的債務，

〔註 20〕〈鹽水港製糖會社之利益〉，《漢文臺灣日日新報》，1906 年 7 月 18 日，第 3 版。

〔註 21〕〈鹽水港製糖とサミユ——ル商會〉，《臺灣日日新報》，1906 年 10 月 3 日，第 4 版。

〔註 22〕臺灣總督府特產課，《臺灣糖業概觀》，頁 184。

〔註 23〕宮川次郎，《鹽糖の槙哲》（東京：作者，1939 年），頁 121～122。

實際舊鹽水港製糖股東獲取的利益超過繳納股金的 1 倍以上；而對新鹽水港製糖來說，繼承自舊會社之工場建築、製糖機械、鐵道等各項設備，以及可預期 1906～1907 年製糖期約 69 萬餘圓的盈餘，扣除補償舊會社股東股金及償還 Samuel 商會欠債，仍有 25 萬圓利益〔註 24〕，似乎營造出雙贏的局面。

1907 年 2 月，新鹽水港製糖舉行發起人會議，主要發起人和持有股數爲：荒井泰治、村井彌三郎、賀田金三郎、藤崎三郎助、安部幸兵衛各 3 千股；舊會社社長王雪農 2 千 5 百股；田中善助、安藤達二各 1 千股；舊會社技師長堀宗一、舊會社經理槇哲各 5 百股；舊會社董事郭升如、黃錦興、劉神嶽各 350 股；舊會社監事葉瑞西 250 股；舊會社董事翁煌南 200 股、舊會社董事陳人英 150 股。〔註 25〕

1907 年 3 月 2 日，新鹽水港製糖舉行創立總會，正式繼承舊鹽水港製糖事業，荒井泰治任社長，堀宗一與槇哲任常務董事，賀田金三郎、酒井靜雄、王雪農任董事，安部幸兵衛、村井彌三郎、藤崎三郎助、劉神嶽任監事。〔註 26〕

從新鹽水港製糖股東的持股數來看，日本資本固然取得會社主導權，但持股最多的 5 名股東各持有 3 千股，僅各佔總股數的 3%，其中社長荒井泰治爲 Samuel 商會臺灣支店經理，鹽水港製糖最早得以向 Samuel 商會借款 15 萬圓歸功於荒井泰治居中協調，也因這層關係而成爲鹽水港製糖改組的主要發起人，然荒井泰治欠缺有力的日本財團背景，使得鹽水港製糖不像臺灣製糖及稍後成立的日系大型製糖會社有強大的財團奧援。〔註 27〕

擴張後的鹽水港製糖打算將岸內工場機械的製糖能力由 350 英噸增大爲 550 英噸，並在新營建立製糖能力達 1,000 英噸的第二工場，糖務局根據鹽水港製糖的擴張計畫，將鹽水港製糖的原料採取區域擴大到鹽水港廳鹽水港、太子宮、白鬚公潭、龍蛟潭、大坵田西、鐵線橋、茅港尾東、茅港尾西、果毅後、善化里東、善化里西等 11 堡全境，以及學甲、下茄苳南、赤山等 3 堡之一部分〔註 28〕，範圍大約是鹽水港廳 23 堡的一半。

〔註 24〕〈擴張せる鹽水港製糖會社〉，《臺灣日日新報》，1907 年 1 月 17 日，第 4 版。

〔註 25〕〈鹽水港製糖の發起人〉，《臺灣日日新報》，1907 年 2 月 20 日，第 4 版。

〔註 26〕〈鹽水港製糖重役〉，《臺灣日日新報》，1907 年 3 月 5 日，第 2 版。

〔註 27〕城南生，〈臺灣成功者荒井泰治〉，《實業之臺灣》，第 91 期，1917 年 7 月 10 日，頁 46；《快男兒槇哲君》，宮川次郎，《糖業禮讚》（臺北：臺灣糖業研究會，1928 年），頁 104～105。

〔註 28〕《府報》，第 2224 號，1907 年 7 月 3 日，頁 10。

不過，無有力財團奧援的鹽水港製糖仍有賴於糖務局援助改良和添購新機械，爲擴張岸內工場製糖能力，1906～1907 年度鹽水港製糖向糖務局申請補助 226,214.11 圓的機械購置費用，糖務局核准一半即 113,107 圓，鹽水港製糖成爲糖務局將獎勵主力轉向蔗作農業後，少數能獲得購置機械費用補助的會社。藉發放補助金，糖務局重新頒布命令項目，要旨有：（1）獎勵金待機械購買契約成立後發給；（2）原來使用的機械（包括壓搾機、蒸氣機、莖蔗及殼輸送機）准作獎勵金納還；（3）年度事業預定與收支預算須在年度初、事業功程與收支決算須在年度後 2 個月內向糖務局長報告，報告項目有原料、製造及販賣、勞力、收支計算等相關事項；（4）新購入機械爲獎勵金的擔保品，由董事負責保管；（5）明治 38 年指令第 915 號命令第三條及第四條削除；（6）臺灣總督基於需要得增減或變更命令項目，會社不得異議。〔註 29〕

上述第 5 項規定削除的指令第 915 號命令指的是每年度向糖務局報告事業預定功程和收支預決算細部項目，取而代之的是上述命令事項中第 3 條，而新頒訂第 3 條項目之內容實際上與同一時期新興製糖、明治製糖、東洋製糖、大日本製糖規定相同，可看出糖務局有意統一各新式製糖會社年度呈報的事業預定功程和收支預決算項目。

比較引人注目的是第 2 條有關原來使用機械准作獎勵金納還之規定，該機械爲舊鹽水港製糖創社時期糖務局全額補助 223,849.015 圓購買的機械及無償貸借的札幌製糖舊機器，這項規定使鹽水港製糖得用半價金額將舊機械汰舊換新，且又擴大製糖能力，對鹽水港製糖發展極爲有利，況且，舊機械還是舊會社無償取得，這是糖務局最後一次補助新式製糖會社機械購置費用。鹽水港製糖淘汰的舊機械，糖務局將一部分轉借給松岡富雄經營的改良糖廍。〔註 30〕

糖務局核准補助機械費用後，專務董事堀宗一特別遠赴英國選購新製糖機械。〔註 31〕接著，爲求新營工場建設融資便利，堀宗一再和社長荒井泰治赴 Samuel 商會商借資金，最後獲得 90 萬圓之外資借款，無雄厚財團奧援的鹽水港製糖以貸借外資方式經營會社，爲當時製糖會社經營方式的一大特色〔註 32〕，這特色與社長荒井泰治在 Samuel 商會任職不無關係。1908 年底，岸內工場之擴張和新營工場新建工程先後完工，鹽水港製糖完成改組後的第一

〔註 29〕臨時臺灣糖務局，《臨時臺灣糖務局第六年報》，頁 219～222。
〔註 30〕〈鹽水港製糖近事〉，《臺灣日日新報》，1908 年 11 月 3 日，第 3 版。
〔註 31〕〈新式製糖會社狀況〉，1907 年 5 月 14 日，第 4 版。
〔註 32〕澤全雄，《製糖會社要鑑》（東京：作者，1917 年），頁 75。

次擴張。〔註 33〕

1906 年新興製糖從臺灣銀行貸借 26 萬圓資金暫時解決財務危機後，一度傳出日資會社有意以 40 萬圓收購新興製糖〔註 34〕，但陳中和不願變賣事業，反而在取得臺灣銀行借款後將資本額從 24 萬圓增加爲 40 萬圓，製糖能力擴張到 500 噸，並改善原料運輸設備。〔註 35〕糖務局依據新興製糖的擴張計畫，將鳳山廳小竹下里王公廟、林仔邊、港仔埔、中芸、汕尾等 5 庄（今高雄市林園區大部分區域）劃入新興製糖原料採取區域範圍，新興製糖版圖因而擴展到下淡水溪下游右岸和海岸地區，設於該處黃遜人經營的改良糖廍被命令撤除。〔註 36〕

1906～1907 年度，陳中和向糖務局申請補助購買增加規模之機械費用，糖務局核准 43,714.40 圓補助金，機械購置後，陳中和再以資金調度困難爲由申請利息補助，糖務局再核准補助資本額 6%。〔註 37〕

1908 年，陳中和決定再度增資並依日本商法改組爲株式會社。2 月 13 日，新興製糖舉行發起人會議，資本額增爲 60 萬圓，陳中和以佔有過半數之 7,840 股份續任社長，陳升冠持 1,480 股，孫明輝持 644 股，周鳴球、陳和信皆持 536 股，陳文遠持 336 股，石川昌次持 100 股，其他尙有持 200 股和 100 股之股東各 2 名。股東中僅石川昌次是日人，其他都是臺人，石川昌次係因臺灣銀行代表身分入股，臺灣銀行是新興製糖最大的債權銀行，石川進駐會社實有監督財政的意味。會社股東並選出陳升冠、石川昌次任董事，陳文遠、陳晉臣、陳和信、周鳴球、孫明輝任監事，糖務局囑託香西貞彪繼續駐在會社擔任監督官。〔註 38〕

改組後的新興製糖，資本額 60 萬圓爲新式製糖會社中除英國怡記商會投資的三崁店製糖場外規模最小者，仍須相當程度仰賴糖務局援助和外來借款維持運作。1908 年 3 月 11 日，陳中和以會社土地、建物及機械爲擔保，向臺灣銀行借款 27 萬圓，同時以財政緊縮爲由向糖務局申請利息補助，3 月 25 日，糖務局核准以該年度爲限發給資本額 6%的利息補助，共 3 萬 6 千圓，同時，藉發放補助金之機重新頒布命令項目，要旨有：（1）補助金須作成用途計算

〔註 33〕臺灣總督府特產課，《臺灣糖業概觀》，頁 185。
〔註 34〕〈製糖事業勃興〉，《漢文臺灣日日新報》，1906 年 12 月 13 日，第 2 版。
〔註 35〕〈新興製糖の擴張準備〉，《臺灣日日新報》，1907 年 10 月 26 日，第 2 版。
〔註 36〕臨時臺灣糖務局，《臨時臺灣糖務局第六年報》，頁 197。
〔註 37〕同上註，頁 196。
〔註 38〕臨時臺灣糖務局，《臨時臺灣糖務局第七年報》，頁 140；〈新興の創立總會〉，《臺灣日日新報》，1908 年 2 月 16 日，第 2 版。

書向糖務局長報告；（2）會社現金、物品出納及事業上重要相關事項，須獲得糖務局長特別派遣之監督官認可；（3）有社債募集、財產讓渡等情況須提報糖務局長許可；（4）章程變更、股金繳納、役員異動、總會決議及其他重大事業不得延遲向糖務局長報告；（5）會社務爲同業者模範，在不妨礙業務的限度下得允許公眾縱覽設施；（6）會社之原料採取區域可採縮小之方針，獎勵努力栽培改良種之甘蔗耕作者；（7）臺灣總督或糖務局長得隨時派員監察事業狀況和收支狀況；（8）年度事業預定和收支預算須在年度初、事業功程和收支決算須在年度後 2 個月內向糖務局長報告，報告項目有原料、製造和販賣、勞力、收支計算等相關事項；（9）會社盈餘達實繳資本額 7%以上時，超過額度須依糖務局長指揮之方法作爲第五條和第六條規定之目的使用至補助金額額滿爲止，或將之捐贈政府；（10）臺灣總督得基於需要增減或變更命令，會社不得異議。〔註 39〕

分析上述命令項目，第 3～8 項和第 10 項與糖務局前期頒布給新興製糖的命令項目差異不大，略有不同者，僅有將呈報糖務局事業預定功程和收支預決算的時限由年度結束前 3 個月改爲兩個月，以及規定之事業預定功程和收支預決算細項。比較特殊的是，第 1、2、9 項嚴格規定並監督補助金流向，以往不曾在對任何會社之命令項目中出現，也使糖務局繼續派囑託香西貞彪常駐會社監督。

1908 年 12 月 1 日，糖務局再貸借給新興製糖 1 臺橫置式熱計機，使用年限爲 5 年。〔註 40〕新興製糖可說是糖務局後期接受直接補助最多的會社。

此外一如前期，糖務局花費頗多心力解決陳中和的財務問題。如前所述，新興製糖改組前陳中和經營的另一家和興公司曾爆發財務危機，拖累新興製糖經營，最後在糖務局長祝辰巳斡旋下，臺灣銀行和三十四銀行分別借款給陳中和，其中，臺灣銀行不收利息，三十四銀行也破例僅收四分年利，約定所有債務分 3 年攤還，應在 1909 年 10 月攤還完畢。但到 1909 年時，三十四銀行因陳中和不斷遲繳利息，斷然以債權人身分提出 3 項處置方案：其一，將契約中的擔保品變賣，如不足金額則向連帶保證人陳日昌、陳文遠、陳北學家族求償；其二，將新興製糖會社變賣；其三，將部分擔保品變賣，不足額部分提出確實方法按年攤還。最後在臺南廳長津田毅一和鳳山廳長橫山虎

〔註 39〕臨時臺灣糖務局，《臨時臺灣糖務局第七年報》，頁 143～144。
〔註 40〕臨時臺灣糖務局，《臨時臺灣糖務局第八年報》，頁 373。

次聯合調停，以及民政長官兼糖務局長大島久滿次盡力斡旋下，雙方協議將陳中和所有債務統歸新興製糖負擔，並限 3 年內全數還清〔註 41〕，糖務局囑託香西貞彪繼續以顧問身分駐在會社監督。

新興製糖是日俄戰後初期糖業資本迅速擴張下唯一仍由臺人掌握的新式製糖會社，但因陳中和本身的財務問題，以及受到臺灣製糖快速擴張的壓迫，限制會社本身發展。

除既有新式製糖會社改組與擴張外，糖務局成立初期最早設立 4 個改良糖廍之一、位於臺南廳三崁店庄的興發製糖所，也在此一時期升級為分蜜糖新式製糖場。興發製糖所掛名負責人為安平籍的黃家興，但實際負責人是安平海興公司英國籍負責人 Harry Hastings〔註 42〕，最初由黃家興掛名負責人，主要是為了能夠依據糖業獎勵規則向糖務局貸借到製糖機械。

除經營改良糖廍外，1905 年 Harry Hastings 曾打算投資 2 萬 5 千圓在陷入經營困境的維新製糖〔註 43〕，但因工場設備問題未能和維新製糖股東達成共識而作罷；〔註 44〕1905 年改良糖廍設立潮中，有不少改良糖廍業者即是透過 Harry Hastings 向海興公司購置製糖機械。〔註 45〕

如前章所述，興發製糖所製糖量為 4 個改良糖廍中最多者，甚至超越南昌、蔴荳、鹽水港等新式製糖會社。因而在開始營運的第二個製糖期（1905～1906）即主動歸還向貸借糖務局的 40 噸壓搾能力機械，自行購買兩臺各 100 噸能力機械，擴大工場規模〔註 46〕，贏得改良糖廍模範工場稱譽。1906 年，Harry Hastings 再引進怡記商會資本，以怡記商會名義向糖務局提出變更事業申請，打算將改良糖廍升級為新式製糖場，並增加製糖能力為 300 英噸，資本額從 20 萬圓增為 35 萬圓，增加的 15 萬圓資本額中，14 萬圓投入添購機械和改良廠房設備，1 萬圓作為流通資本。糖務局核准其變更事業計畫，並就原來興發製糖所的原料採取區域追加外武定里，使怡記商會製糖場的原料採取區域涵蓋內武定、外武定、永康上中、長興上等 4 里（今臺南市安南區及永康區大部分地區）。不過，因 1906～1907 年製糖期向英國訂購的分蜜機發生

〔註 41〕〈陳仲和事件落著〉，《臺灣日日新報》，1909 年 6 月 25 日，第 3 版。
〔註 42〕〈山崁頂製糖會社の製糖事業〉，《臺灣日日新報》，1905 年 4 月 15 日，第 2 版。
〔註 43〕〈維新製糖會社の新發展〉，《臺灣日日新報》，1905 年 8 月 15 日，第 4 版。
〔註 44〕〈維新多偃蹇〉，《漢文臺灣日日新報》，1905 年 11 月 15 日，第 4 版。
〔註 45〕〈創設機廍〉，《漢文臺灣日日新報》，1905 年 7 月 14 日，第 4 版。
〔註 46〕〈興發製糖所之開辦〉，《漢文臺灣日日新報》，1905 年 12 月 30 日，第 3 版。

故障，製糖場只能繼續製造赤糖，統算獲利仍達 9 千餘圓。

1907 年，怡記商會再向糖務局重新提出變更事業申請，10 月 10 日，糖務局重新核准事業變更計畫，再將其原料採取區域越過曾文溪，增加鹽水港廳西港仔堡的公親寮與學甲寮 2 庄（今臺南市安定區新吉里和學甲區平東、平西里）。〔註 47〕1908 年 2 月 26 日，製糖場開始運作，怡記商會製糖場正式加入分蜜糖製造行列，爲唯一由外商經營的新式製糖場，也是第一個由改良糖廍直接升級的新式製糖場。〔註 48〕

此一時期，既有會社擴張的場域主要在鹽水港廳以南區域，擴張方式多爲大型製糖會社兼併小型製糖會社或改良糖廍，新式製糖版圖擴張的範圍不大，主要是改良糖廍的區域變爲新式製糖場的區域。有較大進展的是阿緱廳，在臺灣製糖勢力進入前，南昌製糖和 8 個改良糖廍原料採取區域大部分都位在東港溪以西區域，臺灣製糖進駐後，原料採取區域擴展到荖農溪以北 3 庄外的屏東平原全境，阿緱廳一舉成爲原料採取區域比例最大的官廳。

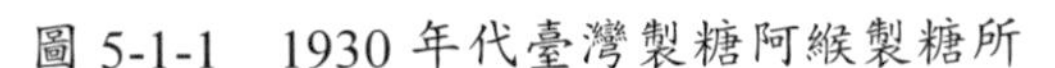

圖 5-1-1　1930 年代臺灣製糖阿緱製糖所

資料來源：伊藤重郎，《臺灣製糖株式會社史》，無頁碼。

〔註 47〕臨時臺灣糖務局，《臨時臺灣糖務局第六年報》，頁 283。
〔註 48〕臨時臺灣糖務局，《臨時臺灣糖務局第七年報》，頁 187。

圖 5-1-2　明治末年怡記製糖三崁店製糖所

資料來源：伊藤重郎，《臺灣製糖株式會社史》，無頁碼。

圖 5-1-3　明治末年怡記製糖鳳山製糖所

資料來源：伊藤重郎，《臺灣製糖株式會社史》，無頁碼。

三、糖務局獎勵事業與新式製糖會社之創立

糖務局成立後，日資大型新式製糖會社的創立以明治製糖開其端。明治製糖設立緣起於 1903 年相馬半治於歐美從事糖業研究回國後，向同鄉前輩小川鉎吉提出在名古屋地區設立精製糖工場的計畫，得到小川氏贊同，卻因日俄開啓戰端而中止計畫。1904 年，相馬半治擔任糖務局技師，實地目睹尚處於幼稚狀態的臺灣製糖業，乃有在臺設立大規模新式製糖場的想法，並再獲小川氏贊同，小川並將之徵詢三菱財團之近藤廉平、淺田正文。1906 年 9 月，小川、淺田、相馬 3 人拜訪回到東京的糖務局長祝辰巳，向其陳述大規模新式製糖場設立計畫，但祝氏認爲時機尚早，經多次電報交涉，並表達願意不依賴總督府補助及持久經營的決心，終於獲得總督府核准，隨後，澁澤榮一和森村市左衛門也贊助計畫，使新式製糖會社設立計畫具體化。〔註 49〕

製糖場位置的選定，委由仍任糖務局技師的相馬半治全權負責，相馬選擇曾文溪以北、濁水溪以南廣大的雲嘉南平原爲原料採取區域，以鹽水港廳蕭壠地區（今臺南市佳里地區）爲第一工場預定地，嘉義廳蒜頭地區（今嘉義縣六腳地區）爲第二工場預定地，1906 年 10 月，糖務局雖然核准蕭壠和蒜頭兩工場的設立計畫，但將原料採取區域一分爲二。〔註 50〕

設廠計畫獲核准後，小川鉎吉、淺田正文、澁澤榮一、森村市左衛門等 20 人選在日本橋舉行發起人會議，研擬會社創立事宜。〔註 51〕1906 年 11 月 29 日，相馬半治辭去技師職位，專職開創新會社〔註 52〕，相馬半治同時延攬糖務局囑託高木鐵男入社擔任庶務課長。12 月 29 日，明治製糖於東京日本橋正式成立，選出小川鉎吉、相馬半治、淺田正文、薄井佳久、植村澄三郎擔任董事，山本直良、荒井泰治任監事，董事間再互選出小川鉎吉爲會長，駐在東京事務所執行社務，相馬半治爲專務董事，專駐臺灣執行社務。〔註 53〕會社資本額 500 萬圓，分 10 萬股，每股 50 圓，其中 8 千股開放給嘉義和鹽水港兩廳臺人認購〔註 54〕。起初臺人認購股票的情形並不踴躍，後見有利可

〔註 49〕上野雄次郎編，《明治製糖株式會社三十年史》（東京：明治製糖株式會社東京事務所，1936 年），頁 1～3。

〔註 50〕相馬半治，《還曆小記》（東京：著者，1929 年），頁 194。

〔註 51〕上野雄次郎編，前引書，頁 4。

〔註 52〕〈糖務局技師相馬半治陞等及賞與依願免官ノ件〉，《臺灣總督府公文類纂》，永久保存，1906 年 11 月 29 日。

〔註 53〕上野雄次郎編，前引書，頁 5。

〔註 54〕同上註。

圖，申請者竟多達數十倍。〔註55〕

明治製糖成立後，糖務局劃設給明治製糖第一工場的原料採集區域爲鹽水港廳漚汪、蕭壠、佳里興等 3 堡全境，以及蔴荳堡內之 3 庄和西港仔堡內之 13 庄，大約爲今日臺南市佳里、將軍全境，以及西港、學甲、麻豆部分區域；第二工場範圍爲嘉義廳大槺榔西、大槺榔東下兩堡全境，以及牛稠溪堡和打貓西堡內自崙仔庄（今嘉義縣新港鄉北崙村）經月眉潭庄（今新港鄉月眉村）到新港街之牛稠溪右岸至道路西面區域，大約是今日嘉義縣六腳鄉及太保、朴子、新港等鄉市部分地區（參見附錄三）。糖務局之所以未將西港子和蔴荳兩堡全境劃入明治製糖第一工場原料採取區域中，係因西港堡尚有維新製糖，蔴荳堡尚有蔴荳製糖。其中，維新製糖雖然是改良糖廍，但因源自 1902 年設立之新式製糖會社，不能依 1905 年改良糖廍設立規定將之命令撤除，不過，當時維新製糖週邊並未有其他大型製糖會社存在，明治製糖也就未急於與維新製糖協商收購事宜；至於蔴荳製糖緊鄰明治製糖和改組擴張後的鹽水港製糖，鹽水港製糖原本也有合併或收買蔴荳製糖的計畫，但因收購價格不貲而有所猶豫，最後由明治製糖捷足先登。〔註56〕

1907 年 2 月，明治製糖購併蔴荳製糖計畫在糖務局長祝辰巳居中斡旋下達成共識。〔註57〕5 月，兩會社談定購併條件，由明治製糖出資 9 萬圓收購 5 萬圓資本額的蔴荳製糖，其中，2 萬圓作爲清償蔴荳製糖負債，其餘 7 萬圓以每股 70 圓代價收購全數蔴荳製糖每股 50 圓、共 1 千股的股份。如蔴荳製糖股東有意入股明治製糖，可以每股 57.5 圓的價格購回 1 千股份。另 1906～1907 年製糖期蔴荳製糖的糖產量約有 55 萬斤，預計可獲得 7 千圓的盈餘，蔴荳製糖股東可分配其中 14%。1907 年 8 月 31 日，蔴荳製糖正式併入明治製糖，原向糖務局無償貸借的機械，除分蜜糖機須交還糖務局外，其餘繼續無償貸借給明治製糖。〔註58〕

另一方面，明治製糖亦積極進行製糖工場建設。1907 年 3 月，相馬半治赴歐美考察糖業，順道訂購製糖機械，先在美國紐約預定壓搾機，再至英國訂妥製糖機械和工場建築材料，全數委託三井物產運回臺灣。〔註 59〕明治製

〔註55〕〈本島人の株屋〉，《臺灣日日新報》，1907 年 2 月 15 日，第 2 版。
〔註56〕〈鹽水港製糖雜件〉，《臺灣日日新報》，1907 年 2 月 13 日，第 4 版。
〔註57〕上野雄次郎編，前引書，頁 9。
〔註58〕〈蔴荳維新兩製糖〉，《臺灣日日新報》，1907 年 5 月 26 日，第 4 版。
〔註59〕相馬半治，前引書，頁 200～205。

糖第一工場原先預定設在曾文溪北岸的西港庄，因有河川氾濫之虞且又僻處原料採取區域南隅，故北移至蕭壠庄（今臺南市佳里區六安里），工程由技師千葉平次郎主其事，至 1907 年 12 月，先後完成鋪設工場至番仔田車站（今隆田車站）輕便鐵道及各項建築物工程。1908 年年初訂購的製糖機械運抵臺灣，展開機械組裝作業，年底製糖場工程完工，壓搾能力 840 噸。另承繼自蔴荳製糖之 60 噸壓搾能力製糖場亦繼續運作。〔註 60〕

大約與明治製糖創立同時，尚有東洋製糖株式會社成立（簡稱東洋製糖）。1906 年 10 月間東洋製糖傳出設立計畫，預定募集資本金 300 萬圓創立新式製糖會社，總督府原先承諾貸借阿緱廳內未墾地 5 千町，並貸借機械代替獎勵金補助〔註 61〕，最終會社以 500 萬圓預定資本額進行募股，股票在日本造成搶購，多達應募股份的 1,500 倍。〔註 62〕

1906 年 12 月中旬，東洋製糖發起人德久恒範、井上敬次郎、大石熊吉等 10 人領銜正式向糖務局提出位於嘉義廳嘉義西堡水堀頭庄（今嘉義縣水上鄉水頭村）、能力 1 千噸的製糖場設立計畫，次年 1 月 10 日獲得核准。糖務局公布東洋製糖的原料採取區域範圍爲嘉義廳嘉義西、柴頭港、鹿仔草等 3 堡全境（今嘉義市西區和東區、嘉義縣水上鄉全境，以及鹿草、太保部分地區），以及嘉義東堡內的 4 個庄（今嘉義縣中埔、番路部分地區）；鹽水港廳下茄苳北和哆囉國西兩堡全境，下茄苳南堡內之 15 庄、哆囉國東下堡內之 6 庄及哆囉國東頂堡牛肉崎庄一部分（今臺南市東山、白河、後壁大部分地區）。〔註 63〕

1907 年 2 月 1 日，東洋製糖舉行創立總會，德久恒範任社長，青木岩男、鈴木久次郎、岩崎定三郎、不二樹熊次郎、田川貞介任董事，園田實德、香野藏治、小栗富次郎、西山明、木下新三郎任監事，並內定糖務局事務官淺田知定出任專務董事，青木磐雄爲常務董事。〔註 64〕5 月，淺田知定自糖務局辭官進入東洋製糖任職。〔註 65〕

1907 年 4 月 11 日，東洋製糖將製糖場用地從水堀頭庄轉移到同堡南靖庄

〔註 60〕上野雄次郎編，前引書，頁 6～8。
〔註 61〕〈臺灣之新製糖會社〉，《漢文臺灣日日新報》，1906 年 10 月 10 日，第 3 版。
〔註 62〕河野信次，《臺灣糖業觀》（神户：日華日報社，1915 年），頁 188。
〔註 63〕臨時臺灣糖務局，《臨時臺灣糖務局第六年報》，頁 351、359。
〔註 64〕〈鈴木破綻と糖界の新勢力〉，宮川次郎，《糖業禮讚》，頁 263；〈東洋製糖の重役〉，《臺灣日日新報》，1907 年 2 月 7 日，第 2 版。
〔註 65〕〈糖務局事務官淺田知定依願免官〉，《臺灣總督府公文類纂》，永久保存（進退），1907 年 5 月 21 日。

（今嘉義縣水上鄉靖和村），因新工場用地正位在黃有章經營的改良糖廍位置，該期製糖期結束後，糖務局隨即發布黃有章改良糖廍的裁撤命令〔註66〕，隨之，東洋製糖開始進行工場和運輸設備工程，1908年12月南靖工場完工運作，原料壓搾能力1,000英噸。〔註67〕

大日本製糖株式會社前身為1896年1月由鈴木藤三郎創立的日本精製糖株式會社（簡稱日本精製糖），最初資本額僅 30 萬圓。鈴木藤三郎也是臺灣製糖的創社社長。

1905年，日本精製糖資本額擴張為400萬圓，當時大阪有日本精糖株式會社創立，九州有鈴木商店經營的大里製糖所，精製糖業間的競爭頗為激烈，日本精製糖內部以經理磯村音介、參事秋山一裕為首，倡議整併東京、大阪兩精製糖會社及大里製糖所，並糾合有志團體，迫使鈴木藤三郎接受增資、整合臺、日既有製糖會社，以及在臺南設立專門供應日本精製糖原料的大型粗糖工場等條件。1906年7月10日，鈴木藤三郎召開臨時股東大會改選幹部，鈴木氏以上述條件實行時機尚早為由辭去社長職位，股東大會在紛亂中閉會。

1906年9月20日，日本精製糖再度舉行臨時股東大會，主張整併擴張一派股東取得主導權，通過合併大阪日本精糖株式會社、增資、修訂會社章程等提案。10月10日改選會社幹部，磯村音介當選專務董事，秋山一裕任常務董事，伊藤茂七、中村清藏、馬越恭平、渡邊福三郎、高津久右衛門、前田龜之助任董事，後藤長兵衛、鈴木久五郎、福川忠平、恒川新助、藤木清兵衛任監事，同時邀請澁澤榮一擔任顧問，擁立時任農商務省農商局長酒匂常明出任社長。11月，日本精製糖和大阪日本精糖株式會社合併，改稱大日本製糖株式會社（簡稱大日本製糖），積極展開擴張計畫，並決定來臺設立大型粗糖工場。〔註68〕

1906年12月，大日本製糖以大日本製糖臺灣工場名義提出於斗六廳他里霧堡五間厝庄（今雲林縣斗南鎮明昌里）設立製糖場計畫（1907年8月2日改為同廳大坵田堡五間厝庄，今雲林縣虎尾鎮西安里），資本額450萬圓。12月18日糖務局核准設廠計畫，不過，原先大日本製糖申請的原料採取區域範圍橫跨斗六、嘉義、鹽水港等3廳，糖務局僅核准斗六廳斗六、溪州、西螺、

〔註66〕《府報》第2224號，1907年7月3日，頁10；〈東洋製糖の工場地〉，《臺灣日日新報》，1907年4月27日，第4版。

〔註67〕澤全雄，前引書，頁58。

〔註68〕西原雄次郎編，《最近日糖十年史》（東京：大日本製糖株式會社，1919年），頁4～8。

他里霧、打貓北、大坵田等堡全部，以及打貓東頂、大槺榔東頂、白沙墩、布嶼等堡之一部分（今雲林縣斗六、古坑、莿桐、林內、西螺、二崙、大埤、虎尾、斗南、土庫等鄉鎮市全境，以及東勢、北港部分地區）爲大日本製糖的原料採取區域，嘉義、鹽水港兩廳的區域大多劃給東洋製糖。〔註 69〕

大日本製糖臺灣工場的原料採取區域內無任何小規模新式製糖會社的存在，僅有經營 3 個改良糖廍的斗六製糖和其他小規模改良糖廍，理論上糖務局可用一紙命令撤除改良糖廍，但斗六製糖組成方式和臺資製糖會社無異，30 萬圓資本額規模亦不下於臺資規模最大的鹽水港和臺南兩製糖，糖務局長祝辰巳和斗六廳長荒賀直順乃介入協調大日本製糖收購斗六製糖事宜。〔註 70〕

如前所述，斗六製糖創社之初營運狀況不佳，遂引進辜顯榮的資金並由其擔任社長。辜顯榮原有意將會社增資爲 1 百萬並兼營分蜜糖製造，但因大日本製糖臺灣工場進駐而作罷。〔註 71〕此時，斗六製糖許多股東因會社經營困難而將股份轉賣或停繳股金，使股份逐漸集中在辜顯榮、陳中和、林So等少數股東之手。〔註 72〕1907 年 5 月，大日本製糖和斗六製糖談妥收購事宜，大日本製糖以 7 萬 5 千圓價格收購斗六製糖，3 個改良糖廍的器械和一切不動產仍歸斗六製糖所有，臺灣工場尚未完成前，斗六製糖仍可繼續營運 1907～1908 年製糖期。〔註 73〕

大多數斗六製糖股東對收購金額不滿意，但因約已訂妥只能接受。不過，以林𣍐、黃茂盛爲首的股東主張，大日本製糖賠償金扣除 1907～1908 年期貸給蔗農的前貸金及會社負債後，應平均分配各股，會社的機械和不動產應歸會社最初發起人，打算排除辜顯榮取得會社解散後之財產可能性；但辜顯榮認爲自己臨危授命投入資金承接經營困難的會社，且又佔有會社 6 千股份中之 2,776 股，是會社最大股東，因而主張賠償金平均分配各股後，機械和不動產歸自己所有，並有意將機械移到彰化廳繼續開設改良糖廍。〔註 74〕1907 年 7 月，斗六製糖召開股東大會，持有 1,200 股份的陳

〔註 69〕臨時臺灣糖務局，《臨時臺灣糖務局第六年報》，頁 339～345、350。
〔註 70〕〈斗六製糖の解散〉，《臺灣日日新報》，1907 年 5 月 21 日，第 4 版。
〔註 71〕〈斗六製糖會社近情〉，《臺灣日日新報》，1907 年 1 月 20 日，第 4 版。
〔註 72〕〈舊斗六製糖と大日本製糖〉，《臺灣日日新報》，1907 年 2 月 14 日，第 4 版。
〔註 73〕〈斗六製糖決定〉，《臺灣日日新報》，1907 年 5 月 26 日，第 4 版。
〔註 74〕〈斗六製糖の紛紜〉，《臺灣日日新報》，1907 年 6 月 12 日，第 4 版；〈斗六製糖の昨今〉，《臺灣日日新報》，1907 年 6 月 30 日，第 4 版。

中和選擇和辜顯榮同一陣線，使辜顯榮掌握 2/3 股份，會社善後處理方針乃依辜顯榮的構想進行。〔註 75〕8 月 24 日，斗六製糖舉行臨時股東大會，決定最後經營方針，大日本製糖 7 萬 5 千圓賠償金扣除 1907～1908 年製糖期的營運資金及借給蔗農前貸金後，平均發給股東每股 5.30 圓；次年會社解散後，遺留的機械建物價値約 2 萬圓，收回蔗農前貸金金額爲 1 萬 1 千圓，製糖利益約 2 萬圓，總計大約有 5 萬圓股利，每股約可分配 8.30 圓，加上大日本製糖賠償金，合計斗六製糖股東每股可得到 13.60 圓。但事實上，大多數股東先前繳納給斗六製糖的股金是 17.50 圓，平均每股損失近 4 圓，只有辜顯榮因以低價收購股份，成爲少數的獲利者。〔註 76〕大日本製糖收購斗六製糖事宜至此塵埃落定。

另一方面，大日本製糖亦積極進行工場、農場、運輸設施等相關建設及採買機械，並聘請甫自糖務局辭官的技手今井兼次任農務係長；〔註 77〕曾任臺灣製糖技師磯村秀策任工務長；曾於美國夏威夷研究糖業多年的藤澤靜象任工場長。〔註 78〕

1908 年 9 月，大日本製糖臺灣工場工程大體完成，製糖能力 1,200 噸，多於原先計畫的 1 千噸，因此向糖務局申請收購原料採取區域外之甘蔗，獲允許於斗六廳布嶼堡內 4 庄（今雲林縣東勢、褒忠部分地區）、白沙墩堡內 3 庄（今雲林縣元長鄉部分地區）、大槺榔東頂堡內 9 庄（今雲林縣水林、北港部分地區）、蔦松堡內 2 庄（今雲林縣水林鄉溪墘、後寮二村）收購原料〔註 79〕。因區域內尚有 19 間舊式糖廍，斗六廳乃臨時發布取消糖廍營運許可命令〔註 80〕，結果引起部分糖廍主不滿，儘管依據製糖場取締規則可不對舊式糖廍給予任何賠償，但大日本製糖還是決定對每間糖廍發放 200 圓補償金，紛爭迅速落幕。〔註 81〕11 月 27 日，製糖場完工，開始運作。〔註 82〕

此一時期，新創立會社的區域大致分布在斗六廳以南至鹽水港廳的大部

〔註 75〕〈斗六製糖の總會〉，《臺灣日日新報》，1907 年 7 月 3 日，第 4 版。
〔註 76〕〈斗六製糖臨時總會〉，《臺灣日日新報》，1907 年 8 月 29 日，第 2 版。
〔註 77〕〈總督府技師兼臨時臺灣糖務局技手今井兼次昇級及賞與依願免官ノ件〉，《臺灣總督府公文類纂》，永久保存，1906 年 8 月 15 日。
〔註 78〕〈大日本製糖の工場〉，《臺灣日日新報》，1907 年 1 月 30 日，第 4 版。
〔註 79〕《府報》，第 2610 號，1909 年 1 月 10 日，頁 14。
〔註 80〕〈區域外甘蔗採取〉，《臺灣日日新報》，1908 年 9 月 29 日，第 3 版。
〔註 81〕〈糖廍苦情の落著〉，《臺灣日日新報》，1908 年 10 月 9 日，第 3 版。
〔註 82〕臨時臺灣糖務局，《臨時臺灣糖務局第八年報》，頁 398。

分平原地帶。其中，鹽水港廳因同時位在既有會社擴張（鹽水港製糖）和新會社設立（明治製糖、東洋製糖）地帶，新式製糖版圖擴張迅速，全廳 23 堡僅剩哆囉嘓東頂和哆囉嘓東下兩堡部分靠近山區地帶（今臺南市東山區部分區域），以及學甲堡今屬北門區靠海區域未被劃為原料採取區域。而嘉義、斗六兩廳之原料採取區域則以平原中部為主。

糖務局既已排除直接補助新設立製糖會社，自然也無法如前期藉補助對製糖會社頒布命令項目。為繼續掌握對新式製糖會社之管理，糖務局改以藉發布原料採取區域頒布命令項目。

日俄戰後第一個核准設立的明治製糖，糖務局對之發布的命令項目有 10 條，前 5 條為原料採取區域相關事項，要旨有：（1）規定原料採取區域範圍（參見附錄三），糖務局長認為必要時得隨時變更；（2）區域內甘蔗須以相當代價全數消費，如因天候、機械故障及其他因素導致無法全數消耗，須備妥處理方法不得延遲向糖務局長申告，並呈請指揮，如因延遲申告喪失割取甘蔗時機造成耕作人損害，須負賠償責任；（3）如有因天災或其他因素導致甘蔗無法收成而原料不足須在區域外採取甘蔗時，須經糖務局長許可才能為之；（4）糖務局長認為必要時，得發布有關採取原料、製造蔗糖，以及其他事業經營事務設施或方法之命令；（5）應努力供給資本物質給原料採取區域內力圖從事改良和增殖甘蔗之耕作人。上述 5 項命令與 1905 年「製糖場取締規則」公布後，糖務局頒布給改良糖廍的命令項目大致相同，只未加入應允准區域內蔗農出資入股之規定。

後 5 條要旨有：（1）年度事業預定和收支預算須在年度初、事業功程和收支決算須在年度後 2 個月內向糖務局長報告，預定計畫和事業功程項目應列入原料、蔗糖製造和販賣、勞力、收支計算等相關事項；（2）須向糖務局長報告股金繳交和總會決議事項；（3）糖務局長得派員監察事業狀況；（4）會社受原料採取區域所在地方官廳監督並應服從其命令；（5）此命令或依此命令為準發布之命令處分不得要求損害賠償。〔註 83〕

前述 10 條命令散見在糖務局前期對各會社發布的命令項目中，只是當時尚未定型化，糖務局對明治製糖發布之命令項目是內容定型化的開始，此後新設立大型製糖會社之命令項目除原料採取區域不同外，其他本文之規定大致相同。

不過，糖務局尚會依會社情況不同在命令項目後制定附帶命令事項。茲

〔註 83〕臨時臺灣糖務局，《臨時臺灣糖務局第六年報》，頁 306～310。

以明治製糖的附帶條項爲準，比較其和大東、大日本、東洋等會社附帶命令事項之異同。

明治製糖的附帶事項有 5 條，要旨有：（1）須賠償原料採取區域內撤除改良糖廍之損失，由糖務局和所轄地方官廳指定金額和交付時間；（2）須設置兩個工場，其中之一的原料消費能力每晝夜須達 700 噸以上；（3）兩工場之事業須同時進行；（4）會社所屬設備運搬機關在不妨害事業限度下，得以相當之賃銀提供公眾使用；（5）須依舊慣提供原料採取區域內甘蔗耕作者前貸金。〔註 84〕

大東製糖的附帶項目比明治製糖多一條，規定如未能履行大東製糖和南昌製糖合併協約，則將縮減規定之原料採取區域，會社不得異議。此外，糖務局未強制規定大東製糖須設兩個工場，而是規定如設 1 個工場原料消費能力須有 2,000 噸以上，如設兩個工場，則原料消費能力合計須達 2,000 噸。〔註 85〕兩會社有關工場設立規定之所以有差異，係因糖務局劃給明治製糖的是分割的兩個原料採取區域，與劃給大東製糖 1 個完整區域不同。

大日本製糖臺灣工場的附帶命令項目有 5 條，與明治製糖不同之處也在有關工場設立的部分，其同樣未強制規定須設兩個工場，而是規定如設 1 個工場原料消費能力須有 1,000 噸，如設兩個工場，則其中一個工場原料消費能力須達 700 噸以上。〔註 86〕糖務局規定的能力比大東製糖少一半，但劃給兩個會社的原料採取區域斗六廳大部分和阿緱廳大部分面積相差不懸殊，規定兩社製糖能力差異之因，在於大東製糖所在阿緱廳的蔗作情況優於大日本製糖所在的斗六廳。

東洋製糖的命令附帶事項有 6 條，比較特殊的是第 1 條：應地方廳之要求至少分配總股數 1/10 給原料採取區域關係廳民眾。這裡指的地方廳應爲鹽水港廳，如前章所述，鹽水港廳廳長村上先爲熱心糖業改革者，糖務局前期鹽水港製糖設立和對外借款，村上先都出力不少，甚至在借款尚未還清前負責保管作爲擔保品的會社股票。〔註 87〕日俄戰後日資大型新式製糖會社原料採取區域劃在鹽水港廳者，如明治製糖、東洋製糖，以及改組後的鹽水港製糖等都分配相當比例股份給區域內民眾認購，由於明治製糖和東洋製糖的原料採取區域也跨

〔註 84〕同上註，頁 310。
〔註 85〕同上註，頁 337～338。
〔註 86〕同上註，頁 351。
〔註 87〕〈製糖事業勃興〉，《漢文臺灣日日新報》，1906 年 12 月 13 日，第 2 版。

及嘉義廳，因而嘉義廳民眾也可承購相當比例的會社股份。〔註88〕

事實上，糖務局並未嚴格執行對各製糖會社發布之附帶命令項目中有關製糖場設立規定，例如，對明治製糖的附帶事項規定兩工場必須同時動工，但實際上明治製糖創立之初因資金吃緊，1908 年只先建設第一（蕭壠）工場，1910 年底才繼續建設第二（蒜頭）工場〔註 89〕，糖務局卻未有任何縮減原料採取區域之舉；又如，對大東製糖附帶事項規定之製糖場原料消費能力是 2,000 噸，大東製糖和臺灣製糖合併後，臺灣製糖須遵守糖務局對大東製糖發布的命令事項〔註 90〕，然 1908 年底阿緱製糖所完工時製糖能力僅有 1,200 噸〔註 91〕，直到 1910 年底臺灣製糖才將阿緱糖場能力擴張爲 3,000 噸〔註 92〕，同樣未見糖務局有任何處罰之舉。

圖 5-1-4　1930 年代明治製糖蕭壠工場

資料來源：上野雄次郎編，《明治製糖株式會社三十年史》，無頁碼。

〔註 88〕〈製糖株と本島民〉，《臺灣日日新報》，1907 年 2 月 9 日，第 4 版。其後臺南製糖改組，4 萬個新股中，轉任臺南廳長的村上先，亦得以分配 1 萬股，見〈臺南製糖と新株主〉，《臺灣日日新報》，1907 年 10 月 6 日，第 4 版。

〔註 89〕上野雄次郎編，前引書，頁 10。

〔註 90〕臨時臺灣糖務局，《臨時臺灣糖務局第六年報》，頁 338。

〔註 91〕伊藤重郎，前引書，頁 158。

〔註 92〕同上註，頁 162。

圖 5-1-5　1930 年代南靖工場

資料來源：上野雄次郎編，《明治製糖株式會社三十年史》，前引書。

圖 5-1-6　1930 年代大日本製糖虎尾製糖所

資料來源：西原雄次郎編，《日糖最近二十五年史》，無頁碼。

四、改良糖廍之發展

日俄戰後大型製糖會社蓬勃發展，濁水溪以南大多數改良糖廍首當其衝，在新式製糖場開始運作同時遭到命令撤除。

在新式製糖會社購併改良糖廍的協商過程中，因 1905 年糖務局已先頒布新式製糖會社設立區域內改良糖廍必須撤除之命令條件，因而新式製糖會社常常佔上風，不過，糖務局頒布給新式製糖場的命令項目中亦規定須賠償撤除改良糖廍之損失，且由糖務局和所轄地方官廳指定賠償金額和交付時間，糖務局和地方官廳仍有相當權力干涉新式製糖會社的賠償金額，新式製糖會社不能對改良糖廍予取予求，但大致來說，新式製糖會社賠償改良糖廍的金額多低於資本額。

例如，1907 年 5 月大日本製糖以 7 萬 5 千圓收購斗六製糖。〔註 93〕當時斗六製糖實繳資本額為 10 萬 5 千圓，儘管斗六製糖之器械和一切不動產仍歸斗六製糖，仍有股東認為相較於明治製糖以 9 萬圓購併資本額 5 萬圓的蔴荳製糖，大日本製糖收購斗六製糖的價格似乎稍嫌廉價。對此，論者認為斗六製糖為虧損會社，蔴荳製糖為盈餘會社，兩者不能等同視之。〔註 94〕

事實上，此一時期大型新式製糖會社幾乎都以低於資本金的價格收購改良糖廍，如 1907 年東洋製糖僅花 3 千圓收購嘉義廳黃有章經營、資本額 1 萬 5 千圓之改良糖廍；鳳山廳吳烏健經營資本額 1 萬圓之改良糖廍最終以 8 千圓被購併；〔註 95〕鹽水港製糖第二工場原料採取區域內劉北鴻、劉神嶽經營的兩個改良糖廍資本額分別是 1 萬 5 千圓、2 萬 5 千圓，最後才總共得到 9,105 圓的賠償金額，且全數由糖務局補助，鹽水港製糖未付分文。〔註 96〕

相對來說，明治製糖以高於資本額價格購併同屬新式製糖會社的蔴荳製糖也非特例，如前述臺灣製糖分身大東製糖以 62,437.36 圓收購資本額 6 萬圓（實繳 5 萬圓）的南昌製糖，臺灣製糖以超過資本額 35 萬的股份合併臺南製糖，皆高於原本會社的資本額。而南昌製糖尚且是一家虧損連連的會社。顯然會社或改良糖廍虧損與否，並非決定收購價格的關鍵因素，真正關鍵應在新式製糖會社和改良糖廍的差別。

〔註 93〕〈斗六製糖決定〉，《臺灣日日新報》，1907 年 5 月 26 日，第 4 版。
〔註 94〕〈斗六製糖の解散〉，《臺灣日日新報》，1907 年 5 月 21 日，第 4 版。
〔註 95〕〈南部各廳糖廍の昨今〉，《臺灣日日新報》，1907 年 11 月 29 日，第 3 版。
〔註 96〕〈鹽水港製糖成績〉，《臺灣日日新報》，1907 年 9 月 22 日，第 3 版。

另一方面，糖務局雖然規定原料採取區域內如有新式製糖會社設立，改良糖廍必須撤除，但不意味新式製糖會社不能在自己的區域內經營改良糖廍。例如，1908 年明治製糖蕭壠工場完工開始製糖後，區域內黃廷祥、高仰周、楊忠猷、黃愼儀等經營的 4 家改良糖廍同時被命令撤除〔註 97〕，但明治製糖卻以原料比預期豐富爲由，另行申請在蕃仔寮、蕭壠、苓仔寮等 3 庄設立 3 個改良糖廍，獲得糖務局核准，原料採取區域和蕭壠工場共通〔註 98〕，這 3 個改良糖廍位置正好是黃廷祥、高仰周、楊忠猷等 3 人之改良糖廍所在街庄，明治製糖購併改良糖廍後可能未直接拆除即接手使用，一直到 1912 年明治製糖第三（總爺）工場完工後，才裁撤 3 個改良糖廍。〔註 99〕

臺灣製糖也有類似的情況，糖務局公布臺灣製糖阿緱廳的原料採取區域時，卻未同時撤銷屏東平原 8 個改良糖廍的原料採取區域，並讓其繼續營運〔註 100〕，臺灣製糖甚至貸款給其中 3 個改良糖廍各 1 萬圓，要求幫忙消化區域內原料；〔註 101〕1908 年臺灣製糖購併臺南製糖後，亦保留臺南製糖所屬 4 個改良糖廍，僅將之分別改名爲崁腳庄、紅瓦厝、竹仔腳、直加弄製糖所，繼續製造赤糖，直到 1911 年車路墘工場完工開始製糖後才裁撤。〔註 102〕

如前所述，1905 年原料採取制度實施初期，糖務局一方面命令區域內舊式糖廍必須撤除，另一方面卻允許新式製糖會社或改良糖廍設立舊式糖廍調度消化原料，經傳統製糖業者和蔗農反彈後，1906 年才修改爲原料採取區域內原則上不許設立舊式糖廍，稍微杜絕新式製糖業者權設舊式糖廍製糖。但糖務局後期新式製糖會社權設改良糖廍製糖卻未被禁止。

受到新式製糖會社大量設立之衝擊，日俄戰後初期改良糖廍整體數量一時呈現減少的趨勢，不過，1907～1909 年兩個製糖期仍設立 10 間改良糖廍。

其中，1907～1908 年度設立 6 間改良糖廍，彰化廳占其 4，其一，爲辜顯榮設立於馬芝堡三省庄（今彰化縣埔鹽鄉三省村）的改良糖廍，使用原來

〔註 97〕《府報》，第 2610 號，1909 年 1 月 10 日，頁 13。
〔註 98〕臨時臺灣糖務局，《臨時臺灣糖務局第八年報》，頁 385。
〔註 99〕上野雄次郎編，前引書，頁 12～14。
〔註 100〕《府報》，第 2224 號，1907 年 7 月 3 日，頁 10。
〔註 101〕〈南部各廳糖廍の昨今〉，《臺灣日日新報》，1907 年 11 月 29 日，第 3 版。
〔註 102〕伊藤重郎，前引書，頁 162。

斗六製糖第一工場機器，資本額 6 萬圓主要來自大日本製糖收購斗六製糖之補償金；〔註 103〕其二，爲英商怡記商會設立於北斗的改良糖廍，使用的是怡記商會收購臺南廳三崁店改良糖廍將之改裝爲分蜜糖製糖工場後閒置不用的製糖機器〔註 104〕，同時，怡記商會還鋪設從北斗到田中央車站（今田中車站）的輕便鐵道，爲當時改良糖廍中罕見；〔註 105〕其三，爲蔡春海設立於二林上堡頂寮庄（今彰化縣溪湖鎮東寮、西寮里）的改良糖廍，蔡氏爲出身臺中大肚地區的豪商，早期在家鄉開設舊式糖廍獲利，1906 年再於彰化廳設立舊式糖廍〔註 106〕，次年，擴張爲資本額 4 萬圓的改良糖廍，一半資本來自勸業銀行貸款〔註 107〕，並向糖務局貸借 60 噸壓搾能力的器械；〔註 108〕其四，爲陳梓成設立於二林下堡大排沙庄（今彰化縣二林鎮東勢里）的改良糖廍，陳氏爲二林地區地主，糖務局成立之初即向糖務局申請貸借官有地開墾蔗園，並從事蔗作改良，1907 年蔗園全數開闢完成後取得業主權〔註 109〕，同時申請設立改良糖廍製糖。

設於彰化廳外之 2 處改良糖廍一在臺中廳、一在新竹廳，其中，設在臺中廳藍興堡番仔寮庄（今臺中市大里區仁化里）的改良糖廍經營者爲松岡富雄，松岡富雄原任糖務局庶務課囑託〔註 110〕，1907 年糖務局裁撤臺中苗圃後，松岡富雄貸借其中 10 餘甲苗圃地種植改良甘蔗，並繳交若干費用和回饋一些蔗苗給糖務局，同時向糖務局申請設立 100 噸能力的改良糖廍。松岡富雄引進菲律賓馬尼拉式製糖法，爲臺灣改良糖廍製糖方式之創舉，馬尼拉式製糖法的特色爲需用鍋爐較少，以 100 噸規模改良糖廍爲例，一般改良糖廍需用 70 個鍋子，採用馬尼拉式製糖的改良糖廍僅需 8 個鍋子，可節省可觀的人力和燃料費用，製出的產品和馬尼拉糖相當。〔註 111〕松岡富雄特別從菲律賓聘請技師，再延攬臺南製糖的菲律賓籍苦力擔任通譯。〔註 112〕壓搾器則向糖務

〔註 103〕〈糖業近聞〉，《臺灣日日新報》，1908 年 7 月 11 日，第 3 版。
〔註 104〕〈彰化の外商製糖場〉，《臺灣日日新報》，1907 年 8 月 25 日，第 4 版。
〔註 105〕〈田中央北斗間の輕鐵〉，《臺灣日日新報》，1907 年 8 月 25 日，第 2 版。
〔註 106〕〈增設糖廍〉，《漢文臺灣日日新報》，1906 年 3 月 24 日，第 4 版。
〔註 107〕〈勸業資金の行方〉，《臺灣日日新報》，1909 年 8 月 22 日，第 3 版。
〔註 108〕臨時臺灣糖務局，《臨時臺灣糖務局第八年報》，頁 320。
〔註 109〕臨時臺灣糖務局，《臨時臺灣糖務局第六年報》，頁 154。
〔註 110〕臺灣總督府，《臺灣總督府職員錄》（臺北：臺灣日日新報社，1904 年度），頁 63。
〔註 111〕〈松岡製糖場計畫〉，《臺灣日日新報》，1907 年 9 月 24 日，第 4 版。
〔註 112〕〈馬尼剌式松岡製糖場〉，《臺灣日日新報》，1907 年 10 月 15 日，第 4 版。

局貸借鹽水港製糖擴張製糖能力後淘汰的小滾筒。〔註 113〕

新竹廳爲傳統盛產茶葉的區域，1907 年間因茶況不振、糖價高漲，許多茶園紛紛改種甘蔗，設立的舊式糖廍數量多達 1 百多間，許多糖廍因原料不足而惡性競爭，不利糖業發展，因而有新竹地方仕紳發起設立新竹製糖公司，以新竹廳爲範圍，整合若干舊式糖廍成一間改良糖廍，或設立 1 個本工場多個分工場，或多間改良糖廍並立。1907 年先設立 1 個示範工場，地點位在竹北一堡客雅庄（今新竹市東區），並向糖務局貸借 60 噸壓搾能力的機械。新竹製糖公司資本額爲 10 萬圓，分 2 千股，每股 50 圓，第一回先繳納 10 圓，主要發起人爲鄭拱辰、黃鼎三、陳信齋、鄭俊齋、李文樵等〔註 114〕，其中，社長鄭拱辰是新竹首富，和另兩名發起人陳信齋、李文樵皆爲新竹廳參事，3 人和黃鼎三都持有紳章，鄭俊齋雖無上述經歷，但其出身新竹鄭家望族，爲鄭用鑑之孫，5 人均是新竹地區重要的地方領導階層（參見附錄一）。會社成立後，糖務局特別派遣技手赴工場測試製糖機械，結果製糖成績良好。〔註 115〕

1908～1909 年度設立 4 間改良糖廍，分散於臺南、彰化、臺北、宜蘭等廳。臺南廳新設的改良糖廍位於楠梓仙西溪里噍吧哖庄（今臺南市玉井區），該地因屬新化丘陵區，僻處近山地帶，溪水阻隔，搬運甘蔗困難，因而未劃入臺南製糖和怡記商會三崁店製糖場的原料採取區域內。1907 年噍吧哖士紳林子科、江曉青鑑於新式製糖獲利不少，乃邀陳鴻鳴、羅文旺、曾坤修等集資設立改良糖廍〔註 116〕，後有吳道源、張文選等加入投資，1908 年集資 10 萬圓成立永興製糖會社，陳鴻鳴擔任社長，並向糖務局貸借壓搾能力 60 噸機械，糖務局派遣糖業試驗場囑託枝川繁松協助試運轉。〔註 117〕從以上 7 名投資者的背景來看，陳鴻鳴、江曉青、羅文旺、吳道源、張文選等 5 人都是臺資臺南製糖的發起人或主要幹部，時值臺資臺南製糖併於日資臺南製糖之際，舊臺南製糖股東都取得一筆補償金，或許有些補償金流向設立永興製糖。

〔註 113〕〈鹽水港製糖近事〉，《臺灣日日新報》，1908 年 11 月 3 日，第 3 版。

〔註 114〕〈新竹之製糖公司〉，《漢文臺灣日日新報》，1907 年 10 月 13 日，第 3 版。

〔註 115〕〈製糖會社開業〉，《漢文臺灣日日新報》，1907 年 12 月 29 日，第 5 版。

〔註 116〕〈計立新式糖場〉，《漢文臺灣日日新報》，1907 年 9 月 3 日，第 4 版；〈噍吧哖機械改良糖廍創設談〉，《漢文臺灣日日新報》，1907 年 10 月 30 日，第 4 版。

〔註 117〕〈噍吧哖の改良糖廍〉，《臺灣日日新報》，1909 年 1 月 15 日，第 3 版。

彰化廳的改良糖廍為辜顯榮設立於東螺西堡連交厝庄（今彰化縣埤頭鄉平原村），使用原先斗六製糖第二、第三工場向糖務局貸借的兩臺 80 噸壓搾能力製糖機械〔註 118〕，合計連交厝改良糖廍壓搾能力達 160 噸，為當時改良糖廍之冠。原料採取區域大部分分割自前一年陳梓成設立的改良糖廍區域。〔註 119〕

臺北廳的改良糖廍為川華製糖公司經營，地點位在擺接堡溪州庄（今新北市板橋區溪州里）。川華製糖最先發起人為板橋林家執事林浩川和經營舊式糖廍的樹林士紳許國華，林浩川任總辦〔註 120〕，資本額 3 萬圓，使用向糖務局貸借的 60 噸壓搾能力器械。〔註 121〕原料採取區域分割自枋橋製糖公司區域內的 5 個庄。〔註 122〕後有曾任糖務局庶務課雇的荒木常盤加入投資，但不久因荒木退股，林浩川、許國華實際僅出資資本額的 2/11，導致公司資金不足，最後大部分資金由艋舺士紳陳洛和板橋林家原任管事林克成補足，總辦改由陳洛擔任。〔註 123〕陳洛在日治初期為臺北縣參事，和林克成皆為紳章持有者（參見附錄一）。

宜蘭廳原先僅有 8 間舊式糖廍，因製糖業勃興，新闢蔗園和改良種甘蔗種植面積逐漸增加，1908 年有黃鳳鳴等 17 人籌資 5 萬圓成立宜蘭製糖公司申請設立改良糖廍，工場地點設在民壯圍堡七張庄（今宜蘭市七張里）〔註 124〕，並向糖務局貸借壓搾能力 100 噸的製糖器械。〔註 125〕

除永興製糖外，此一時期新設立改良糖廍集中在濁水溪以北區域，使濁水溪以北新式製糖業大有進展，新設改良糖廍使用製糖器械，大多是因大型新式製糖會社設立或擴張而裁撤的改良糖廍不用之器械。易言之，1906 至 1908 年間濁水溪以南大型製糖會社勃興，除新式製糖會社權設的改良糖廍外，亦使得改良糖廍版圖從南部平原區域越過濁水溪北移。

彰化地區一口氣設立 5 間改良糖廍，加上之前設立的 2 間，成為改良糖廍最多的官廳，以改良糖廍為中心新式製糖業版圖佔彰化廳大半地區。再往

〔註 118〕〈糖業近聞〉，《臺灣日日新報》，1908 年 7 月 11 日，第 3 版。
〔註 119〕《府報》，第 2610 號，1909 年 1 月 10 日，頁 13。
〔註 120〕〈新廍批准〉，《漢文臺灣日日新報》，1908 年 12 月 12 日，第 3 版。
〔註 121〕臨時臺灣糖務局，《臨時臺灣糖務局第八年報》，頁 321。
〔註 122〕《府報》，第 2610 號，1909 年 1 月 10 日，頁 13。
〔註 123〕〈糖廍內情〉，《漢文臺灣日日新報》，1909 年 10 月 14 日，第 3 版。
〔註 124〕〈設機器廍〉，《漢文臺灣日日新報》，1908 年 9 月 17 日，第 3 版。
〔註 125〕臨時臺灣糖務局，《臨時臺灣糖務局第八年報》，頁 321。

北，臺中盆地、新竹廳、宜蘭廳等以往新式製糖業空白區域，亦在此一時期進入新式製糖的領域。

此外，如前所述1905年改良糖廍設立潮出現時，糖務局同時規劃出新式製糖場分布平原地帶、改良糖廍分布丘陵和近山地帶之新式製糖業空間配置方針，1907 年永興製糖在臺南廳新化丘陵近山地帶設立改良糖廍，似也代表1905年糖務局擘畫的新式製糖業空間配置方針開始落實（參見附錄一）。

第二節　糖務局末期之獎勵事業與新製糖業之發展（1909～1911）

一、糖務局新式製糖版圖之落實與1909年改良糖廍設立潮

1907～1908 年間，日本受到日俄戰後經濟過熱反動之影響，許多企業出現財務破綻，臺灣新設立的大型製糖會社也受波及，一時出現發展停頓的狀況。例如，明治製糖原本計畫蕭壠和蒜頭兩工場同時動工，因資金吃緊，蒜頭工場工程延期進行。〔註126〕

東洋製糖創立之初即因購置機械經費不足，以及受到小栗銀行破產事件波及，經營陷入困境，小栗銀行代表小栗富次郎爲此辭去監事一職。〔註127〕1907 年底至次年年初，再因股價暴跌和股金繳交不順，情況更雪上加霜，一度傳出會社即將倒閉或被大日本製糖購併的傳聞。〔註128〕

大日本製糖在臺設立粗製糖工場後，隨即又舉750萬圓社債，其中，650萬圓作爲收購北九州鈴木商店所屬的大里製糖所，並有意一舉購併名古屋精糖會社，結果造成過多資金套牢在固定資本，缺乏流動資金，加上龐大社債使會社經營陷入困境，股價大幅下跌。1908 年，日本國會通過砂糖消費稅增稅法案，導致臺灣粗糖市場大受打擊，更讓會社營運雪上加霜，而爆發所謂日糖事件，大日本製糖一度宣告倒閉，社長酒匂常明舉槍自盡，直到1909年藤山財團接手，社務才繼續運作。〔註129〕

日俄戰後經濟過熱反動也影響日本國內資本繼續投資臺灣新式製糖業，

〔註126〕上野雄次郎編，前引書，頁10。
〔註127〕〈東洋製糖總會〉，《臺灣日日新報》，1907年8月4日，第2版。
〔註128〕澤全雄，前引書，頁58。
〔註129〕西原雄次郎編，《最近日糖十年史》，頁10～30。

東京、橫濱、名古屋等地資本家原有意要設立資本額 1 千萬圓的高砂精糖會社〔註 130〕，因日本經濟不振使計畫胎死腹中。〔註 131〕

另一方面，改良糖廍卻出現新的發展局面。先是 1908 年底至 1909 年初的赤糖價格突然飆漲到 11 圓，與新興製糖等新式製糖會社生產的分蜜糖價格只相差 1.25 圓。同時，因濁水溪以南多數改良糖廍裁撤，糖商預期赤糖產量將會減少，紛紛競買赤糖，使赤糖價格繼續看漲。〔註 132〕

此外，1908～1909 年製糖期出現原料過剩的狀況，有論者主張新式製糖場可在原料採取區域內設立與原料消費相對應能力之舊式糖廍或改良糖廍製造赤糖，以解決原料過剩問題；〔註 133〕亦有論者認爲大型新式製糖會社勃興造成舊式糖廍和改良糖廍業者失業，主張新式製糖會社貸款給製糖業者設立糖廍，並將原料採取區域內過剩原料原價轉賣給改良糖廍或舊式糖廍主從事製造赤糖，如此新式製糖會社不須負擔原料損失，糖廍主和農民也可獲益。〔註 134〕赤糖價格高漲和輿論鼓吹，爲設立改良糖廍推波助瀾。

1908～1909 年製糖期將結束之際，臺灣再度掀起一波改良糖廍設立熱潮，1909 年中已有數十件改良糖廍設立申請，其中，有不少同時向糖務局申請貸借壓搾機械，但糖務局收回和庫存的器械僅有 20 臺左右，僧多粥少，糖務局預估 1909～1910 年製糖期赤糖產量至少將增加 1 千萬斤。〔註 135〕

這波改良糖廍設立熱潮中，斗六廳近海、嘉義廳打貓（民雄）和近海、阿緱廳土庫等地區爲申請競爭最激烈的區域，其中，斗六廳近海區域部分原屬大日本製糖之原料採取區域，因大日本製糖陷入日糖事件泥淖，糖務局乃將之分割；嘉義廳近海地區部分屬明治製糖蒜頭工場的範圍。儘管有論者認爲這些區域鄰接新式製糖會社原料採取區域，不久將面臨新式製糖場能力擴張、區域範圍擴大，改良糖廍勢必隨時裁撤〔註 136〕，但申請者依然趨之若鶩，其係著眼於這些區域爲濁水溪以南僅存蔗作農業較發達之處，就算只能營運幾個製糖期，以當時的赤糖價格仍有利可圖。

〔註 130〕〈高砂製糖の近況〉，《臺灣日日新報》，1907 年 2 月 17 日，第 4 版。
〔註 131〕〈彰化廳下の糖業〉，《臺灣日日新報》，1907 年 5 月 23 日，第 4 版。
〔註 132〕〈赤糖相場の奔騰〉，《臺灣日日新報》，1908 年 12 月 1 日，第 3 版；臨時臺灣糖務局，《臨時臺灣糖務局第八年報》，頁 8～12。
〔註 133〕〈原料の過剰を喜ぶ〉，《臺灣日日新報》，1909 年 2 月 2 日，第 3 版。
〔註 134〕〈日月雜信〉，《臺灣日日新報》，1909 年 2 月 19 日，第 3 版。
〔註 135〕〈改良糖廍簇生〉，《臺灣日日新報》，1909 年 4 月 16 日，第 3 版。
〔註 136〕〈改良糖廍論〉，《臺灣日日新報》，1909 年 5 月 14 日，第 3 版。

然而，1908～1909 年製糖期甘蔗原料豐收，各新式製糖會社收益出乎預期，股票價格止跌回升，日本國內資本再度投資臺灣製糖業，臺灣既有新式製糖會社也很快繼續進行擴張計畫〔註 137〕，最後在上述 4 個區域和改良糖廍形成激烈競爭。

其中，斗六廳近海地區有 4 組人馬申請設立改良糖廍，分別是蔦松堡（今雲林縣口湖鄉、水林鄉、北港等鄉鎮）的曾席珍和川原義太郎，以及布嶼堡（今褒忠、東勢、土庫、二崙、崙背、麥寮部分地區）的吳鸞旂。〔註 138〕結果糖務局卻核准後來才提出由鈴木商店資本支援的北港製糖株式會社（簡稱北港製糖）新式製糖場設立計畫，該計畫係由小松楠彌等人發起，申請以斗六廳近海之尖山、大槺榔東頂、蔦松等堡作爲原料採取區域。〔註 139〕

在嘉義廳打貓地區（今民雄及大林、竹崎部分地區）糖務局先是核准有馬彥吉提出的改良糖廍設立計畫，接著卻否決吳開興、林運臣、廖炭、林寬敏等 4 組人馬的改良糖廍設立申請〔註 140〕，反核准有馬彥吉提出的擴張製糖能力申請，有馬氏因此在打貓地區設立兩個改良糖廍。〔註 141〕不過，糖務局稍後又核准日資大倉組提出在該地設立大型新式製糖會社之計畫，使有馬的改良糖廍面臨無法長久營運的情況。〔註 142〕

嘉義廳近海地區（今朴子、東石近海區域）分別有松本柳右衛門、陳晉臣、黃連興、秋山胤治、平高寅太郎等 5 組人馬競設改良糖廍〔註 143〕，結果糖務局核准明治製糖第二（蒜頭）工場擴增製糖能力申請，改良糖廍設立申請全數遭到否決，〔註 144〕反而是之前在斗六廳申請設立改良糖廍鎩羽而歸的川原義太郎此次捲土重來，在朴子地區重新申請設立改良糖廍，因地點未被劃入明治製糖擴張後的原料採取區域範圍內而獲得核准。〔註 145〕

阿緱廳里港土庫地區（今屏東里港及高雄旗山、美濃部分地區）因受到荖濃溪阻隔，爲臺灣製糖進入屏東平原後極少數未被劃入原料採取區域的平

〔註 137〕〈糖株の奔騰〉，《臺灣日日新報》，1909 年 5 月 26 日，第 4 版。
〔註 138〕〈糖廍の競争〉，《臺灣日日新報》，1909 年 5 月 23 日，第 3 版。
〔註 139〕〈北港製糖許可〉，《臺灣日日新報》，1909 年 8 月 28 日，第 3 版。
〔註 140〕〈糖廍の競争〉，《臺灣日日新報》，1909 年 5 月 23 日，第 3 版。
〔註 141〕〈製糖競争の結末〉，《臺灣日日新報》，1909 年 7 月 6 日，第 3 版。
〔註 142〕西原雄次郎，《新高略史》（東京：新高製糖株式會社，1935 年），頁 3。
〔註 143〕〈糖廍の競争〉，《臺灣日日新報》，1909 年 5 月 23 日，第 3 版。
〔註 144〕〈製糖競争の結末〉，《臺灣日日新報》，1909 年 7 月 6 日，第 3 版。
〔註 145〕〈糖業界雜聞〉，《臺灣日日新報》，1909 年 6 月 10 日，第 3 版。

原地帶，此次有藍高川、平高寅太郎、平野六郎等 3 組人馬提出改良糖廍設立申請〔註 146〕，結果糖務局仍全數駁回，而核准鹽水港製糖分身高砂製糖株式會社（簡稱高砂製糖）提出的大型新式製糖場設立計畫。〔註 147〕

糖務局在上述濁水溪以南僅存 4 個較大面積的平原地帶都優先核准設立新式製糖會社，只允許少數改良糖廍在新式製糖場尚未完備前短暫營運。但在濁水溪以南的丘陵、近山地帶，以及濁水溪以北的區域卻採取自由設立改良糖廍的方針，可看出糖務局以濁水溪以南為場域，落實 1905 年新式製糖業空間配置的構想，並延續日俄戰後改良糖廍設立趨勢，以改良糖廍為先驅，積極在濁水溪以北發展新式製糖業。因此，1909～1910 年度大舉設立 34 間改良糖廍，延續到次年度再有 15 間改良糖廍設立。以下以 1909 年 10 月總督府重新規畫行政區域後的 12 廳為範圍，逐一論述各廳改良糖廍設立情形（參見附錄一）。

阿緱廳係合併原阿緱、蕃薯藔、恆春等 3 廳而成。如前所述，該廳土庫地區為 4 個改良糖廍和高砂製糖激烈競逐之地，最後由高砂製糖雀屏中選，因此 1909～1910 年度沒有改良糖廍設立。1910～1911 年度則設立 6 個改良糖廍，居該年度各廳之冠。其中，有 5 個改良糖廍設在舊蕃薯藔廳地區，散布在今高雄市內門、田寮、杉林、六龜等惡地形區及近山地帶，陳晉臣佔其三，陳晉臣為新興製糖股東，1909 年曾申請在嘉義廳近海地區設立改良糖廍失敗，同年年底經營的臺灣第一家改良糖廍振祥製糖所因位於怡記商會新設鳳山製糖場原料採取區域內而被命令撤除〔註 148〕，因而在 1910 年轉進阿緱廳近山區域，且同時經營 3 間改良糖廍。另 2 間改良糖廍其一位在萊子坑庄（今高雄市內門區境內），由阿緱街（今屏東市）保正和醫生吳臥龍經營，其二位在新威庄（今高雄市六龜區境內），為蕃薯藔街（今高雄市旗山區）日人商人石丸長城設立。舊蕃薯藔廳外的另一家改良糖廍為安藤達二設立於舊恆春廳加祿堂庄（今屏東縣枋山鄉境內），也是該區第一個機械製糖場，安藤達二為糖商安藤商會的負責者，先前曾參與發起鹽水港製糖增資改組，也是該社的大股東。〔註 149〕

〔註 146〕〈阿緱の奥に改良糖廍〉，《臺灣日日新報》，1909 年 5 月 13 日，第 3 版。
〔註 147〕〈高砂製糖會社〉，《臺灣日日新報》，1909 年 5 月 19 日，第 3 版。
〔註 148〕〈糖業雜俎（二）〉，《漢文臺灣日日新報》，1909 年 12 月 25 日，第 3 版。
〔註 149〕〈恆春の改良糖廍〉，《臺灣日日新報》，1909 年 8 月 3 日，第 3 版。

臺南廳範圍爲20廳時期之臺南廳、鳳山廳及鹽水港廳部分地區。僅在1909～1910年度設立4間改良糖廍，其中3間爲明治製糖以第一工場區域內之原料較預期豐富爲由，設立於蕃子寮、蕭壠（以上在今臺南市佳里區境內）、苓仔寮（臺南市將軍區）的改良糖廍；〔註150〕另1間改良糖廍設立在二重溪庄（今臺南市大內區內），爲前年度創立之永興製糖噍吧哖改良糖廍分工場，原料採取區域進入到更近山地的南化地區。

嘉義廳的範圍爲20廳時期之嘉義廳全境，鹽水港廳一部分及斗六廳大部分。1909～1910年度設立16間改良糖廍，其中有11間位在舊嘉義廳範圍，其餘5間位在舊斗六廳區域。前述4處改良糖廍和新式製糖場激烈競逐之地，有2處位在舊嘉義廳範圍，1處位在舊斗六廳範圍，而在舊嘉義廳競逐地先有日人有馬彥吉在頂員林庄（今嘉義縣大林鎮內）和大坵園庄（今嘉義縣民雄鄉內）設立2個改良糖廍，原料採取區域共通，有馬彥吉爲有馬商店負責人，以往糖務局、改良糖廍或新式製糖場的機械或零件有許多是委託有馬商店購買，有馬氏此次首度經營新式製糖業，但2間改良糖廍都位在新高製糖第一工場預定區域內，隨時須面臨撤除的命運；嘉義近海地區有辯護士川原義太郎在鴨母寮庄（今嘉義縣朴子市內）設立改良糖廍，該地位在明治製糖蒜頭工場和東洋製糖南靖工場區域的邊緣地帶，在兩家新式製糖會社夾縫中生存。

有6間改良糖廍設立在嘉義竹崎、中埔、番路等近山地帶，爲1909～1910年度設立最多改良糖廍的區域，其中，日籍辯護士帖佐顯佔其二，其餘4家均爲臺人設立，分別是水堀頭區長黃有章位在十一指厝庄（今嘉義縣水上鄉內）的改良糖廍因東洋製糖設立被命令撤除後〔註151〕，轉進獅子頭庄（今嘉義縣竹崎鄉獅埜村）而設立的改良糖廍；持有紳章、曾投資江山輝位在下六庄（今嘉義縣中埔鄉和睦村）改良糖廍的賴尚文亦在改良糖廍因東洋製糖設立被命令撤除後〔註152〕，轉至東洋製糖採取區域邊緣外的鹽館庄（今嘉義縣中埔鄉鹽館村）設立改良糖廍；原在打貓地區申請設立改良糖廍失利的吳開興，轉到轆子腳庄（今嘉義縣番路鄉新福村）另起爐灶，以及鹿蔴產區庄長朱媽星設立於灣橋庄（今嘉義縣竹崎鄉灣橋村）的改良糖廍。另2間改良糖廍原係1905年由薛果堂和黃番王經營，1906年嘉義大地震毀損後，改由薛龍

〔註150〕臨時臺灣糖務局，《臨時臺灣糖務局第八年報》，頁385。
〔註151〕《府報》，第2224號，1907年7月3日，頁10。
〔註152〕《府報》，第2610號，1909年1月10日，頁13。

和黃讀書承接，1909～1910 年製糖期開始運作，但因位在明治製糖第二（蒜頭）工場原料採取區域範圍內，同一時期明治製糖隨展開第二工場建設，糖務局並核准追加原料採取區域〔註 153〕，使 2 個改良糖廍僅能在第二工場未完工前短暫營運。

在舊斗六廳近海地區設立改良糖廍失利的 4 名申請者中，除川原義太郎轉往朴子地區設立改良糖廍外，曾席珍、富地近思、吳鸞旂等均在北港製糖區域外邊緣地帶重新提出申請設立改良糖廍，最終曾席珍的改良糖廍核准設在程海厝庄（今雲林縣東勢鄉程海村），富地近思的改良糖廍准設在舊庄（今雲林縣大埤鄉怡然村），吳鸞旂的改良糖廍准設在貓兒干庄（今雲林縣崙背鄉豐榮村）。另糖務局再分割大日本製糖部分近丘陵的原料採取區域核准設立 2 家改良糖廍，其一由辜顯榮設立在鳥塗子庄（今雲林縣林內鄉烏塗村）；其二由斗六製糖合名會社（簡稱斗六合名）經營，斗六合名是王雪農喪失鹽水港製糖和臺南製糖經營權後，與日人江口音三合資成立的改良糖廍製糖會社，預計未來將從事分蜜糖製造，在分蜜糖裝置尚未完成前，暫於大崙庄（今雲林縣斗六市崙峰里）設立改良糖廍製糖。〔註 154〕本區新設立改良糖廍區域多分割自陷入日糖事件困境中的大日本製糖，糖務局先是將斗六堡、他里霧堡、打貓東頂堡之大部分區域改劃爲斗六合名、辜顯榮、富地近思等改良糖廍的原料採取區域〔註 155〕，再將北港街改劃爲北港製糖的新式製糖場用地。〔註 156〕

1910～1911 年製糖期，嘉義廳另新設 1 間由辯護士高橋常吉經營的改良糖廍，位置在舊鹽水港廳近山區域的前大埔庄（今臺南市東山區境內）。

南投廳的範圍爲 20 廳時期之南投廳全境及斗六廳的林杞埔（今南投縣竹山鎮）地區，自 1909 年開始連續三個製糖期都有新設改良糖廍。其中，1909～1910 製糖期南投廳成立 5 間改良糖廍，皆分布在靠近彰化、雲林平原之南投市、名間、竹山等地。其一，爲日本糖商增田屋代表松本柳右衛門在嘉義廳近海地區申請設立改良糖廍失敗後，轉至南投湳子庄（今南投縣名間鄉）結合在地的林啓三郎設立的改良糖廍；〔註 157〕其二，爲增田屋安部商會安部

〔註 153〕臨時臺灣糖務局，《臨時臺灣糖務局第八年報》，頁 385。
〔註 154〕〈斗六製糖の始業〉，1909 年 12 月 12 日，第 3 版。
〔註 155〕《府報》，第 2654 號，1909 年 3 月 11 日，頁 21。
〔註 156〕《府報》，第 2845 號，1909 年 12 月 1 日，頁 2。
〔註 157〕〈製糖競爭の結末〉，《臺灣日日新報》，1909 年 7 月 6 日，第 3 版。

三男設立在新街（今南投縣名間鄉新街村）的改良糖廍；其三，爲竹山日籍樟腦商人赤司初太郎收購臺資以經營樟腦起家的雲林拓殖後〔註 158〕，以會社名義在下崁庄（今南投縣竹山鎮德興里）設立的改良糖廍；〔註 159〕其四，爲簡榮福在包尾庄（今南投市平和、振興、千秋里）設立的改良糖廍；其五，爲南投保正且持有紳章的李春盛設立在營盤口庄（今南投市營北、營南里）的改良糖廍，屬於 1905 年南投製糖設立在小半山庄（今南投市福興里）改良糖廍的分工場。

1910～1911 年製糖期，有霧峰林家林瑞騰在龜子頭庄（今南投縣國姓鄉福龜村）設立改良糖廍。次一個製糖期，糖務局再核准南投廳設立 6 間改良糖廍〔註 160〕，但因埔里社製糖株式會社成立整併其中 3 個改良糖廍設立計畫，實際只有設在柴橋頭庄（今南投縣集集鎮八張里）、社寮庄（今南投縣竹山鎮社寮、山崇里）、鄉親寮庄（今南投縣中寮鄉永平村）等 3 間改良糖廍運作，分由謝遜卿、林啓三郎、黃春帆經營。就設立地點來看，南投地區三個年度設立的改良糖廍有逐漸往埔里山區移動的趨勢。

1909～1910 年臺中廳設立 6 間改良糖廍，大致分布在大肚溪兩岸之地，其中，設在何厝（今臺中市西屯區何厝、何安里）、溪心埧（今臺中市烏日區溪埧、東園兩里）、社口（今彰化縣芬園鄉社口村）等 3 處的改良糖廍原核准由臺中製糖會社經營，該會社係由霧峰林家林烈堂結合清水蔡家蔡蓮舫共同創立〔註 161〕，資本額 40 萬圓，但因募資不順縮減爲 10 萬圓，僅有能力設立溪心埧庄 1 處改良糖廍，糖務局改核准日籍臺南商人小松繁吉、關善次郎設立社口庄改良糖廍；何厝庄改良糖廍有陳晉臣提出設立申請〔註 162〕，未被核准，轉由犁頭店區長黃清標提出申請，因資金問題未成，再轉由霧峰林家林瑞騰和清水蔡家蔡敏南創立之資本額 6 萬圓協和製糖會社提出申請，終獲核准。〔註 163〕另 3 間改良糖廍皆設在近海地帶，其一，由持有紳章的塗葛堀區長張錦上設在福頭崙庄（今臺中市龍井區福田里）；其二，由簡茂林設立在溪底庄（今彰化縣伸港鄉溪底、什股、定興村），其 1905 年在彰化和美和南投

〔註 158〕〈斗六腦務〉，《漢文臺灣日日新報》，1908 年 5 月 22 日，第 3 版。
〔註 159〕〈雲林拓殖の製糖〉，《臺灣日日新報》，1909 年 4 月 16 日，第 3 版。
〔註 160〕〈南投廳の蔗園〉，《臺灣日日新報》，1910 年 9 月 3 日，第 3 版。
〔註 161〕〈赤糖の製造計畫〉，《臺灣日日新報》，1909 年 4 月 11 日，第 3 版。
〔註 162〕〈製糖競爭の結末〉，《臺灣日日新報》，1909 年 7 月 6 日，第 3 版。
〔註 163〕〈何厝庄糖廍許可〉，《臺灣日日新報》，1909 年 8 月 27 日，第 3 版。

兩地設立改良糖廍，爲活躍的新式製糖業者；其三，由持有紳章的彰化區長街長楊吉臣設在溝墘庄（今彰化縣鹿港鎮溝墘里）。

1910～1911 年度，臺中廳再設立 3 間改良糖廍，其一，爲日人愛久澤直哉向糖務局申請於彰化二林地區開墾荒地開設源成農場，闢成蔗園後，在漏磘庄（今彰化縣二林鎮東華、復豐里）開設改良糖廍以自作原料甘蔗製糖；〔註 164〕其二，爲松岡富雄經營的改良糖廍增設第二工場；其三，爲日人小松楠彌設立在月眉庄（今臺中市后里區眉山里）的改良糖廍，其製糖能力達 400 噸，超過松岡富雄經營的改良糖廍，爲臺灣最大的赤糖工場，有東洋第一赤糖工場稱號，並延攬原日資第一家改良糖廍主岡村庄太郎任經理，改良糖廍設立不久便引進鈴木商店資金而併入北港製糖。〔註 165〕1911～1912 製糖期尚有辯護士川瀨周次在土牛庄（今臺中市石岡區土牛里）創設改良糖廍。

1909～1910 年製糖期新竹廳設立 2 間改良糖廍，各位在新竹和苗栗地區。新竹地區的改良糖廍設在豆子埔庄（今新竹縣竹北市竹北里），屬 1907 年鄭拱辰創立的新竹製糖經營，1909 年，新竹製糖加入在臺日人小松楠彌、川合良男、松本徒爾的資本〔註 166〕，資本額從 10 萬圓增爲 30 萬圓，並變更爲株式會社組織，鄭拱辰續任社長，岡村庄太郎任專務董事，木下新三郎、小松楠彌、松本徒爾、黃鼎三、鄭俊齋、李文樵任董事，三好德三郎、川合良男、松本眞輔、姜振乾任監事。〔註 167〕苗栗地區的改良糖廍爲新竹人吳松設立在鹽館前庄（今苗栗縣竹南鎮大厝里），也是苗栗地區第一個機械製糖工場。

1910～1911 年製糖期新竹廳再設立兩間改良糖廍，皆位在苗栗地區，其一，爲日人森義男辭去總督府財務局屬官一職後〔註 168〕，結合在地士紳鄭鴻儀、臺南商人嚴添籌共同籌組南湖製糖公司經營，鄭鴻儀任社長，工場位在南湖庄（今苗栗縣大湖鄉南湖、新開村）；其二，爲臺南紳商和日人貨運商秋山善一共同組成的苗栗製糖會社經營，工場位在後壠庄（今苗栗縣後龍鎮南龍、北龍里），臺人股東中有不少是舊臺南製糖和臺南玉井永興製糖的股東，

〔註 164〕〈二林の移民〉，《臺灣日日新報》，1909 年 2 月 5 日，第 3 版。
〔註 165〕〈臺灣の製糖會社と其現勢〉，《臺灣》，第 5 期，1911 年 4 月，頁 8。
〔註 166〕〈新竹製糖組織變更〉，《臺灣日日新報》，1909 年 5 月 19 日，第 3 版。
〔註 167〕〈新竹製糖創立總會〉，《臺灣日日新報》，1909 年 9 月 17 日，第 3 版；〈新竹製糖の事業〉，《臺灣日日新報》，1909 年 9 月 19 日，第 3 版。
〔註 168〕〈總督府屬森義男昇級、賞與、依願免〉，《臺灣總督府公文類纂》永久保存（進退），1909 年 7 月 1 日。

如陳鴻鳴、吳道源、張作人、顏振聲等人，由永興製糖股東張作人任社長，原計畫設立 350 噸製糖能力的新式製糖場，但因機械準備不及，暫先以 150 噸製糖能力的改良糖廍開業。〔註 169〕

設立在宜蘭的改良糖廍，爲先前成立之宜蘭製糖公司，因區域內甘蔗種植面積增加，原料無法完全消化，而在茅子寮庄（今宜蘭縣五結鄉錦眾村）設立之分工場，並使用向糖務局貸借 60 噸壓搾能力機械。〔註 170〕

1910～1911 年製糖期臺東廳之製糖改革出現重大進展，該年度成立 2 間日資改良糖廍，爲臺東機器製糖嚆矢，其一，爲野田豁通男爵設立在卑南街（今臺東市卑南里）的改良糖廍，其計畫未來要將改良糖廍升級爲 1 家大型新式製糖會社；〔註 171〕其二，爲增永吉三等多名臺東日人創立新鄉製糖合資會社在里壠庄（今臺東縣關山鎮里瓏里）經營的改良糖廍。

1910 年花蓮地區有鹽水港製糖社長荒井泰治和社內其他幹部組成臺東拓殖合資會社（簡稱臺東拓殖），1911～1912 年製糖期申請在荳蘭社（今花蓮縣吉安鄉宜昌、南昌村）成立改良糖廍〔註 172〕，這是繼賀田組製糖場後花蓮地區再次出現機械製糖場。

就這批改良糖廍臺籍投資者來看，延續以往有相當比例的參事、區街庄長、保正及紳章持有者等社會領導階層。此外，有些在糖務局前期即投資新式製糖業，日俄戰後因產業被大舉進入的日本資本購併，乃將獲得的賠償金繼續投資設立改良糖廍，如辜顯榮、黃有章、王雪農、陳晉臣、陳鴻鳴、賴尚文等皆是。

除永興製糖、明治製糖、松岡製糖、南投製糖、新竹製糖、宜蘭製糖等既設會社成立的 8 個改良糖廍分工場外，其他 46 間改良糖廍中有 18 間是日資，約佔近 4 成比例，在這之前，則僅有岡村庄太郎和松岡富雄開設日資改良糖廍。

改良糖廍的日人投資者大致分爲兩大類，一爲糖商，一爲辯護士和報社相關人員。屬糖商有增田屋系統的松本柳右衛門和安部三男，鈴木商店系統的平高寅次郎和小松楠彌，橫濱安藤商會的安藤達二，以及其他較小規模的糖行主。糖商之所以大舉投資改良糖廍，主要基於同業中有不少是新式製糖

〔註 169〕〈苗栗製糖變更〉，《臺灣日日新報》，1910 年 9 月 1 日，第 3 版。
〔註 170〕〈宜蘭の製糖高〉，《臺灣日日新報》，1909 年 12 月 8 日，第 3 版。
〔註 171〕〈臺東製糖設立經過〉，《臺灣日日新報》，1910 年 3 月 6 日，第 3 版。
〔註 172〕臺灣總督府特產課，《臺灣糖業概觀》，頁 185。

會社主要股東，例如，三井物產和臺灣製糖、三菱財團旁系企業日本郵船株式會社和明治製糖等，爲避免其控制糖價，乃設立製糖場與之對抗。〔註173〕

辯護士和報社人員乍似與糖業無關，之所以投資改良糖廍可能與1907年成立之「米糖引取所」有關，米糖引取所是臺南地區臺、日籍有志者鑑於米糖交易價格並無專屬臺灣的市場行情，只能任由買賣人談定或參考日本本國定價，因而成立資本額30萬圓的米糖取引所，發起人中，至少有有馬彥吉、富地近思、川原義太郎、關善次郎等投資設立改良糖廍。〔註174〕

此外，這時期不乏臺人和日人合作以共組會社或公司方式設立改良糖廍，如王雪農和江口音三共組斗六合名；鄭拱辰等新竹地方領導階層和小松楠彌等共同改組新竹製糖；鄭鴻儀和總督府退職官員森義男共組南湖製糖公司；張作人、陳鴻鳴等臺南士紳和秋山善一共組苗栗製糖公司等，爲新的改良糖廍投資模式（參見附錄一）。

從分布來看，明治末期創設的改良糖廍一舉將新式製糖版圖推進到苗栗、臺東地區。其中，糖務局規劃新式製糖場分布平原、改良糖廍分布丘陵及近山地帶之濁水溪以南新式製糖空間配置，在1910～1911年間明治製糖和臺灣製糖撤除區域內改良糖廍後完成，從高雄的杉林、內門、六龜、田寮，經臺南的玉井、大內、東山，至嘉義的竹崎、番路，構成改良糖廍帶狀分布區域。

延續自日俄戰後，中部成爲改良糖廍分布的另一個重心。1909～1910年間改良糖廍大量設立，使彰化、南投、臺中分布密集的改良糖廍，並逐漸往北延伸至苗栗、往東延伸到集集、中寮、國姓、埔里及臺中新社等近山地帶。改良糖廍先行發展與整合舊式糖廍，也帶動新式製糖會社很快越過濁水溪往北設立新式製糖場。

二、稻作區之突破與新式製糖會社之創立

日俄戰後初期改良糖廍重心越過濁水溪北移，彰化平原成爲設立改良糖廍最多的區域，爲新式製糖會社越過濁水溪奠定基礎，前述高砂精糖會社在彰化的設立計畫可見端倪；另一方面，日俄戰後糖務局逐漸將推廣改良蔗苗和開闢新蔗園之獎勵重心轉移到彰化、臺中地區，也先行爲新式製糖會社進

〔註173〕〈糖商と製糖場〉，《臺灣日日新報》，1909年6月24日，第3版。

〔註174〕〈米糖引取所〉，《臺灣日日新報》，1907年3月8日，第2版。

駐提供良好的蔗作條件，在此背景下，1909 年以後，先後有北港製糖、新高製糖、林本源製糖、帝國製糖、臺北製糖、中央製糖、埔里社製糖等大型新式製糖會社創立，其中，僅有北港製糖因分割大日本製糖區域設立在濁水溪以南，其他都設立在濁水溪以北。

北港製糖主要資本來自神戶鈴木商店，1909 年 8 月 7 日獲糖務局核准設立計畫，次年正式成立，資本額 300 萬圓，其中 125 萬圓仰賴外資借款，小松楠彌任社長，宮尾麟、日向利兵衛任常務董事，由宮尾麟駐在北港、日向利兵衛駐在神戶執行社務，金子圭介、辻湊、後藤鉄二郎任董事，加藤尚志、中村啓次郎、佐佐木紀綱任監事，製糖場設在北港街（今雲林縣北港鎮），壓搾能力 1 千英噸，原料採取區域爲舊斗六廳尖山、大槺榔頂、蔦松等 3 堡（今雲林縣口湖鄉、水林鄉、北港鎮，以及嘉義東石鄉部分地區），一部分爲分割自大日本製糖。〔註 175〕北港製糖成立不久即購併小松楠彌創立於臺中廳月眉庄的改良糖廍，成爲會社所屬月眉分工場。〔註 176〕

事實上，此一時期鈴木商店熱衷投資新式製糖的情況不僅於此，前述鄭拱辰引進日資將新竹製糖改組爲株式會社組織，鈴木商店即爲重要的出資者，小松楠彌並擔任董事一職。〔註 177〕同時，鈴木商店因日糖事件成爲大日本製糖的主要債權者，爲便利資金融通和監督事業，鈴木商店得指派人選出任大日本製糖 1 席董事和監事〔註 178〕，涉足大日本製糖經營。不久，鈴木商店再大舉收購東洋製糖 8 成 5 的股份，成爲東洋製糖最大股東〔註 179〕，繼三井、三菱兩財團後，成爲日治初期臺灣新式製糖三大財團之一。〔註 180〕

新高製糖計畫最初是係由日本糖商大倉組向糖務局申請設立在前述嘉義打貓地區，同時，彰化亦有增田屋安部幸兵衛的新式製糖場設立計畫，最後兩計畫合併成立一家新式製糖會社，新高製糖股東主要就由大倉組和增田屋安部幸兵衛商店兩大系統組成。〔註 181〕1909 年 10 月 30 日，新高製糖在日本

〔註 175〕〈北港製糖株式會社〉，《大阪每日新聞》，1914 年 6 月 20 日。
〔註 176〕〈臺灣の製糖會社と其現勢〉，前引文，頁 8。
〔註 177〕〈新竹製糖計畫〉，《臺灣日日新報》，1909 年 4 月 6 日，第 3 版；〈新竹製糖創立總會〉，《臺灣日日新報》，1909 年 9 月 17 日，第 3 版。
〔註 178〕〈日糖の新重役〉，《臺灣日日新報》，1909 年 10 月 26 日，第 3 版。
〔註 179〕〈東洋製糖と重役〉，《臺灣日日新報》，1912 年 6 月 25 日，第 2 版。
〔註 180〕〈糖界の勢力範圍〉，《大阪朝日新聞》，1912 年 11 月 6 日。
〔註 181〕〈兩製糖合同〉，《臺灣日日新報》，1909 年 9 月 1 日，第 2 版；〈新高製糖許可〉，《臺灣日日新報》，1909 年 9 月 2 日，第 3 版。

東京京橋區舉行創立大會，資本額500萬圓，分10萬股。從持有股份來看，大倉組為最大股東，其中，大倉組創立者大倉喜八郎持37,600股，大倉喜八郎的女婿高島小金治持25,000股，兩人佔半數以上股份，得以主導會社運作，此外，尚有大倉組副頭取門野重九郎持3,000股，大倉喜七持1,000股，大倉粂馬持800股，高島直一郎持450股；安部幸兵衛商店系統股東則有安部幸兵衛持5,000股、安部幸之助持4,980股、增田源次郎持500股、增田與一持500股，總計僅佔1成多股份。大倉組取得4席董事中的2席，分由高島小金治和大倉喜七擔任，高島小金治出任社長，唯一的1席監事，亦由大倉喜八郎擔任；安部幸兵衛商店則由安部幸之助取得1席董事職位；另1席董事由牧山熊二郎擔任。

1910年3月新高製糖召開臨時股東大會，補選甫自糖務局休職的山田申吾任董事，安部幸兵衛和川瀨周次任監事，山田申吾和牧山熊二郎同時被選為專務董事。〔註182〕

新高製糖同時擁有嘉義和彰化兩個原料採取區域，最初會社計畫在今嘉義大林設第一工場，彰化和美設第二工場，先進行嘉義工場工程〔註183〕，但在山田申吾的主導下，改以彰化工場為第一工場，1910年初先進行建設，年底完工，機械能力750噸，12月16日開始製糖。〔註184〕

新高製糖跨過濁水溪進駐溪北的彰化地區，前述設立於彰化平原北區和大肚溪下游兩岸的改良糖廍全數被命令撤除。同一時期（1909年），彰化平原南區尚有臺灣首富板橋林家投資的林本源製糖合名會社（簡稱林本源製糖）成立。

林本源家族投資成立新式製糖會社並非為趕搭新式製糖設立熱潮，而是因林維源有一筆224萬圓資金，以第三房林鶴壽的名義寄存在香港上海銀行，林維源過世後，其他各房打算分配該筆資金，但林鶴壽不願分割資金，遂請民政長官大島久滿次出面協調。當時大島久滿次兼任糖務局長，乃建議林家將該筆資金投資新式製糖事業，得到林鶴壽的贊同，其他各房亦無異議，於是先分配3房共6個公號各15萬圓後，其餘資金投資成立資本額200萬圓之新式製糖會社，不足部分從臺灣銀行借款。〔註185〕

〔註182〕西原雄次郎，《新高略史》，頁3～6。
〔註183〕〈新高製糖事業變更〉，《臺灣日日新報》，1909年9月28日，第3版。
〔註184〕西原雄次郎，《新高略史》，頁9～11。
〔註185〕〈林家改革內情（五續）〉，《漢文臺灣日日新報》，1910年6月3日，第5版。

1909 年 6 月林本源製糖獲准成立，製糖場地點設在溪州庄（今彰化縣溪州鄉）。〔註 186〕資本金 200 萬圓全由林家成員出資，其中，第一房永記公號主林熊徵出資 30 萬圓，益記公號主林熊祥出資 30 萬圓；第二房訓眉記公號主林爾嘉、林景仁各出資 15 萬圓，祖椿記公號主林祖壽出資 30 萬圓，松柏記公號主林松壽、林柏壽各出資 15 萬圓；第三房彭鶴嵩記公號的林彭壽出資 20 萬圓、林鶴壽、林嵩壽各出資 15 萬圓。

林本源製糖尚訂定特殊的會社章程，要旨有：（1）會社存立時間爲 50 年，到期限後仍可繼續經營；（2）會社財產爲社員共有，社員負有連帶之無限責任；（3）非經全體社員同意，社員不得任意退社；（4）三房各選出 1 人爲執行業務社員，其中，1 人任社長，2 人任副社長；（5）由糖務局長指定社長、副社長，任期 5 年；（6）設經理 1 名，選任和解任由社員過半數決議，並須經糖務局長認可；（7）會社須受到糖務局和地方官廳指揮監督。〔註 187〕從章程內容來看，林本源製糖自始即受到糖務局控制，缺乏一般民間會社的自主性。

依據章程，糖務局長大島久滿次指定林鶴壽擔任社長，副社長由林熊徵、林爾嘉共同擔任。〔註 188〕在新渡戶稻造推薦和大島久滿次的指定下，林本源製糖聘請糖務局技師小花和太郎出任經理。〔註 189〕1910 年 2 月製糖場動工，同年 12 月完工開始製糖，製糖能力 750 英噸。〔註 190〕

林本源製糖的原料採取區域爲彰化廳二林上、東螺西等 2 堡全境，以及武西、武東、東螺東、馬芝、深耕、二林下等 6 堡之一部分，大致是今天彰化縣南部的大部分區域；同年設立的新高製糖原料採取區域則在大肚下、線東、線西、燕霧上、燕霧下等 5 堡全境，以及馬芝、貓羅等 2 堡之一部分，亦涵蓋彰化縣北部大部分區域，並跨過大肚溪至臺中大肚、烏日一帶（見附錄三）。易言之 ，兩家新式製糖會社囊括彰化平原大部分區域。甫在日俄戰後成爲彰化新式製糖業發展主力的 8 間改良糖廍，超過半數很快都面臨裁撤的命運。

〔註 186〕澤全雄，前引書，頁 172。

〔註 187〕佐藤吉治郎，《臺灣糖業全誌》（臺中：株式會社臺灣新聞社，1926 年），頁 114～115。

〔註 188〕〈林家製糖場〉，《臺灣日日新報》，1909 年 6 月 19 日，第 3 版；〈林家改革內情（四續）〉，《漢文臺灣日日新報》，1910 年 6 月 1 日，第 5 版。

〔註 189〕〈林家改革內情（五續）〉，《漢文臺灣日日新報》，1910 年 6 月 3 日，第 5 版。

〔註 190〕宮川次郎，《糖業禮讚》，頁 193。

1910 年帝國製糖株式會社（簡稱帝國製糖）創立，新式製糖會社勢力再往北進入臺中盆地。帝國製糖創立緣起於松岡富雄往阿緱廳旅行時，巧遇在同地籌設臺灣商工銀行的山下秀實〔註 191〕，兩人有意共同創立新式製糖會社，經由松岡富雄的策劃，決定以松岡經營的改良糖廍原料採取區域爲基礎，再收購林烈堂經營的改良糖廍創立新式製糖會社。〔註 192〕1910 年 5 月 21 日，松岡富雄、山下秀實、阿部三男、林烈堂、林瑞騰等 5 人正式向糖務局提出新式製糖會社設立計畫，28 日獲得許可，資本額預定爲 500 萬圓〔註 193〕，由松岡富雄和山下秀實各負責籌措一半資金。其後，松岡和山下各獲安部幸兵衛和松方正義家族的資金援助〔註 194〕，安部幸兵衛商店和松方家族因此成爲帝國製糖的兩大股東系統，並由松岡、山下、安部幸兵衛之子安部幸之助、松方正義之子松方正熊等 4 人擔任籌備人，負責會社創立事宜。〔註 195〕

1910 年 10 月 30 日，帝國製糖合併松岡富雄松岡製糖所、林瑞騰協和製糖所、林烈堂臺中製糖所等 3 間改良糖廍正式成立，資本額 500 萬圓，分 10 萬股，林瑞騰和林烈堂各持有 2,500 股，爲臺人持股數最多的股東，其他臺人如吳鸞旂、王學潛、蔡蓮舫、蔡敏南、林季商等都持 800 股，其皆是被合併的兩間改良糖廍出資者，其餘股份大多掌握在松方家族和安部幸兵衛商店之手。〔註 196〕社長由松方家族股東代表山下秀實出任，松方家族主要出資者松方正熊擔任常務董事，安部幸兵衛商店股東代表松岡富雄擔任專務董事，其他 6 席董事，屬松方家族系統的有山中麟之助、山口誠太郎，屬安部幸兵衛商店系統的有安部幸之助、安部三男，另兩席董事則由臺人林季商和臺灣商工銀行董事柵瀨軍之佐出任。3 席監事，則分由松方家族的松本泰正和安部幸兵衛商店的田中善助各取其一，另一席由林烈堂出任。〔註 197〕同時，帝國製糖尚聘請前糖務局技師、鹽水港製糖常務董事

〔註 191〕松岡富雄，〈帝糖創業史（下）〉，《糖業》，總號第 164 號，1928 年 5 月，頁 33～34。

〔註 192〕佐藤吉治郎，〈中部臺灣水田蔗作史〉，《臺灣糖業全誌》，前引書，頁 27。

〔註 193〕〈臺中製糖の出願〉，《臺灣日日新報》，1910 年 6 月 8 日，第 3 版；佐藤吉治郎編，《臺灣糖業全誌》，頁 76。

〔註 194〕佐藤吉治郎，〈中部臺灣水田蔗作史〉，前引文，頁 28。

〔註 195〕佐藤吉治郎，前引書，頁 76。

〔註 196〕河野信次，《臺灣糖業觀》，頁 218。

〔註 197〕松岡富雄，〈帝糖創業史（下）〉，頁 34；佐藤吉治郎編，前引書，頁 76。

堀宗一擔任顧問。〔註 198〕

帝國製糖原料採取區域範圍為臺中廳藍興、貓羅、捒東下、捒東上、大肚上、大肚中等 6 堡之部分地區，範圍大致是今天大雅、神岡、潭子、豐原、清水、大里、太平、霧峰全境，以及臺中市區之大部分和烏日、龍井、大肚部分地區。〔註 199〕計畫設立兩個新式製糖場，均位在松岡富雄改良糖廍所在地（今臺中市樂業里），其中第一工場為新設，1911 年 12 月完工，製糖能力 750 噸，壓搾器具向糖務局貸借；第二工場改造自松岡富雄改良糖廍，製糖能力 300 噸，另收購自林烈堂和林瑞騰的兩間改良糖廍則裁撤。〔註 200〕

1905 年以後製糖業整合為 4 間改良糖廍的臺北盆地，也提供新式製糖會社設立的契機。1910 年 4 月，松方家族和日本橋系財團結合共同發起創立臺北製糖株式會社（簡稱臺北製糖），由在臺日人木下新三郎擔任創立委員長。〔註 201〕同年 6 月 9 日，糖務局核准臺北製糖創立，資本額 300 萬圓〔註 202〕，石川昌次、梅原龜七、前田兼七、吉村鐵之助、村上大三郎、相馬半治、高橋虎太、木下新三郎、松方五郎、山中隣之助、澁谷嘉助、酒井泰、內田直三郎、佐藤暢、高橋光威等 15 人列名發起人。〔註 203〕8 月 26 日臺北製糖舉行創立總會，木下新三郎任社長，村松市造任專務董事，松方五郎、高橋光威、高橋虎太、佐藤暢、澁谷嘉助等 5 人任董事，林熊徵、吉村徹之助、梅原龜七、山中隣之助等 4 人任監事。〔註 204〕

臺北製糖的原料採取區域範圍包括臺北廳擺接、興直兩堡全境；芝蘭一、芝蘭二、芝蘭三、文山等 4 堡之平原地帶；大加蚋堡南港除外區域；八里坌堡淡水溪沿岸及石碇堡的兩個庄，大致是目前新北市的板橋、中和、永和、新莊、三重、蘆洲、土城、淡水全境，五股、八里、三芝、石門、新店、深坑、石碇之部分區域，以及臺北市南港和陽明山山區除外區域，臺北、艋舺、枋橋、川華等 4 家改良糖廍全數被命令撤除。〔註 205〕製糖場位置有艋舺、三

〔註 198〕〈臺灣の製糖會社と其現勢〉，前引文，頁 4。
〔註 199〕《府報》，第 3032 號，1910 年 8 月 23 日，頁 47。
〔註 200〕佐藤吉治郎，前引書，頁 77。
〔註 201〕〈臺北製糖會社〉，《臺灣日日新報》，1910 年 4 月 3 日，第 2 版。
〔註 202〕〈臺北製糖の許可〉，《臺灣日日新報》，1910 年 6 月 10 日，第 3 版。
〔註 203〕〈臺北製糖の事業〉，《臺灣日日新報》，1910 年 6 月 11 日，第 3 版。
〔註 204〕〈臺北製糖總會〉，《臺灣日日新報》，1910 年 8 月 27 日，第 3 版。
〔註 205〕〈臺北製糖近況〉，《臺灣日日新報》，1910 年 10 月 2 日，第 3 版。

重埔、大龍峒等 3 處可選擇，三地居民紛紛爭取，最後由艋舺下崁庄（今臺北市萬華區大理街）雀屏中選。〔註 206〕1911 年 3 月製糖場主體完成，同年 11 月機械安裝完畢，開始製糖。〔註 207〕

1910 年，新式製糖會社也進入南投地區，先後有中央製糖株式會社（簡稱中央製糖）和埔里社製糖株式會社（簡稱埔里社製糖）創立。

中央製糖創立源起於佐藤源平和 2、3 位有志者赴日本訪問清浦奎吾子爵，向其陳述新式製糖會社設立計畫，獲清浦奎吾支持，使新式製糖會社設立計畫具體化。〔註 208〕1910 年 7 月 3 日中央製糖獲准設立〔註 209〕，發起人以関清英為中心，結合牟田口元學、增田增藏、中澤彥吉等有力實業家，以及松平直平伯爵、清浦奎吾子爵，資本額 500 萬圓，分 10 萬股，其中，日本國內資本佔 6 萬股，其餘 4 萬股各分配 1 萬 2 千股給臺中和南投兩廳的投資者，其餘分配給專務董事和經理。〔註 210〕1910 年 12 月 27 日，中央製糖舉行創立總會，関清英任社長，中村房次郎任常務董事，甫自糖務局庶務課長辭官入社的近藤武義任專務董事〔註 211〕，其他董事分由谷井千次郎、清浦奎吾、中園憤吾擔任，吉田幸作任監事，聘請牟田口元學任顧問。

中央製糖的製糖場設在南投街（今南投市），1911 年 12 月完工開始製糖，製糖能力 840 噸。〔註 212〕原料採取區域為南投廳內武東、沙連下兩堡全境，以及南投堡內 19 街庄和北投堡月眉厝庄，大致是目前南投、名間、中寮全境，以及草屯、集集小部分地區。〔註 213〕同時，中央製糖亦收購區域內南投製糖公司經營的兩間改良糖廍，以及甫於 1909 年設立分由安部三男、松本柳右衛門、簡榮福等人經營的 3 家改良糖廍。〔註 214〕

埔里社製糖為糖務局時期最晚設立的新式製糖會社。1910 年先由日人藤澤靜象和臺人羅金水、曾君定等合資 25 萬圓創立製糖公司，目標為建立製糖

〔註 206〕〈臺北製糖工場確定〉，《臺灣日日新報》，1911 年 1 月 27 日，第 5 版。
〔註 207〕河野信次，《臺灣糖業觀》，頁 205。
〔註 208〕〈中央糖社の內容〉，《臺灣日日新報》，1910 年 10 月 12 日，第 3 版。
〔註 209〕〈中央製糖許可〉，《臺灣日日新報》，1910 年 7 月 3 日，第 3 版。
〔註 210〕〈中央糖社の內容〉，《臺灣日日新報》，1910 年 10 月 12 日，第 3 版。
〔註 211〕〈臺灣の製糖會社と其現勢〉，前引文，頁 6。
〔註 212〕上野雄次郎，前引書，頁 17。
〔註 213〕《府報》，第 3032 號，1910 年 8 月 23 日，頁 47。
〔註 214〕〈改良糖廍賣買查定〉，《臺灣日日新報》，1911 年 6 月 15 日，第 2 版。

能力 300 英噸的新式製糖場。1911 年變更爲埔里社製糖合資會社，資本額增爲 30 萬圓。旋因藤澤靜象有意動用龐大資金收購埔南輕便鐵道公司作爲會社運輸，乃再發起變更組織爲株式會社，資本額擴增爲 200 萬圓，分 4 萬股，臺、日兩地股東各持 2 萬股。〔註 215〕

1911 年 6 月，埔里社製糖舉行發起人會議，桂二郎任委員長，後藤勝造、藤田謙一、小塚貞義、藤澤靜象、後宮信太郎、木村泰治、松浦孝次郎、林嵩壽任創立委員。主要股東有藤澤靜象持 5,000 股，林嵩壽持 3,000 股，後宮信太郎、松浦孝次郎各持 2,500 股，林祖壽、羅金水各持 2,000 股，桂二郎、藤田謙一、小塚貞義、山本條太郎、益田英作、林烈堂、川澄熏之等各持 1,000 股，其他如後藤勝造、相馬半治、木下新三郎、木村泰治都持有 200 至 500 不等的股份。〔註 216〕

1911 年 8 月 14 日，埔里社製糖舉行創立大會，桂二郎任社長，藤澤靜象、小塚貞義任常務董事，後宮信太郎、松浦孝次郎、有山寅槌、三宅國太郎、岩崎武一郎、林嵩壽任董事，木村泰治、藤田謙一、羅金水任監事。〔註 217〕製糖工場設在埔里街，1912 年 2 月 20 日完工，開始製糖，製糖能力 300 英噸。〔註 218〕原料採取區域範圍在南投廳埔里社、五城兩堡全境，即今日南投縣埔里、魚池兩鄉鎮全境，以及國姓鄉北山坑和水里鄉拔社埔（參見附錄三）。〔註 219〕

値得注意的是，1910～1911 年成立的帝國、臺北、中央、埔里社等 4 家新式製糖會社，全數都是合併數間改良糖廍設立計畫或整合既有的改良糖廍區域而成，並且所在區域脫離傳統濁水溪以南蔗作區甚遠，中央和埔里社兩製糖會社甚至進入近山地帶，突破糖務局原設定新式製糖會社分布在平原地帶之構想，同時，苗栗和玉井地區還有 2 個新式製糖場設立計畫仍在蘊釀，可看出糖務局末期新式製糖業發展之迅速。

〔註 215〕伊藤重郎，前引書，頁 183～184；〈埔里社近聞〉，《漢文臺灣日日新報》，1911 年 5 月 12 日，第 3 版。
〔註 216〕〈埔里社製糖設立〉，《臺灣日日新報》，1911 年 6 月 19 日，第 2 版。
〔註 217〕〈埔里社製糖創立總會〉，《臺灣日日新報》，1911 年 8 月 15 日，第 2 版。
〔註 218〕佐藤吉治郎，前引書，頁 154。
〔註 219〕《府報》，第 3032 號，1910 年 8 月 23 日，頁 46。

圖 5-2-1　1930 年代大日本製糖北港製糖所

資料來源：西原雄次郎編，《日糖最近二十五年史》，無頁碼。

圖 5-2-2　1930 年代新高製糖彰化工場

資料來源：西原雄次郎編，《新高略史》，無頁碼。

圖 5-2-3　1930 年代新高製糖大林工場

資料來源：西原雄次郎編，《新高略史》，無頁碼。

圖 5-2-4　1930 年代帝國製糖臺中第一工場

資料來源：帝國製糖株式會社，《帝國製糖株式會社概況》，無頁碼。

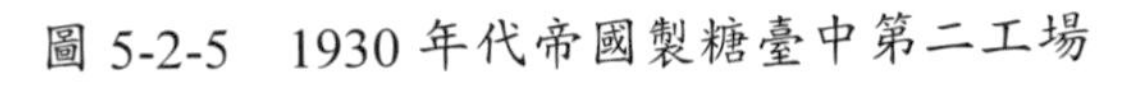
圖 5-2-5　1930 年代帝國製糖臺中第二工場

資料來源：帝國製糖株式會社，《帝國製糖株式會社概況》，無頁碼。

圖 5-2-6　1930 年代明治製糖南投工場

資料來源：上野雄次郎編，《明治製糖株式會社三十年史》，無頁碼。

圖 5-2-7　1930 年代臺灣製糖埔里製糖所

資料來源：伊藤重郎，《臺灣製糖株式會社史》，無頁碼。

三、既有新式製糖會社之擴張

正當 1909 年以後，大型新式製糖會社在濁水溪以北展開新設計畫之際，濁水溪以南的既有會社也透過增資或改組的方式進行擴張。

臺灣製糖最初在屏東平原設立阿緱工場的製糖能力僅有 1,200 噸，低於糖務局規定的 2,000 噸〔註 220〕，1909 年 10 月，臺灣製糖開始擴充阿緱工場的製糖能力，歷時 1 年完成，擴充後的阿緱工場能力增爲 3,000 噸，爲東洋規模最大的製糖工場。〔註 221〕

1910 年 1 月，臺灣製糖接著進行車路墘工場（今臺南市仁德區田厝里仁德糖廠）的設立工程，同年 10 月下旬完工，製糖能力 1,200 噸，原承繼自舊臺南製糖的 4 間改良糖廍亦在車路墘工場完工開始製糖後關閉。〔註 222〕至此，臺南地區的平原地帶已無改良糖廍存在，僅剩東山、玉井等丘陵地帶尚存改良糖廍。

〔註 220〕臨時臺灣糖務局，《臨時臺灣糖務局第六年報》，頁 338。
〔註 221〕臺灣總督府特產課，《臺灣糖業概觀》，頁 146。
〔註 222〕伊藤重郎，前引書，頁 163。

另一方面，爲積極擴張原料採取區域版圖，1909 年底臺灣製糖以常務董事山本悌二郎的名義收購鳳山廳王希璧經營的改良糖廍，隨後再向糖務局提出改良糖廍停業申請，將改良糖廍原料採取區域併入後壁林工場的區域中。〔註223〕以往改良糖廍都是因劃入新式製糖會社的原料採取區域中，被糖務局以一紙命令撤除，臺灣製糖採取主動購併改良糖廍擴展原料採取區域，成爲日後新式製糖會社擴張區域的新模式。

爲籌措上述擴張資金，1910 年 12 月臺灣製糖召開臨時股東大會，決議進行第二回增資，會社資本額一舉由 1,200 萬圓倍增爲 2,400 萬圓。〔註 224〕臺灣製糖增資完成後，迅即將擴張觸角伸向怡記商會製糖場。

如前所述，日俄戰後初期怡記商會收購臺南廳的興發改良糖廍，並將之改良爲新式製糖場，1907 年，又在彰化北斗設立改良糖廍，積極擴張會社事業。1909 年 1 月，怡記商會另設立 The Formosa Sugar and Development Company Limited（簡稱 F.S.D.公司）繼承臺南三崁店製糖場事業，怡記商會本身則專心經營北斗的改良糖廍。〔註 225〕但不久林本源製糖在彰化平原南部創立，怡記商會經營的改良糖廍因劃入林本源製糖的原料採取區域而被命令裁撤。怡記商會乃申請將改良糖廍遷移到鳳山街（今高雄市鳳山區），並以資本額 30 萬圓改造爲新式製糖場〔註 226〕，糖務局劃定大竹里新甲、五塊厝、新庄子、大港、三塊厝、林德官、大港埔、前金、過田子、苓雅寮、籬子內、戲獅甲、前鎮等 13 庄全境，以及七老爺、五甲、道爺廍等庄一部分爲鳳山工場的原料採取區域，範圍大致是今天高雄市新興、苓雅、前鎮、前金、鳳山等區的一部分，陳晉臣經營臺灣最早的改良糖廍和岡村庄太郎經營的改良糖廍同時被命令撤除。〔註 227〕1909 年 5 月鳳山工場工程開工，同年 12 月完工，製糖能力 300 英噸。〔註 228〕

不過，日本糖商的活躍使西洋糖商逐漸喪失勢力。明治末年，同屬英國資本的德記洋行關閉砂糖部，怡記商會也面臨經營困境。另一方面，F.S.D.公司三崁店製糖場的原料採取區域正位在臺灣製糖灣裡工場和車路墘工場之

〔註 223〕《府報》第 2845 號，1909 年 12 月 1 日，頁 1～2；臺灣總督府特產課，《臺灣糖業概觀》，頁 146。
〔註 224〕伊藤重郎，前引書，頁 162。
〔註 225〕同上註，頁 165～166。
〔註 226〕〈糖業通信（三）——臺南廳下の糖業〉，《臺灣日日新報》，1909 年 12 月 24 日，第 3 版。
〔註 227〕《府報》第 2654 號，1909 年 3 月 11 日，頁 20～21。
〔註 228〕伊藤重郎，前引書，頁 166。

間，怡記商會鳳山工場則與臺灣製糖橋子頭、後壁林兩工場接壤，臺灣製糖早有意購併怡記商會經營的兩個製糖場。

然而，兩製糖場雖爲同一關係事業，但 F.S.D.公司設籍在英國，怡記洋行設籍在安平，使臺灣製糖執行購併計畫困難。爲順利購併，1911 年 7 月，F.S.D.公司和怡記商會鳳山製糖場先在橫濱合併爲資本額 150 萬圓的怡記製糖株式會社（簡稱怡記製糖）。10 月，臺灣製糖董事再和怡記製糖董事簽訂合併契約。11 月，臺灣製糖召開臨時股東大會確認通過合併契約。1912 年 1 月，兩會社辦理合併登記正式合併。至此，臺灣製糖資本額再增爲 2,550 萬圓，並擁有 8 個新式製糖場，穩居臺灣新式製糖會社的龍頭。〔註 229〕

大日本製糖設立臺灣工場不久即發生日糖事件，原料採取區域兩度被糖務局削減，由北港製糖、斗六製糖及 3 間改良糖廍進佔。1909 年藤山雷太接任社長後，一方面整頓會社財務，另一方面決定在臺灣增設第二工場，以確保原料採取區域。1909 年 9 月 25 日，大日本製糖向糖務局提出事業變更和擴張原料採取區域申請，經約 8 個多月的審核，糖務局終於在 1910 年 6 月 9 日核准申請。〔註 230〕大日本製糖的原料採取區域增加海豐堡全境（今雲林縣臺西鄉全境，以及東勢、麥寮大部分地區），以及布嶼堡之草湖、舊庄、阿勸、貓兒干、大有（以上 5 庄在今雲林縣崙背鄉）、興化厝（今雲林縣麥寮鄉）、龍巖、馬鳴山（以上 2 庄在今雲林縣褒忠鄉）、同安厝、月眉（以上 2 庄在今雲林縣東勢鄉）等 10 庄，白沙墩堡內之合和、五塊寮、潭內（3 庄在今雲林縣元長鄉）等 3 庄，第二工場設在臺灣工場旁〔註 231〕，1911 年 7 月 20 日展開工程，同年 12 月完工，投入經費約 150 餘萬圓，製糖能力 1,000 英噸，第二工場完工後，臺灣工場改稱爲第一工場。〔註 232〕

明治製糖設立之初原計畫第一（蕭壠）、第二（蒜頭）兩個工場建設同時進行，但受到日俄戰後景氣過熱反動影響，蒜頭工場工程延期。不過，明治製糖仍先行鋪設蒜頭工場預定地到縱貫鐵路嘉義站間的輕便鐵道，並興建嘉義車站倉庫和事務所，等待工程繼續進行。〔註 233〕

〔註 229〕同上註，頁 165～166。

〔註 230〕西原雄次郎，《最近日糖十年史》，頁 78。

〔註 231〕《府報》，第 3032 號，1910 年 8 月 23 日，頁 48。

〔註 232〕臺灣總督府特產課，《臺灣糖業概觀》，頁 146；西原雄次郎，《最近日糖十年史》，頁 79。

〔註 233〕上野雄次郎，前引書，頁 10。

1909 年，前述嘉義近海地區成為爭設改良糖廍區域，因該地鄰近蒜頭工場區域，明治製糖為避免區域被侵奪，決定展開蒜頭工場工程，並申請將原預定的 750 噸製糖能力增為 1,000 噸以上。7 月，糖務局核准明治製糖蒜頭工場製糖能力擴張申請，並追加大坵田西堡和蔦松堡（今嘉義縣東石鄉全境，以及朴子部分地區、鹿草鄉的馬稠後）為蒜頭工場的原料採集區域。〔註 234〕11 月，開始進行蒜頭工場基礎工事，1910 年 11 月完工試運轉，接著開始製糖，製糖能力 1,100 噸。〔註 235〕

另一方面，蕭壠工場設立之初明治製糖收購區域內的改良糖廍後，曾以原料收成較預期外豐富為由，自行設立 3 間改良糖廍製造赤糖。1910 年 8 月，糖務局實施限制製糖能力政策，並打算重新檢討現有各新式製糖會社原料採取區域之大小，明治製糖為避免蕭壠工場區域受到削減，決定增設第三工場〔註 236〕，然又恐怕第三工場設立後甘蔗原料來源不足，決定購併位在蕭壠工場區域南方的維新製糖，1910 年 6 月，明治製糖和維新製糖股東締結製糖工場讓售契約〔註 237〕，最早的臺資新式製糖會社就此走入歷史。維新製糖併入明治製糖後，糖務局同時發布第一（蕭壠）、第三工場原料採取區域共通命令。〔註 238〕

第三工場原擬設在蔴荳製糖工場位置，因交通不便，改設於溝子墘庄（即今臺南市麻豆區總爺糖廠）。1910 年 12 月工場工程開始進行，1911 年 12 月完工，1912 年 1 月開始製糖，製糖能力 1,000 噸，原料採取區域和蕭壠工場共通。工場完成後，明治製糖經營的 3 間改良糖廍裁撤，繼承自蔴荳製糖和維新製糖的兩個製糖場也就此關閉。〔註 239〕

鹽水港製糖以外資借款從事擴張的經營方式獲得不錯成效〔註 240〕，因而繼續進行擴張事業，擴張地區多在糖業較不興盛的近山地帶或東部，並以另創會社的方式進行。1909 年，鹽水港製糖重要幹部仿照臺灣製糖進入屏東平原模式，於蕃薯寮地區（今高雄市旗山、美濃一帶）創立高砂製糖。〔註 241〕

〔註 234〕《府報》，第 2743 號，1909 年 7 月 14 日，頁 35。
〔註 235〕上野雄次郎，前引書，頁 10。
〔註 236〕同上註，頁 12。
〔註 237〕同上註。
〔註 238〕〈製糖原料採取區域共通〉，《臺灣日日新報》，1911 年 1 月 21 日，第 5 版。
〔註 239〕上野雄次郎，前引書，頁 12～14。
〔註 240〕〈外資輸入に就て〉，《臺灣日日新報》，1910 年 2 月 9 日，第 3 版。
〔註 241〕〈鹽糖の旗尾工場賣卻觀〉，《臺灣日日新報》，1927 年 8 月 30 日，第 3 版。

高砂製糖發起人有荒井泰治、渡邊國重、槇哲、濱口吉右衛門、柿沼谷藏、和田豐治、藤崎三郎助、賀田金三郎、酒井靜雄、安部幸兵衛、安藤達二、田中善助、青地玄三郎、川崎榮助、伊東要藏等 15 人，資本額 250 萬圓〔註 242〕，其中，荒井泰治是鹽水港製糖社長，槇哲爲鹽水港製糖常務董事，賀田金三郎、酒井靜雄爲鹽水港製糖董事，安部幸兵衛、藤崎三郎助爲鹽水港製糖監事，藤崎三郎助、田中善助、安藤達二爲鹽水港製糖發起人和大股東。

1909 年 7 月 10 日，高砂製糖舉行創立總會，選出濱口吉右衛門任社長，渡邊國重任專務董事，荒井泰治任常務董事，木下新三郎、安部幸兵衛、藤崎三郎助任董事，伊東要藏、柵瀨軍之佐、安田乙吉任監事，鹽水港製糖庶務課長橋本貞夫擔任經理。濱口吉右衛門時任貴族院議員，並未在鹽水港製糖有任何職位，但其亦爲富士紡績會社專務董事〔註 243〕，荒井泰治來臺前，曾擔任富士紡績會社創社經理，濱口參與創立高砂製糖與之有關聯。〔註 244〕渡邊國重爲創立高砂製糖的重要角色，區域內改良糖廍的收購皆由渡邊國重負責協商，其來臺之初曾任臺北廳稅務課長，獲後來擔任滿鐵總裁的中村是公賞識，推薦給荒井泰治擔任蕃薯藔地區製腦投資事業的經理，不久，高砂製糖在蕃薯藔創立，基於地緣關係，荒井泰治再度委與重任。〔註 245〕高砂製糖的 3 名監事都是銀行重役，其中，伊東要藏任東京豐國銀行董事，柵瀨軍之佐任臺灣商工銀行董事，安田乙吉任儲蓄銀行經理〔註 246〕，這席位安排方式可能和高砂製糖創立之初即決定循鹽水港製糖模式以外資融資借款的方式經營有關。〔註 247〕因此，高砂製糖雖被認爲是鹽水港製糖的分身，但兩社間股東關係不如大東製糖和臺灣製糖間緊密。

高砂製糖核准成立後，首要鋪設下淡水溪（今高屏溪）右岸嶺口到縱貫鐵路九曲堂站間的專用鐵道〔註 248〕，並派遣技師赴英國訂購製糖機械，製糖

〔註 242〕〈高砂製糖會社〉，《臺灣日日新報》，1909 年 5 月 29 日，第 3 版。
〔註 243〕〈高砂製糖重役〉，《臺灣日日新報》，1909 年 7 月 2 日，第 3 版；〈高砂製糖創立——外資を輸入して經營す〉，《臺灣日日新報》，1909 年 7 月 13 日，第 3 版。
〔註 244〕〈臺灣成功者荒井泰治〉，《實業之臺灣》，第 91 期，1917 年 7 月 10 日，頁 46。
〔註 245〕〈高砂製糖會社專務渡邊國重氏の應接振〉，《實業之臺灣》，第 4 期，無出版日期，頁 16。
〔註 246〕〈高砂製糖重役〉，《臺灣日日新報》，1909 年 7 月 2 日，第 3 版。
〔註 247〕〈高砂製糖創立——外資を輸入して經營す〉，《臺灣日日新報》，1909 年 7 月 13 日，第 3 版。
〔註 248〕〈新製糖會社の始業〉，《臺灣日日新報》，1909 年 6 月 17 日，第 3 版。

工場設在旗尾庄（今高雄市旗山區）。1910 年開始進行製糖場工程，區域內兩間 1905 年創立、由糖業組合經營的改良糖廍裁撤。

鹽水港製糖也迅速和高砂製糖展開合併作業，起初，鹽水港製糖幹部自信兩會社的緊密關係，僅提出以高砂製糖股份 1 股 30 圓對換鹽水港製糖 1 股 20 圓、高砂製糖消滅事務歸鹽水港製糖統轄、不另立條款等條件。〔註 249〕結果遭到高砂製糖部分股東反對〔註 250〕，最後，鹽水港製糖修正合併條件，同意給予高砂製糖重役 5 萬圓以內慰勞金、高砂製糖社長濱口吉右衛門轉任鹽水港製糖顧問。1910 年 9 月 5 日，兩會社召開股東大會同意合併案，高砂製糖和鹽水港製糖合併拍板定案，鹽水港製糖的資本額也增為 750 萬圓。〔註 251〕1911 年 11 月旗尾工場完工，製糖能力 1,200 英噸，糖務局核定的原料採取區域範圍為羅漢外門里蕃薯藔、北勢、溪州、磅礴坑、圓潭仔等 5 街庄（皆在今高雄市旗山區境內），以及港西上里龍肚、竹頭角、瀰濃、中壇、金瓜寮、吉洋（以上 6 庄在今高雄市美濃區）、手巾寮、旗尾（以上 2 庄在高雄市旗山區）、瀰力肚、土庫、三張廍（以上 3 庄在今屏東縣里港鄉荖濃溪以北區域）等 11 街庄。兩會社合併期間，高砂製糖以渡邊國重名義收購岡村庄太郎位在姑婆寮庄的改良糖廍〔註 252〕，鹽水港製糖合併高砂製糖後，改良糖廍也一併繼承，然鹽水港製糖旋即提出改良糖廍廢業申請〔註 253〕，複製前述臺灣製糖收購王希璧改良糖廍後立即廢業的方式，以擴大原料採取區域。

鹽水港製糖另一個擴張分身，為 1910 年由荒井泰治、槙哲、安藤達二、賀田金三郎、藤崎三郎助等人以資本額 300 萬圓成立的臺東拓殖合資會社，其雖不全然以經營製糖業為目的，但在花蓮設立 1 家改良糖廍，並收購賀田組製糖所，1912 年 8 月，改組更名為臺東拓殖製糖株式會社（簡稱臺東拓殖），擁有兩間改良糖廍與一個新式製糖場（即今日的花蓮糖廠）。1914 年 7 月，臺東拓殖併入鹽水港製糖。〔註 254〕

相較於其他新式製糖會社，東洋製糖的擴張相對保守，直到明治末年都

〔註 249〕〈鹽高兩製糖會社の合併〉，《臺灣日日新報》，1910 年 6 月 24 日，第 3 版。
〔註 250〕〈鹽水港高砂合併事情〉，《臺灣日日新報》，1910 年 7 月 8 日，第 3 版。
〔註 251〕〈兩製糖合同成立〉、〈此後の鹽水港製糖〉，《臺灣日日新報》，1910 年 9 月 7 日，第 3 版。
〔註 252〕《府報》，第 3032 號，1910 年 8 月 23 日，頁 48。
〔註 253〕《府報》，第 3271 號，1911 年 7 月 2 日，頁 2～3。
〔註 254〕臺灣總督府特產課，《臺灣糖業概觀》，頁 185。

無增資行動，但 1909 年 10 月 29 日申請在南靖工場原料採取區域內增設第二工場，工場設在烏樹林庄（今臺南市後壁區烏林里）。製糖場增設計畫獲糖務局核准，並追加哆囉國東下堡全境（今臺南市東山、白河部分地區），以及下茄苳南堡卯舍庄和王公廟庄縱貫鐵路以東區域（都在今臺南市新營區內）爲原料採取區域，南靖和烏樹林兩工場原料採取區域共通。〔註 255〕1910 年 12 月製糖場完工，開始製糖，製糖能力 750 英噸。〔註 256〕

日俄戰後初期，日本資本透過增資改組手段取得臺資製糖會社經營權的情況也在此一時期出現。1909 年，王雪農任社長的斗六合名經營之製糖能力 300 噸改良糖廍才剛開始運作，並同時籌備設立新式製糖場，次年即傳出大倉組和明治製糖相馬半治有意收購爲旁系事業的消息。〔註 257〕後在相馬半治和臺灣銀行代表石川昌次斡旋下，斗六合名決定增資到 300 圓，並變更爲株式會社組織。〔註 258〕增資後的股份，明治製糖相關人員佔一半，其餘一半由王雪農和大倉組取得，相馬半治內定擔任顧問。〔註 259〕1910 年 9 月 25 日，改組後的斗六製糖株式會社（簡稱新斗六製糖）舉行創立總會，由田邊貞吉任社長，松江春次任專務董事，王雪農、松方正熊、石川昌次任董事，川原義太郎任監事，另一席監事暫時懸缺，原斗六合名的日人股東江口音三擔任經理。〔註 260〕

新斗六製糖的董事除王雪農外，大致都是與相馬半治有關人員。如社長田邊貞吉的親弟弟爲手島精一，手島爲相馬半治任教之東京高等工業學校校長，同時也是相馬半治的恩師，田邊貞吉亦爲住友財團第一代社長；專務董事松江春次爲相馬半治東京工業學校的學生，曾任大日本製糖大阪工場工場長，日糖事件後退社，爲角砂糖研究專家；臺灣銀行的石川昌次爲相馬半治東京工業學校的學弟；松方正熊爲前述松方系財團的人物，因石川昌次與臺灣銀行的關係，而參與發起新斗六製糖的改組，松方同時也參與發起帝國製糖並擔任董事。〔註 261〕

〔註 255〕〈府報〉，第 2942 號，1911 年 4 月 24 日，頁 107。
〔註 256〕臺灣總督府特產課，《臺灣糖業概觀》，頁 177。
〔註 257〕〈斗六製糖計畫〉，《臺灣日日新報》，1910 年 6 月 22 日，第 3 版。
〔註 258〕〈臺灣の製糖會社と其現勢〉，前引文，頁 7。
〔註 259〕〈斗六製糖事業〉，《臺灣日日新報》，1910 年 8 月 12 日，第 3 版。
〔註 260〕〈斗六製糖創立總會〉，《臺灣日日新報》，1910 年 9 月 27 日，第 3 版。
〔註 261〕〈糖業功罪史——東洋糖分割の卷（四）〉，《国民新聞》，1935 年 2 月 8 日。

新斗六製糖運作後，繼續斗六合名時期分蜜糖工場設立計畫。1912 年，新式製糖工場完工運作，位置與大崙庄改良糖廍並置，製糖能力 500 英噸，新斗六製糖兼營分蜜糖與赤糖製造。〔註 262〕

此一時期既有之新式製糖會社只有新興製糖未能擴張，事實上，1909 年新興製糖曾計畫改造工場壓搾機、效用罐，增購分蜜機和加熱器，增築倉庫和宿舍，但因發生陳中和事件，使擴張工程中止。〔註 263〕不過，因 1909～1911 年兩個製糖期糖價高漲，加上糖務局相繼推出融資和關稅獎勵等措施，新興製糖積欠臺灣銀行和三十四銀行 57 萬 9 千餘圓債務，提早一年至 1911 年還清，1911 年 5 月，香西貞彪解除顧問職位歸建糖務局，新興製糖的營運終於逐漸上軌道。〔註 264〕

糖務局末期既有會社擴張的場域主要在濁水溪以南，其中，鹽水港製糖進入旗山丘陵，與前述中央、埔里社兩製糖會社創立於南投，可看出新式製糖場已經突破平原地帶往丘陵發展。

圖 5-2-8　1930 年代臺灣製糖後壁林製糖所

資料來源：伊藤重郎，《臺灣製糖株式會社史》，無頁碼。

〔註 262〕臺灣總督府民政部殖產局，《臨時臺灣糖務局第十年報》，頁 702。
〔註 263〕〈新興の擴張工事中止〉，《臺灣日日新報》，1909 年 7 月 13 日，第 3 版。
〔註 264〕臺灣總督府特產課，《臺灣糖業概觀》，頁 157～158。

圖 5-2-9　1930 年代臺灣製糖臺北製糖所

資料來源：伊藤重郎，《臺灣製糖株式會社史》，無頁碼。

圖 5-2-10　1930 年代明治製糖蒜頭工場

資料來源：上野雄次郎編，《明治製糖株式會社三十年史》，無頁碼。

圖 5-2-11　1930 年代明治製糖總爺工場

資料來源：上野雄次郎編，《明治製糖株式會社三十年史》，無頁碼。

圖 5-2-12　1930 年代烏樹林工場

資料來源：上野雄次郎編，《明治製糖株式會社三十年史》，無頁碼。

圖 5-2-13　1930 年代大日本製糖斗六製糖所

資料來源：西原雄次郎編，《日糖最近二十五年史》，無頁碼。

圖 5-2-14　大正年間鹽水港製糖旗尾製糖場

資料來源：佐藤吉治郎，《臺灣糖業全誌》，頁 38。

四、獎勵政策之調整

1908～1909 年度糖務局仍繼續補助裁撤改良糖廍費用，該年度補助額爲 67,302 圓，1909～1910 年度再補助 52,618 圓。〔註 265〕

由於大型製糖會社經營逐漸上軌道，各會社蔗糖產量大增，隨蔗糖製品運出而繳交的砂糖消費稅金額亦頗爲龐大，造成資金融通的困難，雖然法令規定得用金錢或有價證券作爲擔保緩繳稅金，但效用不大。1908 年，總督府對各地方廳長、稅關官長發布命令，准許製糖會社以臺灣銀行存款作擔保，緩繳砂糖消費稅，略減少製糖會社資金融通的壓力。〔註 266〕

1909 年，糖務局以日本本國實施的工場抵當法爲依據，再參酌臺灣本地的特殊情況，先將工場胎權規則立案。1910 年 5 月 10 日，日本當局以敕令第 224 號修改砂糖消費稅施行規則，加入工場財團得成爲砂糖消費稅擔保品。〔註 267〕1910 年 5 月，總督府正式以律令第六號公布「臺灣製糖及纖維工場胎權規則」（簡稱胎權規則）。〔註 268〕據此，製糖會社得以設定胎權爲目的，將一個或數個工場設定爲工場財團，工場的工業權、用水權及土地權得作爲胎權物品，進而獲得以工場市值 1/2 爲最大額度的融資，或用之作爲緩繳砂糖消費稅之擔保。總督府同時設立工場胎權審查委員會，由民政長官擔任會長，糖務局高等官爲當然審查委員之一〔註 269〕，委員會設幹事 2 名，書記若干名，2 名幹事分由總督府和糖務局事務官出任，書記由總督府和糖務局屬擔任。〔註 270〕

胎權規則實施確實有助於製糖會社融資，特別是陷在日糖事件債務危機中的大日本製糖，其仍滯納大藏省百餘萬圓的砂糖消費稅金。1911 年 1 月 18 日，大日本製糖將臺灣工場登錄工場財團設定，1 月 23 日，東京工場也納入設定，作爲大藏省 116 萬圓砂糖消費稅金的胎權。〔註 271〕其他會社亦

〔註 265〕臨時臺灣糖務局，《臨時臺灣糖務局第八年報》，頁 35；臨時臺灣糖務局，《臨時臺灣糖務局第九年報》，頁 43；臺灣總督府民政部殖產局，《臨時臺灣糖務局第十年報》，頁 47。

〔註 266〕臺灣總督府殖產局，《臺灣の糖業》（臺北：編者，1930 年），頁 34。

〔註 267〕西原雄次郎編，《最近日糖十年史》，頁 75。

〔註 268〕臺灣總督府殖產局，《臺灣糖業概要》（臺北：編者，1927 年），頁 11～12。

〔註 269〕〈律令第六號臺灣製糖及纖維工場胎權規則公布ノ巻〉，《臺灣總督府公文類纂》，永久保存，1910 年 5 月 2 日。

〔註 270〕《府報》，第 3080 號，1910 年 10 月 22 日，頁 64～65。

〔註 271〕西原雄次郎編，《最近日糖十年史》，頁 75～76。

多以緩納砂糖消費稅爲目的設定工場財團胎權，如明治製糖先在 1912 年 5 月設定蕭壠工場爲財團胎權，緩納臺南廳砂糖消費稅，11 月再以蒜頭工場爲財團胎權，緩納嘉義廳砂糖消費稅；另鹽水港、斗六等製糖會社都有類似的設定登錄。〔註 272〕1913 年林本源製糖改組爲株式會社，資本額增爲 300 萬圓〔註 273〕，林本源製糖便援用胎權規則，設定溪州製糖工場爲財團胎權，順利獲得臺灣銀行 90 萬圓貸款。〔註 274〕

1908 年糖務局本局遷回臺北後，糖業獎勵的重點不再僅著重濁水溪以南，1909 年開始，許多大型新式製糖會社和改良糖廍在中北部創立，配合糖務局的獎勵政策，不少傳統米作地紛紛改種甘蔗，到 1909～1910 年製糖期，全臺甘蔗收穫面積達到 6 萬 3 千 4 百餘甲，蔗糖產量爲 340 多萬擔，糖務局預估下一年度甘蔗收穫面積會激增到將近 9 萬甲，蔗糖產量會將達到 4 百多萬擔，如加上日本本國出產的糖，將超過日本國民全體糖消費量。爲避免生產過剩，1910 年 8 月 5 日，民政長官向臺東、花蓮港、澎湖以外之各廳長發布限制製糖能力命令，規定除臺東、花蓮港兩廳外，不許新設新式製糖場和改良糖廍；10 月，內田嘉吉以糖務局長身分再向相關地方廳長發布命令，規定既設之新式製糖場、改良糖廍擴充製糖能力或增設工場，亦在限制製糖能力命令的範圍內，但新增桃園廳爲限制以外的區域。〔註 275〕限制製糖能力命令發布後，新式製糖會社想要擴張規模只能仰賴購併其他新式製糖會社或改良糖廍一途（詳見第六章）。

糖政機關除以限制製糖能力防止蔗糖生產過剩外，尚須思考如何擴增蔗糖銷路，當時臺灣糖面臨兩項劣勢，其一，爲生產成本與原料糖品質無法和爪哇糖競爭；其二，爲日本本國實行退稅制度使臺灣糖被排除在關稅保護外。〔註 276〕蔗糖增產使砂糖消費稅增加，日本當局有意將部分增加的砂糖消費稅用來加強糖業獎勵。1909 年 6 月，大藏省說明因厲行糖業消費稅，有必要給予臺灣糖業相當之保護手段，保護方法的程度將以律令發布，

〔註 272〕《府報》，第 3356 號 / 第 93 號 / 第 125 號，1912 年 6 月 12 日 / 、1912 年 12 月 5 日 / 1913 年 1 月 18 日，頁 105 / 頁 33 / 頁 44。

〔註 273〕臺灣總督府特產課，《臺灣糖業概觀》，頁 194。

〔註 274〕《府報》，第 286 號，1913 年 8 月 7 日，頁 28～29。

〔註 275〕〈製糖場能力制限及製糖場能力撤廢ニ關スル案〉，「植民地期臺灣產業・經濟關係史料マイクロ版集成」,2-8-214；臺灣總督府特產課，《臺灣糖業概觀》，頁 30～31。

〔註 276〕〈臺灣の糖業政策史〉，佐藤吉治郎，《臺灣糖業全誌》，糖政篇，頁 13。

然款項支出須經議會之協贊實施。〔註 277〕8 月，總督佐久間左馬太亦表示，該年製糖期 11 月開始，總督府一方面對臺灣糖嚴格執行砂糖消費稅，以維持法規之威嚴，另一方面有意打開交付臺灣糖業者保護金之途徑，中央政府如同意此方針，則內地製糖業得免於廢滅之悲境。並由民政長官兼糖務局長大島久滿次擬具依蔗園面積或甘蔗收穫量兩個保護案，提交大藏省裁決。〔註 278〕

其後，就臺灣糖業保護辦法大藏省主張給予製糖會社每年 8%的利息補助，總督府主張採取原料保護主義，依據原料甘蔗收穫量提供補助金，經大島久滿次和大藏省次官若槻禮次郎協商，大藏省同意總督府原料保護主義主張，並核定補助粗糖原料甘蔗每千斤 1 圓，財源來自次年度預估增收砂糖消費稅金額 300 萬圓的一半，即 150 萬圓。〔註 279〕

1910～1911 年度原料消費補助正式實施，糖務局在糖業獎勵方針中說明補助原料消費的理由，在於臺灣甘蔗的生產成本和收購價格皆高於爪哇，品質卻不如爪哇，在輸往日本消費的前提下，每百斤臺灣糖約較爪哇糖多 0.85 圓的成本，使臺灣新式製糖會社處於競爭上的劣勢，但考量甘蔗和其他作物比較利益影響農民種植甘蔗意願，無法壓低甘蔗收購價格，爲維持甘蔗收購價格，同時緩和新式製糖業者高生產成本的經營壓力，因此對用作製造精製糖原料之第二種蔗糖使用的甘蔗原料提供每千斤 1 圓以內的補助。但這項補助只實施一個年度，1911 年，糖政當局以日本本國提高砂糖進口關稅和蔗糖品質已經改善爲由，廢止此項補助。〔註 280〕原料消費補助雖然只實行一個年度，但糖務局花費在該項目的經費達到 1,351,983.57 圓，超過糖務局前期製糖部門獎勵經費的總和（815,162 圓），同時，該筆經費，也佔年度獎勵補助（勸業費）總經費 2,553,356.23 圓之 53%，金額龐大。〔註 281〕

與原料消費補助同年度實施的還有原料糖製造補助，實施主因在於當時新式製糖場和改良糖廍大舉設立，糖產量激增，但生產成本無法和爪哇糖競爭，開拓海外市場無望，在日本國內市場亦因日本政府實行輸入稅退

〔註 277〕〈糖業保護方針〉，《臺灣日日新報》，1909 年 6 月 4 日，第 2 版。
〔註 278〕〈臺灣糖業政策決定〉，《臺灣日日新報》，1909 年 8 月 21 日，第 2 版。
〔註 279〕〈糖業問題好望〉，《臺灣日日新報》，1909 年 9 月 5 日，第 2 版。
〔註 280〕宮川次郎，《臺灣糖業概觀》，頁 37。
〔註 281〕據臨時臺灣糖務局，《臨時臺灣糖務局第十年報》，頁 47，以及筆者計算而得。

稅制度，使臺灣糖無法享受到關稅保護，因而糖務局乃依據日本政府給予本國精製糖業者退稅補助的額度，給予每百斤原料糖 1.95 圓以內之同樣金額補助〔註 282〕，使臺灣製糖業者得以享有和日本國內同等的關稅保護。總計 1910～1911 年度糖務局花費在補助原料糖製造金額爲 481,057.39 圓，次於原料消費補助與肥料補助，居所有補助項目第 3 位。〔註 283〕1911～1912 年度繼續實施原料糖製造補助，雖然補助每百斤原料糖的金額減爲 1.60 圓，支出總經費卻增爲 2,630,877 圓，爲歷來糖務局補助各項項目最高金額，並佔該年度糖業補助金額 3,341,008 圓之 79%，甚至超過以往每年度糖業獎勵經費總額。〔註 284〕1911 年日本政府廢除退稅制度，原料糖製造補助項目也在 1912～1913 年度中止。〔註 285〕

據黃紹恆研究指出，明治末至大正初以高關稅及日本消費者犧牲所支撐的高糖價，未必能經由製糖會社充分反映在甘蔗的收購價格上。〔註 286〕從另一角度來看，也可說是臺灣糖政當局乃至於日本政府給予臺灣製糖業之關稅補助的利益，幾乎被新式製糖業者獨享。

1910 年 11 月，總督府廢止輸出稅和出口稅，各項產業雖然都可受惠，但實際上是專爲獎勵臺灣糖輸出的一項政策。據糖政當局評估，廢止兩項稅雖將短少 26 萬圓的歲入，但考量到蔗糖產量已達 3 億斤，所患已非產量不足而是不能銷出，若不能及早籌畫，將出現生產過剩，於是必須獎勵輸出，擴張國外銷路，以圖糖業發展。〔註 287〕

另一方面，新式製糖業也與糖政當局同步防止生產過剩及擴大臺灣糖銷路，1910 年 10 月，臺灣製糖、鹽水港製糖、明治製糖、東洋製糖、新高製糖等 5 家新式製糖會社於東京共同成立臺灣糖業聯合會，臺灣製糖專務董事山本悌次郎出任會長，會員資格以分蜜粗糖製造組織或個人爲主，兼營精製糖

〔註 282〕宮川次郎，《臺灣糖業概觀》，頁 36；臨時臺灣糖務局，《臨時臺灣糖務局第九年報》，頁 419。

〔註 283〕臺灣總督府民政部殖產局，《臨時臺灣糖務局第十年報》，頁 47。

〔註 284〕據宮川次郎，《臺灣糖業概觀》，頁 37、47；臺灣總督府民政部殖產局，《臨時臺灣糖務局第十年報》，頁 47，以及筆者計算而得。

〔註 285〕宮川次郎，《臺灣糖業概觀》，頁 47。

〔註 286〕黃紹恆，〈試論初期原料採取區域制〉，《第三屆臺灣總督府公文類纂學術研討會論文集》（南投：臺灣省文獻委員會，2001 年），頁 303。

〔註 287〕〈臺灣輸出稅及出港稅廢止〉，《臺灣日日新報》，1910 年 11 月 2 日，第 3 版。

業者，得在 2/3 會員表決同意下入會，每名會員須繳交 3 千圓入會金，每年會費依各會員製糖能力按比例繳交，其目的在聯合決定蔗糖生產量、價格、販路等相關事項。〔註 288〕

其後至 1911 年 3 月，再有新興製糖、怡記商會、林本源製糖、帝國製糖、斗六製糖入會。1911 年 4 月，臺灣糖業聯合會於打狗設置臺灣支會，由臺灣製糖董事丸田治太郎任幹事。〔註 289〕最遲至 1913 年，大日本製糖、中央製糖、臺北製糖、南日本製糖、埔里社製糖、臺東製糖均加盟入會。〔註 290〕

臺灣糖業聯合會亦曾就檢糖所設置、糖業試驗場設備充實、原料採取區域整理問題、糖業相關稅制等問題向總督府或中央政府提出建議、陳情。〔註 291〕其中，與糖務局有關的是檢糖所設置，1911 年 6 月，臺灣支部向總督府請願指出，臺灣糖在輸往日本之前會社已先就糖度和重量檢查，但運抵日本後，買方又要重新檢查，且買賣雙方容易產生糾紛，造成不便，希望官方能在打狗設置糖度檢查所，統一檢查輸出糖品質。〔註 292〕臺灣支部的建議獲採納，糖務局開始著手籌備設立檢糖所，但因預算關係，來不及在糖務局裁撤前設立，而延到 1912 月 4 月 10 日設置完成，隸屬民政部殖產局，由總督府技師吉川藤左衛門兼任所長。〔註 293〕

從發布限制製糖能力命令、廢止輸出和出口稅，以及最後兩個年度投入大量經費提供製糖業者關稅保護政策來看，糖務局關注製糖業改革的重點已不是蔗糖增產，確保臺灣糖的市場競爭力、打開臺灣糖銷售市場、增進蔗糖品質，才是糖務局最後兩年的製糖獎勵重點。

〔註 288〕〈糖業聯合會規約〉，《臺灣日日新報》，1910 年 10 月 13 日，第 3 版；相良捨男，《經濟上より見たる臺灣の糖業》，頁 140～141。

〔註 289〕〈糖業聯合會の支部設置〉，《臺灣日日新報》，1911 年 4 月 21 日，第 5 版。

〔註 290〕杉野嘉助，《臺灣糖業年鑑（昭和三年版）》（臺北：臺灣通信社，1927 年），頁 177～181。

〔註 291〕臺灣總督府殖產局，《臺灣糖業概要》，頁 62～63。

〔註 292〕〈打狗糖度檢查所設置請願ノ件〉，「植民地期臺灣產業・經濟關係史料マイクロ版集成」，1-18-160。

〔註 293〕臺灣總督府民政部殖產局，《檢糖所概覽》（臺北：編者，1916 年），頁 1。

圖 5-2-15　成立初期的檢糖所

資料來源：臺灣總督府民政部殖產局，《檢糖所概覽》，無頁碼。

第三節　蔗作獎勵與製糖獎勵之結合

一、蔗作獎勵主力之改變

如前一章所述，糖務局前期蔗作改良以蔗作面積增加成果較為顯著，因蔗農接受改良種蔗苗的推廣和種植較晚，1905～1906 年度改良蔗種種植面積僅佔整體甘蔗種植面積 7.5%，收穫量也僅是整體甘蔗收穫量的 10.9%，其中，中南部蔗園的改良甘蔗種植比例還比不上北部。

不過，日俄戰後糖務局在斗六廳以南實行 2、3 年的蔗苗養成所制度發揮成效。1906～1907 年度南部改良蔗苗種植面積從前一年 1,921.87 甲驟增到 6,418.10 甲，佔整體甘蔗種植面積比例從 8.7%增為 37.1%，收穫量從 134,592,932 斤增為 430,966,246 斤，比例從 10.7%增為 44.3%；1907～1908 年度，南部栽種改良蔗種面積更一舉突破到 12,108.90 甲，比例上升到將近 3/4 的 74.5%，產量也達 790,995,391 斤，佔甘蔗總產量近 8 成；1906～1908 兩個年度由於斗六廳列在中部範圍內，也帶動增加改良蔗苗面積和比例，

1907～1908 年度，中部改良甘蔗面積從 1905～1906 年度的 248.60 甲增為 4,144.95 甲，產量從 10,331,592 斤增為 179,817,361 斤，兩者比例也都過半數達到 59.0%和 69.2%。反而是北部改良甘蔗種植面積和產量都沒有太大進展，僅增加固有種甘蔗種植面積，使改良甘蔗種植面積和產量比例都降低。總體而言，在南部帶動下，全臺改良甘蔗種植面積和產量從 1905～1906 年度的 2,615.44 甲、182,308,382 斤增為 1907～1908 年度的 16,763.67 甲、1,006,178,327 斤，比例從 7.5%和 10.9%上升到 59.1%和 71.7%（參見表 5-3-1）。

1909 年底總督府重新劃分行政區域，原斗六廳大部分區域併入嘉義廳，因而 1908～1909 年度的統計屬南部地區，使南部除原恆春廳和原斗六廳竹山地區外，其他範圍與糖務局臺南支局管轄範圍吻合。1908～1909 年度加入舊斗六廳大部分區域的南部改良甘蔗種植面積和產量比例增為 85.1%和 90.5%，可看出糖務局在濁水溪以南推廣改良蔗苗工作已具相當成效。

1907 年，糖務局廢除原斗六廳以南蔗作獎勵主力項目蔗苗養成所，改提供 1 千甲額度的模範蔗園補助。事實上，獎勵模範蔗園的濫觴，始於糖務局設立前總督府補助中川製糖所開設模範蔗園，糖務局創立第一個年度（1902～1903）也曾經實施過模範蔗園獎勵，但效果不佳，14 處的申請額度只有 6 處提出申請〔註 294〕，次年度糖務局便廢止獎勵模範蔗園，將蔗作獎勵重點放在開設新蔗園和推廣改良蔗苗方面。

1907～1908 年度的糖業獎勵方針再度出現模範蔗園項目，時任糖務局事務官近藤武義說明獎勵模範蔗園的目的有三：其一，為取得適當的蔗苗。鑑於當時改良甘蔗日益普及，品質卻稍有退化跡象，因而透過模範蔗園生產品質較佳的純良蔗苗，將之傳布給一般蔗園，以防止改良甘蔗退化；其二，為農事改良。近藤認為以往透過演說或文宣方式勸誘蔗農進行農事改良的效果不大，改設置模範蔗園，依糖務局技術人員的監督方法實地進行密植、深耕、施用肥料、灌溉等耕作改良方法，讓其他蔗作者親睹績效，較能達到農事改良的目的；其三，為取得耕作統計材料。〔註 295〕

為達前述 3 項目的，糖務局選任斗六廳以南具有相當資力、經驗且擁有灌溉之便土地的耕作者開設模範蔗園，蔗園由糖務局指定設計，耕作方式亦

〔註 294〕〈臺灣砂糖獎勵成績〉，《臺灣協會會報》，第 52 號，1903 年 1 月，頁 41。
〔註 295〕近藤武義，〈臺灣糖業の現況〉，《財海》，第 26 期，1908 年 7 月，頁 52。

遵從糖務局指導，糖務局並提供充分蔗苗和肥料現品或相當價格之現金。受模範蔗園補助者須提供其事業成績報告，並在收成時繳納補助蔗苗的 5 倍給糖務局。〔註 296〕大體來說，實施模範蔗園制度可看出糖務局在濁水溪以南的蔗作改良重點已由推廣改良蔗苗轉爲改良耕作方法。

相對於南部，1908～1909 年度中部排除原斗六廳大部分區域後改良甘蔗種植面積比例降爲 28.3%，改良甘蔗收穫比例也僅略超過 4 成，兩者均大幅降低（參見表 5-3-1）。

1908～1909 年度糖務局首度不在每年度公布的糖業獎勵方針中強調主力置於南部。〔註 297〕該年度糖務局免費配送給各區域的改良蔗苗共 6,066,964 株，蔗園面積 337.5536 甲，其中，分發給臺中、彰化兩廳的改良蔗苗各有 1,797,966、3,611,998 株，各佔全部蔗苗之 29.6%、59.5%，蔗園面積各有 99.8870 甲、200.6666 甲，各佔總體補助蔗園之 29.6%、59.4%〔註 298〕，中部成爲糖務局改良蔗苗獎勵的主力。

1909～1910 年度在糖務局公布的糖業獎勵方針中，以斗六廳以南 7 廳（即恆春廳以外各廳）普及改良種蔗苗目的已大略達成爲由，規定南部 7 廳只有開設新蔗園、首度種植改良甘蔗，或依特殊設計從事蔗作者，才能申請改良蔗苗費用補助，繼續將推廣改良蔗苗的主力放在中北部地區。〔註 299〕

在糖務局刻意推廣下，1909～1910 年度中部改良甘蔗種植面積和產量比例迅速過半數達 62%和 74%，1910～1911 年度更增爲 85.6%和 91.6%。同一時期中部的蔗作面積也進展迅速，1908～1909 年度中部的蔗作面積只有 2,586.55 甲，尚不如北部地區；1909～1910 年度中部蔗作面積增加將近 1.5 倍，已超過北部地區；1910～1911 年度中部蔗作面積再增加將近一倍，爲全臺蔗作面積增加最快的區域（參見表 5-3-1）。

由是觀之，糖務局在南部推廣改良蔗苗達到一定成效後，即將獎勵推廣改良蔗苗和增加蔗作面積的重心轉移到中部，尤其是彰化地區，1909 年新高製糖和林本源製糖越過濁水溪在彰化平原設立新式製糖場，實與糖務局蔗作獎勵重心轉移到中部有密切關聯。

〔註 296〕〈糖業獎勵方針（上）〉，《臺灣日日新報》，1907 年 6 月 4 日，第 4 版。
〔註 297〕臨時臺灣糖務局，《臨時臺灣糖務局第六年報》，頁 1～3。
〔註 298〕同上註，頁 316。
〔註 299〕臨時臺灣糖務局，《臨時臺灣糖務局第九年報》，頁 413。

表 5-3-1　1906～1910 年度甘蔗栽種概況表

年度	甘蔗栽種		南部	中部	北部	東部	全臺
1906	栽種戶數		35,702	12,358	7,226	41	55,327
	固有種	面積	10,868.93（62.9%）	8,489.27（91.3%）	2,548.10（84.3%）	71.65（30.2%）	21,977.95（73.6%）
		收穫量	542,357,796（55.7%）	217,441,743（82.1%）	80,390,250（67.6%）	2,916,000（44.3%）	843,105,789（61.8%）
	改良種	面積	6,418.10（37.1%）	813.49（8.7%）	474.97（15.7%）	165.80（69.8%）	7,872.36（26.4%）
		收穫量	430,966,246（44.3%）	47,361,093（17.9%）	38,490,630（32.4%）	3,671,533（55.7%）	520,489,502（38.2%）
	合計	面積	17,287.03	9,302.76	3,023.97	237.45	29,851.21
		收穫量	973,324,042	264,802,836	118,880,880	6,587,533	1,363,595,291
1907	栽種戶數		35,316	9,977	9,149	118	54,560
	固有種	面積	4,140.30（25.5%）	2,878.85（41.0%）	4,576.98（91.6%）	27.16（23.1%）	11,623.29（40.9%）
		收穫量	202,296,374（20.4%）	80,095,907（30.8%）	114,428,858（78.0%）	441,940（12.5%）	397,263,079（28.3%）
	改良種	面積	12,108.90（74.5%）	4,144.95（59.0%）	419.65（8.4%）	90.17（76.9%）	16,763.67（59.1%）
		收穫量	790,995,391（79.6%）	179,817,361（69.2%）	32,277,038（22.0%）	3,088,537（87.5%）	1,006,178,327（71.7%）
	合計	面積	16,249.20	7,023.80	4,996.63	117.33	28,386.96
		收穫量	993,291,765	259,913,268	146,705,896	3,530,477	1,403,441,406
1908	栽種戶數		42,614	5,569	9,583	126	57,892
	固有種	面積	4,599.68（14.9%）	1,855.36（71.7%）	4,750.62（87.6%）	8.08（12.7%）	11,213.74（28.7%）
		收穫量	185,323,091（9.5%）	63,312,242（59.3%）	105,411,346（68.8%）	363,950（12.7%）	354,410,629（16.0%）
	改良種	面積	26,361.01（85.1%）	731.19（28.3%）	672.94（12.4%）	55.61（87.3%）	27,820.75（71.3%）
		收穫量	1,771,434,757（90.5%）	43,382,129（40.7%）	47,742,281（31.2%）	2,501,745（87.3%）	1,865,060,912（84.0%）
	合計	面積	30,960.69	2,586.55	5,423.56	63.69	39,034.49
		收穫量	1,956,757,848	106,694,371	153,153,627	2,865,695	2,219,471,541

1909	栽種戶數		60,141	11,059	12,171	166	83,539
	固有種	面積	2,659.49（5.2%）	2,405.82（38.0%）	4,739.54（82.1%）	5.29（3.0%）	9,810.34（15.5%）
		收穫量	109,895,139（3.5%）	73,736,504（26.0%）	131,542,416（71.7%）	160,766（2.1%）	315,334,825（8.8%）
	改良種	面積	48,470.71（94.8%）	3,925.03（62.0%）	1,036.37（17.9%）	169.14（97.0%）	53,601.25（84.5%）
		收穫量	3,016,770,342（96.5%）	209,839,024（74.0%）	51,931,989（28.3%）	7,620,407（97.9%）	3,286,161,762（91.2%）
	合計	面積	51,130.20	6,330.85	5,775.91	174.43	63,411.59
		收穫量	3,126,665,481	283,575,528	183,474,405	7,781,173	3,601,496,587
1910	栽種戶數		91,375	14,032	10,827	442	116,676
	固有種	面積	983.35（1.4%）	1,767.03（14.4%）	3,142.47（70.8%）	0.73（0.2%）	5,893.58（6.6%）
		收穫量	30,435,961（0.8%）	48,327,317（8.4%）	122,761,224（60.8%）	31,280（0.2%）	201,555,782（4.3%）
	改良種	面積	71,287.06（98.6%）	10,513.13（85.6%）	1,298.17（29.2%）	452.82（99.8%）	83,551.18（93.4%）
		收穫量	3,891,493,811（99.2%）	525,579,060（91.6%）	79,041,650（39.2%）	17,584,892（99.8%）	4,513,699,413（95.7%）
	合計	面積	72,270.41	12,280.16	4,440.64	453.55	89,444.76
		收穫量	3,921,929,772	573,906,377	201,802,874	17,616,172	4,715,255,195

資料來源：《臺灣總督府統計書》第 11-15，1908～1913 年；以及筆者計算而得。

說明：1. 1906～1908 年度，北部是指臺北、基隆、深坑、桃園、新竹、苗栗、宜蘭等廳；中部是指臺中、彰化、南投、斗六等廳；南部是指嘉義、鹽水港、臺南、鳳山、阿緱、蕃薯藔、恆春等廳；東部是指臺東廳。

2. 1908～1911 年度，北部是指宜蘭、臺北、桃園、新竹等廳；中部是指臺中、南投兩廳；南部是指嘉義、臺南、阿緱等廳；東部是指臺東、花蓮港兩廳。

二、蔗作獎勵與新式製糖業之結合

如前所述，1905 年原料採取區域制度實施後，糖務局頒布給新式製糖會社和改良糖廍的命令項目中，都規定應努力提供資本或物質給原料採取區域內力圖從事改良和增殖甘蔗之甘蔗耕作人。糖務局後期頒布給新設製糖會社的命令項目中，更明確規定製糖會社須基於舊慣提供蔗農耕作前貸金，這可看出糖務局有意使新式製糖業者負擔部分蔗作改良責任之想法。

另一方面，糖務局基於糖業獎勵規則公布每年度糖業獎勵方針，在蔗作改良部門除會隨著蔗作改良成果而著重不同的獎勵重點外，亦延續糖務局前期，更明確結合蔗作部門和製糖部門獎勵，同時透過獎勵方法的改變，將蔗作改良的責任逐漸轉移到新式製糖業者身上，這可從模範蔗園、肥料費、甘蔗品評會等項目補助方式分析。

1907～1908 年度糖務局再度實施模範蔗園獲不錯成效，1908～1909 年度繼續實施模範蔗園制度，並把額度提高到 1,300 甲，除模範蔗園外，糖務局新實施甘蔗苗圃制度，額度 200 甲。兩制度差別在於模範蔗園任務爲改良並推廣蔗作方法；甘蔗苗圃任務在補助培養純良蔗苗供給一般蔗農，該兩項任務前年度都屬模範蔗園，易言之，糖務局劃分兩種蔗作獎勵項目，係將蔗作獎勵實施方式更加細緻化。其中，模範蔗園實施範圍限定在新式製糖場的原料採取區域或將來擬設爲新式製糖場之區域，受模範蔗園補助者之義務，不再如同前一年規定收成時須繳納補助面積 5 倍之蔗苗給糖務局，但新規定補助翌年後，須繼續依糖務局指導的耕作方式栽培補助面積 3 倍以上的改良蔗苗；甘蔗苗圃和模範蔗園補助方式相同之處，在於苗圃同樣須由糖務局指定設計，遵從其監督、指導栽培方式，並在收成後向其報告作業成績和相關事項；相異之處，則在於規定甘蔗苗圃須由新式製糖會社、改良糖廍、農會或糖業組合直營，但可依土地狀況將之委託給富有資力、經驗且能體察種苗養成旨趣者，另規定每甲苗圃須在指定日期納付純良蔗苗 8 萬株，以供應模範蔗園爲主，有剩餘時再分配給一般蔗農。〔註 300〕

分析前述的改變，在製糖改革方面有三點足堪注意之處：其一，僅管糖務局前期末新式製糖業者同時獲得蔗作獎勵的比例甚高，但此次模範蔗園明確規定須設置在新式製糖場原料採取區域內，是首次以明文規定的方式結合蔗作部門項目和製糖部門；其二，受模範蔗園補助者規定次年須以模範蔗園耕作方式栽種面積 3 倍以上的改良蔗苗，使擁有大面積蔗園者較具有優勢；其三，除農會和糖業組合團體外，新式製糖會社和改良糖廍是另二類具申請甘蔗苗圃資格者，這亦是糖務局明確結合蔗作部門和製糖部門之一例，同時規定甘蔗苗圃原則上須由新式製糖業者直營，顯然糖務局認定新式製糖業者從事農事改良比一般蔗農值得信任，更重要的是，新式製糖業者直營甘蔗苗

〔註 300〕臨時臺灣糖務局，《臨時臺灣糖務局第七年報》，頁 1～2；〈四十一年度糖務事業方針〉，《臺灣日日新報》，1908 年 8 月 28 日，第 2 版。

圃培養出來的改良蔗苗優先供應給模範蔗園，再及於一般蔗農，某種程度上來說，糖務局似乎有意讓新式製糖業者成為原料採取區域內的領頭羊，負起區域內改良和獎勵蔗作的責任。

1909～1910 年度糖務局再增加補助改良蔗園之獎勵項目。改良蔗園申請的區域同樣設定為新式製糖場的原料採取區域，糖務局給予的補助項目有蔗園改良費、蔗苗費、肥料費、灌溉費等 4 項之現金或現品，受補助者須遵守糖務局制定的改良蔗園耕作規程，同時規定改良蔗園耕作面積須在百甲以上，使用改良農具耕作且具備灌溉排水等設備，並在翌年度依據改良蔗園耕作方法從事同樣面積以上的蔗作。此項新制度實則是對新式大農耕法之獎勵。

糖務局之所以提出新式大農耕法之獎勵，與當時新開墾成功幾處大農場有關。首先是鳳山廳的後壁林農場（今高雄市小港區），1902 年日本當局消滅盤據在後壁林的林少貓抗日勢力，1906 年 8 月，臺灣製糖向總督府申請在後壁林地區設立模範蔗園和模範製糖場，總督府以糖業獎勵上利益不少且政府支出甚廉為由核准申請〔註 301〕，但後壁林一帶尚有不少私有地，總督府決定全數徵收，並委託臺灣製糖以新式大農耕方式開闢農場，由糖務局臺南支局負責指揮監督，待農場開墾和製糖場興建完成後，所有權再轉移給臺灣製糖。〔註 302〕總督府並責成糖務局、鳳山廳當局協調收購土地事宜，11 月，糖務局代理局長峽謙齊、糖務局臺南支局長淺田知定、鳳山廳長橫山虎次召集後壁林地區庄長、甲長及業主說明土地徵收事宜。〔註 303〕

後壁林農場面積約有 3 千甲，1907 年臺灣製糖開始著手開發後壁林農場，引進 4 組英國製蒸氣犁進行深耕，為當時之創舉，並聘請數名具夏威夷農場工作經驗的日本人來臺，移植美國大農場經營模式，為解決甘蔗種植和收穫期間勞力不足，1908～1909 年度再從日本移民 373 人來臺。1908 年，臺灣製糖選在接近農場中心位置設立新式製糖場，年底完工，次年初開始製糖，壓搾能力 1 千噸。〔註 304〕後壁林農場結合蔗作和製糖為一體，並且鄰近打狗港便利輸出，有模範農場的稱號。

同一時期，彰化二林地區有日人愛久澤直哉創立佔地三千多甲的源成農

〔註 301〕〈後壁林地方模範蔗園敷地業主權付與並官租地拂下ノ件〉，《臺灣總督府公文類纂》永久保存，1910 年 1 月 28 日。

〔註 302〕〈鳳山の蔗苗養成所〉，《臺灣日日新報》，1907 年 3 月 5 日，第 2 版。

〔註 303〕〈收買模範蔗園〉，《漢文臺灣日日新報》，1906 年 11 月 27 日，第 3 版。

〔註 304〕伊藤重郎，前引書，頁 154～155。

場，向糖務局貸借農具闢地種植改良甘蔗，具一定成果後，1910 年再向糖務局申請貸借壓搾機，設立 80 噸改良糖廍消化農場生產的甘蔗；〔註 305〕1907 年，鳳山廳亦有新興製糖監事陳文遠向糖務局貸借下淡水溪右岸 1078.7654 甲官有地開墾蔗園，計畫爲期 7 年〔註 306〕，並聘請糖務局技手齋藤信義負責農場開墾和栽培甘蔗工作，預計 3 年內全數土地墾成一大蔗園，生產甘蔗全數交由新興製糖製糖。〔註 307〕

1909～1910 年度補助模範蔗園的額度再增爲 1,600 甲，申請的資格更明確規定在彰化廳以南 8 廳既有新式製糖場原料採取區域內選拔篤農爲之。由於在改良蔗園項目已補助大農耕法，模範蔗園不再規定次年度須以模範蔗園耕作方式栽種面積 3 倍以上之改良蔗苗，僅略規定次年度以後須仿照模範蔗園耕作方法從事種植甘蔗且盡力輔導他人，此外，新規定補助模範蔗園的肥料在距離蔗園最近的車站點交，其後由新式製糖場負責尋求適當搬運方法。

1910～1911 年度模範蔗園規定和前年度相似，只新增規定 1 甲以上改良種甘蔗耕作者具補助資格。甘蔗苗圃則進一步分爲高地苗圃、母苗圃、本苗圃，糖務局希望依不同功能設置不同苗圃，採取有系統的苗圃培育方法，達到 4 項目標：其一，在適當時期栽種並供給純良蔗苗，預防已普及之改良蔗苗退化和遭受病蟲害；其二，試驗新輸入蔗苗，並增殖、普及試驗成績良好的蔗苗；其三，各地普設苗圃，達到每年約 1/4 新植蔗苗從苗圃供應；其四，每三或四年更新新式製糖場原料採取區域內使用之蔗苗。

高地苗圃規定設置在遠隔平地蔗園的適當高地位置，選任具有相當甘蔗苗圃經營經驗者擔當，其主要目的在透過高地的環境特性防治甘蔗病蟲害發生和蔓延，生產的蔗苗依糖務局指定價格繳納糖務局或分發新式製糖會社。

母苗圃和本苗圃都設置在新式製糖場原料採取區域內，由新式製糖場直營，其中，規定母苗圃生產的蔗苗次年度無償供應本苗圃，本苗圃生產的蔗苗無償或依糖務局指定價格分發給一般蔗農。〔註 308〕由是觀之，依據糖務局建立的甘蔗苗圃供應系統，新式製糖場將逐漸成爲原料採取區域內的蔗苗供應者，製糖場和蔗農的關係也更加緊密。

〔註 305〕〈源成農場製糖計畫〉，《臺灣日日新報》，1910 年 5 月 15 日，第 3 版。
〔註 306〕〈鳳山廳下開墾地出願〉，《臺灣日日新報》，1907 年 10 月 11 日，第 2 版。
〔註 307〕〈大寮農場と新興會社〉，《臺灣日日新報》，1908 年 11 月 17 日，第 3 版。
〔註 308〕臨時臺灣糖務局，《臨時臺灣糖務局第九年報》，頁 413～417。

糖務局後期補助肥料費的方針亦有很大變革。如前所述，糖務局創立之初曾採取免費分發肥料方式推廣肥料使用，其中，人造肥料的發放僅限於種植改良甘蔗的蔗園，經 2 年左右的推廣，蔗農漸知人造肥料妙用而爭相使用。

1904～1905 年度因改良蔗園面積逐漸增加，糖務局受限於經費，只分發給斗六、阿緱、臺東一部分改良蔗園人造肥料，補助彰化蔗園部分肥料費用，其餘臺南支局所轄區域，改推動共同購買肥料方式〔註 309〕，由有意購買肥料集中提出申請，並就各廳糖業組合或農業團體中選舉 1 人爲代表負責與東京人造肥料會社商訂契約，費用可等到收穫期再償還，而糖務局僅負責居中斡旋。〔註 310〕其後，糖務局一度僅補助蔗苗養成所、模範蔗園或特殊情況下之肥料費，其他肥料補助一概中止。〔註 311〕

1907～1908 年度糖務局除繼續推動共同購買制度外，並恢復補助一般蔗園肥料費用，規定種植改良甘蔗面積 1 甲以上且購買施用指定種類和數量之肥料者，給予每甲 20 圓以內的肥料獎勵金〔註 312〕，不過，該年度糖務局補助一般蔗園肥料費用的對象以中北部爲主，南部的肥料補助主要還是用在模範蔗園。〔註 313〕1908～1909 年度，糖務局肥料補助費之規定與前年度相似，但不再僅專補助中北部一般蔗園。〔註 314〕

1909～1910 年度糖務局的肥料補助規定有較大改變，除維持申請資格須爲耕作 1 甲以上改良種甘蔗者外，尚規定受補助者次年須新種植補助甲數以上的蔗園，更重要的是，糖務局首度明定申請順位以新式製糖會社原料採取區域內蔗園爲第一優先，其次是改良糖廍原料採取區域，最後才是其他區域，同時規定新式製糖場須協助原料採取區域內申請者之書面申請手續、交付現品、徵收運輸費用等工作。〔註 315〕

1910～1911 年度，糖務局進一步規定肥料費用補助區域除特殊情況外，

〔註 309〕臨時臺灣糖務局，《臨時臺灣糖務局第三年報》，頁 140。
〔註 310〕〈獎勵共買肥料〉，《臺灣日日新報》，1904 年 12 月 27 日，第 3 版。
〔註 311〕〈本年度糖業獎勵方針〉，《臺灣日日新報》，1905 年 4 月 27 日，第 2 版；〈糖業獎勵の方針〉，《臺灣日日新報》，1906 年 6 月 3 日，第 2 版。
〔註 312〕臨時臺灣糖務局，《臨時臺灣糖務局第六年報》，頁 2。
〔註 313〕〈糖業獎勵方針（上）（下）〉，《臺灣日日新報》，1907 年 6 月 4、5 日，第 4 版。
〔註 314〕〈糖業獎勵方針（下）〉，《臺灣日日新報》，1908 年 8 月 25 日，第 3 版。
〔註 315〕臨時臺灣糖務局，《臨時臺灣糖務局第八年報》，頁 1～6；〈糖業獎勵方針（上）（下）〉，《臺灣日日新報》，1908 年 8 月 24、25 日，第 3 版。

僅限新式製糖場原料採取區域內蔗農，並規定額度參照各新式製糖場製糖能力標準按比例分配，新式製糖場須負責和前年度相同的協助事項，補助費用則規定除特殊情況仍維持每甲 20 圓以內外，其他減爲每甲 10 圓以內。〔註 316〕1911～1912 年度，糖務局除明確說明特殊情況指的是花蓮港、臺東兩廳外，其他規定沒有改變。〔註 317〕從糖務局後期肥料費補助方針變更，亦可看出糖務局將蔗作改良責任逐漸下放給新式製糖會社的情況。

糖務局有意讓新式製糖業者成爲原料採取區域內領頭羊的角色，也表現在補助甘蔗品評會方面。

甘蔗品評會又稱競蔗會，爲一項就生長中的甘蔗進行各類評比的競賽。新式製糖會社中，以 1905 年臺灣製糖橋子頭工場舉辦的競蔗會最早，此後該社每年編列 1 千圓預算繼續舉辦。〔註 318〕至 1907 年初時，臺灣製糖已舉辦過 3 次競蔗會，新興製糖亦舉辦過 1 次，當時有明治、東洋、大日本等幾家大型製糖會社創立，糖務局有意向新設製糖會社推廣競蔗會，使其可每年在所屬原料採取區域內舉辦。〔註 319〕

糖務局採取的推廣策略，是先透過旁系機關糖業協會先行舉辦，再由各製糖會社起而仿效。1908～1909 年度糖務局公布的糖業獎勵方針，首度將甘蔗品評會列爲補助項目，其規定：依適當之方法舉辦甘蔗品評會，補助其費用 10 分之 5 以內的現金〔註 320〕，可說是爲糖業協會舉辦甘蔗品評會量身訂作的項目。

1908 年 12 月，糖業協會主辦之甘蔗品評會於糖務局本局遷移到臺北後留下的舊辦公室舉行，糖務局補助 5 千圓，爲該年度補助甘蔗品評會項目的全數金額，糖務局技師吉田碩造任品評會審查委員長，參與資格爲斗六廳以南 7 廳出品的甘蔗，參選作品共 440 件，選出特等、一等至四等、褒狀等 6 個等第，共 118 件作品。其中特等獎金 500 圓、一等獎金 300 圓、二等獎金 100 圓，以該製糖期嘉義廳每千斤的甘蔗平均收買價格 2.5 圓來看〔註 321〕，獎金金額不少。特等賞和一等賞獲獎者分別來自鳳山廳臺灣製糖和臺南廳臺南製

〔註 316〕臨時臺灣糖務局，《臨時臺灣糖務局第九年報》，頁 413～414。
〔註 317〕同上註，頁 667～668。
〔註 318〕〈競蔗會の賞金授與〉，《臺灣日日新報》，1906 年 2 月 20 日，第 4 版。
〔註 319〕〈糖業共進會〉，《臺灣日日新報》，1907 年 5 月 26 日，第 2 版。
〔註 320〕臨時臺灣糖務局，《臨時臺灣糖務局第七年報》，頁 3。
〔註 321〕〈實業巡回通信（十五日）〉，《臺灣日日新報》，1909 年 7 月 20 日，第 3 版。

糖的原料採取區域，兩會社還特別各加碼給獲獎者 200 和 100 圓獎金。〔註 322〕

甘蔗品評會的舉辦，除對蔗農提供蔗作改良的誘因外，如落實到以原料採取區域爲單位舉辦，有助於增加區域內蔗農對製糖工場的向心力。1910～1911 年度，糖務局以「1908～1909 年度補助臺灣糖業協會主辦甘蔗品評會成績優良，故於本年度擴張其規模」爲由，不僅再將甘蔗品評會補助項目列入糖業獎勵方針，補助金額也提高到 6 千圓〔註 323〕，當時糖業協會已經解散，此項目顯然是爲新式製糖會社而設。

糖務局補助甘蔗品評會的作法，確實對一些新式製糖會社產生效果，例如，1911 年明治製糖便將甘蔗品評會舉行辦法列入會社制定的蔗作獎勵規程中。不過，亦有新式製糖會社發現甘蔗品評會的效果不大，甚至會讓蔗農產生有如抽籤獲得賞金的僥倖心態，如鹽水港製糖即在舉行數次甘蔗品評會後停辦，取而代之的是提供區域內蔗農旅費，讓其至旗尾工場內實地參觀自作蔗園的改良耕作法，論者以爲效果不錯。〔註 324〕

除以蔗作獎勵的方式逐步讓新式製糖業者擔負起原料採取區域內蔗作改良和獎勵責任外，糖務局也以增減原料採取區域敦促新式製糖會社或改良糖廍重視區域內的蔗作狀況。例如，明治製糖有意以嘉義廳大坵田西堡和牛稠溪堡、打貓西堡一部分（今新港鄉，以及東石、朴子、鹿草部分地區）爲原料採取區域設立第二工場，臺灣製糖和鹽水港製糖亦垂涎該地。糖務局先是駁回明治製糖申請，並認爲大日本製糖、臺灣製糖的採取區域都尚有增加 1 千乃至於 1 千 2 百噸原料的餘地，不先力求既有區域內甘蔗密植栽培，反求擴張採取區域，不利糖業獎勵效果。因此糖務局要求會社先在區域內盡心栽培蔗園以竭地力，再進一步要求擴張採取區域。另鳳山廳的岡村製糖場亦因甘蔗收買價格和區域內蔗農產生糾紛，造成區域內蔗園逐漸減少，糖務局認爲要留意監督此情況，不能任由會社擴張區域。〔註 325〕

1908 年初臺北廳有地方士紳申請在枋橋製糖原料採取區域內增設改良糖廍，結果當局爲保障既設改良糖廍而未批准，並促請枋橋製糖注意區域內蔗

〔註 322〕〈甘蔗品評會〉，《漢文臺灣日日新報》，1908 年 12 月 25 日，第 3 版。

〔註 323〕〈明治四十三年度に於ける勸業設施の要項（續）〉，《臺灣農事報》，1910 年 9 月，頁 69。

〔註 324〕相良捨男，《經濟上より見たる臺灣の糖業》（東京：作者，1919 年），頁 79～80。

〔註 325〕〈原料區域擴張に就て〉，《臺灣日日新報》，1908 年 8 月 4 日，第 3 版。

作之改良和擴張。但至1908～1909年製糖期初，枋橋製糖並沒有進一步的擴張蔗園計畫，當局乃決定在其原料採取區域內核准新設改良糖廍。〔註326〕爲此，枋橋製糖提出異議，認爲無法擴張之因在於區域內頗多蔗園改爲水田的情況，且公司機器的製糖能力已能逐漸涵括整個區域，新設改良糖廍並不恰當；糖務局則認爲就枋橋製糖原料採取區域收成的甘蔗觀之，枋橋製糖絲毫沒有改良發展之意圖，且其區域也過於廣大，准許新設改良糖廍可刺激兩製糖場獎勵並改良蔗作，可說是一舉兩得。〔註327〕最後核准川華製糖公司分割枋橋製糖的原料採取區域增設改良糖廍。

在糖務局帶動下，多數新式製糖業者確實願意主動在原料採取區域內改良和獎勵蔗作。例如，鹽水港製糖在糖務局補助的模範蔗園外，又另增設300甲屬會社附屬事業的模範蔗園，並募集廳內有力者子弟爲傳習生，撥出3萬圓預算購入改良農具。〔註328〕

1910年明治製糖更率先制定專屬會社的蔗作獎勵規程。〔註329〕次年，亦即糖務局存在的最後一年，再有鹽水港製糖、臺灣製糖、新高製糖等新式製糖會社制定蔗作獎勵辦法，這意味著糖務局以原料採取區域爲單位，結合蔗作獎勵和製糖部門爲一體，以及將蔗作改良和獎勵責任逐漸下放給新式製糖會社之目的初步達成。

明治末年各製糖會社頒布的蔗作獎勵規程中有以下幾項要點：〔註330〕

其一，以改良種與固有種區分甘蔗購買價格：其中，鹽水港製糖更將固有種甘蔗按等級高低細分爲紅蔗、蚋蔗、竹蔗，此外，從收購的各類甘蔗中，製糖會社再將其依發育優劣、剝葉程度、清除根部附著雜物程度分爲5到6等，給予蔗農不同的收購價格；另臺灣製糖尚依收購地點與蔗園地點之遠近補貼若干運費。

其二，提供耕作前貸金：糖務局給予製糖會社的命令項目即有應耕作耕作前貸金之規定，獎勵規程尚未制定前各製糖會社已普遍行之，載入獎勵規程主要是將之明文化。

其三，補助蔗苗費：以往糖務局補助各原料採取區域設置母苗圃和本苗

〔註326〕〈新設糖廍〉，《漢文臺灣日日新報》，1908年10月14日，第3版。
〔註327〕〈製糖採取區域分割〉，《臺灣日日新報》，1908年12月1日，第3版。
〔註328〕〈鹽水港製糖會社模範蔗園〉，《臺灣日日新報》，1907年9月21日，第4版。
〔註329〕上野雄次郎編，前引書，頁39。
〔註330〕整理自相良捨男，前引書，頁29～79。

圃，由製糖會社直營，以無償或糖務局制定之價格提供給區域內蔗農栽種甘蔗。1911 年受到兩次颱風的侵襲，蔗農損失慘重，明治製糖進一步在獎勵規程規定因天災導致蔗園流失或埋沒之蔗農如次年度有意繼續種植甘蔗，由會社無償提供蔗苗或補助購買蔗苗費用。

其四，獎勵密植：早期每甲蔗園大約插種 1 萬到 1 萬 3、4 千株蔗苗，其後，經由糖業試驗場和外國農場試種結果，每甲蔗園插種蔗苗的標準值可提高為 1 萬 7 千至 1 萬 8 千株，如果配合充分施肥，每甲更可達 2 萬 3 千至 2 萬 4 千株以上。糖務局頒布給模範蔗園和各類苗圃的耕作須知中，密植蔗苗即為其中一項耕作方法。鹽水港製糖進一步在獎勵規程中明定每甲插種蔗苗達 1 萬 8 千株以上的蔗農，會社補助每甲 4 圓的蔗苗費。

其五，補助肥料費：糖務局除推動共同購買肥料制度外，亦就施用肥料面積比例補助若干肥料費用，1911～1912 年度，糖務局補助肥料費金額為每甲 10 圓；製糖會社則在糖務局補助金額外加碼，例如，明治製糖每甲再增加補助 5 圓，並免費提供會社專用鐵道搬運肥料；新高製糖則對共同購買肥料額度外有意增加肥料用量的蔗農貸款肥料費，貸款可到甘蔗收穫期時再償還，並且和糖務局補助的金額相同。

其六，補助集團蔗園：原料採取區域內一般蔗園大多零星分布，蔗農各行其是，造成新式製糖會社進行獎勵的困難，亦難以兼顧灌溉排水工事，增加收穫期原料搬運費用成本，以往糖務局補助大農場耕作，部分目的即在解決上述困難。為使一般蔗園也能達到大農場耕作的效果，有些製糖會社乃獎勵蔗農統合零碎蔗園進行聯合耕作，例如，新高製糖提出採取聯合耕作之蔗園每甲甘蔗收穫達 13 萬斤以上的區域，區域內全體蔗農可獲得 300 圓賞金，並附贈一面錦旗。

其七，補助甘蔗品評會：糖務局曾透過旁系組織糖業聯合會舉辦甘蔗品評會，並編列補助預算將之推廣到各原料採取區域，獲得不少製糖會社響應，如東洋製糖、明治製糖、大日本製糖、新高製糖、林本源製糖等都競相舉辦甘蔗品評會。其中，明治製糖更在蔗作獎勵規程中明定甘蔗品評會舉行辦法，為先就原料採取區域內分為數區舉辦，各區的優等蔗園再集中參加全區之甘蔗品評會，並給予若干獎勵。

由上述各製糖會社的蔗作獎勵辦法觀之，可發現多為沿襲或延伸以往糖務局的蔗作獎勵方法，也使原料採取區域內的蔗農逐漸習慣依據會社的蔗作獎勵辦法種蔗。糖務局裁撤初期，由糖務局事務官轉任東洋製糖專務董事的淺田知定便觀察到，當時蔗農視製糖會社的蔗作獎勵爲必要，製糖會社都有各自的蔗作獎勵方法，如無獎勵方法原料定將減少，因而製糖會社皆不惜重資，每年度用作獎勵的費用多達 10 萬圓或 20 萬圓。〔註 331〕

綜言之，糖務局後期的蔗作獎勵除具蔗作改良的目的外，亦有意透過原料採取區域將蔗作獎勵和新式製糖業者結合，把蔗作獎勵責任轉移到新式製糖會社之手，逐漸減輕官方蔗作獎勵之責任。相較糖務局前期蔗作獎勵和新式製糖改革各行其是，兩者政策上無明確的聯繫，顯然糖務局後期的獎勵事業使糖業改革有更完整的發展。另一方面，1904 年後藤新平在帝國議會說明糖務局達成糖業獎勵目標後，將逐步將任務移交地方官廳，但至糖務局後期新式製糖業者承擔蔗作獎勵責任後，也已經和後藤預期的發展不同。〔註 332〕

圖 5-3-1　明治末年鹽水港製糖附屬農場

資料來源：宮川次郎，《臺灣糖業の批判》，無頁碼。

〔註 331〕〈臺灣糖業私見〉，《臺灣日日新報》，1914 年 7 月 8 日，第 1 版。

〔註 332〕《第二十一回帝國議會眾議院豫算委員會第二分科會會議錄・第五回》，1904 年 12 月 16 日，頁 44。

圖 5-3-2　蒸氣耕耘機

資料來源：宮川次郎，《臺灣糖業の批判》，無頁碼。

圖 5-3-3　1913 年臺北廳競蔗會審查甘蔗

資料來源：宮川次郎，《臺灣糖業の批判》，無頁碼。

圖 5-3-4　1913 年臺北廳競蔗會入選甘蔗

資料來源：宮川次郎，《臺灣糖業の批判》，無頁碼。

第六章　臨時台灣糖務局之裁撤與新製糖之普及

第一節　糖務局之裁撤與獎勵事業之改變

一、糖務局裁撤之背景

1907 年糖務局將本局從臺北轉移至臺南時曾出現裁撤傳言，但隨著糖務局確定轉移本局到臺南，傳言不攻自破。〔註 1〕

糖務局本局轉移到臺南前，總督府以糖業相關事務繁多，技師員額不足爲由，將糖務局專任技師名額從 4 人增爲 6 人。〔註 2〕1910 年 3 月，總督府再以近時製糖業顯著發達，糖務局事務劇增，有必要增加員額爲由，將糖務局專任事務官名額從 1 人增爲 2 人，專任屬、技手、通譯等總名額由 30 人增爲 31 人。〔註 3〕要之，糖務局後期的職員編制仍處於擴編狀態。

不過，1911 年 7 月日本廢止不平等條約協定關稅，臺灣製糖業正式納入關稅壁壘保護，日本政府也廢止進口原料糖退稅制度，臺灣原料糖獲得在日本市場的優越地位〔註 4〕，同時，由於臺灣糖生產過剩的疑慮，出現呼籲總督

〔註 1〕〈糖務局の將來〉，《臺灣日日新報》，1907 年 5 月 28 日，第 4 版。

〔註 2〕〈臨時臺灣糖務局官制中ヲ改正ス〉，國立公文書館微捲第 018600 號，1907 年 4 月 17 日。

〔註 3〕〈臨時臺灣糖務局官制中ヲ改正ス〉，國立公文書館微捲第 020300 號，1910 年 3 月 26 日。

〔註 4〕涂照彥，《日本帝國主義下の臺灣》（東京：東京大學，1975 年），頁 67。

府修正對糖業之特殊保護和獎勵的聲浪，有論者認爲總督府提供製糖會社直接補助金係屬保護過度。〔註 5〕

1911 年，法學博士岡松參太郎來臺參觀時認爲，臺灣糖業短時間在獎勵政策下有長足進步，但糖之獎勵並非臺灣產業發展的恆久之策，須注意米之發展，勿僅以發展糖業爲不二法門。〔註 6〕

另一名法學博士河津暹也認爲在關稅保護下，消費者須用較高的價格購買蔗糖，臺灣製糖業者獨自壟斷龐大的利益，假使總督府廢止糖業保護政策，製糖業者仍能在關稅保護下獲得利潤，同時缺少保護的製糖業者基於競爭必須專心謀求減少生產費和改善蔗糖品質，因此主張臺灣糖保護政策的目的已經達到，保護政策必須逐漸裁撤，只須委以關稅保護，日本砂糖即可自產自給。〔註 7〕

要之，不論從何種角度的批評，無不以糖業獎勵已達到效果作爲前提。於此，來檢視糖務局裁撤當時糖業獎勵達到何種效果。

糖務局裁撤的 1911～1912 年度，臺灣砂糖整體產量從日俄戰後初期的 127,388,400 斤增爲 292,536,242 斤，分蜜糖的產量從 12,765,100 斤大幅增加 1 倍到 250,921,915 斤，佔整體糖產量比例從 1 成提升到 8 成 6，新式製糖場的數量也從 8 處增爲 31 處，製糖能力從 1,556 噸增爲 24,390 噸；改良糖廍在經歷糖務局末期新式製糖會社整併後，從最高峰的 74 家減爲 50 家，與日俄戰後初期數量相當，製糖能力從 3,276 噸增爲 4,390 噸，舊式糖廍則從 1905～1906 年度 1,100 間減爲 212 間，整體含蜜糖產量從日俄戰後初期 114,622,000 斤、9 成比例，減爲 41,614,000 斤和不到 1 成 5 比例。由是觀之，糖務期後期糖產量增加主因在於分蜜糖產量增加，並帶動品質提升，糖務局後期蔗糖製造成績已不再如前期僅止於量的增加，也包括質的提升（參見表 6-1-1）。

如依照新渡戶稻造「糖業改良意見書」的規劃可看出，糖務局前期蔗糖產量增加速度不如新渡戶稻造的預估，甚至有些年度還低於新渡戶最小的預測值。1909～1910 年度以後才開始超越新渡戶稻造的預測值，並且逐漸拉大差距，1910～1911 年度甚至遠高過新渡戶的最大預測值。而糖務局末期徵收

〔註 5〕矢內原忠雄，《日本帝國主義下の臺灣》（東京：岩波書店，1929 年），頁 208。

〔註 6〕岡松參太郎，〈臺灣對母國任務〉，《漢文臺灣日日新報》，1911 年 2 月 8 日，第 1 版。

〔註 7〕河野暹，〈本邦砂糖論〉，收於氏著，《本邦寸燐及砂糖論》（東京：隆文館，1910 年），頁 204～205。

的砂糖消費稅額爲 9,181,693 圓，不但超過新渡戶預測值的 4 倍（參見表 6-1-2），且佔總督府歲入總額的 42%，居各項歲入項目之首位〔註 8〕，日治初期總督府以糖業獎勵作爲殖產興業計畫的中心，謀求臺灣財政獨立之目的，至此也獲得成效。

如以供應殖民母國需求的成效來看，糖務局後期臺灣輸往日本的蔗糖的比例即節節上升，相對外國糖輸入日本的比例則開始下降，糖務局設立的最後一個年度（1910 年度），臺灣糖輸日的比例正式高過外國糖，達到日本砂糖需求量的 5 成，逐漸達到日本國內需求（參見表 6-1-3）。1911 年 3 月，民政長官兼糖務局長內田嘉吉進一步在帝國議會預估，該年度臺灣僅分蜜糖產量可達 6 億 1 千萬斤，超過日本國內 5 億斤需求量〔註 9〕，因而內田先行預告撤除臺灣糖獎勵金保護，不過仍保留政策保護。〔註 10〕

表 6-1-1　糖務局時期製糖場數量、能力及生產量概況表

單位（能力：噸／產量：千斤）

年度	含蜜糖						分蜜糖			蔗糖產量總計
	舊式糖廍		改良糖廍			含蜜糖總產量	新式糖場			
	數量	生產量	數量	能力	生產量		數量	能力	生產量	
1901	1,117	89,020 (98)				89,020 (98)	1	300	1,850 (2)	90,870
1902	895	47,836 (95)				47,836 (95)	1	350	2,843 (5)	50,680
1903	1,029	70,160 (93)				70,160 (93)	2	390	5,674 (7)	75,834
1904	1,055	74,432 (90)	4	376	641 (1)	75,073 (91)	7	1,326	7,558 (9)	82,632
1905	1,100	96,253 (76)	52	3,276	18,369 (14)	114,622 (90)	8	1,556	12,765 (10)	127,388
1906	878	65,486 (62)	60	3,896	23,973 (22)	89,459 (84)	7	1,516	17,000 (16)	106,461

〔註 8〕臺灣總督府殖產局糖務課，《臺灣糖業統計》（臺北：編者，1914 年），頁 49。
〔註 9〕《第二十七回帝國議會貴族院砂糖消費稅法中改正法律案特別委員會議事速記錄第二號》，1911 年 3 月 11 日，頁 14。
〔註 10〕〈日月雜信〉，《臺灣日日新報》，1911 年 3 月 24 日，第 5 版。

1907	847	59,002 （54）	61	3,856	21,548 （20）	80,550 （74）	9	2,560	28,650 （26）	109,201
1908	582	55,940 （28）	40	2,826	29,141 （14）	85,081 （42）	15	9,310	118,798 （58）	203,879
1909	663	82,986 （24）	69	5,620	58,137 （17）	141,123 （41）	16	9,760	199,278 （59）	340,401
1910	499	58,895 （13）	74	6,130	67,923 （15）	126,818 （28）	21	17,250	323,746 （72）	450,564
1911	219		50	4,390		41,614 （14）	31	24,390	251,031 （86）	292,645

資料來源：臺灣總督府殖產局，《臺灣糖業統計》，1917 年。

說明：括弧內數字指的是佔蔗糖總產量的比例。

表 6-1-2　糖務局時期糖產量和砂糖消費稅與新渡戶預測比較

年　度	蔗糖產量（千斤）				砂糖消費稅收入（圓）	
	新渡戶預計額			實際糖產量	新渡戶預計額	實際徵收額
	最　大	最　小	平　均			
1903	81,180	75,550	78,365	75,834	742,842	761,656
1904	143,500	92,050	117,775	82,632	1,060,486	1,453,980
1905	221,000	113,650	167,325	127,388	1,459,859	1,866,548
1906	275,800	127,750	201,775	106,461	1,737,526	2,399,942
1907	290,400	132,650	212,025	109,201	1,820,141	2,004,450
1908	306,800	140,450	223,625	203,879	1,913,637	6,430,014
1909	323,200	147,250	235,225	340,401	2,007,133	8,915,926
1910	339,600	154,050	246,825	450,564	2,100,629	11,979,782
1911	359,000	162,000	260,500	292,645	2,210,849	9,181,693

資料來源：

1. 河野信次，《臺灣糖業觀》，頁 88。
2. 臺灣總督府殖產局糖務課，《臺灣糖業統計》，1914 年。

表 6-1-3　糖務局時期日本砂糖供需額概況表

單位：千斤

年度	日本消費量	移輸出量	日本製造量		臺灣移入量		外國輸入量	
			數　量	比　例	數　量	比　例	數　量	比　例
1902	412,562	1,414	91,278	22%	58,170	14%	264,529	64%
1903	515,825	2,305	85,000	17%	37,540	7%	395,591	76%
1904	544,839	4,220	79,112	15%	57,139	10%	412,808	75%
1905	342,041	27,430	81,690	22%	70,772	19%	217,010	59%
1906	485,626	86,885	84,787	15%	109,007	19%	378,717	66%
1907	479,389	27,922	83,284	16%	94,228	19%	329,799	65%
1908	494,342	31,561	89,957	17%	103,535	20%	332,410	63%
1909	480,193	51,725	97,979	18%	209,746	40%	224,193	42%
1910	536,360	80,043	109,312	18%	306,738	50%	200,353	32%

資料來源：臺灣總督府殖產局，《臺灣糖業統計》（臺北：編者，1935 年），頁 162～163。

二、糖務局之裁撤與職權轉移

在前述背景下，1911 年 10 月 14 日，總督府發布敕令 260 號進行總督府官制改革，以糖業獎勵效果逐漸顯現爲由，在附則宣告廢止糖務局官制，業務合併至殖產局〔註 11〕，1902 年 6 月以來，爲從事糖業改革而設立的特設機關糖務局在存續 9 年 4 個月後走入歷史，比新渡戶稻造設計的 10 年期限還減少 8 個月。

糖務局裁撤後，相關法規也做相關修正，其中，糖業獎勵規則規定認定糖業獎勵對象資格之職權本屬臺灣總督，不須修改；1905 年 6 月公布的「製糖場取締規則」賦予糖務局長之職權，全數改爲臺灣總督；1911 年 5 月公布「臺灣製糖及纖維工場胎權規則」相關法規中，原糖務局高等官爲工場胎權審查委員會當然委員、糖務局事務官和屬官爲委員會常設幹事和書記等規定全數削除，且未規定替代人選；原屬糖務局附屬研究機關的糖業試驗場改隸殖產局；「糖業講習生養成規程」中原屬糖務局長之職權改歸殖產局長。〔註 12〕

〔註 11〕〈臺灣總督府官制○高等官官等俸給令中ヲ改正シ〉，國立公文書館微捲第 021000 號，1911 年 10 月 14 日。

〔註 12〕《府報》，第 3351 號，1911 年 10 月 16 日，頁 43、49。

1911年10月16日，總督府以訓令187號公布「臺灣總督府官房竝民政部各局署部分課規程」，於民政部殖產局內設置糖務課，掌理糖業、製糖場管理監督、臺灣製糖工場財團、臺灣製糖工場胎權、糖業改良獎勵補助、製糖機械器具保管和貸借等相關事項，原屬糖務局庶務課和糖務課職權大部分轉移給新設立的殖產局糖務課。〔註13〕

依據殖產局訂定的「臺灣總督府民政部殖產局分掌規程」，糖務課下設有庶務、監督、農事等3係。其中，庶務係負責糖業統計報告和編纂相關事項，以及各項糖業調查相關事項；監督係負責製糖場設立、事業變更及其他管理、監督相關事項，原料採取區域和原料處分相關事項，製糖工場財團和胎權相關事項，製糖機械、器具之保管和貸借相關事項，補助獎勵相關事項；農事係負責模範蔗園之監督、指導相關事項，苗圃相關事項，其他砂糖農業相關事項。〔註14〕

如將殖產局糖務課和糖務局時期庶務課、糖務課職權做比較，殖產局糖務課除因已非獨立機關，原屬庶務課之人事、官印、公文收發、預決算、財產管理等相關職務削減外，其他糖業相關業務仍可看出有些許不同。

例如，原糖務局糖務課置有工務係，掌理製糖工場器械、建築、周邊設施之設計和監督等製糖方法改良業務；殖產局糖務課則未設置工務係，並且糖務局時期工務係的業務僅保留保管機械器具一項，改歸監督係負責，其他都未見殖產局糖務課執掌的業務中。這可看出改良製糖方法已不再是獎勵政策著重的要點，總督府製糖方法改良工作至此大致告一段落。

在農業部門方面，雖然糖務局時期和殖產局糖務課時期都設置農務係，但兩者之規定任務也有不同處。其中，糖務局農務係的業務有改良指導甘蔗耕作、調查和預防驅除甘蔗病蟲害、調查和指導農具使用、調查和設計開墾灌溉或排水設施、農業改良相關之巡迴演講等，對象廣及一般農民和蔗園；殖產局農務係的任務則專注在指導並管理官營苗圃和模範蔗園，可看出糖務局後期有意使製糖會社擔負相當比例蔗作改良責任之目的大致達成，殖產局糖務課之蔗作改良業務大幅減少。

另攸關糖業獎勵的任務編制，原糖務局設有獎勵係，依據糖業獎勵規則規定之獎勵項目執掌甘蔗和肥料、開墾灌溉和排水、製糖機械器具等獎勵業

〔註13〕《府報》，第3351號，1911年10月16日，頁45。
〔註14〕臺灣總督府民政部殖產局，《臨時臺灣糖務局第十年報》(臺北：編者，1912年)，頁19～20。

務；殖產局糖務課之糖業獎勵變成只是監督係業務之一，並且項目僅籠統規定爲糖業獎勵相關事項，可預見殖產局糖務課的糖業獎勵業務勢必較糖務局時期縮減（糖務局職權請參看第 3 章第 3 節）。

要之，1911 年 10 月糖務局裁撤後，一般認爲其業務係由殖產局設置糖務課來繼承。〔註 15〕但若仔細比較裁撤前後的編制和任務，可發現兩者獎勵事業的內涵已有不小差別，似乎不能全然以業務繼承簡單帶過。

原隸屬糖務局研究事業機關的糖業試驗場改隸殖產局後，規定的任務執掌仍和糖務局時期相同〔註 16〕，但組織略有調整。糖業試驗場下設庶務、農務、農藝化學、昆蟲等 4 個係，庶務係掌管庶務會計、講習生教育、建物管理、其他各係所屬等相關事項；農務係執掌甘蔗和輪作物之耕種試驗和經濟調查、種苗養成和繁殖、圃場之管理等相關事項；農藝化學係掌理甘蔗和砂糖之分析試驗、肥料和土壤之分析試驗等事項；昆蟲係執掌病害和有害動物之調查、病蟲害之驅除預防試驗等事項。場長下置主事一職，輔佐場長，並在場長遭遇事故狀況時，代理場長執掌場務。〔註 17〕相較糖務局時期組織編制不同之處，主要是將負責糖業講習業務的教務部門裁撤，歸庶務係掌管，其他則差距不大。

在職員移轉方面，依據敕令 260 號附則，原糖務局事務官、技師、屬、技手及通譯等職員在交付辭職書後，再由總督府以相同職位、官等、薪俸任用。〔註 18〕

糖務局雖然遭到裁撤，但在進行官制改革同時，總督府亦增加職掌原糖務局業務之技手 3 人、屬 1 人名額，其中，新增 2 名技手係爲因應檢糖所之設立；另增加 1 名技手主要負責糖分化學試驗業務；增加 1 名屬主要從事工場財團和工場胎權相關事務。〔註 19〕由是觀之，總督府增加糖業相關職員名額主要是負責行政和研究方面業務。

比較糖務局裁撤前後年度官員流動，新設的殖產局糖務課長是由原糖務局事務官兼糖務課長金田政四郎續任，另金田尚兼任糖業試驗場代理場長。

〔註 15〕宮川次郎，《臺灣糖業概觀》，頁 52。

〔註 16〕臺灣總督府民政部殖產局，《臨時臺灣糖務局第十年報》，頁 20。

〔註 17〕《府報》，第 3370 號，1911 年 11 月 11 日，頁 33～34。

〔註 18〕《府報》，第 3356 號，1911 年 10 月 24 日，頁 78。

〔註 19〕〈臺灣總督府官制高等官官等俸給令中ヲ改正シ〉，國立公文書館微捲第 021000 號，1911 年 10 月 14 日。

原糖務局編制的技師名額有 6 人，其中，吉田碩造、金子昌太郎、山村悅造、三宅勉等 4 人駐在糖業試驗場，石田研派遣海外出差，僅有兼任技師川上瀧彌（本官總督府技師）駐在本局。糖務局裁撤後，原技師兼糖業試驗場場長吉田碩造改駐在糖務課，並免除場長一職；出差歸臺的石田研則和金子昌太郎、山村悅造、三宅勉等技師駐在糖業試驗場；川上瀧彌免除糖務相關事務兼官；原財務局技師眞室幸教轉任殖產局技師，駐在糖務課；另糖務課增加吉川藤左衛門爲兼任技師，其本官爲土木局技師，因任檢糖所所長而編制兼官在糖務課。

原糖務局編制專任技手共 20 人，其中，編制本局有 11 人，駐在糖業試驗場有 9 人。其後，編制於本局的技手岡爲次任內去世，駐在阿緱廳技手中水喜美山去職，由武石清次遞補，使糖務局裁撤後編制在殖產局糖務局的專任技手減爲 10 人；而駐在糖業試驗場的技手則有瀨之口澄美轉駐檢糖所，補進澤崎秀藏、安部章（由雇升任）兩名專任技手，使技手員額增爲 10 人。

原糖務局專任屬官共有 12 人，其中，編制本局有 10 人，駐在糖業試驗場有 2 人。糖務局裁撤後，原糖務局本局屬野瀨暢次郎辭官轉任職埔里社製糖，松田八百刀、東富藏轉駐在糖業試驗場，崎原當升去職，新增飯塚祇吉，使編制糖務課屬名額減爲 7 人，且杉本愛次郎和長曾我部重親尚兼駐在糖業試驗場執行勤務；而糖業試驗場屬官在松田八百刀、東富藏轉入後增爲 4 人，且專職外尚有 2 名兼官。〔註 20〕

從上述糖務局裁撤前後糖務相關官員流動情形來看，殖產局糖務課官員編制名額略少於糖務局本局，相對之下，糖業試驗場名額則略爲增加，這應和糖務課獎勵業務減少有關。

再從經費配置來看，如前所述，糖務局時期經費預算以糖業獎勵費佔大部分，且糖業獎勵費大體呈現增加的趨勢，到糖務局末期更是大幅增加，其主因來自於對新式製糖業者補助改良糖廍裁撤、原料糖、原料消費等行政和關稅費用，而糖業獎勵經費也在糖務局最後一個年度達最高峰。

糖務局裁撤後，糖業獎勵經費隨即驟減，且金額幾乎年年減少，到大正末年甚至減到 10 萬圓以下。其中，對製糖部門的補助幾乎中止，僅有 1914

〔註 20〕 參見《臺灣總督府文官職員錄（明治 44 年度）》（臺北：臺灣日日新報社，1911 年），頁 97～101；《臺灣總督府文官職員錄（明治 45 年度）》（臺北：臺灣日日新報社，1912 年），頁 36～52。

～1921 年中的 6 個年度有冰糖製造補助的項目，補助目的在為冰糖製造原料臺灣產的耕地白糖拓展銷路，另方面亦具有輸出獎勵的意義。不過，其補助總金額僅 27,335 圓，數目並不大（參見表 6-1-4）。此外，尚有原糖務局時期庫存的機械貸借。〔註 21〕

對農業部門的補助金額在糖務局裁撤後亦不斷減少，最初補助項目與糖務局後期大致相同，然作為蔗作獎勵主要項目的蔗苗和肥料補助，補助對象轉為以官方指定的模範蔗園和甘蔗苗圃為主，對一般蔗園幾無補助。

三、獎勵方式之轉變

綜上所述，從糖務局裁撤後職官和職權之轉移及糖業獎勵經費之縮減可看出，總督府裁撤糖務局之舉實際也在逐步減少糖業獎勵業務。

除補助金額減少外，獎勵項目也不斷遞減。先是 1914～1915 年度中止補助種苗，到 1917～1918 年度，農業部門獎勵項目僅剩補助甘蔗苗圃和灌溉排水費用，其中，補助甘蔗苗圃主要是為防治甘蔗病蟲害和蔗苗退化，1916 年開始，殖產局補助在新式製糖場的原料採取區域內設置甘蔗中間苗圃，甘蔗中間苗圃將供應區域內蔗苗每三年一次更新（後改為兩年），其目的和糖務局時期苗圃補助相似。〔註 22〕1922～1923 年度以後，補助項目僅剩灌溉排水補助（參見表 6-1-4）。這樣趨勢的改變，應為糖務局後期成功讓新式製糖業者擔負原料採取區域蔗作改良責任有關，大多數一般蔗農係依新式製糖會社自行制定的蔗作獎勵規程獲得獎勵，而非糖政機關。

儘管殖產局糖務課主管的獎勵業務逐年遞減，但 1912 年 6 月殖產局開始主辦新式製糖會社農事主任會議，討論蔗作改良相關事項，該次會議討論的要點有：（1）目前甘蔗改良要點；（2）一甲蔗園種植幾株蔗苗最有利；（3）目前各會社區域內進行的甘蔗輪作法；（4）關於水田最有利的甘蔗耕作方法；（5）和其他主要作物比對制定甘蔗收購價格標準；（6）廢止甘蔗收購價格等級；（7）蔗苗供給、需用蔗苗數量及蔗苗改良上最適當的方法；（8）會社擁有自作蔗園的最小面積；（9）各會社採取區域內必要的灌溉排水設備計畫之面積和設計概要；（10）現行臺灣害蟲驅除預防規則內有關驅除預防臺灣害蟲方法之改正要點；（11）一戶蔗農能負擔肥料費之最大限度，以及每甲蔗園在

〔註 21〕宮川次郎，《臺灣糖業概觀》，頁 38。

〔註 22〕臺灣總督府民政部殖產局，《糖務關係例規集（大正八年）》（臺北：松浦屋，1919 年），頁 33～44。

收支計算考量下最經濟的施用肥料種類和份量；（12）共同購買肥料耕作者之交付狀況與現行會社之指導監督方法；（13）區域內共同購買肥料申請者之申請種類和數量；（14）會社蔗作獎勵方法和成績；（15）依農家現況改良農具和役畜之要點；（16）本年期甘蔗栽種甲數、株數及育成狀況等。〔註23〕

農事主任會議討論的項目繁多，大多圍繞在農事改良問題和蔗作獎勵方法。以往糖務局統籌下的糖業獎勵方法，難以兼顧到各地不同的糖業環境，總督府逐步縮減獎勵項目並使新式製糖會社擔負區域內蔗作獎勵責任後，新式製糖會社勢必要考量競作物之價格、水田和旱田之分布、灌溉排水設備之有無、農民風俗習慣之不同，乃至於南北部氣候條件及平原、海岸、丘陵土壤條件之差異，因地制宜訂定獎勵方法，農事主任會議提供各製糖會社集思廣益討論蔗作獎勵方法的機會，糖政官員亦得藉此指導蔗作獎勵方法。

3天的農事主任會議作成多項結論，其中，具體作法有：（1）依適合土地性質選擇適宜適量的肥料使用；（2）每甲栽種蔗苗適宜株數依土地特性不同在1萬6千株到2萬2、3千株間，以1萬8千株左右爲最適宜數目；（3）水田蔗作較有利的方法爲採取獎勵集團耕作和深耕；（4）甘蔗適當的收購價格標準應換算該地其他適作物市場價格；（5）甘蔗收購價格等級廢止弊害多，不能全然廢止，惟等級有必要減少；（6）南部各廳排水良好的耕地稀少，全部新式製糖會社皆須有灌溉排水設備，但一般都尚未建立相關設施。〔註24〕

上述第5項廢除甘蔗收購等級係出自於糖政當局建議，1911～1912年期臺灣、明治、鹽水港等南部3大會社皆在同品種甘蔗中視其發育好壞、剝葉程度、根部附著物清除程度劃分5～6個等級之收購價格，每千斤同品種甘蔗最高和最低等級收購價格可相差0.9～1.2圓〔註25〕，糖政當局認爲此方式容易造成蔗農和會社間等級認知的落差，產生糾紛，甚至影響蔗農次期種植甘蔗意願，因而建議從官廳聘請公正的等級評價人或廢除等級制度，改對優良甘蔗提供相當之賞金，惟有些會社認爲依糖政機關方式將增加生產費，並且實行方式複雜，不願驟然廢止等級制度。〔註26〕然從1912～1913年各製糖會社公布的蔗作獎勵方式來看，其中，鹽水港製糖廢止甘蔗等級制度，臺灣製糖和新制定蔗作獎勵規程的中央製糖、永興製糖雖實行甘蔗等級制度，等級

〔註23〕〈農事主任會議事項〉，《臺灣日日新報》，1912年5月29日，第2版。
〔註24〕〈農事主任會議成績〉，《臺灣日日新報》，1912年6月3日，第2版。
〔註25〕相良捨男，《經濟上より見たる臺灣の糖業》（東京：作者，1919年），頁37。
〔註26〕〈甘蔗等級撤廢案〉，《臺灣日日新報》，1912年6月17日，第2版。

都訂爲 3 級，而非多達 5～6 個等級〔註 27〕，由此可看出糖政當局的建議並非完全徒勞無功。

此外，其他各項結論在 1912～1913 年度以後各新式製糖會社的獎勵規程中屢可發現，例如，第一項依土性選擇適宜適量的肥料使用，1914 年明治製糖便規定每甲田菁類、大豆類、綠豆類綠肥施用量分別在 1 升 8 斗、5 斗、1 升 1 斗以下者，不給予每甲 5 圓的肥料獎勵；1916 年新高製糖則規定每甲水田肥料的施用量約在 80 圓左右給與若干獎勵金。〔註 28〕

第二項每甲 1 萬 8 千株蔗苗的栽種標準，1912～1913 年度鹽水港製糖便以此標準補助每甲 4 圓的蔗苗費；〔註 29〕同一年度南日本製糖株式會社（簡稱南日本製糖）以此標準給予每甲 30 圓以內的前貸金。〔註 30〕

第三項集團耕作方法在糖務局後期已是蔗作獎勵的重點之一，1911 年新高製糖即採取獎勵聯合耕作方法獲得不錯效果〔註 31〕，因而集團耕作被許多新式製糖會社用來作爲獎勵水田蔗作的方法，例如，1913 年南日本製糖規定補助團體耕作金額爲集團面積 5 甲以上 20 圓、10 甲以上 50 圓、30 甲以上 300 圓；〔註 32〕同年，臺灣製糖補助 10 甲以上無水患和旱災顧慮之集團耕作土地 10～30 圓；1915 年林本源製糖對聯合耕作 10 甲以上土地之農民補助每甲水田 20 圓、旱田 15 圓。〔註 33〕

第四項實施比對其他作物價格制定甘蔗收購價格者，主要是爲因應米作競爭的中部新式製糖會社，1912 年 11 月，臺中的帝國製糖率先規定該年度因暴風雨之米作補償限以該期米收購調查爲準，次期則以米價的比率決定甘蔗收購價格；次年帝國製糖明確訂定旱田甘蔗收購價格爲每千斤 3 圓，水田甘蔗收購價格以一期、二期米的平均價格爲準，但不低於 3 圓。〔註 34〕1913 年新竹南日本製糖的蔗作獎勵規程亦規定實行米、蔗之差額補償。〔註 35〕1916

〔註 27〕相良捨男，前引書，頁 37～38；〈永興製糖蔗作獎勵〉，《臺灣日日新報》，1912 年 10 月 13 日，第 2 版。
〔註 28〕相良捨男，前引書，頁 64。
〔註 29〕同上註，頁 59。
〔註 30〕〈南日蔗作獎勵〉，《臺灣日日新報》，1913 年 4 月 1 日，第 2 版。
〔註 31〕相良捨男，前引書，頁 68。
〔註 32〕〈南日蔗作獎勵〉，《臺灣日日新報》，1913 年 4 月 1 日，第 2 版。
〔註 33〕相良捨男，前引書，頁 64。
〔註 34〕同上註，頁 38。
〔註 35〕〈南日蔗作獎勵〉，《臺灣日日新報》，1913 年 4 月 1 日，第 2 版。

年開始，彰化新高製糖更直接在蔗作獎勵規程第一條明定水田甘蔗比準該年米價決定收購價格。〔註 36〕

最後一項灌溉排水設施建設主要因應南部新式製糖會社需求，1912 年末，臺灣製糖、鹽水港製糖、永興製糖都分別補助區域內蔗園的灌溉排水工程〔註 37〕，另一方面，因有些灌溉排水工程所費不貲，製糖會社希望由官方進行工程，或提供會社部分補助，爲官方採納，因而灌溉排水設施補助成爲糖務局裁撤後最主要的糖業獎勵項目（參見表 6-1-4）。

由是觀之，雖然糖務局裁撤後獎勵業務縮減，糖政機關仍持續和新式製糖會社互動，影響糖業獎勵方法。而官方逐漸減少糖業獎勵後，各製糖會社也須制定適合條件的糖業獎勵方法，使糖業獎勵方式更因地制宜。

另一方面，從表 6-1-4 可看出糖務局時期糖業試驗場的研究經費遠不如獎勵經費，1906 年糖業試驗場草創之初兩者尚勉強有 1：2 比例，也是糖業試驗場經費最多的年度，此後研究經費並沒有隨著獎勵經費增加而遞增，只大致維持在 7 萬到 10 萬餘圓間，有輿論指出，糖業試驗場受限於經費，無法充分支應調查和研究，與各製糖場間缺乏聯絡，以致試驗場所僅限試驗場內，如能與各試驗場脈絡貫通，其效果將遠大於今日。〔註 38〕

糖務局裁撤後，糖業研究經費卻大幅增加，1913～1914 年度後經費都在 30 萬圓以上，且大部分突破 50 萬圓，而發表研究成果的管道亦較糖務局時期爲多。例如，歷次殖產局主辦的新式製糖會社農事主任會議均會邀請技師到場演講，其中，1912 年會議安排囑託石田昌人演講「甘蔗の五大害蟲」、技師素木得一演講「害蟲驅除豫防に就て」、東鄉實演講「獨逸產業發達の原因に就て」、技師三宅勉演講「病蟲驅除豫防に就て」、技師石田研演講「甘蔗作上其生產關係に就て」、技師金子昌太郎演講「甘蔗の品種改良に就て」〔註 39〕，當中素木、東鄉屬農事試驗場技師，其他皆屬糖業試驗場各研究部門主管，且各研究部門主管中，除山村悅造出差夏威夷、古巴、美國未到場外〔註 40〕，其餘全數到齊，陣容堅強；1913 年的農事主任會議，糖業試驗場研究人員演

〔註 36〕相良捨男，前引書，頁 39。

〔註 37〕同上註，頁 66。

〔註 38〕北山生，〈糖業通信（十八）——糖業試驗場（下）〉，《臺灣日日新報》，1910 年 2 月 24 日，第 3 版。

〔註 39〕〈農事主任會議〉，《臺灣日日新報》，1910 年 2 月 24 日，第 3 版。

〔註 40〕〈技師山村悅造（布哇、玖巴、米國出張）〉，《臺灣總督府公文類纂》永久保存，1912 年 3 月 1 日。

講陣容和講題有石田昌人「甘蔗一代に於ける害蟲」、山村悅造「甘蔗枯葉の肥料的價値に就て」、石田研「化學上より見たる甘蔗成熟の證徵に就て」、金子昌太郎「甘蔗の實成育生に就て」〔註41〕，陣容同樣堅強。

1912 年，民政長官內田嘉吉在農事主任會議開幕致詞時提到，總督府除設置必要的糖務行政機關外，尚設立糖業試驗場進行甘蔗、輪作物及其病蟲害耕作等相關試驗，以及砂糖和副產品製造試驗等重要事項之調查研究，各製糖會社宜結合學理和實際參考並應用試驗場之調查。〔註42〕

據吳文星的研究指出，糖務局時期糖業試驗場的業績並未出版，改隸殖產局後，1912～1921 年間糖業試驗場的出版品有 35 種，包括甘蔗品種改良實驗、甘蔗栽培實驗、蔗苗培育、蔗糖分析實驗、肥料實驗、昆蟲實驗、土質土性實驗等之成績。〔註43〕其中，自 1914 年開始糖務試驗場連續 3 年將培植之 14～17 種不等優良蔗苗分發給各製糖會社或私人農場進行試作，就各製糖會社農場糖業環境不同，比對不同蔗種在不同環境下的成績，項目有發育株數比例；每町採蔗苗數、收穫數、蔗莖重量、可製糖率；每株蔗苗重量、製糖量等，並出版試作成績〔註44〕，有助於提供製糖會社從事糖業改良和獎勵之參考。

隸屬殖產局的糖業試驗場和新式製糖會社間之互動，確實較糖務局時期緊密，糖務局時期糖業試驗場即針對早植蔗苗進行反覆實驗，認為其有利於收穫量和含糖率，惟結果未發表，也未實施於一般製糖會社，1912 年北港製糖自行發現早植蔗苗會使收穫量增加，經糖業試驗場再次實驗確認，乃開始推廣，成為各新式製糖會社蔗作獎勵的主要項目；〔註45〕1914 年糖業試驗場技師石田研發明「石田氏二重清淨法」之新的白糖製造法，1916 年起，林本源、臺灣、新高、鹽水港等新式製糖會社亦分別展開實驗性製造。〔註46〕

〔註41〕臺灣總督府民政部殖產局，《製糖會社農事主任會議講演》（臺北：編者，1915年）。

〔註42〕〈内田長官の演説〉，《臺灣日日新報》，1912 年 6 月 15 日，第 1 版。

〔註43〕吳文星，〈札幌農學校畢業生與臺灣近代糖業研究——以臺灣總督府糖業試驗場技師技手為中心〉，《臺灣學研究》，第 6 期（臺北：國立中央圖書館臺灣分館，2008 年 12 月），頁 12。

〔註44〕臺灣總督府民政部殖產局，《大正二年度糖業試驗場產蔗苗各製糖會社配付第一回　甘蔗優良品種試作成績》、《大正三年度糖業試驗場產蔗苗各製糖會社配付第二回　甘蔗優良品種試作成績》、《甘蔗優良品種試作成績（大正四年度）》（臺北：編者，1916、1917、1919 年）。

〔註45〕臺灣總督府殖產局，《臺灣糖業概要》，頁 31～32。

〔註46〕吳文星，前引文，頁 17。

此外，總督府也會以行政方式協助新式製糖業者進行蔗作改良。如 1915 年臺灣糖業聯合會向總督府請願，指出近年來臺灣甘蔗病蟲害日漸猖獗，臺灣糖業一年損失多達數百萬圓，驅除預防病蟲害爲當務之急，寄望當局能派遣適當的技術官員前往澳洲、夏威夷、爪哇等地從事甘蔗益蟲調查輸入工作，臺灣糖業聯合會可負擔所需一切費用，並推薦糖業試驗場技手石田昌人和長谷部浩爲派遣人選。糖業聯合會的陳情獲總督府接受，結果石田成功引進寄生蜂黃足黑卵蜂（Phanurus beneficiens Zehntner）回臺繁殖，有效驅除甘蔗害蟲。〔註 47〕

由是觀之，儘管糖務局裁撤後縮減對新式製糖會社直接獎勵，總督府仍透過行政協助及加強研究機關和新式製糖會社間互動方式，繼續進行糖業獎勵。

表 6-1-4　總督府歷年糖業獎勵項目與金額概況表

年度	獎勵項目名稱	獎勵經費	研究經費
1900	（工）製糖會社及製糖所補助	12,000	
1901	（工）製糖會社及製糖所補助、購買製糖機械補助 （農）模範蔗園耕作費補助	75,921	
1902	（工）製糖會社及製糖所補助、購買製糖機械補助 （農）肥料補助、灌溉排水補助、開墾補助	105,027	
1903	（工）製糖會社及製糖所補助、購買製糖機械補助 （農）肥料補助、灌溉排水補助、開墾補助	140,434	
1904	（工）製糖會社及製糖所補助、購買製糖機械補助 （農）肥料補助、灌溉排水補助、開墾補助	139,826	
1905	（工）製糖會社及製糖所補助、購買製糖機械補助 （農）肥料補助、開墾補助	269,169	
1906	（工）製糖會社及製糖所補助、購買製糖機械補助 （農）肥料補助、開墾補助	266,655	138,069
1907	（工）製糖會社及製糖所補助、購買製糖機械補助 （農）種苗補助、肥料補助、開墾補助	295,678	69,084
1908	（工）製糖會社及製糖所補助、購買製糖機械補助、改良糖廍裁撤補助 （農）種苗補助、肥料補助、灌溉排水補助、農具補助、甘蔗品評會補助	640,933	86,173
1909	（工）購買製糖機械補助、改良糖廍裁撤補助 （農）種苗補助、肥料補助、灌溉排水補助	813,529	72,945

〔註 47〕吳文星，前引文，頁 8。

1910	（工）改良糖廍裁撤補助、原料糖補助 （農）種苗補助、肥料補助、灌漑排水補助、農具補助、甘蔗品評會補助	2,553,354	114,838
1911	（工）原料糖補助、原料消費補助 （農）種苗補助、肥料補助、灌漑排水補助、農具補助、模範蔗園標木補助	3,341,008	107,316
1912	（農）種苗補助、肥料補助、灌漑排水補助、農具補助、模範蔗園標木補助	716,521	181,078
1913	（農）種苗補助、肥料補助、灌漑排水補助、農具補助、模範蔗園標木補助、甘蔗品評會補助	503,261	317,694
1914	（工）冰糖製造補助 （農）肥料補助、灌漑排水補助、農具補助、模範蔗園標木補助	412,290	482,934
1915	（工）冰糖製造補助 （農）肥料補助、灌漑排水補助、甘蔗品評會補助	372,979	516,713
1916	（農）肥料補助、灌漑排水補助、農具補助	330,461	395,501
1917	（工）冰糖製造補助 （農）蔗苗圃補助、灌漑排水補助	274,020	445,548
1918	（工）冰糖製造補助 （農）蔗苗圃補助、灌漑排水補助	277,954	506,044
1919	（工）冰糖製造補助 （農）蔗苗圃補助、灌漑排水補助	274,086	527,263
1920	（工）冰糖製造補助 （農）蔗苗圃補助、灌漑排水補助	270,431	637,410
1921	（農）蔗苗圃補助、灌漑排水補助	230,688	630,501
1922	（農）灌漑排水補助	149,992	555,727
1923	（農）灌漑排水補助	39,988	515,259
1924	（農）灌漑排水補助	129,960	480,891
1925	（農）灌漑排水補助	89,853	

資料來源：

1. 整理自臺灣總督府殖產局，《臺灣糖業概要》，頁 22～23。
2. 《臺灣總督府統計書》，第 4-29，1902～1927 年。

說明：

1. 1902～1912 年屬糖務局時期的補助項目。
2. （工）指工業部門補助；（農）指農業部門補助。

3. 種苗補助在糖務局前期悉數爲現品補助，後期現金與現品補助並行。
4. 1913～1914 年度以後的研究經費係指甘蔗栽培試驗費、蔗苗養成費、輸入蔗苗檢查費、害蟲調查費、害蟲驅逐和預防費。

圖 6-1-1　驅除甘蔗病蟲害

資料來源：宮川次郎，《臺灣糖業の批判》，無頁碼。

第二節　糖務局裁撤後新製糖業之發展

一、糖務局裁撤前後之新製糖版圖

1910 年糖務局發布限制製糖能力命令，糖務局時期新式製糖業的版圖大致底定。糖務局裁撤前後各區域新式製糖版圖如下：

屏東地區今枋寮鄉以北大部分平原區域屬臺灣製糖原料採取區域，茎濃溪以北 3 庄屬鹽水港製糖區域，枋寮以南的枋山鄉爲改良糖廍區域，僅剩恆春半島和高山地區尚未進入新式製糖版圖。

高雄地區的平原區域僅興隆內里（今高雄市鼓山、旗津、鹽埕一帶）未進入新式製糖版圖，另大樹區部分丘陵地帶屬改良糖廍區域，其他悉由臺灣、新興兩製糖會社瓜分；位於丘陵和近山地帶的旗山、美濃大部分屬鹽水港製糖範圍，其他大部分地區屬改良糖廍區域，僅有六龜部分地區和山區未劃入新式製糖版圖。

臺南地區曾文溪以南的平原地帶僅今臺南市南區市中心不屬新式製糖區域，其他全劃爲臺灣製糖和糖業試驗場製糖場區域，新化丘陵地帶大部分屬永興製糖區域，僅有山上、左鎮、南化部分區域未劃爲原料採取區域；曾文溪以北平原區域全屬明治、鹽水港、東洋製糖之原料採取區域，丘陵地帶大部分屬東洋製糖區域，僅有東山小部分區域屬改良糖廍區域。

嘉義地區僅有高山地區和近山的大埔、番路部分區域未劃爲原料採取區域；竹崎、梅山及大林、民雄部分區域屬改良糖廍區域，其中，大林、民雄已核准爲新高製糖第二工場區域，其他平原地帶全數爲明治和東洋兩會社所有。

雲林地區全境都劃入原料採取區域範圍，其中，大埤、林內、莿桐部分地區分屬 3 間改良糖廍區域，其他悉屬大日本、北港、斗六製糖會社所有。

南投地區南投、名間、埔里、魚池及草屯部分地區全屬中央、埔里社兩製糖會社區域，國姓、集集、中寮由兩製糖會社和改良糖廍分割，鹿谷及竹山、水里部分地區屬改良糖廍區域，國姓、草屯、水里及高山地區未劃爲新式製糖區域。

彰化地區除中部的大村一帶，以及縱貫鐵路以東近八卦山脈區域未劃入原料採取區域外，其他皆屬新高、林本源兩製糖會社及數家改良糖廍區域。

臺中地區帝國製糖的區域涵括大部分臺中盆地，範圍大致是大雅、神岡、潭子、豐原、清水、大里、太平、霧峰全境，原臺中市大部分地區，以及烏日、龍井、大肚部分地區；北港製糖月眉工場的範圍在今大甲溪以北之后里、大安、外埔全境，以及大甲部分地區；新高製糖範圍則從彰化平原延伸到大肚和烏日部分區域；另沙鹿、龍井、石岡、東勢部分地區屬改良糖廍區域；僅有高山地區、海岸的梧棲和大甲，近山的石岡和東勢未劃入原料採取區域範圍。

苗栗地區竹南、頭份、大湖、後龍、獅潭之部分區域屬改良糖廍區域，其中，屬苗栗製糖區域的後龍和獅潭預計將升級爲新式製糖場。

新竹地區新竹、竹北、新豐、湖口部分地區屬新竹製糖改良糖廍區域。

臺北地區僅有臺北製糖 1 家新式製糖會社，範圍爲今臺北市內南港和陽明山山區以外地區，新北市板橋、中和、永和、新莊、三重、蘆洲、土城、淡水全境及五股、八里、三芝、石門、新店、深坑、石碇部分區域，大致是今天臺北盆地的中心地帶。

宜蘭地區的兩家改良糖廍皆由宜蘭製糖經營，原料採取區域分布在員山以降蘭陽溪南北兩岸地帶。

花蓮地區有臺東拓殖承繼自賀田組經營的新式製糖場及 1 個改良糖廍，加上臺東地區的兩家改良糖廍，原料採取範圍大致縱貫花東縱谷區（參見附錄一、三）。

整體來看，糖務局後期新式製糖版圖可說是發展迅速，以往屬傳統糖業發達區域的濁水溪以南平原地帶，除極少數如辜顯榮的改良糖廍受到官方特別保護外，悉數都成爲新式製糖會社的勢力範圍，甚至鹽水港製糖和永興製糖還將新式製糖場設立在旗山和新化丘陵地區，丘陵地帶亦大體爲改良糖廍佔滿；濁水溪以北的臺中、彰化、南投及臺北盆地，亦多屬新式製糖會社的勢力範圍，間有部分改良糖廍設立其中，苗栗、新竹部分區域則是改良糖廍的天下，整個西部地區僅桃園地區尚缺席新式製糖改革（參見附錄一、三）。

圖 6-2-1　大正初期臺灣糖業圖

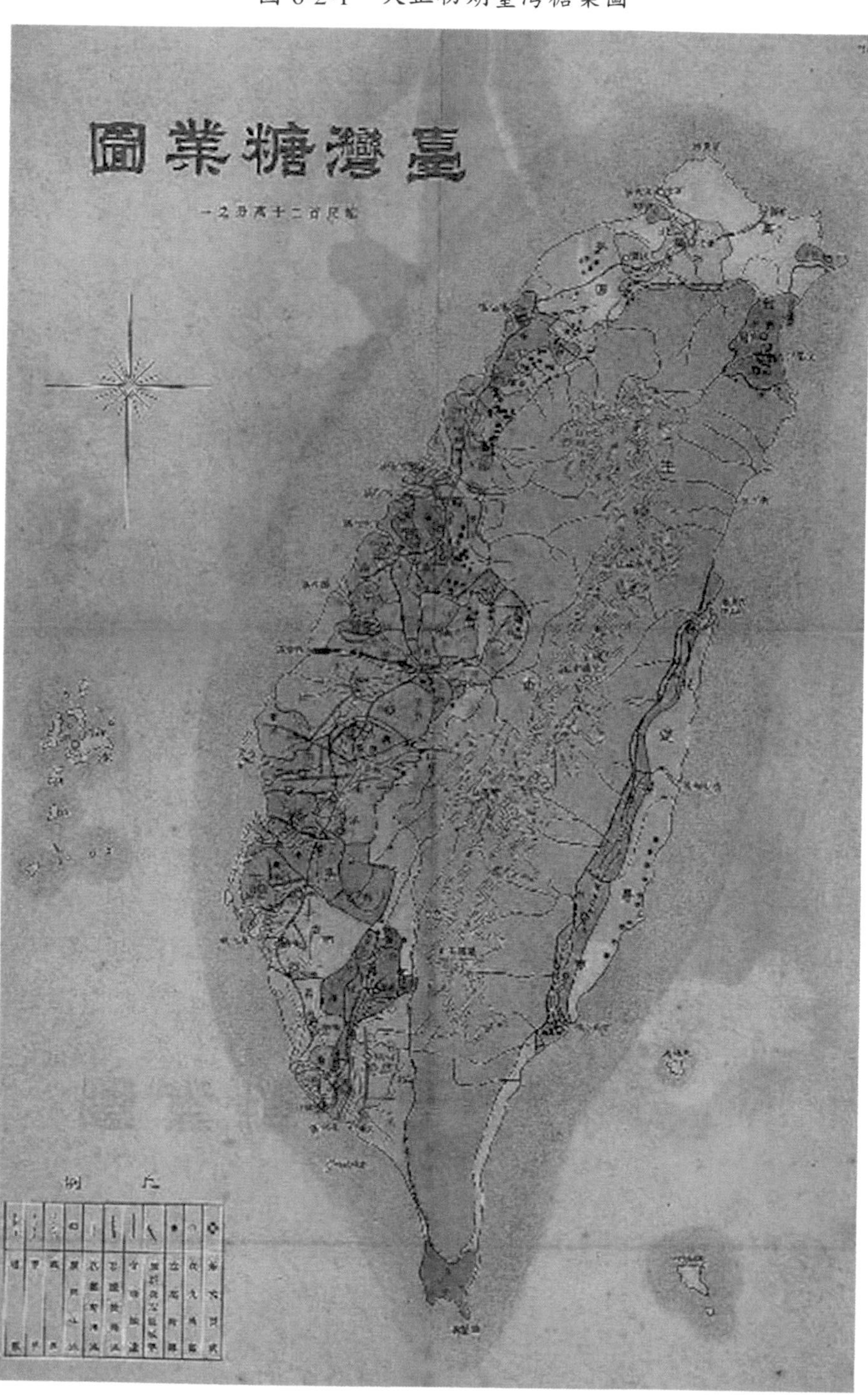

資料來源：臺灣總督府民政部殖產局，《臺灣糖業第五年報》，無頁碼。

二、解除製糖能力限制前之新式製糖業發展

糖務局裁撤後，日本國內資本對臺資製糖會社的併吞仍繼續進行，例如，日資臺南製糖株式會社（以下簡稱臺南製糖）購併永興製糖株式會社（簡稱永興製糖）即是。

永興製糖是 1908 年由臺資臺南製糖部分股東陳鴻鳴、江曉青、羅文旺、吳道源、張文選結合噍吧哖地方人士創立資本額 10 萬圓之合股會社，在噍吧哖地區擁有能力 60 噸的改良糖廍，次年，又在二重溪庄（今臺南市大內區）設立能力 40 噸的改良糖廍分工場，爲一家以臺南新化丘陵爲勢力範圍的改良糖廍會社（詳見第 5 章第二節）。1910 年 11 月，會社增資爲 60 萬圓並改組爲株式會社，打算將噍吧哖改良糖廍提升爲 300 噸製糖能力的新式製糖場，二重溪庄改良糖廍提升製糖能力爲 120 噸，因是在發布限制製糖能力命令前提出申請，因而獲得糖務局許可。〔註 48〕

1911～1912 年製糖期新式製糖場正式運作，旋因 1912 年 6 月的暴風雨造成會社數萬圓損失〔註 49〕，加上僻處近山地區，原料和蔗糖搬運經費不少，會社維持困難。〔註 50〕於是在日人股東柵瀨軍之佐奔走下，引進日本國內資本，採取創立新製糖會社的方式購併永興製糖。1913 年 2 月，以購併永興製糖爲前提的臺南製糖創立，資本額 300 萬圓，其中，原永興製糖股東擁有 4 成股份，日人股東取得 6 成股份，7 席董事中，原永興製糖股東陳鴻鳴和吳汝祥取得其中兩席，其餘 5 席悉由日人股東擔任，由鈴木梅四郎任董事長，河井芳太郎、川上熊吉任常務董事；4 席監事中，兩席由原永興製糖股東張作人、吳純仁出任，另兩席爲日人股東。3 月，總督府核准臺南製糖購併永興製糖申請。值得注意的是，臺南製糖持股達 1 千股的 12 名大股東中有 7 人爲原永興製糖臺人股東，其中，吳純仁持 3,676 股、陳鴻鳴持 3,420 股，持股最多，但臺人股東仍未能取得會社主導權，可能與整體持有股份不如日人有關。〔註 51〕

另一方面，糖務局裁撤後，在限制製糖能力政策下，會社擴張方式只剩兼併或整併一途。到 1917 年解除製糖能力限制前，會社的擴張大致可歸類爲 3 種模式：

〔註 48〕黑谷了太郎，〈台灣製糖界の企業主體の變遷（下）〉，《臺灣時報》，1935 年 1 月號，頁 29。

〔註 49〕〈豪雨受災〉，《臺灣日日新報》，1912 年 6 月 28 日，第 1 版。

〔註 50〕澤全雄，《製糖會社要鑑》（東京：作者，1917 年），頁 146。

〔註 51〕河野信次，《臺灣糖業觀》，頁 213～214。

第一種模式爲濁水溪以南大型新式製糖會社兼併中北部中小規模製糖會社。1911 和 1912 年兩度的暴風雨，對根基未深的製糖會社造成重大損害，助長這類的兼併；另一方面，兩度暴風雨亦證明糖務局時期推行的高地苗圃制度不僅可防治甘蔗病蟲害及其蔓延，也可避開颱風造成的水患，1914 年，殖產局分別在大南庄（今臺中市新社區）和後里庄（今臺中市后里區）設立官營蔗苗養成所，皆具有高地苗圃性質。而新式製糖會社同樣有設置高地苗圃之需求，其中，位在南部平原區較大規模新式製糖會社因製糖能力限制無法在近山高地建立新製糖場，遂垂涎創立不久、根基未深，且位於南投深具高地特色的中央和埔里社兩製糖會社。

1912 年 12 月，臺灣製糖捷足先登和埔里社製糖締結合併草約，臺灣製糖以實繳 12.5 圓之股份 4 萬股（共 50 萬圓）購併資本額 200 萬圓、實繳資本 86 萬圓的埔里社製糖，臺灣製糖另給予埔里社製糖主要幹部解散慰勞金 6 萬圓。〔註 52〕1913 年 7 月，兩社合併案正式成立，臺灣製糖資本額增爲 2,750 萬圓。正式合併前，臺灣製糖已先行收購埔里社製糖苗圃的蔗苗，彌補因風災造成的甘蔗原料不足，合併後，原埔里社製糖農場也成爲臺灣製糖試植爪哇新蔗種的苗圃。〔註 53〕

中央製糖同樣受到 1912 年颱風的嚴重損害，糖產量大減，經營困難，乃尋求和其他會社合併。當時明治製糖的販賣事務係由增田屋負責，如前所述，增田屋一派股東亦主導中央製糖社務，1913 年 2 月，明治製糖透過中央製糖增田屋系統的常務董事中村房次郎展開兩會社合併交涉，3 月達成共識，明治製糖增資 200 萬圓，以全額繳交股份 2 萬 6 千股及實繳 12.5 圓股份 2 萬 4 千股（共 160 萬圓）收購中央製糖全數 10 萬股份（實繳 200 萬圓），另再撥出 5 萬 5 千圓作爲中央製糖主要幹部的解散慰勞金。6 月，中央製糖正式併入明治製糖。〔註 54〕

臺灣製糖兼併埔里社製糖取得優良的高地蔗苗供給地後，爲拓展中國的精糖市場，有意在北部設立精糖工場，而有兼併臺北製糖計畫。〔註 55〕1916

〔註 52〕〈臺灣埔里社合併假契約〉，《臺灣日日新報》，1912 年 12 月 18 日，第 1 版。
〔註 53〕伊藤重郎，《臺灣製糖株式會社史》（東京：臺灣製糖株式會社東京出張所，1939 年），頁 184。
〔註 54〕上野雄次郎，《明治製糖株式會社三十年史》（東京：明治製糖株式會社東京事務所，1936 年），頁 17；〈兩糖合併內容〉，《臺灣日日新報》，1913 年 4 月 10 日，第 2 版。
〔註 55〕〈臺北製糖併合問題〉，《臺灣日日新報》，1916 年 2 月 7 日，第 2 版。

年 5 月，兩會社達成合併條件共識，臺北製糖以實繳 48 圓之 6 萬股份（總值 288 萬圓）換取臺灣製糖實繳 52.2 圓之 4 萬 6 千股份（總價 240 萬餘圓），同時，臺灣製糖概括承受 1915～1916 年製糖期臺北製糖 10 萬 8 千餘圓的虧損。〔註 56〕1916 年 8 月，臺北製糖正式併入臺灣製糖。

第二種模式為新式製糖會社和資本關係會社間的併合。首先是 1914 年 7 月鹽水港製糖合併臺東拓殖，由於兩社股東大部分重覆，且幹部多兩社兼職，乃以類似之前鹽水港製糖合併高砂製糖的方式，由鹽水港製糖增資 375 萬圓合併臺東拓殖，臺東拓殖股東得以實繳 17.5 圓股份 2 股換取鹽水港製糖實繳 35 圓之股份 1 股。〔註 57〕

接著是斗六製糖的合併案，這可說是新式製糖會社間整併最富戲劇性的例子。如前所述，糖務局時期改組為日本國內資本主導的斗六製糖，其主要幹部大多為明治製糖專務董事相馬半治關係人士，而明治製糖亦為斗六製糖最大股東，但持股數未超過一半，一般仍認定斗六製糖為明治製糖的資本關係會社。1913 年明治製糖購併中央製糖後，又有意收購斗六製糖，原本成功在望，但主要股東之一松方正熊所屬的松方財團反對明治製糖合併案，並獲得另一名主要幹部石川昌次的支持，松方財團亦為東洋製糖的股東；另一方面，以王雪農為首的臺人股東亦主張維持會社獨立運作，反對被明治製糖合併，於是松方派股東和王雪農派股東合流，以過半數股份封殺明治製糖合併案。隨後，松方正熊進一步和鈴木商店聯絡，大肆搶購斗六製糖股份，1913 年 8 月，斗六製糖召開股東大會改選幹部，松方派和東洋製糖關係股東取得優勢，原任顧問的明治製糖專務董事相馬半治因此辭職。〔註 58〕1914 年 8 月，東洋製糖增資 300 萬購併斗六製糖，斗六製糖股東 1 股換取東洋製糖實繳 20 圓之股份 1 股。〔註 59〕

東洋製糖取得斗六製糖爭奪戰勝利後，再將購併的觸角伸向另一資本關係會社北港製糖。1914 年鈴木商店取得東洋製糖 6 萬股份成為最大股東後，以擴大會社規模，進而與其他大規模會社競爭為由，主張合併同屬鈴木商店資本為主的北港製糖，並取得東洋製糖其他股東的支持，順利展開合併作業。

〔註 56〕〈兩糖合同條件〉，《臺灣日日新報》，1916 年 5 月 12 日，第 2 版。
〔註 57〕〈兩社合併成る〉，《臺灣日日新報》，1914 年 3 月 18 日，第 2 版。
〔註 58〕相馬半治，《還曆小記》（東京：著者，1929 年），頁 239；〈斗六製糖合併說〉，《臺灣日日新報》，1913 年 5 月 21 日，第 2 版。
〔註 59〕〈兩製糖合併〉，《臺灣日日新報》，1914 年 5 月 15 日，第 2 版。

〔註60〕1915年3月，東洋製糖增資200萬圓合併北港製糖，取得北港和月眉兩個新式製糖場，會社資本額達1千萬圓。〔註61〕

第三種模式為改良糖廍的整合，以及其後新式製糖會社對改良糖廍會社之兼併。如前所述，糖務局裁撤前後改良糖廍數量達到歷年最高峰之74處，同時，改良糖廍的整合也開始展開。先是1911年6月，擁有4間改良糖廍的辜顯榮以1萬8千餘圓價格收購蔡春海經營位於臺中廳頂寮庄（今彰化縣溪湖鄉）60噸製糖能力的改良糖廍；〔註62〕再購併陳梓成經營位於大排沙庄（今彰化縣二林鎮）的改良糖廍，到1911～1912年度，辜顯榮已同時經營6間改良糖廍，但辜氏未將其統合成1家改良糖廍會社經營。〔註63〕

1912年成立之臺灣赤糖株式會社（簡稱臺灣赤糖），為糖務局裁撤後最大規模的改良糖廍會社。臺灣赤糖是臺北製糖重要幹部木下新太郎、高橋虎太、松方五郎等人結合8名改良糖廍業者共同創立的會社，資本額300萬圓，計畫收購8間改良糖廍統合成一家專門從事赤糖製造的大會社，8家改良糖廍有5家位在嘉義近山的竹崎、番路、中埔等地區，分屬賴尚文、林寬敏、朱媽星、吳開興、陳曉聲等人經營；兩家分位在南投竹山、集集地區，分屬林啓三郎、謝遜卿經營；另1家是位在彰化芬園由小松商會經營的改良糖廍。〔註64〕1912年8月6日臺灣赤糖成立，木下新太郎任社長，林啓三郎任經理。〔註65〕後因未能談妥賴尚文改良糖廍的收購價格，賴尚文乃將改良糖廍轉賣給東洋製糖，臺灣赤糖轉而收購位在臺中土牛（今臺中市石岡區）由川瀨周次經營的改良糖廍，仍維持經營8間改良糖廍，總製糖能力620噸。〔註66〕1915年，臺灣赤糖一度有設立新式製糖場的計畫，旋因臺南製糖和東洋製糖有意購併而決定轉賣，原先和臺南製糖簽訂合併草約，但在東洋製糖提出較優渥的條件下，臺灣赤糖決定轉和東洋製糖合併，為此，臺南製糖一度退出臺灣糖業聯合會表達抗議。〔註67〕1916年7月，東洋製糖增資175萬圓，以實繳27.5圓的東洋製

〔註60〕〈東北兩糖合併〉，《臺灣日日新報》，1912年7月6日，第1版；〈粗糖合同計畫〉，《臺灣日日新報》，1912年10月23日，第3版。

〔註61〕宮川次郎，《臺灣糖業概觀》，頁177。

〔註62〕〈改良糖廍承繼許可〉，《臺灣日日新報》，1911年7月10日，第2版。

〔註63〕臺灣總督府民政部殖產局，《第一糖務年報》（臺北：編者，1914年），頁16～17。

〔註64〕〈赤糖會社の經過〉，《臺灣日日新報》，1912年6月29日，第1版。

〔註65〕〈赤糖創立總會〉，《臺灣日日新報》，1912年8月10日，第2版。

〔註66〕〈赤糖會社起色〉，《臺灣日日新報》，1915年12月21日，第5版。

〔註67〕〈臺南製糖之退會〉，《臺灣日日新報》，1916年4月8日，第5版。

糖股份 1 股換購實繳 12.5 圓臺灣赤糖股份 4 股購併臺灣赤糖。〔註 68〕同時取得 8 間改良糖廍的東洋製糖乃在集集改良糖廍區域增設 40 噸製糖能力的改良糖廍，並撤除承繼自斗六製糖大崙庄的改良糖廍。1919 年 11 月，東洋製糖將臺中土牛的改良糖廍賣給帝國製糖，1920 年 6 月，再將嘉義地區所屬的 5 個改良糖廍全數撤除，大部分區域併入南靖工場區域。〔註 69〕東洋製糖一方面將改良糖廍集中在南投地區經營，另一方面亦得以在南投設立高地苗圃。

1912 年臺灣赤糖設立的同時，陳晉臣和安部商店亦決定將自己經營位於阿緱廳旗山丘陵地帶狗氳氤、內埔、新威等庄及臺南廳無水寮庄（今高雄市大樹區）之 4 間改良糖廍統合成資本額 30 萬圓的安泰合資會社（簡稱安泰合資）經營。〔註 70〕1916 年 4 月，臺南製糖和東洋製糖競逐購併臺灣赤糖失敗後，轉而購併安泰合資，最後以實繳 22.5 圓之臺南製糖股票 1 萬 2 千股（總值 27 萬圓）購併安泰合資，臺南製糖並另行支出 3 萬圓作爲安泰合資解散的津貼。〔註 71〕

此一時期，尚有島外的沖繩製糖株式會社（簡稱沖繩製糖）來臺收購改良糖廍。沖繩製糖爲 1910 年由沖繩糖業改良事務局糖業獎勵下設立的新式製糖會社，資本額 200 萬圓，主要股東以大阪和橫濱糖商爲中心，其中，投資臺灣多家製糖會社和改良糖廍的安部商會爲最大股東，董事長由安部幸之助擔任，並在嘉手納設立新式製糖場。1912 年 11 月，沖繩製糖來臺以 40 萬圓收購赤司初太郎經營的雲林拓殖合資會社，其中包含位在南投廳下崁庄（今南投縣竹山鎮）的改良糖廍；其後又以 13 萬 5 千圓代價收購赤司初太郎個人經營位於阿緱廳新威庄（今高雄市六龜區）和嘉義廳前大埔庄（今臺南市東山區）的 2 間改良糖廍，並將會社更名爲沖臺拓殖製糖株式會社（簡稱沖臺拓殖）。1916 年，沖臺拓殖爲拓展事業增資爲 500 萬圓，並有意設立新式製糖場。〔註 72〕但次年隨即和臺南製糖展開合併交涉，最終以 1 : 1 的股份被購併，臺南製糖另給予沖臺拓殖幹部 7 萬圓解散慰勞金，以及保留 1 席董事給沖臺拓殖舊幹部，沖臺拓殖股東並可優先承購臺南製糖增資股份。〔註 73〕1918 年

〔註 68〕〈赤糖合併決議〉，《臺灣日日新報》，1916 年 4 月 24 日，第 2 版。
〔註 69〕宮川次郎，《臺灣糖業概觀》，頁 177～178。
〔註 70〕〈臺南糖廍の合併〉，《臺灣日日新報》，1912 年 8 月 23 日，第 2 版。
〔註 71〕〈臺南製糖買收〉，《臺灣日日新報》，1916 年 4 月 2 日，第 2 版。
〔註 72〕澤全雄，前引書，頁 102。
〔註 73〕〈兩糖合併條件〉，《臺灣日日新報》，1917 年 11 月 7 日，第 2 版。

2 月，臺南製糖正式合併沖臺拓殖並繼承其所有財產。

另在苗栗、新竹地區則有數間改良糖廍整併在南日本製糖旗下。〔註 74〕南日本製糖是以合併苗栗製糖爲前提而成立的會社。如前所述，苗栗製糖爲 1909 年由臺南紳商和日人貨運商秋山善一共同創立、資本額 50 萬圓之會社，社長爲張作人。會社創立之初計畫設立一家製糖能力 350 噸的新式製糖場，但因準備不及，暫於 1910～1911 年度設立製糖能力 150 噸的改良糖廍營運。後因臺、日股東不合，且許多臺人股東未繼續繳納股金，秋山善一取得會社主導權。〔註 75〕1911 年秋山有意增資以拓展社務，乃引進日本國內資本成立新會社，打算以購併苗栗製糖方式達到增資目的。1912 年 2 月 28 日南日本製糖成立，資本額 500 萬圓，竹山綱任社長。3 月，南日本製糖正式繼承苗栗製糖事業。〔註 76〕

南日本製糖成立後，先後收購中港地區（今苗栗縣竹南鎮）原由吳松經營的改良糖廍，以及臺資鄭拱辰任社長的新竹製糖，並將原苗栗製糖後壠工場（今苗栗縣後龍鎮）機械移轉到中港工場，兩工場整併爲一。1912 年 11 月，南日本製糖向總督府申請設立 310 噸製糖能力的改良糖廍，獲得許可。然會社新訂購的機械竟是 600 噸製糖能力的分蜜糖機械，和申請計畫不符，1914 年會社乃另申請設立 600 噸新式製糖場，遭總督府以違反限制製糖能力政策爲由駁回申請，只允許會社以 310 噸製糖能力爲限從事分蜜糖製造，使新機械閒置，只能利用舊機械製造赤糖，造成會社虧損連連。〔註 77〕1916 年 8 月，資本額 500 萬圓的帝國製糖以增資 250 萬圓方式合併南日本製糖，帝國製糖以 5 萬股份收購南日本製糖 7 萬股份，帝國製糖另給予南日本製糖主要幹部 3 萬圓解散慰勞金，南日本製糖解散。〔註 78〕

位於限制製糖能力區域外的臺東地區，僅有的兩間改良糖廍也整合爲臺東製糖株式會社（簡稱臺東製糖）。臺東製糖係 1913 年 2 月由野田豁通男爵、安場末喜男爵、若尾璋八等日人發起成立，資本額 350 萬圓，安場末喜任社長。其中，野田豁通爲兩間改良糖廍之一卑南野田製糖場的負責人。臺東製

〔註 74〕南日本製糖雖有意發展成爲生產分蜜糖的新式製糖會社，但始終沒能實現，因此本文仍將之視爲整合改良糖廍的製糖會社。

〔註 75〕〈臺灣の製糖會社と其現勢〉，《臺灣》，第 5 期，1911 年 4 月，頁 4。

〔註 76〕〈南日本製糖（一）〉，《臺灣日日新報》，1915 年 12 月 29 日，第 5 版。

〔註 77〕黑谷了太郎，〈台灣製糖界の企業主體の變遷（下）〉，頁 30～31。

〔註 78〕〈帝南の合同〉，《臺灣日日新報》，1916 年 4 月 29 日，第 2 版。

糖成立後，先後收購野田製糖場和另一家經營里壠（今臺東縣關山鎮）改良糖廍的新鄉製糖合資會社，並向總督府提出在兩間改良糖廍位置設立新式製糖場計畫，獲得許可，同年 12 月，再於新開園庄（今臺東縣池上鄉）設立製糖能力 100 噸的改良糖廍。1915 年底，製糖能力 350 噸的卑南新式製糖場完工，同時，卑南改良糖廍也隨之廢止。〔註 79〕

涂照彥將 1910 年限制製糖能力政策實施後，鹽水港製糖購併高砂製糖視為第一次新式製糖資本整併開始。〔註 80〕事實上，新式製糖資本整併當比 1910 年為早。例如，前一章論述到臺灣製糖以大東製糖分身購併南昌製糖、明治製糖購併蔴荳製糖、大日本製糖購併斗六製糖、臺灣製糖購併臺南製糖，乃至於日系資本透過增資改組取得鹽水港製糖主導權，都是新式製糖資本的整併。

比較糖務局裁撤前後新式製糖會社的兼併，較大不同在於裁撤前是以日系資本購併臺系資本為主，臺灣製糖購併英國系的怡記製糖為僅有的特例，同時，整併過程中糖務局和地方官廳常介入協調或斡旋，帶有政策性整併的意味，儘管有些會社經營不善，日系資本多以高於資本額的價格購併。

糖務局裁撤後，新式製糖會社兼併則是多在日系資本間進行，日系臺南製糖購併臺系永興製糖為僅有的特例。此一時期的兼併幾乎不見官方介入，可說是純屬資本主義型態的兼併，由於被購併的會社營運狀況多不佳，購併價格通常低於實繳資本額。

另一方面，以往論及到製糖資本整併時，較少討論到糖務局裁撤後改良糖廍間的整合。〔註 81〕此一時期創立的臺灣赤糖、沖臺拓殖、安泰合資、南日本製糖、臺東製糖等改良糖廍會社，悉數都是 1909 年以後設立在近山丘陵地區，以及新竹、苗栗、臺東等非傳統甘蔗適種區之改良糖廍整合而成的會社。這些會社除臺東製糖發展成新式製糖會社外，其他都在限制製糖能力解除前被其他新式製糖會社購併，致使新式製糖會社版圖迅速往非傳統甘蔗適種區擴張，這可說是延續糖務局時期新式製糖版圖的發展，改良糖廍先行整合成一家會社，亦有利於新式製糖會社之購併。

〔註 79〕宮川次郎，《臺灣糖業概觀》，頁 219。

〔註 80〕涂照彥，前引書，頁 293。

〔註 81〕如涂照彥雖以相當篇幅討論到此一時期製糖資本的整併，但其顯然將新式製糖會社與改良糖廍會社混合一談，如將屬改良糖廍的王希璧製糖場、加祿堂製糖、宜蘭製糖所等視為被合併的會社，但未將臺灣赤糖、沖臺拓殖、安泰製糖，以及其他獨立的改良糖廍置於討論之中。同上註。

糖務局裁撤前後，新式製糖會社收購改良糖廍的方式也有差異。糖務局裁撤前，改良糖廍多因爲被劃入新式製糖會社原料採取區域中而遭到糖務局命令裁撤，商談收購事宜時，新式製糖會社通常佔政策優勢，加上糖務局編列經費補助裁撤改良糖廍，大多數新式製糖會社得以較低的價格收購改良糖廍。

糖務局裁撤後，因限制製糖能力之故，罕見改良糖廍被劃入原料採取區域而裁撤，絕大多數都是新式製糖會社基於擴張原料採取區域或社務主動採取購併行動，在沒有政策和改良糖廍裁撤經費之補助下，新式製糖會社和改良糖廍可說是處在平等地位，新式製糖會社的收購價格通常高於改良糖廍資本額。〔註 82〕由此可看出糖務局的行政協助確實有助於草創時期新式製糖會社發展。

總體來說，從糖務局裁撤到解除製糖能力限制前，新式製糖場的數量由 31 處增爲 35 處，製糖能力 27,060 噸，產糖量 681,942,099 斤，製糖率 9. 7%，較糖務局裁撤之初提升。其中，隸屬臺灣製糖的鳳山工場是唯一撤除的新式製糖場，新出現的 5 個工場，分別是新高製糖嘉義工場，帝國製糖所屬臺中第二、新竹、中港等 3 工場，以及臺東製糖卑南工場〔註 83〕，5 個工場中，新高製糖嘉義工場在糖務局時期已核准設立，只是因爲新高製糖先將發展主力置於彰化工場，才延遲至糖務局裁撤後才完工製糖；〔註 84〕其他 4 個工場，悉數都是從糖務局時期設立的改良糖廍升級而成的新式製糖場。改良糖廍數量則從糖務局裁撤時的 74 間急速減少爲 28 間，製糖能力 2,500 噸，製糖量 44,267,332 斤也都減少〔註 85〕，究其原因，即前述新式製糖會社購併改良糖廍會社，將勢力延伸到非傳統蔗作區的結果，甚至部分原屬改良糖廍區域因新式製糖會社購併並裁撤改良糖廍，而被排除在原料採取區域外，糖務局建立的新式製糖版圖反略見縮減。〔註 86〕

此外，從位於非傳統蔗作區的中央製糖、埔里社製糖、臺北製糖及數個

〔註 82〕如臺灣赤糖以將近 5 萬圓的價格收購資本額 2 萬圓屬朱媽星的改良糖廍，以 5 萬 7 千餘圓的價格收購資本額 2.5 萬圓屬吳開興的改良糖廍，但對賴尚文的改良糖廍，卻因價格過高而無法收購，最後賴尚文的改良糖廍以比臺灣赤糖更好的價格賣給東洋製糖。〈合併齟齬〉，《臺灣日日新報》，1912 年 12 月 7 日，第 6 版。

〔註 83〕臺灣總督府殖產局，《第六糖務年報（大正六年期）》，頁 19～21。

〔註 84〕西原雄次郎編，《新高略史》（東京：新高製糖株式會社，1935 年），頁 9～10。

〔註 85〕臺灣總督府殖產局糖務課，《臺灣糖業統計》（臺北：編者，1919 年），頁 16。

〔註 86〕如原屬南日本製糖閒置在中港工場的機械，在被帝國製糖合併後，被轉移到臺中另設工場使用；又如東洋製糖購併臺灣赤糖後，原屬 5 個位於嘉義丘陵改良糖廍的區域，大部分雖被劃入南靖工場，但有少部分不再劃爲原料採取區域。

改良糖廍會社迅速被濁水溪以南部新式製糖會社購併，可看出糖務局時期雖然新式製糖版圖越過濁水溪和平原地區擴及到彰化以北、東部及丘陵地區，但以這些地區的蔗作條件獨立經營新式製糖似有困難。

以南投的中央製糖和埔里社製糖做觀察，兩會社的蔗作條件至少有下列兩項劣勢：

其一，原料採取區域內耕地面積狹小。從表 6-2-1 可看出，1911～1912 年度中央製糖第一個製糖期蔗作面積只有 1,480 甲，與同等能力的新高製糖彰化工場和林本源製糖相比，大約少 500 甲，埔里社製糖的蔗作面積更只有 540 甲，但兩家會社蔗園面積佔區域耕地面積比例皆不低，中央製糖有 19%，高於全臺平均數甚多，埔里社製糖雖只有 13%，仍高於其他中北部的製糖會社，易言之，兩會社區域適耕面積過小爲發展的一大問題，事實上，當時全南投廳的田園面積也只有 20,866 甲，爲西部可耕地面積最小的官廳〔註 87〕，就算全數由兩會社瓜分，仍比不上其他中北部製糖會社。

其二，甘蔗耕作成本高。從大正初年糖務課的調查資料來看，南投廳蔗園每千斤甘蔗的平均生產費爲 2.675 圓，爲中南部各廳最高，其次是臺中廳的 2.541 圓，兩者相差約 0.13 圓，與濁水溪以南新式製糖會社差距則在 0.2～0.3 圓間，造成差距的主因和甘蔗的單位面積產量偏低有關，如臺中的中等水田每甲約可收穫 11 萬 3 千斤，南投的同等水田卻只能收穫 7 萬 8 千斤，水田的耕作成本原就高於旱田，臺中水田的高產量能壓低平均生產成本，南投水田的產量卻和南部旱田相差無幾，使南投水田每千斤甘蔗平均耕作費用多達 2.802 圓，爲中南部各類蔗園最高；另同屬旱田南投每甲上等旱田平均收穫量爲 5 萬 8 千斤，南部可達 7 萬 2 千以上，南投每甲下等旱田平均收穫僅 3 萬斤出頭，臺南、阿緱可達到 4 萬斤。〔註 88〕從表 6-2-1 亦可看出，1911～1912 年度中央製糖平均每甲甘蔗收穫量爲 3 萬 5 千斤，埔里社製糖更低到 2 萬 4 千斤，不但遠低於中部水田蔗作成功的帝國和新高製糖，也低於全臺平均數。

由是觀之，1909 年新式製糖會社越過濁水溪往北發展前，糖務局已先在彰化、臺中進行蔗作改良和嚐試水田蔗作，新式製糖會社北進，可說是水到渠成，但南投蔗作的自然環境原不如中部平原和濁水溪以南地區，而新式製糖會社進駐前，糖務局顯然也尚未在南投地區提供足夠的蔗作改良環境，儘

〔註 87〕臺灣總督府殖產局糖務課，《臺灣糖業統計》（臺北：編者，1914 年），頁 25。
〔註 88〕同上註，頁 38。

管 1911、1912 年兩度的暴風雨是中央製糖和埔里社製糖被購併的重要原因，但蔗作環境欠佳，亦不利於會社長久獨立發展。

至於臺北製糖原料採取區域內耕地面積雖然是中北部製糖會社中最大，但蔗作面積始終無法明顯提升，只佔整體耕地面積的 4～5%（參見表 6-2-1），另一方面，臺北製糖的原料採取區域廣大，卻未鋪設任何輕便鐵道，不利於收集原料〔註 89〕，因而蔗糖產量不多，1915～1916 年製糖期各製糖會社皆因糖價高漲而大幅獲利，臺北製糖成為唯一虧損的新式製糖會社〔註 90〕，緊接著被臺灣製糖購併。如前所述，臺灣製糖將新取得的臺北製糖場設定為再製糖工場，即著眼於臺北蔗作環境不利於進行粗糖製造，此亦可看出糖務局末期新式製糖會社北進到臺北盆地有其躁進的一面。

表 6-2-1　1911、1912 年度彰化以北新式製糖會社蔗作條件表

單位：面積：甲 / 收穫量：千斤

		中央（750）	埔里社（300）	南日本（350）	臺北（500）	帝國（1,050）	新高（750）	林本源（750）	全臺
1911	種植面積	1,480（19%）	540（13%）	-	1,066（4%）	1,780（10%）	2,030（9%）	1,983（9%）	59,451（14%）
	收穫量	52,116（35.2）	13,082（24.2）	-	40,709（38.1）	86,981（48.9）	140,254（69.1）	71,433（36.0）	2,395,602（40.3）
	田園面積	7,709	4,065	-	25,068	17,855	22,843	21,928	437,374
1912	種植面積	-	-	668（4%）	1,293（5%）	2,654（15%）	2,165（9%）	1,834（8%）	54,406（12%）
	收穫量	-	-	11,519（17.2）	24,333（18.8）	47,881（18.0）	51,485（23.8）	25,694（14.0）	1,104,694（20.3）
	田園面積	-	-	17,855	25,068	17,855	22,843	21,928	447,535

資料來源：臺灣總督府殖產局糖務課，《第一、第二糖務年報》，1913、1914 年。

說明：1. 1913 年中央、埔里社兩製糖被合併，不列入統計資料。

2. 甘蔗種植面積內括弧數字指的是佔區域田園面積比例；甘蔗收穫量內括弧數字指的是平均每甲蔗園甘蔗收穫量。

〔註 89〕臺灣總督府殖產局糖務課，《第三糖務年報》，頁 21。

〔註 90〕臺灣總督府殖產局糖務課，《第五糖務年報》，頁 5。

三、解除製糖能力限制後之新式製糖業發展

1917 年 5 月，總督府解除既設製糖會社的製糖能力限制。此後，新式製糖會社紛紛在所屬的原料採取區域內增設工場或擴充工場製糖能力。此外，有數家改良糖廍仍試圖整併成單一會社，或在非傳統糖業興盛區域獨立經營新式製糖會社，包括大和製糖株式會社（資本額 500 萬圓，1919 年 12 月 13 日許可，簡稱大和製糖）、新竹製糖株式會社（資本額 75 萬圓，1920 年 2 月 9 日許可，簡稱新竹製糖）、日本拓殖株式會社（資本額 1 千萬圓，1920 年 3 月 1 日許可，簡稱日本拓殖）、沙轆製糖株式會社（資本額 250 萬圓，1921 年 9 月 24 日許可，簡稱沙轆製糖）、恆春製糖合資會社（資本額 6 萬圓，1926 年 3 月 6 日許可，簡稱恆春製糖）等。〔註 91〕

上述 5 家會社中，設立在桃園地區和恆春半島的日本拓殖和恆春製糖原可能突破糖務局時期建立的新式製糖版圖，然日本拓殖在取得新式工場設立許可後，旋因糖價下跌、工場工程不斷延宕，最終在 1926 年被取消設立許可；〔註 92〕而恆春製糖則在 1926 年底完成新式製糖場工程並開始製糖，但隨即在 1927 年 3 月為鹽水港製糖購併。〔註 93〕

大和製糖、新竹製糖、沙轆製糖等仍不脫之前合併數家改良糖廍成一家改良糖廍會社的模式，並有發展成新式製糖會社的計畫。但與糖務局裁撤初期創立的改良糖廍會社相似，無法持續經營太久。如辜顯榮結合自己經營之 4 間改良糖廍而創立的大和製糖，成立不到 1 年，新式製糖場都還來不及完成，即在 1920 年 8 月被明治製糖購併。〔註 94〕新竹製糖和沙轆製糖存在時間稍久，至 1934 年，同時被臺南製糖後身昭和製糖購併。〔註 95〕

1930 年代中期以後，新式製糖會社已完全發展成以濁水溪以南臺灣製糖、明治製糖、大日本製糖、鹽水港製糖等 4 家會社為中心的兼併，逐漸形成所謂日治時期的四大製糖會社。〔註 96〕

解除製糖能力限制後，新式製糖場數量迅速攀升到 40 處以上，1923 年後，

〔註 91〕另有 1928 年 1 月 28 日設立，資本額 300 萬圓之昭和製糖株式會社，因係承繼自臺南製糖，故不予列入。

〔註 92〕黑谷了太郎，〈台灣製糖界の企業主體の變遷（下）〉，頁 35～43。

〔註 93〕宮川次郎，《臺灣糖業概觀》，頁 232。

〔註 94〕〈大和製糖可決〉，《臺灣日日新報》，1920 年 8 月 21 日，第 5 版。

〔註 95〕〈昭和製糖合併兩社成立 陣容一新〉，《臺灣日日新報》夕刊，1934 年 3 月 16 日，第 4 版。

〔註 96〕涂照彥，前引書，頁 334。

新式製糖場數量穩定維持在 45 至 50 處上下，改良糖廍則減少到 10 家以下。而以日治末期 1940～1941 年度的資料來看，該年度有 50 處新式工場，較解除製糖能力限制前增加 15 處，其中類型有以下幾種：

其一，屬既有工場增加設備，如臺灣製糖灣裡第二工場、鹽水港製糖新營第二工場、大日本製糖苗栗工場等即是。

其二，屬糖務局時期設立的改良糖廍升級爲新式製糖場，如明治製糖溪湖工場最早爲 1907 年蔡春海設立的改良糖廍，改良糖廍轉賣給辜顯榮後，一度成爲大和製糖新式製糖場設立地點，大和製糖被明治製糖購併後，明治製糖接手完成新式製糖場工程；大日本製糖竹山工場前身爲赤司初太郎經營的雲林拓殖所屬下崁庄改良糖廍；大日本製糖二結工場最早爲 1909 年黃鳳鳴經營的宜蘭製糖所屬茅子寮庄改良糖廍；大日本製糖沙轆工場前身爲 1905 年劉以專經營的改良糖廍；三五公司的源成工場最早爲 1910 年愛久澤直哉設立的改良糖廍。

其三，屬糖務局時期劃定原料採取區域內增設的新工場，如 1918 年帝國製糖在臺中工場區域內增設的潭仔墘工場（今臺中市潭子區）；1920 年臺灣製糖在阿緱製糖場區域內增設的東港製糖所（今屏東縣南州鄉）；1922 年原新高製糖增設的彰化第二工場，新高製糖被大日本製糖購併後改稱爲烏日製糖場；1922 年鹽水港製糖在壽工場區域內增設的大和工場（今花蓮縣光復鄉）；1935 年大日本製糖在第一、第二工場區域內增設的龍巖工場（今雲林縣褒忠鄉）等。

糖務局裁撤後只有 2 處新式製糖場位於新劃設的原料採取區域內，分別是 1927 年設立的恆春製糖所，後來鹽水港製糖將之轉賣給臺灣製糖，以及 1938 年帝國製糖設立的崁子腳工場（今桃園縣中壢市）。〔註 97〕

整體來看，日治末期存在的 50 個新式製糖場中，有 43 個在糖務局時期已經設立；48 個位於糖務局時期建立的新式製糖版圖內。易言之，日治初期糖務局實行的製糖改革，除順利將臺灣由傳統糖業推進到近代化新式糖業外，亦奠定日治時期新式製糖版圖的基礎。糖務局裁撤後，新式製糖版圖的擴展並不大，主要的進展在提升製糖效率和蔗糖產量方面，1940～1941 年度，新式製糖場的製糖率由解除製糖能力限制前的 9.7%提升爲 11.8%，製糖能力從 27,060 噸增爲 70,000 噸，蔗糖產量由 681,942,099 斤增爲 1,332,823,422 斤，〔註 98〕可說是在糖務局奠定的新式製糖版圖基礎下，新式製糖會社不斷改進並提升製糖能力的結果。

〔註 97〕臺灣總督府總務局，《臺灣總督府第四十五統計書》（臺北：編者，1943 年），頁 408～411。

〔註 98〕同上註，頁 408。

圖 6-2-2　1930 年代明治製糖溪湖工場

資料來源：上野雄次郎編，《明治製糖株式會社三十年史》，無頁碼。

圖 6-2-3　1930 年代帝國製糖新竹製糖場

資料來源：帝國製糖株式會社，《帝國製糖株式會社概況》，無頁碼。

圖 6-2-4　1930 年代帝國製糖潭仔墘製糖場

資料來源：帝國製糖株式會社，《帝國製糖株式會社概況》，無頁碼。

圖 6-2-5　1930 年代帝國製糖中港製糖場

資料來源：帝國製糖株式會社，《帝國製糖株式會社概況》，無頁碼。

圖 6-2-6 1930 年代臺灣製糖恆春製糖所

資料來源：伊藤重郎，《臺灣製糖株式會社史》，無頁碼。

第三節 糖務局轉任官員與新製糖會社——以技師事務官為中心

一、札幌系技師與新式製糖會社之創立

（一）堀宗一與鹽水港製糖之創立

堀宗一受後藤新平指派擔任臺人資本時期鹽水港製糖技師長〔註 99〕，可說是糖務局官員轉任新式製糖會社第一人。

即使已轉任民營新式製糖會社，堀宗一的官方色彩依然濃厚，1904 年 9 月，具有糖務局官方色彩的臺灣糖業協會成立，堀宗一仍能以鹽水港製糖技師長身分出任會長，副會長為糖務局技師東條秀介；〔註 100〕同年 3 月，堀宗一出差夏威夷，糖務局亦委託其順道調查夏威夷糖業，並提供 500 圓津貼。〔註 101〕

〔註 99〕〈堀宗一氏〉，《臺灣日日新報》，1904 年 8 月 11 日，第 2 版。

〔註 100〕〈糖業協會と雜誌の發行〉，《臺灣日日新報》，1906 年 1 月 13 日，第 4 版。

〔註 101〕〈堀宗一ニ事務囑託認可ノ件〉，《臺灣總督府公文類纂》進退追加保存，1906 年 3 月 1 日；〈官紳紀事〉，《臺灣日日新報》，1906 年 3 月 3 日，第 2 版。

1907 年鹽水港製糖引進日資改組並擴張，堀宗一積極奔走籌募資金，成功引進荒井泰治、安部幸兵衛及其他財界人士資本，使鹽水港製糖順利增資改組爲資本額 500 萬圓之日資新式製糖會社，堀宗一擔任常務董事。〔註 102〕

改組後的鹽水港製糖因承接自札幌製糖的甜菜製糖機械不太適用於甘蔗製糖，堀宗一獲得糖務局補助購置機械費用後，親赴英國選購新機械，同時和社長荒井泰治共同向英國 Samuel 商會商借 90 萬圓借款，使鹽水港製糖改組之初營運迅速上軌道。1909 年 5 月堀宗一辭去鹽水港製糖董事一職，赴歐美長途旅行。〔註 103〕1910 年臺中帝國製糖成立，聘請堀宗一擔任顧問。〔註 104〕

堀宗一任職鹽水港製糖的時間雖不長，然會社創立初期延攬糖務局囑託橋本貞夫、技手岡田祐二及斗六廳官員數田輝太郎入社，改組之初再延攬甘蔗試作場主任佐佐木幹三郎。此四人在堀宗一辭去鹽水港製糖職務後，仍繼續在槇哲領導下分掌各項社務，被稱爲鹽水港製糖四天王。〔註 105〕

橋本貞夫爲廣島縣人，東京英語學校畢業〔註 106〕，進入鹽水港製糖前擔任糖務局臺南支局囑託。〔註 107〕臺資鹽水港製糖創社初期辭去囑託一職，擔任鹽水港製糖庶務課長。

如前章所述，鹽水港製糖在開業前即遭遇機械故障頻頻、缺乏資金等狀況，第一個製糖期又有連日暴雨襲擊，橋本貞夫和另一名社員數田輝太郎不顧安危在暴雨中指揮監督，雖未能避免會社虧損，但至少讓會社勉強運作完製糖期。〔註 108〕槇哲入社擔任經理後，橋本貞夫成爲槇哲重要的助手。

1909 年鹽水港製糖關係會社高砂製糖成立，橋本貞夫轉任高砂製糖經理。次年，鹽水港製糖合併高砂製糖，橋本兼任完工初期旗尾工場工場長和經理，與佐佐木幹三郎合作，發展蕃薯藔旗山地區的製糖事業。〔註 109〕其後，鹽水港製糖荒井泰治、槇哲等人往東部花蓮地區開拓，1912 年成立臺東拓殖

〔註 102〕臺灣總督府特產課，《臺灣糖業概觀》，頁 184。
〔註 103〕〈堀宗一氏〉，《臺灣日日新報》，1909 年 6 月 2 日，第 2 版。
〔註 104〕〈臺灣の製糖會社と其現勢〉，前引文，頁 4。
〔註 105〕〈鹽水港製糖〉，《新臺灣》，第 11 期，頁 58。
〔註 106〕大園市藏，《臺灣人物誌》（臺北：谷澤書店，1916 年），頁 326。
〔註 107〕《臺灣總督府職員錄（明治 36 年）》（臺北：臺灣日日新報社，1903 年），頁 70；《臺灣總督府職員錄（明治 37 年）》（臺北：臺灣日日新報社，1904 年），頁 63。
〔註 108〕佐藤吉治郎，前引書，頁 34。
〔註 109〕〈臺灣隨一の白糖工場〉，《臺灣日日新報》，1912 年 5 月 14 日，第 77 版。

製糖株式會社，橋本貞夫任會社常務董事〔註110〕，常駐花蓮實地負責會社務。〔註111〕

1928 年槙哲辭去鹽水港製糖社長一職，接任者爲與鹽水港製糖並無淵源的入江海平，橋本貞夫成爲會社舊社員的領袖，並扮演社長入江海平和舊社員的調和劑。〔註112〕1932 年，橋本以不阻斷後進晉升之途爲由辭去常務董事一職，離開鹽水港製糖經營階層。

岡田祐二爲愛知縣人，1901 年 11 月來臺擔任阿猴廳技手，次年糖務局成立，隨即轉任臺南支局技手，1904 年 5 月辭官進入鹽水港製糖任職〔註113〕，1910 年初昇任技師長。

岡田祐二最著名的貢獻爲在臺灣成功研發耕地白糖〔註114〕，並將之量產。其緣由爲 1909 年岡田祐二奉命前往爪哇考察糖業，目睹耕地白糖進步狀況，回臺後，於岸內工場試製，成功製出 666 擔白糖，專務董事槙哲遂決定發展耕地白糖事業。1910 年 4 月，岡田祐二前往歐洲購買製造耕地白糖機械，同時，鹽水港製糖亦在岸內工場北側設立第二工場，專門製造耕地白糖，並聘請荷蘭籍技師來臺協助〔註115〕，此後，鹽水港製糖位於西部的 3 個工場都設置耕地白糖製造設備，許多新式製糖會社也紛紛起而仿效，岡田祐二贏得耕地白糖始祖的稱號。〔註116〕

佐佐木幹三郎爲廣島縣人，和橋本貞夫爲同鄉關係，與掘宗一亦爲親戚。〔註117〕入社前，佐佐木曾於 1893 年赴美國研究藥學，1898 年至路易西安那州學習棉花和甘蔗耕作法，1900 年進入路易西安那州州立大學就讀農業，次年因故退學。〔註118〕

1902 年 7 月，佐佐木和正在美國紐約訪問的後藤新平、新渡戶稻造相遇，

〔註110〕佐藤吉治郎，前引書，頁 35。

〔註111〕〈糖界の人物（五）〉，《糖業》，第 10 期，1915 年 7 月，頁 32。

〔註112〕〈今後の入江海平君〉，《糖業》，第 16 卷第 8 期，1929 年 8 月，頁 20。

〔註113〕〈糖務局技手岡田祐二昇級及依願免官ノ件〉，《臺灣總督府公文類纂》永久保存（進退），1904 年 5 月 11 日。

〔註114〕耕地白糖，是分蜜糖尚處於蔗汁階段時，即提煉精製的白糖，因不需運到日本加工，故能降低生產與運輸成本，在中國市場大受歡迎。

〔註115〕佐藤吉治郎，前引書，頁 37。

〔註116〕〈糖汁〉，《糖業》，第 26 卷第 6 期，1934 年 6 月，頁 32。

〔註117〕〈鹽水港製糖創業時代と受難時代〉，前引文，頁 226。

〔註118〕〈佐佐木幹三郎糖務局技師ニ任用ノ儀相當ノ資格ナキ者ト認定ノ件〉，《臺灣總督府公文類纂》永久保存（進退），1906 年 3 月 1 日。

結識新渡戶稻造。〔註 119〕9 月，受糖務局委託和札幌農學校出身在紐約留學的池田和吉共同調查夏威夷和古巴的糖業事務狀況。〔註 120〕1903 年 3 月 27 日自美國來臺擔任糖務局囑託，於臺南支局甘蔗試作場執行勤務。〔註 121〕1905 年擔任甘蔗試作場主任〔註 122〕，其間，主張 Rose Bamboo 夏威夷蔗種最適宜臺灣氣候，使之成爲日治初期種植改良蔗種的主力。〔註 123〕1906 年 1 月，受糖務局派遣和高木鐵男共同赴爪哇調查糖業，發現爪哇面積僅爲臺灣 4 倍，糖產量卻多達臺灣的 15、6 倍，其原因有工資和生產費低廉、耕作法進步、製糖場規模龐大等，對臺灣未來糖業改良方針深具啓發。〔註 124〕

1906 年末，佐佐木受堀宗一延攬辭官進入鹽水港製糖，當時鹽水港製糖正欲改組擴張，由佐佐木負責主導會社農事工作。〔註 125〕1907 年，鹽水港製糖在急水溪右岸新設新營工場，特別租借工場預定地附近約 40 甲土地作爲會社自營苗圃，苗圃由佐佐木一手設計，並引進蒸氣犁深耕法闢建蔗園，供應新營工場製糖原料。〔註 126〕

1910 年鹽水港製糖合併高砂製糖，佐佐木幹三郎隨之成爲旗尾工場技師長〔註 127〕，旗尾工場以擁有廣大面積的附屬農場爲著稱，其中，佐佐木負責規劃最重要的旗尾、手巾寮兩農場。〔註 128〕採用大農場耕作方式，建設便利的灌溉設施，使用強力的新式農具，採水稻輪作方式，成績優異，和臺灣製糖後壁林農場並稱爲模範農場〔註 129〕，這些耕作方式實與佐佐木任職糖務局時期爪哇的糖業調查經驗有關，特別是深耕法和輪作制度爲移植爪哇經驗。〔註 130〕其後，

〔註 119〕佐佐木幹三郎，〈米國で約束して〉，《糖業》，第 15 卷第 1 期，1928 年 1 月，頁 21。
〔註 120〕〈糖務局の糖業調查依囑〉，《臺灣日日新報》，1902 年 9 月 11 日，第 2 版。
〔註 121〕佐佐木幹三郎，前引文，頁 21。
〔註 122〕《臺灣總督府文官職員錄（明治 39 年）》（臺北：臺灣日日新報社，1906 年），頁 62。
〔註 123〕一記者，〈隱退した佐佐木幹三郎君〉，《糖業》，第 11 卷第 12 期，1924 年 12 月，頁 20。
〔註 124〕〈瓜哇糖業調查談〉，《臺灣日日新報》，1906 年 5 月 27 日，第 2 版。
〔註 125〕佐佐木幹三郎，前引文，頁 21。
〔註 126〕〈新式製糖會社狀況〉，《臺灣日日新報》，1907 年 5 月 14 日，第 4 版；〈鹽水港製糖會社附屬農場の蒸氣犁試運轉〉，1908 年 4 月 18 日，第 3 版。
〔註 127〕〈佐佐木幹三郎氏〉，《臺灣日日新報》，1912 年 5 月 14 日，第 2 版。
〔註 128〕〈臺灣隨一の白糖工場〉，《臺灣日日新報》，1912 年 5 月 14 日，第 77 版。
〔註 129〕佐藤吉治郎，前引書，頁 39。
〔註 130〕〈瓜哇の糖業〉，《臺灣農友會報》，第 7 號，頁 26～29。

佐佐木幹三郎歷任鹽水港製糖董事、監事，並多次遠赴海外進行糖業調查。1924 年，辭去鹽水港製糖所有職位。〔註 131〕

佐佐木幹三郎擔任旗尾工場技師長期間爲規劃附屬農場，自糖務局延攬森宋吉入社。森宋吉爲鹿兒島人，鹿兒島縣立鹿屋農學校畢業，1906 年進入糖業試驗場擔任甘蔗栽培關係事務囑託，次年任技手〔註 132〕，1909 年辭官。森宋吉先後擔任旗尾工場原料係長、農場長，時人論其以多年之經驗和研究，維持農場原料之高生產率，使旗尾工場得以減少稻作威脅，原料來源安定。〔註 133〕

（二）小花和太郎與林本源製糖之創立

小花和太郎歷任糖務課長，庶務課長、臺南支局長，並多次代理糖務局長，任官資歷非常完整。1909 年，受新渡戶稻造推薦和糖務局長大島久滿次指派，以休職兩年方式進入林本源製糖擔任經理，兩年期滿後辭官。〔註 134〕

小花和太郎進入林本源製糖後，自糖務局延攬屬官五十里八十八任庶務課長、囑託枝川繁松負責機械係工作。五十里八十八爲福岡人，1897 年以「殖產部報文編纂必要人物」之雇員身分應聘來臺，於殖產部農商課執行勤務〔註 135〕，和時任技手的小花和太郎爲同事。1898 年任總督府屬，1902 年轉入甫創立的糖務局任屬官，1909 年辭官隨小花和太郎進入林本源製糖任職。〔註 136〕

枝川繁松爲兵庫縣人，1906 年擔任糖務局囑託，多次協助改良糖廍進行機械試運轉，1909 年協助小花和太郎創立林本源製糖，當時林本源製糖原料採取區域內有北斗和北勢寮（今溪州鄉）兩個工場用地可供選擇，經枝川繁松實地勘查後，因北勢寮方便取得用水，決定作爲製糖場設立地點。〔註 137〕

〔註 131〕一記者，〈隱退した佐佐木幹三郎君〉，頁 20。

〔註 132〕〈森宋吉任糖務局技手〉，《臺灣總督府公文類纂》永久保存（進退），1907 年 3 月 31 日。

〔註 133〕佐藤吉治郎，前引書，頁 51。

〔註 134〕〈小花和太郎恩給證書送付ノ件（臺中廳）〉，《臺灣總督府公文類纂》永久進退，1911 年 12 月 11 日。

〔註 135〕〈雇五十里八十八增給及宮川眞龍免雇〉，《臺灣總督府公文類纂》乙種永久保存（進退追加），1897 年 9 月 2 日。

〔註 136〕〈糖務局屬五十里八十八昇級、賞與、依願免〉，《臺灣總督府公文類纂》永久保存（進退追加），1909 年 7 月 1 日。

〔註 137〕佐藤吉治郎，前引書，頁 115。

另小花和太郎尚聘用河野市次郎爲技師長，河野係 1894 年札幌農學校工學科畢業，曾任北海道廳技手，1898 年來臺任臺南縣技師〔註 138〕，1900 年辭官轉任職賀田組；聘用堀經三郎爲經理係長，堀氏係 1893 年札幌農學校豫科畢業，曾任北海道廳內務部事業手，1897 年來臺擔任民政局殖產部技手，1900 年辭官。〔註 139〕兩人和小花和皆屬札幌系出身，且 3 人都在日治初期來臺任職；1912 年小花和太郎再聘請同屬札幌系出身的河野孝太負責會社農務工作。

儘管小花和太郎任用不少糖務局轉任官員或前同事，但會社創立前後的大小事務和經營方向，多由小花和一手規劃。例如，小花和太郎獨排眾議任用具甜菜製糖經驗的德國籍技師，並採用瓦斯爲動力節省燃料成本，都是當時新式製糖會社創舉。此外，會社鋪設輕便鐵道有工場連結至員林、田中、二水等 3 項方案，小花和排除鐵道部推薦的員林方案與技師長河野市次郎主張的二水方案，堅持採取田中方案，理由是縱貫鐵路的貨物運輸費用在百哩以上有折扣，田中站到高雄站距離爲 101 哩，距離剛好超過百哩，二水距高雄僅 97 哩無折扣，員林距高雄 110 哩，距離稍遠。

小花和太郎採用德國技師和瓦斯動力結果都失敗。採用德國技師失敗的主因在於甜菜製糖方式不適用臺灣甘蔗製糖；而使用瓦斯裝置原本預期會比其他會社節省約 1 成燃料費，卻在開始製糖的前兩個月即故障頻頻，平均每天只能製出 20 萬斤蔗糖，只得購入兩部小型蒸氣機應急，每日製糖量才提升爲 80 萬斤，但仍未能在期限內消化原料採取區域全數原料。〔註 140〕

1911、1912 年林本源製糖連續受到兩次暴風雨襲擊，濁水溪氾濫成災，導致工場、鐵道及蔗園都受到嚴重的損害，會社大幅虧損。〔註 141〕爲挽回頹勢，林本源製糖社長林鶴壽等 7 名成員向臺灣銀行頭取柳生義一請求貸款，同時打算將林本源製糖改組爲株式會社組織。其後，臺灣銀行同意貸款 90 萬圓，林本源製糖改組爲株式會社，依據日本商法，株式會社至少須有 3 名日人股東，小花和太郎乃和石川昌次、田邊米二郎入股，打破純由

〔註 138〕〈河野市次郎採用ノ件〉，《臺灣總督府公文類纂》永久保存（進退），1898 年 11 月 1 日。

〔註 139〕〈技手堀經三郎（依願免本官）〉，《臺灣總督府公文類纂》永久保存，1900 年 11 月 1 日。

〔註 140〕〈臺中廳下製糖終了期〉，《臺灣日日新報》，1911 年 4 月 26 日，第 5 版；佐藤吉治郎，前引書，頁 115～118。

〔註 141〕澤全雄，前引書，頁 172～173。

林家成員擔任股東的情況。會社一切業務亦委由小花和等 3 名日人股東執行，其中，小花和任專務董事，田邊任經理。〔註 142〕石川和田邊二人爲臺灣銀行派駐會社監督業務的代表，小花和雖任專務董事，但會社主導權實際操控在田邊之手。〔註 143〕1916 年小花和 5 年約滿去職，由田邊接任常務董事並兼任經理。〔註 144〕

小花和太郎去職後，林本源製糖內部出現田邊派和小花和派新舊社員間的對立，1918 年，屬小花和派的工場機械係技師枝川繁松和原料主任河野孝太以田邊米二郎無領導能力爲由，相繼提出辭職，會社的內訌浮上檯面。〔註 145〕總督府和臺灣銀行協商後，決定聘請東洋製糖主事大賀基作任經理，整頓社務，田邊米二郎專任董事。〔註 146〕

但大賀基作處理河野孝太、枝川繁松等舊社員辭職的方式和社長林鶴壽產生意見衝突，結果上任不到一個月的大賀基作辭職，河野、枝川等舊社員先後回任，又造成田邊派共 117 人社員連袂提出辭職，林鶴壽挽留無效後，林本源製糖內訌事件以田邊派社員辭職告終。1919 年，河野孝太出任林本源製糖經理〔註 147〕，枝川繁松任工場長。1923 年，枝川發明能提升壓榨能力、使用壽命及減低故障率的壓榨機滾筒，獲林本源製糖全面使用。〔註 148〕1926 年，林本源製糖肯定枝川貢獻，拔擢其擔任董事，直到次年林本源製糖爲鹽水港製糖併購。〔註 149〕由是觀之，林本源製糖創設之初小花和太郎延攬的社員，即使在小花和去職後仍繼續在會社扮演重要的角色。

如前所述，糖務局技師階層之出身以札幌系佔絕大部分，不過，糖務局時期札幌系技師轉任新式製糖會社者僅有堀宗一和小花和太郎兩人，且兩人辭官轉任皆出自總督府高層授意而非自願，這與吳文星的研究指出，糖業試

〔註 142〕佐藤吉治郎，前引書，頁 118～119。

〔註 143〕一記者，〈糖界の新人物吉田碩造君〉，《糖業》，第 11 卷第 1 期，1924 年 1 月，頁 20。

〔註 144〕〈小花和氏退任事由〉，《臺灣日日新報》，1916 年 8 月 21 日，第 2 版。

〔註 145〕〈林製糖の內訌〉，《臺灣日日新報》，1918 年 6 月 6 日，第 7 版。

〔註 146〕〈林糖問題解決 大賀基作氏の入社〉，《臺灣日日新報》，1918 年 9 月 28 日，第 2 版。

〔註 147〕〈林糖支配人決定 河野氏昇任〉，《臺灣日日新報》，1919 年 9 月 3 日，第 2 版。

〔註 148〕〈甘蔗壓榨機に使用する理想的轉子の發明〉，《臺灣日日新報》，1923 年 11 月 3 日，第 4 版。

〔註 149〕〈枝川繁松氏去世〉，《臺灣日日新報》，1935 年 6 月 28 日，第 9 版。

驗場札幌系出身的職官多數久任而安於糖業試驗場工作可相呼應。〔註 150〕

再者，堀宗一和小花和太郎不僅是糖務局內的技術官僚，同時擔任首長要職，如堀宗一為第一任臺南支局長，小花和太郎更先後擔任過臺南支局、糖務課、庶務課主管，甚至多次代理糖務局長，在糖務局內深具影響力。因此，兩人轉任新式製糖會社經營階層後，也同時延攬糖務局官員入社，如堀宗一延攬橋本貞夫和岡田祐二，小花和太郎延攬五十里八十八和枝川繁松。從兩人延攬官員的專長來看，橋本貞夫和五十里八十八都屬行政庶務專長，岡田祐二和枝川繁松都屬蔗糖分析和機械專長，與堀宗一、小花和太郎之農學專長呈現互補。而堀宗一和小花和太郎離職後，拔擢的人才仍在新式製糖會社發揮影響力。

二、非札幌系技術官僚與新式製糖會社之創立

（一）相馬半治與明治製糖之創立

如前所述，相馬半治 1904 年進入糖務局任職，為當時技師階層中唯一非札幌系出身，且主張大製糖工場主義者。然其大製糖工場主張卻在 1905 年糖務局將製糖獎勵方針轉往設立改良糖廍時受到抑制。日俄戰後，大型製糖會社紛紛在臺創社或設立新式製糖場，相馬半治為實踐大製糖工場主張，親自策劃明治製糖之創立。

1906 年，仍具糖務局技師身分的相馬半治藉職務之便勘查明治製糖製糖場的設立地點。先是探勘屏東平原，發現該地糖業自然條件優異，但交通不便，且有水患之虞，因而選擇曾文溪以北到濁水溪以南作為原料採取區域，以鹽水港廳的蕭壠地區作為第一工場預定地，嘉義廳的蒜頭地區作為第二工場預定地，並伺機併購蔴荳製糖和鹽水港製糖，後因東洋製糖創立和鹽水港製糖擴張，爭奪明治製糖規劃的原料採取區域，使明治製糖的原料採取區域一分為二。〔註 151〕

1906 年底明治製糖成立，相馬半治辭官入社擔任專務董事。〔註 152〕明治製糖社長小川錥吉駐在東京負責社務，臺灣社務則由相馬半治全權負責。相馬半治自糖務局延攬囑託高木鐵男任庶務課長，負責行政事務；聘請總督府

〔註 150〕吳文星，〈札幌農學校畢業生與臺灣近代糖業研究——以臺灣總督府糖業試驗場技師技手為中心〉，《臺灣學研究》，第 6 期（臺北：國立中央圖書館臺灣分館，2008 年 12 月），頁 176。

〔註 151〕相馬半治，前引書，頁 194。

〔註 152〕同上註，頁 186～191。

稅關事務官有島健助任主事。〔註 153〕高木鐵男爲岡山縣人，1902 年東京帝國大學法科政治科畢業，學生時期認識相馬半治並深獲賞識。1904 年相馬半治來臺擔任糖務局技師，高木鐵男受其推薦也來臺擔任糖務局囑託，1906 年相馬辭官轉任明治製糖專務董事，高木亦隨之辭官轉任明治製糖庶務課長，1915 年相馬接任社長一職，高木亦升任專務董事。〔註 154〕相馬每年約有半年期間待在日本時，高木便成爲相馬在臺灣的代理人〔註 155〕，和有島健助兩人爲明治製糖創立初期相馬半治最重要的左右手。

相馬半治也大量聘用母校東京高等工業學校出身的任技師，如先後擔任第二工場長、技師長的千葉平次郎爲相馬的同窗，蕭壠工場長佐佐木清吉、蒜頭工場長安田昌、總爺工場長久保田富三悉數都是東京高等工業學校出身。〔註 156〕

明治製糖創立初期，相馬半治偏重聘用工業技術人員，可能與其出身背景有關。這特色展現在社務發展方針，爲不設自營農場，原料完全來自收購。因此，相馬半治極重視蔗作獎勵，1910 年，明治製糖開風氣之先，率先制定蔗作獎勵章程。不過，1911、1912 年兩度的暴風雨造成甘蔗嚴重減產，許多原料採取區域內的農民紛紛棄種甘蔗，爲確保原料來源，相馬半治決定發展自營農場，1913 年，收購蒜頭工場鄰近約九百甲土地開闢農場〔註 157〕，由札幌系出身的攝待初郎負責，攝待之後，有同屬札幌系的菊池桿任農務部長〔註 158〕，1914 年菊池又延攬札幌系出身的桐村高尙、森庫太郎、伊集院五郎等來臺任職，使明治製糖呈現東京高等工業出身者主導工務、札幌系出身者主導農務之企業特色。此外，相馬半治不吝以實績拔擢社員，幹部鮮少從外社空降，亦爲相馬半治主政下的一大特色。〔註 159〕

明治製糖雖以小川錞吉爲創社社長，但小川僅揭示「堅實」爲會社的根

〔註 153〕有島健助爲鹿兒島縣人，1903 年任大藏省屬，1895 年來臺總督府稅關屬，1906 年升任事務官，1908 年應相馬半治之邀辭官任明治製糖主事，於東京事務所執行勤務，1940 年出任明治製糖旁系企業明治乳業株式會社社長。〈有島健助恩給證書附與ノ件〉，《臺灣總督府公文類纂》永久保存，1908 年 10 月 12 日；有島健助，《使命の感激》（東京：故有島健助翁追悼記念出版委員會，1959 年）。

〔註 154〕上村健堂，《臺灣事業界と中心人物》（臺北：臺灣案內社，1919 年），頁 209。

〔註 155〕〈糖界の人物（壹）〉，《糖業》，第 6 期，1915 年 3 月 15 日，頁 30。

〔註 156〕〈明治製糖〉，《新臺灣》，第 11 期，頁 61。

〔註 157〕佐藤吉治郎，前引書，頁 109。

〔註 158〕〈明治製糖〉，前引文，頁 60。

〔註 159〕趙祐志，〈日人在臺企業的社會網絡〉，臺北：國立臺灣師範大學歷史系博士論文，2005 年 6 月，頁 270～271。

本方針，實際經營由相馬半治負責。1915 年小川社長因病卸下社長一職，由相馬半治接任社長，「堅實」的會社方針依然不變。所謂堅實方針，指的是一方面努力充實會社內容和資產狀態，不惜投注鉅資增設和改善製糖及其他相關必要設備，但不舉社債，而以盈餘或正常繳納的股金爲之，並視其輕重緩急逐步進行。〔註 160〕例如，會社創立初期原先計畫同時建立蕭壠和蒜頭兩個工場，但遇上日俄戰後經濟過熱的反動，財況不振，相馬半治不惜違反糖務局頒布的命令項目，暫緩蒜頭工場建設，也不願舉債爲之，這使得明治製糖擴張的步調較爲穩健。〔註 161〕

相馬半治的治社風格有論者稱之爲一人一業主義〔註 162〕，指的是全然專注經營糖業，大小社務皆親力親爲。如前所述，明治製糖創立從擬定計畫、探勘和選擇製糖場地點，以及選購機械和建築材料全由相馬一手包辦，有島健助形容有「殺雞用牛刀的感覺」。〔註 163〕

相馬半治長期主導明治製糖社務〔註 164〕，1943 年轉任顧問後仍握有實權。日治時期明治製糖的發展可說是和相馬半治相終始。

（二）山田申吾與新高製糖之創立

山田申吾爲熊本縣人，1893 年通過東京物理學校（今東京理科大學）度量衡科學科試驗。翌年擔任愛知縣技手，1895 年辭官，1896 年來臺擔任總督府民政局殖產部農商事務囑託，於殖產部農商課商工掛執行勤務，其間，多次調查臺灣度量衡制度。1898 年任度量衡調查所主任，之後多次從事農家經濟調查及商工調查。1901 年升任總督府度量衡司檢所技師，同年年底官制改正，專任總督府技師。1904 年擔任殖產局權度課課長。1908 年 12 月兼任糖務局技師，曾於 1909 年 4 月 6 日開始代理糖務局長一職。〔註 165〕1910 年 3 月 5 日，應聘新高製糖而申請休職，2 年休職期滿後辭官。〔註 166〕

〔註 160〕臺灣總督府特產課，《臺灣糖業概觀》，頁 163。

〔註 161〕佐藤吉治郎，前引書，頁 100～102。

〔註 162〕吉田靜堂，《臺灣古今財界人の横顔》（臺北：經濟春秋社，1932 年），頁 26～27。

〔註 163〕有島健助，前引書，頁 364。

〔註 164〕1932 年爆發明糖事件，相馬半治一度因入獄而辭去社長職位，出獄後，1934 年回任社長。

〔註 165〕〈技師山田申吾糖務局技師兼任ノ件〉，《臺灣總督府公文類纂》，第 7 卷，明治 42 年 7 月 1 日。

〔註 166〕〈山田申吾恩給下賜上申及同證書送付〉，《臺灣總督府公文類纂》，第 6 卷，明治 45 年 6 月 13 日。

1910 年 3 月山田申吾休職後，新高製糖旋即召開臨時總會選舉山田任專務董事。當時會社有彰化和嘉義兩個製糖場預定地，前者土地較為平坦，灌溉便利，但以稻作為主，後者雖位於糖業要地的濁水溪以南地區，但多旱田，並因 1909 年赤糖價格飆漲而盛產赤糖。山田雖出身工科，但對米作有特別之研究，曾到印尼爪哇出差考察水田蔗作情況，對在水田區域推廣種植甘蔗深具信心，加上 1909 年米價低落，山田因而主張優先在彰化建設製糖場，致力發展水田蔗作；嘉義的製糖場預定地則計畫設白糖工場，從事再製糖製造。山田的策略得到社長高島小金治支持，同時獲得民政長官兼糖務局長大島久滿次充分理解〔註 167〕，山田日後被稱為「濁水以北糖業之開祖」。〔註 168〕

為發展水田蔗作，山田申吾特別延攬臺南廳技手鹽手武彥任農場主任。鹽手武彥為大分縣人，1901 年大分農學校畢業，1906 年以農事試驗關係事務囑託身分來臺，負責米穀檢查業務，後轉任臺南廳技手，1909 年辭官轉任新高製糖。〔註 169〕鹽手曾在農業相關期刊上發表多篇米作與農法相關文章〔註 170〕，為山田實行水田蔗作倚重的專家。

當時彰化平原農民對於水田種植甘蔗多感到驚異，在缺乏種植甘蔗的經驗和知識下，植蔗意願低落，新高製糖一方面藉官方和警察之力「督勵」，一方面山田申吾亦苦思以獎勵方式使蔗作利益高於米作。〔註 171〕

在山田申吾的堅持下，1910 年上半年彰化工場開始動工，年底完工，機械能力 750 噸，同年 12 月 16 日開始製糖，次年 5 月 13 日結束製糖，製糖量超乎預期達 111,500 擔，使會社盈餘多達 255,880.25 圓。此外，該年度甘蔗種植面積 1,172 甲，平均每甲收穫量 9 萬斤，高於全島平均 51,276 斤甚多〔註 172〕，

〔註 167〕西原雄次郎編，《新高略史》，頁 9～10。

〔註 168〕佐藤吉治郎，前引書，頁 257。

〔註 169〕〈臺南廳技手鹽手武彥依願免本官、疾病不堪職、昇級〉，《臺灣總督府公文類纂》永久保存（進退），1909 年 12 月 1 日。

〔註 170〕如〈臺灣米價の趨勢を論ず〉，《臺灣農友會會報》，第 7、8 期，頁 37～41、18～25；〈三十九年度早期作坪割成蹟ニ就テ〉，《臺灣農友會會報》，第 8 期，頁 48～51；〈北部地方晚期作收穫期に於ける霖雨に對し農民の取りたる方法及改良意見〉，《臺灣農友會會報》，第 9 期，頁 21～25；〈阿公店支廳下看天田ニ對スル農法調查〉，《臺灣農事報》，第 29 期，1909 年 4 月 25 日，頁 27～32。

〔註 171〕佐藤吉治郎，前引書，頁 19～21。

〔註 172〕根據臺灣總督府民政部殖產局，《臨時臺灣糖務局第十年報》，頁 693 計算而得。

特別是渡船頭地區（今彰化市北區大肚溪畔）的蔗園每甲收穫量更達 12 萬至 13 萬 4 千斤，全臺名列前矛，水田蔗作策略初步成功。〔註 173〕

1911 年，受到前一個製糖期獲利甚多的鼓舞，農民更加踴躍種植甘蔗，種植面積達 1,972 甲。但 8 月下旬接連遭遇兩個颱風侵襲，一部分蔗園因排水不良導致甘蔗發育受阻，加上米價開始上漲，農民開始動搖種蔗意願。1912 年 9 月，中南部地區發生強烈颱風，新高製糖受害頗爲嚴重，甚至出現解散的傳言。此時山田申吾因健康惡化，不得不於 1913 年 6 月辭職，不久去世。〔註 174〕

整體觀之，相馬半治和山田申吾是糖務局技師階層中僅有兩名非札幌系出身的技師，兩人進入糖務局任職，都與當時總督府糖業發展方針轉變有關，但其學科專長與其他札幌系農學出身的技師不同，任職時間也不長，辭官轉任民間會社，反較能發揮專長，主導會社的經營方向。

三、事務官與新式製糖會社之創立

（一）淺田知定與東洋製糖之創立

淺田知定爲福岡縣人，1887 年東京帝國大學政治科畢業，歷任愛媛縣參事官、岩手縣書記官、貴族院書記官、澎湖廳長等職。〔註 175〕1902 年糖務局創立，任糖務局首任事務官，次年兼任總督府事務官，1904 年繼堀宗一之後出任糖務局臺南支局長〔註 176〕，新渡戶稻造赴京都帝國大學任教時，一度代理糖務局長。〔註 177〕

1907 年東洋製糖創立，淺田知定辭官進入東洋製糖擔任專務董事〔註 178〕，同時，淺田知定從糖務局延攬田村熊治負責赴英國採購製糖器械。〔註 179〕田村熊治爲東京人，1886 年任沖繩縣農商課屬，曾在久米、宮古、八重山三島負責

〔註 173〕西原雄次郎編，《新高略史》，頁 11～13。

〔註 174〕同上註，頁 10。

〔註 175〕〈故淺田氏略歷〉，《臺灣日日新報》，1926 年 10 月 26 日，第 3 版。

〔註 176〕〈糖務局事務官淺田知定依願免官〉，《臺灣總督府公文類纂》，永久進退（保存），1907 年 5 月 21 日。

〔註 177〕〈淺田知定糖務局長代理ヲ命セラル〉，《臺灣總督府公文類纂》，永久進退（保存），1904 年 1 月 25 日。

〔註 178〕〈糖務局事務官淺田知定依願免官〉，《臺灣總督府公文類纂》，永久進退（保存），1907 年 5 月 21 日。

〔註 179〕〈新設製糖會社狀況〉，《臺灣日日新報》，1907 年 5 月 14 日，第 4 版。

甘蔗栽培和製糖事務，其間兼任農事試驗場場長。1896 年來臺，歷任撫墾署技手、臺北縣屬、民政局技手、總督府技手，1898 年轉任澎湖廳技手，之後職務雖有調動，仍多次兼任澎湖廳技手。1902 年糖務局創立之初轉任糖務課技手，仍兼總督府技手，駐在臺北。〔註 180〕淺田知定擔任澎湖廳長和糖務局事務官時期，田村熊治皆爲其下屬，淺田對田村委以重任其來有自。

如前所述，東洋製糖創立初期一度傳出可能倒閉或被大日本製糖購併，淺田知定特別爲此出面闢謠，說明會社繳納的資本額已有 500 萬圓，基礎越來越穩固，製糖場工程亦即將完工，股價低落不足爲慮，以穩定軍心。〔註 181〕次年，大日本製糖爆發日糖事件，無力購併東洋製糖，再加上社長德久恒範和淺田知定排除困難，堅持工場如期完工運作，終使會社度過創立初期的危機。〔註 182〕

1910 年社長德久恒範去世，社長一職暫時懸缺，社務由淺田知定負責。〔註 183〕淺田主導下的東洋製糖，以「淺田式」的經營方式聞名於業界，所謂「淺田式」經營方式是指萬事皆以樸素爲本，力求節約製造和營業成本，不求急速擴張，以穩健漸進的方式經營〔註 184〕，因而正當糖務局末期多數新式製糖會社急於擴張之時，東洋製糖的擴張相對保守，資本額也一直維持在創立當時的 500 萬圓；另一方面，爲壓低生產成本，東洋製糖收購原料價格往往比鄰近會社低廉，例如，1909 年東洋製糖每千斤甘蔗的平均收購價格爲 2.30 圓，低於鄰近會社的 2.50 圓，造成蔗農植蔗意願降低，儘管該年度臺灣大多數地區甘蔗豐收，東洋製糖原料採取區域的甘蔗仍減收約 2 成。〔註 185〕不過，1911、1912 年連兩年暴風雨各新式製糖會社皆受到不小的衝擊，以淺田式經營的東洋製糖反受害甚輕，1914 年和臺灣製糖同爲新式製糖會社中僅有的兩家自有資金足供應付需求的會社。〔註 186〕

〔註 180〕見〈技手田村熊治依願免官〉，《臺灣總督府公文類纂》，永久保存（進退），1907 年 3 月 2 日。

〔註 181〕〈淺田知定氏談〉，《臺灣日日新報》，1907 年 12 月 8 日，第 2 版。

〔註 182〕澤全雄，前引書，頁 58。

〔註 183〕〈臺灣の製糖會社と其現勢〉，前引文，頁 8～9。

〔註 184〕〈糖界評判記〉，《臺灣》，第 5 期，頁 100；〈新高の消極方針と蔗作改善の機運〉，《臺灣日日新報》，1924 年 12 月 20 日，第 3 版。

〔註 185〕〈實業巡回通信（十五日）〉，《臺灣日日新報》，1909 年 7 月 20 日，第 3 版。

〔註 186〕黃紹恆，《日治時代台灣機械製糖會社經營狀況之研究（1919 年代～1920 年代）》，行政院國家科學委員會專題研究計畫成果報告，2003 年 10 月，頁 7～8。

1914 年，下坂藤太郎出任懸缺近 4 年的東洋製糖社長一職，下坂任命松方五郎爲專務董事〔註 187〕，原本以保守穩健不急於擴張著稱的淺田式東洋製糖特色也開始轉變。1914 年 8 月，東洋製糖打敗明治製糖，順利購併斗六製糖，資本額增爲 800 萬圓；〔註 188〕次年 3 月購併北港製糖，資本額增爲 1 千萬圓；〔註 189〕1916 年 7 月再收購臺灣赤糖株式會社，資本額再增爲 1,175 萬。〔註 190〕短短 3 年，東洋製糖擴增超過 1 倍規模，會社發展方向顯然和淺田知定的經營理念不合。1913 年 8 月，淺田辭去東洋製糖專務董事一職，赴歐洲視察歐美糖業。〔註 191〕1914 年淺田進一步退出東洋製糖轉往新高製糖任職，先後擔任新高製糖監事、董事等職，1921 年 10 月出任常務董事。〔註 192〕

淺田知定亦將淺田式經營特色帶入新高製糖，1920 年，淺田以董事身分專駐臺灣全權處理社務，隨即以經費節省爲由汰換 3 名主任級幹部。〔註 193〕1922 年，新高製糖創社社長高島小金治去世後，新高製糖淺田式經營色彩更加明顯，當時正值米糖相剋問題浮現，中部農民植蔗意願降低，1925 年林本源製糖即在此背景之下爆發二林事件。位於彰化平原的新高製糖亦受到米糖相剋問題的衝擊，淺田知定採取由臺灣人取代日本人擔任輕便車站站長助手，以及本社事務室多僱用女性事務員等方式節省人事費用，並將適合米作地但成本較高的爪哇實生種蔗苗種植比例減爲 2 成，以降低生產成本。〔註 194〕由於新高製糖不斷壓低生產成本，使會社和佃耕蔗農間關係緊張，有論者認爲改善業佃關係，爲新高製糖發展的急務〔註 195〕，淺田知定和淺田式特色褒

〔註 187〕河野信次，《臺灣糖業觀》（神户：日華新報社，1915 年），頁 195。

〔註 188〕斗六製糖改組爲日資會社之初，一般皆認爲係屬於明治製糖系統的會社，然東洋製糖著眼於斗六製糖佔有優良的原料採取區域，乃與鈴木商店聯絡，大肆爭奪斗六製糖股份，使東洋製糖在 1913 年 8 月股東大會改選幹部時取得優勢，明治製糖的相馬半治也因此辭去相談役一職，東洋製糖於是進一步購併斗六製糖。見相馬半治，前引書，頁 239。

〔註 189〕宮川次郎，《臺灣糖業概觀》，頁 177。

〔註 190〕臺灣總督府特產課，《臺灣糖業概觀》，頁 58。

〔註 191〕〈淺田氏外遊〉，《臺灣日日新報》，1913 年 8 月 9 日，第 5 版。

〔註 192〕西原雄次郎，《新高略史》，頁 93。

〔註 193〕〈新高幹部異動〉，《臺灣日日新報》，1920 年 12 月 4 日，第 2 版。

〔註 194〕〈新高の消極方針と蔗作改善の機運〉，《臺灣日日新報》，1924 年 12 月 20 日，第 3 版。

〔註 195〕佐藤吉治郎，前引書，頁 24。

貶參半。1926 年 10 月，淺田知定於新高製糖常務董事任內去世。〔註 196〕

（二）近藤武義與中央製糖之創立

近藤武義爲新潟縣人，1892 年文官普通考試及格，先後擔任新潟縣、東京府收稅屬，1899 年法政大學畢業，1901 年通過文官高等考試，1903 年出任青森縣大林區署林務課課長，同年休職，次年轉爲遞信屬，1905 年任通信屬。1905 年來臺擔任總督府民政部財務局屬〔註 197〕，1907 年 4 月兼任糖務局屬，5 月改糖務局屬爲本官，總督府屬爲兼官〔註 198〕，9 月升任糖務局事務官兼庶務課長。〔註 199〕1910 年 10 月辭官，12 月轉任中央製糖創社專務董事。〔註 200〕

近藤武義在中央製糖內的主導力不如相馬半治、淺田知定、山田申吾、小花和太郎等人，其主因在於近藤和增田屋系統的股東關係不融洽，而另一名常務董事中村房次郎則和增田屋系統股東關係密切，最後形成近藤和中村兩派人馬的對立。

1912 年，近藤武義提出延長鋪設 25 哩專用鐵道、購買土地作爲自作原料用地、設計建造溪流水圳作爲灌溉設備等擴張會社方針，總計需用經費約 50 萬圓。近藤的擴張計畫遭到以中村房次郎爲首重要幹部反對，引發近藤和中村兩人激烈爭論，結果社長関清英與中村房次郎、近藤武義 3 人同時以第一期營業成績不如預期爲由提出辭職。其後，會社主要股東委由監事吉田幸作、顧問牟田口元學出面協調，牟田口元學的立場傾向增田屋一派，事件以近藤武義退休作爲了結。近藤去職前，提出社長留任，專務董事由技師長谷井千次郎接任等條件，獲得認可。〔註 201〕1913 年 6 月，中央製糖卻很快被明治製糖購併，會社存在時間不到 3 年。〔註 202〕

由上文觀之，日俄戰後初期明治製糖、東洋製糖、大日本製糖等新式製

〔註 196〕西原雄次郎，《新高略史》，頁 93。

〔註 197〕〈通信屬正八位近藤武義昇級及ヒ總督府屬ニ任命ノ件〉，《臺灣總督府公文類纂》永久保存（進退），1905 年 11 月 13 日。

〔註 198〕〈近藤武義任糖務局屬〉，《臺灣總督府公文類纂》永久保存（進退），1907 年 5 月 31 日。

〔註 199〕《府報》，第 2275 號，1907 年 9 月 13 日，頁 34。

〔註 200〕〈臺灣の製糖會社と其現勢〉，前引文，頁 6。

〔註 201〕〈中央製糖紛擾顛末（一）、（二）、（三）〉，《臺灣日日新報》，1912 年 9 月 10、11、12 日，第 2 版。

〔註 202〕上野雄次郎，前引書，頁 17。

糖會社先後在臺創立或設立製糖場，鹽水港製糖亦透過增資擴大規模；1909年後，再有新高製糖、林本源製糖、北港製糖、斗六製糖、帝國製糖、中央製糖、埔里社製糖等新式製糖會社創立，上述 11 家新式製糖會社創立過程中，有不少糖務局官員辭官協助創社，對草創時期的新式製糖會社發揮影響（參見表 6-3-1），其中，明治製糖、東洋製糖、鹽水港製糖、新高製糖、林本源製糖、帝國製糖、中央製糖等 7 家製糖會社創立或改組初期的常務董事、專務董事、經理等職係由糖務局技師、事務官或囑託轉任，比例不低，其亦多少主導草創時期會社的經營方向。

表 6-3-1　糖務局官員與新製糖會社創立關係表

會社	人名（原籍）	學歷（畢業年代）	糖務局職位（任職時間）	會社職位（任職時間）	備註
鹽水港	堀宗一（北海道）	札幌農學校（1882）	技師 臺南支局長 （1902～1904）	技師長 常務董事 （1904～1909）	1910 年任帝國製糖顧問
	佐佐木幹三郎（廣島）	美國路易西安那州立大學肄業（1900）	囑託 甘蔗試作場主任 （1903～1906）	旗尾工場主任 農事主任 董事 監事 （1906～1924）	1924 年辭職
	橋本貞夫（廣島）	東京英語學校	囑託 （1902～1904）	高砂製糖經理 旗尾工場長 常務董事 （1904～1932）	1932 年辭職
	岡田祐二（愛知）	藥學研究	技手 （1902～1904）	技師 技師長 （1904～？）	
	森宋吉（鹿兒島）	鹿兒島縣立鹿屋農學校農科（1902）	囑託 技手 （1906～1909）	原料係長 旗尾農場長 （1910～？）	
明治	相馬半治（東京）	東京高等工業學校（1896） 美國密西根大學理學碩士（1903）	技師 糖務課長 （1904～1906）	專務董事 社長 （1906～1946）	1909 年兼任斗六製糖顧問

	高木鐵男（岡山）	東京帝國大學法科政治科（1902）	囑託（1904～1906）	庶務課長 常務董事（1906～1919）	1919 年辭職
東洋	淺田知定（福岡）	帝國大學政治科（1887）	事務官 臺南支局長 代理糖務局長（1902～1907）	常務董事 社員（1907～1914）	1913 年辭常務董事 1914 年轉新高製糖監事
	田村熊治（東京）		技手（1902～1907）		
大日本	今井兼次（北海道）	札幌農學校預科	技手（1903～1906）	農場長 農務課長（1906～？）	
新高	山田申吾（熊本）	東京物理學校（1893）	兼任技師 代理糖務局長（1908～1910）	專務董事（1910～1914）	1914 年因病辭職
	鹽手武彥（大分）	大分農學校（1898）	臺南廳技手（1906～1909）	技師（1909～？）	
林本源	小花和太郎（東京）	札幌農學校預科 5 年退學	技師 糖務課長 臺南支局長 代理糖務局長（1902～1909）	支配人 專務董事（1909～1916）	1916 年約滿去職
	枝川繁松（兵庫）		囑託（1906～1909）	技師 工場部長 董事（1909～1927）	1927 年會社爲鹽水港製糖收購去職 昭和製糖顧問
	五十里八十八（福岡）		屬（1902～1909）	庶務課長（1909～？）	
中央	近藤武義（新潟）	法政大學（1899）	屬 事務官 庶務課長（1907～1910）	專務董事（1910～1913）	1913 年辭職
帝國	松岡富雄（熊本）	札幌農學校肄業	囑託（1903～1906）	專務董事（1910～1913）	1913 年辭專務董事 1919 年創新竹製糖，任專務董事

新興	齋藤信義（熊本）	熊本農學校（1903）	囑託 技手 （1907～1910）	大寮農場農事擔當 （1910～？）	轉任帝國製糖
埔里社	野瀨暢次郎（東京）	裁判書記試驗合格（1893）	屬 （1910～1911）	社員 （1911～1913）	1913 年爲臺灣製糖合併

資料來源：

1.《總督府職員錄》，1902～1911 年度。
2. 佐藤吉治郎，《臺灣糖業全誌》（臺中：株式會社臺灣新聞社，1926 年）。
3. 澤全雄，《製糖會社要鑑》（東京：作者，1917 年）。
4.《臺灣日日新報》人事報導。

第七章　結　論

日治初期，總督府基於臺灣傳統糖業生產方式落後、日本國內精製糖業者原料需求，以及謀求臺灣財政獨立等因素實行糖業改革。1901 年聘請新渡戶稻造起草「糖業改良意見書」，其論點幾乎全爲總督府採行，並據之發布糖業獎勵規則及設立糖務局作爲執行機關。根據本論文初步探討的結果，有幾點淺見或發現：

其一，在經費、人事及組織方面，糖務局成立後，人事、研究、雜支及其他經費由總督府於歲出臨時部預算中增列「臺灣糖業改良及獎勵費」項目辦理，糖業獎勵費則自歲出臨時部勸業費項目中編列。糖務局整體經費與 1901 年開徵的砂糖消費稅收入具有正相關性，大致爲前年度砂糖消費稅收入的 1～3 成，可看出砂糖消費稅爲總督府設立糖務局進行糖業改革的財源。糖務局的經費中，糖業獎勵經費歷來均佔總督府勸業費多數，增減情形並趨近正相關，同時亦爲糖務局最大筆的支出經費，特別是在糖務局後期開始都佔總經費半數以上，且比例不斷上升，經費也明顯增加，帶動糖務局總經費增加，糖業獎勵事業實乃糖務局乃至於日治初期總督府的殖產事業中最重要的一環。

糖務局的專兼任技師共有 15 名，其中，有 13 名出身札幌系，且有 9 名屬北海道籍或曾任職北海道廳，札幌系及北海道色彩十分濃厚，且專長偏重於農學，多主張小製糖工場主義，這樣的特色主導糖務局設立初期的製糖改革走向。相對於技師階層，糖務局的技手階層屬札幌系和北海道出身者反居少數，而以九州出身者佔半數以上，且多來自鹿兒島和熊本兩縣，鹿兒島鹿屋、大島農學校及熊本農學校出身者爲數較多，專長同樣偏重農學。總體來看，糖務局聘用的技術人員，絕大多數都受過近代化的農業或工業教育，可說是適才適所。

其二，糖務局成立初期，大致依循新渡戶稻造的規劃，採取農、工並行的方式執行獎勵政策，在製糖改良方面採取漸進政策，分別勸誘傳統製糖業者投資改良壓搾機；勸誘糖商與地方領導階層投資設立小規模新式製糖場，而有維新製糖、新興製糖、南昌製糖、蔴荳製糖、賀田組等 5 家小規模新式製糖會社成立。依據糖業獎勵規則，糖務局對新式製糖業者的獎勵方式有提供資本額若干比例的補助金、補助製糖機械購置費用、貸借機械等 3 種方式，糖務局對資本額在 10 萬圓以下的賀田組、南昌製糖、蔴荳製糖及改良糖廍採取機械貸借的獎勵方式，對資本額在 20 萬圓以上的維新製糖、新興製糖各採補助製糖機械購置費用與提供補助金的方式，並非如森久男指出：糖業獎勵政策實行之初總督府斷絕以利息補助勸誘日本本國資本，改採現物補助勸誘臺灣本地資本。〔註 1〕

糖務局一方面獎勵新式製糖業者，另一方面也趁發放補助金和貸借機械的時機，對新式製糖業者發布命令項目，以監督會社營運狀況確保糖業獎勵成果，並且促使新式製糖業者成爲傳統製糖業者的模範，以推廣製糖改革。糖務局監督的項目隨獎勵方式和製糖場設立的時間、地點而略有不同，基本項目有：要求每年度須向糖務局提出事業預定書和決算書；資金繳交、社債募集、幹部異動等情形須隨時向糖務局報告；糖務局得隨時派員監察會社事業狀況和收支等。

然而，1904 年地方官廳發動並得到總督府高層支持創立鹽水港製糖、臺南製糖等大規模工場，此與糖務局設立初期糖務局官僚主導漸進主義的製糖改革策略不符，可看出糖務局對製糖獎勵方針之決策並未具決定性的地位。

爲發展大規模工場，糖務局調整技術人員偏重農學的情況，工科出身的相馬半治進入糖務局任職，打破糖務局清一色札幌系農學背景出身的技師結構，此外，尚有土木專長的田中與作及測量術專長的鶴見愛眾被延攬進入糖務局擔任技手。然而，新設立的大製糖場資本額只略多於初期設立的維新和新興製糖，製糖能力卻大數倍，使會社資本多投注在固定資本上，沒有太多資本可以讓會社運作，因此糖務局必須投入大量經費維持大製糖場運作，甚

〔註 1〕森久男，〈臺灣總督府の糖業保護政策の展開〉，《臺灣近現代史研究》，第 1 輯（東京：臺灣近現代史研究會，1979 年），頁 60。

至不惜突破法令限制，包括破例全額補助鹽水港製糖機械購置費用，並給予開業經費補助；在臺南製糖一切尚未就緒時，即先提供補助金等。糖務局對大製糖工場的獎勵方式也排擠到其他的獎勵經費，同時也無力再以直接獎勵的方式勸誘新設新式製糖會社，這亦可看出糖務局初期的經費同樣限制糖業獎勵政策之執行。

糖務局雖對鹽水港製糖、臺南製糖等大製糖工場投入大量的獎勵資源，爲確保糖業獎勵成果不致毀於一旦，糖務局也對透過命令項目對大製糖工場設限，規定鹽水港製糖以製糖機械爲擔保，至少須營運 15 年，並由會社的董事和監事負連帶責任；派遣官員進駐臺南製糖任業務監督，嚴格監督會社運作。

在小規模新式製糖發展失敗及大新式製糖排擠經費效應下，糖務局排除獎勵新設立小規模製糖工場，將大多數製糖獎勵經費用來維持既有大製糖工場運作。同時，爲使蔗糖產量能夠繼續成長，在不消耗大量經費前提下，鼓勵自由設立改良糖廍，因而促成 1905 年第一次改良糖廍設立潮，此一時期改良糖廍大多設立在濁水溪以南平原地區，改良糖廍主多爲傳統製糖業者及地方領導階層，獲得糖務局貸借機械比例者甚少，可說是南部製糖業者自發性參與製糖改革。

1905 年改良糖廍設立潮，一般認爲是姑息主義或小製糖論抬頭，不過，糖務局有意透過設立改良糖廍先行整合原料採取區域內的舊式糖廍，配合全島原料採取區域制度的實施，使改良糖廍主進行採取區域內的蔗作改良，爲日後大型製糖會社的出現建立基礎，在製糖改革方面具有積極的意義。同時，糖務局亦規劃出新式製糖會社設於平原區，改良糖廍設於河谷近山丘陵地帶的新式製糖空間配置方式。

整體來看，糖務局前期依循糖業獎勵規則規定的方式實行新式製糖業獎勵，補助總額爲 815,162 圓〔註 2〕，佔糖務局總經費的多數，絕大部分都運用在勸誘新式製糖會社的成立，以及維繫新式製糖會社的繼續運作。以實際呈現的成績來看，糖務局成立首年度（1902～1903）蔗糖產量爲 50,680,500 斤，至 1905～1906 年度增爲 127,388,400 斤，增加率達 151%，但其中新式製糖場

〔註 2〕依據 1900～1907 年度製糖部門補助總額 903,082 圓，減去非屬糖務局時期對臺灣製糖 67,780 圓及對中川製糖所 20,140 圓補助，而得之數據。計算自宮川次郎，《臺灣糖業概觀》（臺北：臺灣總督府殖產局特產課，1927 年），頁 44；臨時臺灣糖務局，《臺灣糖業一斑》（臺南：編者，1908 年），頁 25。

產出的分蜜糖僅有 12,765,100 斤，只約佔總產量 1 成〔註 3〕，顯然糖務局前期投注大量資源在新式製糖場的補助，獲取的效益卻比不上改良糖廍，如以蔗糖增產和品質改善之製糖改革兩大目標觀之，糖務局前期雖有效達成蔗糖增產，但品質改良仍有很大的成長空間。

儘管如此，1905 年糖務局因應改良糖廍自由設立，所採行大型製糖場奠基政策，於日俄戰後發揮作用。當時日本國內資本在無任何補助下紛紛來臺創立大型製糖會社或設立新式製糖場，此雖非糖務局獎勵政策勸誘的結果，但由於改良糖廍的先行整合、蔗作改良初具成果，配合糖務局編列經費補助裁撤改良糖廍，使新設立的新式製糖會社運作迅速上軌道，製糖改革有了突破性的發展。

鑑於前期製糖獎勵的困境，日俄戰後糖務局逐漸縮減糖業獎勵規則中的製糖獎勵規模，改以補助改良糖廍裁撤，以及提供新式製糖會社融資便利等方式扶助新式製糖業者，可看出糖務局獎勵重心從勸誘設立新式製糖轉為保障新式製糖會社設立後營運迅速上軌道。

日俄戰後初期大型新式製糖會社設立或擴張的場域在濁水溪以南，主要有臺灣製糖往屏東平原擴張並購併臺南製糖；鹽水港製糖改組擴張；明治製糖、東洋製糖創立於嘉義和臺南地區；大日本製糖創立於雲林地區。因濁水溪以南大型製糖會社勃興，大多數設立於此的改良糖廍被迫裁撤，糖務局將裁撤下來的機械貸借給中部製糖業者設立改良糖廍，使改良糖廍版圖越過濁水溪北移，同時濁水溪以南丘陵近山地帶亦開始設立改良糖廍。

1908 年底至 1909 年初新式製糖會社因受到日俄戰後經濟過熱反動，發展暫時停頓，加上赤糖價格高漲、甘蔗豐收等因素，促成繼 1905 年後第二波改良糖廍潮，糖務局依照 1905 年規劃的新式製糖空間配置方針，一方面否決大多數改良糖廍設立在濁水溪以南平原地帶，一方面大量核准改良糖廍設立在濁水溪以北，以及濁水溪以南丘陵近山地帶，使濁水溪以南丘陵地帶改良糖廍呈現帶狀分布，濁水溪以北彰化、臺中改良糖廍分布密集。

日俄戰後初期改良糖廍重心越過濁水溪北移，為新式製糖會社在濁水溪以北發展奠定基礎，同時，糖務局將推廣改良蔗苗和開闢新蔗園之獎勵重心轉移到彰化、臺中地區，也先行為新式製糖會社進駐提供良好的蔗作條件，在此背景下，1909 年有新高製糖、林本源製糖在彰化設立；1910 年有帝國製

〔註 3〕計算自臺灣總督府殖產局，《臺灣糖業概要》（臺北：編者，1927 年），頁 57。

糖、臺北製糖、中央製糖、分別在臺中、臺北、南投創立；1911 年有埔里社製糖設立於南投埔里。

濁水溪以北新式製糖會社大舉創立同時，濁水溪以南既有會社也展開擴張和購併行動。如臺灣製糖增設車路墘工場、購併英商怡記製糖；大日本製糖增設第二工場；明治製糖增設總爺工場、購併維新製糖；鹽水港製糖勢力進入旗山丘陵、花蓮地區；東洋製糖增設烏樹林工場等。其中，鹽水港製糖進入旗山丘陵，與前述中央、埔里社兩製糖會社創立於南投，可看出新式製糖場已突破平原地帶往丘陵發展。

因糖務局末期臺灣新式製糖業發展的情況超出預期，糖務局的製糖業獎勵方針由促進蔗糖增產轉向預防生產過剩、拓展臺灣糖銷路及增進蔗糖品質方面，1910 年 8 月和 10 月先後發布兩次限制製糖能力命令，暫時抑制新式製糖業發展。同時，總督府有意以關稅保護的形式拓展臺灣糖的銷路，而民政長官層級兼任糖務局長符合這樣的發展趨勢，經由民政長官多次與大藏省交涉，糖務局得以在最後兩個年度編列大筆原料消費和原料製造補助經費，將臺灣糖業形同納入關稅保護之中。而 1910 年臺灣新式製糖業者也組成臺灣糖業聯合會，就防止生產過剩和擴張臺灣糖銷路與政府步調一致。

糖務局後期製糖部門的獎勵僅限於補助既設製糖會社，對新設製糖會社不再提供獎勵，且金額相較前期亦大幅減少，在當時糖務局的認定係將獎勵的主力由工業部門轉移到農業部門。〔註 4〕事實上，若將糖務局後期包括改良糖廍撤廢補助、原料消費補助、原料製造補助等經費加入考慮，糖務局投注在製糖部門的費用實不下於蔗作部門，同時也超過前期製糖部門的獎勵經費，再加上行政和金融方面的協助，糖務局後期對新式製糖業者的補助，確實有效讓大多數仍處於草創時期的大型新式製糖會社站穩腳步，使臺灣的新式製糖改革，有大幅度的進展。

其三，糖務局成立初期蔗作獎勵和製糖獎勵各行其是，並無明顯政策上的連結。1905 年全島實施原料採取區域制度，除具有一般認爲的保障新式製糖業者原料來源意義外，也提供糖務局結合蔗作獎勵和製糖獎勵媒介，打破糖務局設立初期蔗作獎勵和製糖獎勵各行其是的情況。糖務局也有意以原料採取區域作爲媒介，結合製糖部門和蔗作部門於一體，同時，透過劃設原料採取區域，糖務局得以掌握對新式製糖業較大的管理權，與地方官廳形成新

〔註 4〕宮川次郎，前引書，頁 42。

式製糖和傳統製糖分工管理的情況。

由於糖務局後期基於糖業獎勵規則中的製糖獎勵規模縮減，糖務局無法如同前期藉補助金發放或機械貸借之機對新式製糖業者發步命令項目。爲維持對新式製糖業的監督管理機制，糖務局乃改以劃定原料採取區域之機對新式製糖會社頒布命令項目，透過原料採取區域制度結合蔗作和製糖兩部門，同時並將原料採取區域內蔗作獎勵的責任下放到新式製糖業者身上。具體作法有每年公佈獎勵方針時，要求新式製糖業者擔負部分任務，以及透過原料採取區域制度的增減，敦促新式製糖業者從事蔗作改良和獎勵。到糖務局裁撤前後，大多數製糖業者都制定屬於會社的蔗作獎勵辦法。

其四，糖務局存立近十年，達到的糖業改革效果至少有以下幾點：（1）臺灣蔗糖產量較糖務局成立初增加 8 倍，不但接近日本國民消費量總額，甚至出現生產過剩疑慮，達到蔗糖增產的目的；（2）分蜜糖佔整體糖產量比例從 5%增爲 86%，蔗糖品質大幅改善；（3）新式製糖場數量從 1 處增爲 31 處，製糖能力從 350 噸增爲 24,390 噸，製糖方式幾乎全面近代化；（4）砂糖消費稅收入超過新渡戶稻造在糖業改良意見書中預測的 4 倍，佔總督府歲入總額的 42%，有效幫助總督府財政獨立；（5）臺灣本島各廳除桃園外，都設有機械製糖場，使臺灣新式製糖版圖超出原來濁水溪以南的平原地帶，濁水溪以北和濁水溪以南近山丘陵地帶都成爲蔗糖的重要產地。

其五，糖務局末期臺灣和日本國內都出現批評總督府保護糖業過度的聲浪，加上 1911 年 7 月日本廢止不平等條約協定關稅，臺灣製糖業納入關稅壁壘保護，且日本政府亦廢止進口原料糖退稅制度，臺灣原料糖在日本市場已具有優越地位，使總督府爲糖業特別實行保護政策之必要性大爲減少，因而儘管糖務局後期業務較前期繁忙，人員也處於擴增的狀態，總督府仍在新渡戶稻造預估的 10 年期限內，透過 1911 年 10 月 14 日發布敕令 260 號改革官制的機會，廢止糖務局官制，將糖務局大部分業務移歸殖產局。

糖務局裁撤後，獎勵事業轉由新設立的殖產局糖務課執掌，糖務課並未如同糖務局時期設置工務係和獎勵係，業務項目大爲縮減，人員編制也較糖務局時期減少。

相對獎勵項目和經費逐年縮減，研究人員編制和經費則呈現增加趨勢。擁有較多經費的糖業試驗場研究成果亦較隸屬糖務局時期優異，同時與新式製糖會社間互動也更爲密切，常可見互相激盪出新的研究成果。而新式製糖會社擔負起原料採取區域蔗作獎勵的大部分責任後，雖然提高會社營運成本，卻也各自研擬出適合會社土地、民情發展的蔗作獎勵方法，較糖務局時期中央集權式的蔗作獎勵有效率。

此外，透過官方主辦的農事主任會議，會社仍維繫著尋求官方援助的管道，這使得新式製糖會社未能完全擺脫對官方保護的依賴。〔註5〕並且，新式製糖會社在糖務局時期已經享有的原料採取區域制度、融資、關稅等政策保護一項都沒有減少，因此糖務局裁撤後縮減的獎勵，實際上指的是糖業獎勵規則規定下的獎勵項目，亦即直接來自糖務局或總督府的現金、現品補助，在這之外，臺灣製糖業仍受到當局的保護。

糖務局末期實施的限制製糖能力命令，在糖務局裁撤初期使新式製糖會社開始展開激烈的合併。合併可分爲 3 種模式，其一爲資本關係企業的整併，如鹽水港製糖合併臺東拓殖，東洋製糖合併北港、斗六製糖；其二爲南部大型製糖會社併購非傳統蔗作區的獨立新式製糖會社，如明治製糖購併中央製糖，臺灣製糖購併埔里社製糖、臺北製糖；其三爲多家改良糖廍整併爲 1 家會社，再被新式製糖會社購併。其中，後兩種模式可看出在 1905 年糖務局計畫中的新式製糖會社區域外獨立經營會社之困難，尤其是糖務局末期在蔗作條件未能充分發展下，即核准中央製糖、埔里社製糖進駐南投地區，臺北製糖進駐臺北盆地，造成 3 家會社經營不到 5 年即被購併，可看出糖務局末期新式製糖快速發展下，仍有其躁進的一面。

戰後有些經濟學者依據涂照彥對新式製糖會社資本性質分類，試圖將新式製糖會社的整併型態分期，其中，糖務局裁撤前後島內日系資本被視爲是遭到整併的主要對象。〔註6〕但事實上，涂照彥的分類本身即有待商榷之處，例如，前已述及中央製糖主要資本來自日本糖商增田屋，北港製糖主要資金來自鈴木商店，涂照彥都將之歸類爲臺灣島內日系資本；高砂製糖股東與改組後鹽水港製糖股東大多重覆，但涂照彥卻將鹽水港製糖視爲日本國內資本，高砂製糖視爲臺灣島內日系資本；臺北製糖最大股東澀谷嘉助和社長木

〔註5〕〈秘密開催製糖農事主任會議〉，《新臺灣》，第 1 號，1914 年 12 月 16 日，頁 14。

〔註6〕如許松根認爲 1910～1916 年爲新式製糖會社的第一次兼併期，主要對象是臺資及主要日資，見許松根，〈臺灣製糖業的產業兼併〉，頁 11～12；黃秀梅則 1912～1919 年視爲新式製糖會社資本變化的第二期，後退的是島內日系資本，見黃秀梅，〈日治期間臺灣糖業的產業結構分析——臺灣糖業合併的再探討〉，臺北：國立臺灣大學經濟學系碩士論文，1997 年。

下新三郎雖屬島內日人，但日本島津家族、松方財團及實業家村上太三郎也佔會社約半數的股份。〔註 7〕因此，經濟學者的分期恐有誤差，此一時期新式製糖資本被整併應與資本來源性質沒有太大關聯，主要還是由於前述資本關係會社整併，以及蔗作條件不利新式製糖會社獨立發展有關。

其六，日俄戰後至糖務局裁撤前後 11 家新創立或改組的新式製糖會社中，有明治製糖、東洋製糖、鹽水港製糖、新高製糖、林本源製糖、帝國製糖、中央製糖等 7 家製糖會社創立或改組初期聘請糖務局技師、事務官或囑託擔任常務董事、專務董事、經理等要職，並且主導草創時期會社的經營方向。

其中，以札幌系出身佔絕大部分的糖務局技師階層，轉任新式製糖會社者僅堀宗一、小花和太郎兩人，且兩人轉任皆出自總督府高層授意，由於兩人在糖務局內先後擔任要職，對糖務局官僚深具影響力，轉往民營會社發展後，也延攬一些糖務局官員入社，使糖務局轉任官員在鹽水港製糖和林本源製糖始終具相當影響力。

相馬半治和山田申吾爲糖務局技師階層中僅有的兩名非札幌系出身官員，其在糖務局任職期間不長，但透過任職糖務局之便，有助於會社創立時的籌備工作。而兩人轉往民間會社發展後，反較糖務局任職時期更能發揮所長。

糖務局事務官階層有淺田知定、近藤武義先後轉往東洋製糖、中央製糖發展，淺田知定在東洋製糖創立初期面臨財務危機及社長德久恒範驟逝，實際總理東洋製糖社務，以淺田式經營方式主導會社初期發展，也使東洋製糖渡過創立初期的危機；近藤武義則自始即受到中央製糖主要股東的掣肘，理念未能發揮，淺田和近藤兩人的際遇可說大異其趣。

受限於筆者的才智和能力，在本論文中僅以獎勵政策爲中心，論述糖務局與日治初期糖業之發展，未來如有志者能對針對糖務局另一主要業務獎勵事業從事研究，相信當能對糖務局在日治初期糖業發展中扮演的角色有更全面的認識。

另值得注意的是，1909 年後糖務局推動水田蔗作化，迅速將新式製糖版圖越過濁水溪往北發展，似乎也種下了日後米糖相剋的伏筆。如前所述，糖

〔註 7〕涂照彥，《日本帝國主義下の臺灣》（東京：東京大學，1975 年），頁 293；有關臺北製糖股東組成，參看河野信次，《臺灣糖業觀》（神戶：日華新報社，1915 年），頁 207～208。

務局裁撤後新式製糖會社紛紛自訂蔗作獎勵規程，位於水田蔗作化地帶的新高製糖、帝國製糖，以及擺脫財務困境後林本源製糖，無不花費大量的經費在獎勵水田改種甘蔗，而從短期的結果來看，水田甘蔗的單位收穫量確實冠於全臺，儘管中部的新式製糖會社比南部要投注更多經費在蔗作獎勵上，但在關稅和高糖價的保獲下，仍獲得可觀的利益。但到大正後期蓬萊米研發後，卻激化米糖相剋，中部製糖會社被迫必須提高甘蔗收購價格和研發新蔗種來對抗米作，遭遇糖價低落之時，對會社的經營立即造成衝擊，甚至引發如二林事件般的農民運動，大正末年到昭和初年林本源、新高、帝國先後被南部製糖會社購併，這應是重要的因素之一，因此，儘管糖務局時期達到臺北盆地及臺中以南平原地區幾乎都設立新式糖場，看起來製糖改革成果斐然，但似乎可去探討臺灣新式糖業在沒有政策的特別保護下，至少在濁水溪以北是否有和稻米競爭的條件。

臺灣糖業近代化儘管因總督府特別設立糖務局而擁有特殊地位，但在糖業終究是日治時期產業近代化中的一部分，如能將糖業與其他產業近代化過程作比較研究，或許更能適當評估糖業在日治時期產業近代化中所處的位置，並對總督府如何推行產業近代化有全面性的認識。

日本在領有臺灣前，沖繩諸島是日本蔗糖重要的產地，早於臺灣，19 世紀末葉有不少日人試圖在沖繩發展新式糖業，如本文第二章論及到的中川虎之助在來臺設立精製糖工場前，即在八重山參與創立新式製糖會社。不過，沖繩卻晚於臺灣，遲至 1906 年日本政府才以敕令設置「沖繩縣臨時糖業改良事務所」，進行外國種蔗苗輸入、派遣研究人員赴海外調查糖業、機械製糖試驗等糖業改革措施。〔註 8〕日治時期臺灣和沖繩同屬日本統治下的領土，兩地之糖業改革政策有何異同，以及是否互相影響，也值得比較和探討。

此外，臺灣發展糖業改革的過程中，爪哇經驗屢屢被提及和借鏡，矢內原忠雄認為：「甘蔗糖業之歷史即殖民之歷史。」〔註 9〕爪哇或其他殖民地糖業變遷與臺灣製糖改革的關係，亦是值得研究的課題。

〔註 8〕金城功，《近代沖繩の糖業》（那霸：ひるぎ社，1985 年），頁 38～39。
〔註 9〕矢內原忠雄，《日本帝國主義下の臺灣》（東京：岩波書店，1929 年），頁 260。

附錄一　糖務局時期改良糖廍資料表

能力（噸）／資本額（萬圓）

位置	存在年代	動力能力	資本額	負責人已知股東	經歷	原料採取區域
蕃薯寮廳港西上里金瓜寮庄（今高雄美濃）	1905～1910	石油 60 60	2.1	港西糖業組合宋守四	瀰濃區庄長、港西糖業組合長	港西上里瀰濃、中壇、金瓜寮等庄（今美濃部分）
蕃薯寮廳港西上里旗尾庄（今高雄旗山）	1905～1910	石油 40	0.7	旗尾糖業組合甲斐大牛	旗尾第一糖廍組合管理人、糖廍主	港西上里旗尾庄（今旗山部分）
蕃薯寮廳十張犁庄（今高雄杉林）	1910～	石油 40	1.7	陳晋臣 平井勢次郎	新興製糖支配人、改良糖廍主、保正 土地調查局監查官	蕃薯寮廳楠梓仙溪東里十張犁、山杉林、大邱園等3庄（今杉林、甲仙部分）
蕃薯寮廳內埔庄（今高雄內門）	1910～	蒸氣 100	2.9	陳晋臣	新興製糖支配人、改良糖廍主、保正	蕃薯寮廳羅漢內門里（今內門部分）
蕃薯寮廳新威庄（今高雄六龜）	1910～	石油 40	2.0	石丸長城	蕃薯寮街內地人總代	蕃薯寮廳港西上里新威庄 楠梓仙溪東里六龜庄一部分（今六龜部分）

蕃薯藔廳狗氳氤庄 （今高雄田寮）	1910～	蒸氣 60	1.8	陳晉臣	新興製糖支配人、改良糖廍主、保正	蕃薯藔廳崇德東、嘉祥內等 2 里 （今田寮及燕巢鄉尖山村）
蕃薯藔廳萊子坑庄 （今高雄內門）	1910～	石油 40	1.5	吳臥龍	醫生、保正	蕃薯藔，今旗山、內門部分
阿緱廳港東上里佳佐庄 （今屏東萬巒）	1905～1908	蒸氣 60	1.8	林芳蘭 李復卿 陳德和	糖廍主、萬巒區庄長、紳章 糖廍主、潮州區庄長、紳章	港東上里新厝、佳佐、四林等庄 （今萬巒、潮州部分）
阿緱廳港西下里新庄仔庄 （今屏東萬丹）	1905～1908	蒸氣 100	4.0	李仲義	糖廍主、糖米行主、下淡水溪首富、紳章	港西下里萬丹、保長厝、新庄仔、後庄庄、興化廍等庄 新園里瓦窯仔庄 （今萬丹、新園部分）
阿緱廳港西下里新東勢庄 （今屏東內埔）	1905～1908	石油 40	1.5	徐阿蘭	糖廍主	港西下里新東勢庄 港西中里番仔厝庄一部分 （今內埔部分）
阿緱廳港西中里頂浮圳庄 （今屏東內埔）	1905～1908	蒸氣 60	2.0	孫邦傑	糖行主	港西中里犁頭鏢庄，以及老埤、中林等庄一部分 （今內埔部分）
阿緱廳港西中里崇蘭庄 （今屏東市）	1905～1908	蒸氣 60	2.0	陳良	糖行主	港西上里下冷水坑庄 港西中里海豐、崇蘭、阿猴等街庄，以及彭厝庄一部分 （今屏東市及鹽水部分）

阿緱廳港西上里九塊厝庄（今屏東九如）	1905 ≀ 1908	石油 40	1.2	潘肯	糖廍主	港西上里三塊厝、東寧、九塊厝等庄（今九如部分）
阿緱廳港西上里武洛庄（今屏東里港）	1905 ≀ 1908	石油 60	1.0	藍高川 藍高全	糖廍主、糖行主、阿猴廳參事、紳章 糖廍主、砂糖買辦、阿里港區街庄長	港西上里武洛、阿里港、塔樓等街庄，以及中崙庄一部分（今里港部分）
阿緱廳港西上里田仔庄（今屏東高樹）	1905 ≀ 1908	石油 40	1.2	王祺懷	糖行主、紳章	港西上里田仔、埔羌崙等庄，以及中崙庄一部分（今高樹、里港部分）
阿緱廳加祿堂庄（今屏東枋山）	1910 ≀	石油 60	1.6	安藤達二	安藤商會主、鹽水港製糖發起人	阿緱廳嘉禾里加祿堂、平埔、南勢湖、枋山、莿桐腳等 5 庄（今枋山部分）
鳳山廳大竹里籬子內庄（今高雄鳳山）	1904 ≀ 1909	蒸氣 96	4.5	陳晉臣	新興製糖支配人、保正	大竹里大港、三塊厝、林德官、大港埔、前金、過田仔、苓雅寮、籬子內，戲獅甲、前鎮等庄，以及七老爺、五甲庄一部分（今高市三民、新興、苓雅、前鎮、前金等及鳳山區部分區域）
鳳山廳大竹里七老爺庄（今高雄鳳山）	1904 ≀ 1908	石油 50	1.5	王希璧	保正、糖米行主	大竹里道爺、七老爺、五甲等庄一部分 鳳山上里灣仔頭庄 鳳山下里草衙庄（今鳳山、前鎮部分）

鳳山廳小竹下里林仔邊庄（今高雄林園）	1905～1907	石油 40	1.6	黃遜人	中芸區庄長、糖行主、紳章	小竹下里王公廟、林仔邊、港仔埔、中芸、汕尾等庄 鳳山下里鳳鼻頭庄（今林園小港）
鳳山廳觀音內里姑婆寮庄（今高雄大樹）	1905～1911	石油 40	1.0	吳烏健	姑婆寮區庄長、糖廍主	觀音內里全部（今大樹部分）
鳳山廳小竹上里無水寮庄（今高雄大樹）	1905～	石油 40	3.0	黃東（巴子春）	無水寮庄庄長、紳章	小竹上里大樹腳、小坪頂、無水寮等庄（今大樹部分）
鳳山廳大竹里新庄子庄（今高雄鳳山）	1907～1909	蒸氣 40	1.3	岡村庄太郎	岡村鳳梨罐頭工場主	大竹里新甲、五塊厝庄、新庄子等庄，以及道爺廍庄一部分（今鳳山、苓雅部分）
臺南廳內武定里三崁店庄（今臺南永康）	1904～1907	蒸氣 200	4.0	黃家興	列名紳士錄	內武定里、永康上中里、長興上里全部（永康、仁德、安南區部分）
臺南廳仁德北里崁腳庄（今臺南仁德）	1905～1910	蒸氣 120	2.5	臺南製糖第一分工場		長興下里、仁德北里、仁德南里全部，以及永康下里、仁和里一部分。（今仁德、永康部分）
臺南廳歸仁北里歸仁北庄（今臺南歸仁）	1905～1910	蒸氣 120	2.5	臺南製糖第二分工場		保西里、歸仁北里、歸仁南里全部 永豐里崙仔頂庄（今歸仁部分）

臺南廳廣儲東里三舍甲庄（今臺南新市）	1905～1910	蒸氣 120	2.5	臺南製糖第三分工場		廣儲西里、保東里全部，以及廣儲東里之一部分（今新市、永康、歸仁、關廟部分）
臺南廳安定里東堡領奇庄（今臺南安定）	1905～1910	蒸氣 120	2.5	臺南製糖第四分工場		安定里東堡全部，以及安定里西堡、新化北里、新化西里之一部分（今安定、新化部分）
臺南廳楠梓仙溪西里噍吧哖庄（今臺南玉井）	1908～1911	蒸氣 60	10.0	陳鴻鳴 林子科 江曉青 羅文旺 曾坤修 張文選 吳道源	社長，善化里東堡庄長、舊臺南製糖監查役、紳章 清秀才、苧麻行主 清廩生、舊臺南製糖監查役 糖間主 臺南第三區街長、砂糖商、萬青號主、紳章、舊臺南製糖專務予締役 臺南新報取締役、醫生、紳章、舊臺南製糖取締役	臺南廳楠梓仙溪西里噍吧哖、竹圍、鹿陶、沙子田、龜丹、三埔、芒子芒等 7 庄（今玉井、楠西部分）
臺南廳二重溪庄（臺南大內）	1909～	蒸氣 40		陳鴻鳴噍吧哖改良糖廍分工場		臺南廳楠梓仙溪西里茄拔、北寮、竹頭崎、二重溪等 4 庄（今南化、大內、玉井一部分）

鹽水港廳赤山堡龜仔港庄（今臺南六甲）	1905～1908	石油 40	1.5	劉北鴻	糖廍主、鹽水港製糖監查役	赤山堡港仔頭、龜仔港等庄，以及中社庄一部分 茅港尾東堡蔴荳寮庄（今六甲、下營部分）
鹽水港廳鐵線橋堡查畝營庄（今臺南柳營）	1905～1908	蒸氣 60	2.5	劉神嶽	鹽水港廳參事、鹽水港製糖取締役、紳章、糖務委員	鐵線橋堡查畝營、火燒店、八老爺等庄（今柳營部分）
鹽水港廳蕭壠堡蕭壠庄（今臺南佳里）	1905～1908	石油 40	1.5	黃廷祥	糖廍主、蕭壠區庄長、紳章	蕭壠堡蕭壠庄一部分（今佳里部分）
鹽水港廳茄苳南堡安溪寮庄（今臺南後壁）	1905～1908	蒸氣 60	1.5	黃宗順 蘇觀覽 張乃文	糖廍主、糖商市場董事、紳章 保正、糖廍主、磚瓦製造	下茄苳南堡烏樹林、安溪寮、土庫、卯舍等庄（今後壁、新營部分）
鹽水港廳鐵線橋堡天保厝庄（今臺南鹽水）	1905～1907	蒸氣 60	2.0	周興臣 王雪農	糖廍主、紳章 鹽水港製糖社長、臺南製糖社長	鐵線橋堡姑爺、竹仔腳、沓頭港、天保厝等庄（今鹽水、新營部分）
鹽水港廳蔴荳堡西庄（今臺南官田）	1905～1911	蒸氣 60	2.5	鄭品	寮仔廍區庄長、蔴荳製糖取締役、書房教讀、蔴荳首富	赤山堡番仔田庄一部分 蔴荳堡西庄，以及寮仔廍庄一部分（今官田、麻豆部分）
鹽水港廳茄苳北堡菁寮庄（今臺南後壁）	1905～1908	蒸氣 60	1.5	黃詰	糖廍主、貨物運送	下茄苳北堡崩埤、三角仔、菁寮等一部分（今後壁部分）
鹽水港廳西港仔堡八份庄（今臺南西港）	1905～1911	蒸氣 40	2.2	維新製糖 謝群我	三郊組合長	西港仔堡八份、後營等庄（今西港部分）

鹽水港廳茄苳南堡番仔寮庄（今嘉義水上）	1906～1907	石油40	1.5	黃獻琛 黃萬得	店仔口辦務屬第五區區長、紳章 農、列名紳士錄	下茄苳南堡番仔寮庄（今水上部分）
鹽水港廳漚汪堡漚汪庄（今臺南將軍）	1906～1908	石油70	1.4	高仰周	漚汪庄保正	漚汪堡漚汪、苓仔寮等庄（今將軍部分）
鹽水港廳蕭壠堡下營庄（今臺南佳里）	1906～1911	石油40	1.2	林其章	下營區庄長	蕭壠堡城仔內、後港等庄，以及下營庄一部分（今七股、佳里部分）
鹽水港廳西港仔堡中州庄（今臺南西港）	1906～1908	石油70	1.4	黃愼儀	西港仔區庄長、糖廍主、紳章	西港仔堡中州、劉厝等庄，以及塭仔內庄一部分 蕭壠堡蕭壠庄一部分（今西港、佳里部分）
鹽水港廳蕭壠堡番仔寮庄（今臺南佳里）	1906～1908	石油40	1.2	楊忠猷	番仔寮庄保正	蕭壠堡番仔寮庄，以及下營庄一部分 漚汪堡漚汪庄一部分（今佳里、將軍部分）
鹽水港廳蕃子寮庄（今臺南佳里）	1909～1911	石油40		明治製糖所屬改良糖廍		與明治製糖蕭壠工場共通
鹽水港廳苓子寮庄（臺南將軍）	1909～1911	石油70		明治製糖所屬改良糖廍		與明治製糖蕭壠工場共通
鹽水港廳蕭壠庄（今臺南佳里）	1910～1911	石油40		明治製糖所屬改良糖廍		與明治製糖蕭壠工場共通

鹽水港廳前大埔庄（今臺南東山）	1910～	蒸氣 60	2.5	高橋常吉	辯護士、全臺日報理事	鹽水港廳哆囉國東頂堡崎仔頭、大南勢、前大埔等3庄（今東山部分）
嘉義廳嘉義東堡下六庄（今嘉義中埔）	1905～1908	石油 40	1.5	江山輝 林玉崑 賴尚文 陳曉星	嘉義糖業第一組合長、糖行主山仔頂區庄長、豪農 嘉義市街街長、紳章 嘉義銀行理事 糖廍股東	嘉義東堡頂六、下六等庄，以及內甕庄一部分。 嘉義西堡紅毛埤、下路頭庄一部分 （今中埔、番路、嘉市東區部分）
嘉義廳嘉義西堡十一指厝庄（今嘉義水上）	1905～1907	石油 40	1.5	黃有章	水堀頭區區長、嘉義銀行理事、紳章	柴頭港堡大堀尾庄 嘉義西堡水堀頭、十一指厝、南靖等庄 鹿仔草堡蔴豆店庄，以及後堀庄一部分 （今水上、鹿草部分）
嘉義廳大槺榔東下堡後潭庄（今嘉義太保）	1905～1911	石油 40	1.0	王少儀	糖廍主	大槺榔西堡新埤、太保等庄 大槺榔東下堡後潭庄 （今太保部分）
嘉義廳大坵田西堡應菜埔庄（今嘉義朴子）	1905～1911	石油 40	1.5	黃連興	樸子腳區區長、糖廍主、嘉義銀行理事、紳章	大槺榔西堡朴子腳街、下竹圍庄，以及大槺榔庄一部分 大坵田西堡應菜埔、崁後等庄，以及湖底、港墘等庄一部分 （今朴子、東石部分）

<table>
<tr><td>嘉義廳大槺榔西堡蒜頭庄
（今嘉義六腳）</td><td>1905
地震
毀損</td><td>石油
40</td><td>2.8</td><td>黃番王
黃讀書</td><td>糖廍主、保正</td><td>大槺榔西堡蒜頭庄
（今六腳部分）</td></tr>
<tr><td>嘉義廳打貓南堡牛斗山庄
（今嘉義民雄）</td><td>1905
～</td><td>石油
40</td><td>1.0</td><td>何基
葉西池</td><td>列名紳士錄</td><td>打貓南堡牛斗山庄
嘉義西堡水虞厝庄一部分
（今民雄、太保部分）</td></tr>
<tr><td>嘉義廳牛稠溪堡番婆庄
（今嘉義新港）</td><td>1905
地震
毀損</td><td>蒸氣
80</td><td>4.0</td><td>薛果堂</td><td>糖米行主、嘉義銀行理事、紳章</td><td>牛稠溪堡菜公厝、中洋仔、月眉潭、溪北等庄，以及潭仔墘、大客、番婆等庄一部分。
（今新港部分）</td></tr>
<tr><td>嘉義廳獅子頭庄
（今嘉義竹崎）</td><td>1909
～</td><td>蒸氣
60</td><td>1.6</td><td>黃有章</td><td>水堀頭區區長、嘉義銀行理事、紳章
前改良糖廍</td><td>嘉義廳打貓東下堡大崎腳、獅子頭、番仔潭、沙坑仔、羌仔科等5庄
（今竹崎、民雄部分）</td></tr>
<tr><td>嘉義廳白芒埔庄
（今嘉義中埔）</td><td>1909
～</td><td>蒸氣
60</td><td>2.0</td><td>帖佐顯
陳曉聲
（1910）</td><td>辯護士
嘉義銀行理事、紳章</td><td rowspan="2">嘉義廳大目根堡竹頭崎、瓦厝埔、覆鼎金等庄一部分
（今中埔部分）</td></tr>
<tr><td>嘉義廳竹頭崎庄
（今嘉義中埔）</td><td>1909
～</td><td>石油
40</td><td>2.0</td><td>帖佐顯</td><td>辯護士</td></tr>
<tr><td>嘉義廳頂員林庄
（今嘉義大林）
有馬本工場</td><td>1909
～</td><td>蒸氣
210</td><td rowspan="2">8.0</td><td>有馬彥吉</td><td>有馬商店負責人、糖務局及各製糖會社委託用品購置</td><td rowspan="2">嘉義廳打貓東頂堡三角、北勢、林頭、溝背、內林等5庄，以及橋子頭、湖仔2庄一部分
打貓東下堡大埔美、中林、頂員林、中坑、北勢子、塗樓、大坵</td></tr>
<tr><td>嘉義廳大坵園庄
（今嘉義民雄）
有馬分工場</td><td>1909
～</td><td>蒸氣
100</td><td>有馬彥吉</td><td>有馬商店負責人、糖務局及各製糖會社委託用品購置</td></tr>
</table>

						園、林仔尾等 8 庄，以及葉仔厝、陳厝寮、松子腳、頭橋等一部分 打貓南堡好收、東勢湖、新庄子等 3 庄，以及三疊溪、崙仔頂、打貓、鴨母坔、江厝店等庄之一部分 （今民雄、大林、溪口部分）
嘉義廳鹽館庄（今嘉義中埔）	1909～	石油 40	2.5	賴尚文	紳章、投資前改良糖廍	嘉義廳嘉義東堡枋樹腳、社口、灣潭子、鹽館、中埔等 5 庄，以及樹頭埔庄一部分 （今中埔部分）
嘉義廳番婆庄（今嘉義新港）	1909～1910	蒸氣 80	4.0	薛龍	承接薛果堂毀損之改良糖廍	牛稠溪堡菜公厝、中洋仔、月眉潭、溪北等庄，以及潭仔墘、大客、番婆等庄部分 （今新港部分）
嘉義廳轆子腳庄（今嘉義番路）	1909～	蒸氣 60	2.5	吳開興		嘉義廳嘉義東堡轆子腳、下坑等 2 庄，以及番子路庄一部分 （今番路部分）
嘉義廳蒜頭庄（今嘉義六腳）	1909～1911	石油 40	2.8	黃讀書	承接黃番王毀損之改良糖廍	大槺榔西堡蒜頭庄 （今六腳部分）
嘉義廳灣橋庄（今嘉義竹崎）	1909～	蒸氣 40	2.0	朱媽星	鹿麻產區庄長	嘉義廳大目根堡鹿麻產、灣橋等 2 庄 （今竹崎部分）

嘉義廳鴨母寮庄 (今嘉義朴子)	1909 〜	蒸氣 80	3.0	川原義太郎	辯護士	嘉義廳大坵田西堡新庄、吳竹仔腳、鴨母寮、崁前4庄 (今朴子部分)
斗六廳溪州堡莿桐巷庄 (今雲林莿桐)	1904 〜 1908	石油 40	2.0	林本	保正、莿桐巷區長	溪州堡樹仔腳、大埔尾之一部分。西螺堡新宅、番仔、莿桐巷、三塊厝之部分 (今莿桐、二崙、西螺部分)
斗六廳大坵田堡土庫庄 (今雲林土庫)	1905 〜 1908	蒸氣 120	30	斗六製糖第一工場		他里霧堡田頭、北東、新庄、舊社、他里霧等庄，以及惠來厝、過溪仔、大東、埔羌崙、佃子林一部分。 大坵田堡平和厝、五間厝、蕃薯、竹圍仔、三合湳仔、過港、土庫、石廟仔、大荖、新興、埤腳、糞箕湖等庄，以及將內、廉使、北溪厝、大墩仔、牛埔仔一部分。 布嶼堡馬公厝、潮陽厝等庄，以及崙內庄一部分。 白沙墩堡鹿寮庄全境，以及客仔厝、內寮等庄一部分。 (今斗南、虎尾、土庫、元長部分)
				薛果堂	糖米行主、嘉義銀行理事、紳章	
				黃茂盛	臺中大肚區區長	
				林氊	土庫區街庄長、糖廍主、中路拓殖會社長、紳章	
				林月汀	斗六廳參事、糖廍主、樟腦製造、紳章	
				曾君定	霧峰區庄長、紳章	
				薛均堂	米糖買辦	
				李昌	監查役，斗六廳參事、他里霧區街長、紳章	
				王兜	監查役，大墩仔區庄長、紳章	
斗六廳大坵田堡五間厝庄 (今雲林斗南)	1905 〜 1908	蒸氣 80		斗六製糖第二工場		
斗六廳他里霧堡小東庄 (今雲林斗南)	1905 〜 1908	蒸氣 80		斗六製糖第三工場		

斗六廳大坵田堡虎尾原野（今雲林虎尾）	1905～1908	蒸氣 60	4.0	林橽 黃茂盛 林汝言 莊啓鏞 曾君定 林月汀	土庫區街庄長、糖廍主、中路拓殖會社長 臺中大肚區區長 臺中區長、霧峰區長、紳章 霧峰區庄長、紳章 斗六廳參事、糖廍主、樟腦製造、紳章	西螺堡下湳、吳厝等庄及社口庄一部分。布嶼堡三塊厝、田尾等庄，以及二崙仔、惠來厝、羅厝、新庄仔一部分。大坵田堡將內、廉使、北溪厝、大墩仔、牛埔仔之一部分。（今西螺、二崙、虎尾部分）
斗六廳斗六堡大崙庄（今雲林斗六）	1905～1909	蒸氣 60	4.0	吳克明	斗六廳參事、紳章	斗六廳斗六堡林仔頭、菜公、新庄、溪邊厝、高林仔頭、水碓、大潭、大崙，以及斗六街、海豐崙、內林、棋盤厝、庵古坑、保長廍、九老爺、溝仔垻、溫厝角之一部分（今斗六市）
斗六廳西螺堡西螺街（今雲林西螺）	1905～1908	石油 60	4.0	廖一枝	西螺區街長	斗六廳西螺堡港後、新庄仔、永定厝、埔心、西螺等街庄，以及大義崙、二崙仔、社口等庄一部分。（今西螺、二崙部分）
斗六廳打貓東頂堡崁腳庄（今雲林古坑）	1905～1908	石油 40	2.5	薛均堂	米糖買辦	斗六廳他里霧堡石龜溪庄，以及溫厝角、庵古坑、麻園、崁腳南勢等庄之一部分。

						嘉義廳打貓東頂堡北勢、三角、林頭等庄。（今古坑、斗南及嘉義大林部分）
斗六廳溪州堡麻園庄（今雲林莿桐）	1905〜	蒸氣80	4.0	林新慶 張老澎 薛果堂	糖廍主、樹仔腳區庄長 列名紳士錄 糖米行主、嘉義銀行理事、紳章	溪州堡湖仔內、新庄仔、麻園等庄，以及樹仔腳庄一部分。（今莿桐部分）
斗六廳溪州堡施瓜寮庄（今雲林斗六）	1905〜1908	蒸氣80	4.0	薛果堂	糖米行主、嘉義銀行理事、紳章	溪州堡竹圍仔庄，以及大埔尾、烏塗仔庄一部分。斗六堡大北勢、保長廍等庄，以及九芎林、石榴班、海豐崙、九老爺等庄一部分（今斗六、莿桐、林內部分）
斗六廳打貓北堡大埤頭庄（今雲林大埤）	1905〜1911	蒸氣60	4.0	薛果堂	糖米行主、嘉義銀行理事、紳章	他里霧堡佃子林庄（今大埤部分）
斗六廳程海厝庄（雲林東勢）	1909〜1911	蒸氣100	4.0	曾席珍	糖米行主、嘉義廳參事、紳章	斗六廳海豐堡下許厝寮、普令厝、山寮、路利潭、五塊寮、什張犁、東勢厝、海口厝、牛埔頭、程海厝、牛厝、邱厝、溪頂等13庄（今東勢、臺西部分）
斗六廳舊庄（今雲林大埤）	1909〜	蒸氣80	2.67	富地近思	臺南新報社社長	斗六廳打貓北堡舊庄 他里霧堡佃子林庄（今大埤部分）

斗六廳貓兒干庄（雲林崙背）	1909 ～ 1911	蒸氣 100	6.0	吳鸞旂	臺中廳參事、紳章	斗六廳布嶼堡草湖、貓兒干、舊庄、阿勸、五塊厝、大有、興化厝等7庄 海豐堡施厝寮、雷厝、沙崙後、橋頭、麥寮等5庄 （今崙背、麥寮部分）
斗六廳烏塗仔庄 （今雲林林內）	1909 ～	蒸氣 80	4.0	辜顯榮	改良糖廍主、紳章	斗六廳溪州堡烏塗仔庄 斗六堡九芎林、林內等2庄一部分 （今林內部分）
斗六廳大崙庄 （今雲林斗六）	1909 ～	蒸氣 300	6.0	斗六製糖合名會社 王雪農 江口音三	 舊鹽水港製糖、舊臺南製糖社長 臺南新報取締役、江口商店主	斗六堡九芎林、石榴班、海豐崙、斗六、九老爺、菜公、內林、大潭、大崙、溝子埧、林仔頭、咬狗、棋盤厝、溪邊厝、新庄、高厝、林仔頭、水碓等18庄 他里霧堡新庄、他里霧、舊社、林仔、石龜溪、阿丹、南勢、溫厝角、蔴園、庵古坑10庄 打貓東頂堡崁腳、崁頭厝2庄 （分割大日本製糖區域）
南投廳南投堡小半山庄 （今南投市）	1905 ～ 1911	石油 40	1.0	南投製糖 簡茂林	 糖廍主、彰化利鎰製糖主	北投堡月眉厝庄 南投堡營盤口、內轆、軍功寮、

						小半山、林仔、半山、牛運堀、包尾等庄 (今南投、草屯部分)
南投廳沙連下堡湳子庄 (今南投名間)	1909 〜 1911	蒸氣 100	4.0	松本柳右衛門	增田屋出張所主任	南投廳南投堡下新厝庄全部，以及番子寮庄一部分 武東堡松柏坑、頂新厝等2庄 沙連下堡炭寮、湳仔、濁水、隘寮4庄 (今名間、集集部分)
南投廳新街 (今南投名間)	1909 〜 1911	蒸氣 120	5.0	安部三男	安部商會主、糖商	南投廳南投堡新街、田子、大庄等3庄，以及番子寮庄一部分 武東堡廍下、陂子寮、赤水、弓鞋4庄 (今名間部分)
南投廳下崁庄 (今南投竹山)	1909 〜	石油 40	2.0	雲林拓殖合資會社 赤司初太郎	赤司商會主、日用雜貨小賣商	南投廳沙連堡林杞埔、竹圍子、下崁、香員腳等4街庄 (今竹山部分)
南投廳包尾莊 (今南投市)	1909 〜 1911	石油 60	3.0	簡榮福	公學校學務委員	南投廳南投堡包尾、茄荖腳、二重溪、三塊厝等4庄 (今南投部分)
南投廳營盤口庄 (今南投市)	1909 〜 1911	蒸氣 80		南投製糖分工場 李春盛	米行主、保正、險圳董事、紳章	與本工場共通

南投廳龜子頭庄 （今投縣國姓）	1910 ～	蒸氣 60	4.0	林瑞騰	霧峰林家林季商之子	南投廳北港溪堡龜仔頭、墘溝、內國姓、水長流等4庄 （今國姓部分）
南投廳柴橋頭庄 （今投縣集集）	1911 ～	蒸氣 60		謝遜卿		南投廳集集堡林尾、集集、柴橋頭等3庄，以及社子庄一部分 沙連堡龜仔頭、牛轀轆2庄 （今集集、鹿谷部分）
南投廳社寮庄 （今南投竹山）	1911 ～	蒸氣 80	3.0	林啓三郎		南投廳沙連堡番仔寮、大坵園、坪仔頂、後埔子、社寮等5庄，以及江西林庄部分 （今竹山部分）
南投廳鄉親寮庄 （今南投中寮）	1911 ～	蒸氣 40	1.8	黃春帆	土城區長、土地整理組合委員長、紳章	南投廳南投堡中寮、八杞仙、鄉親寮、後寮等4庄 （今中寮部分）
彰化廳溪州庄 （今彰化溪州）	1905 ～ 1909	蒸氣 80	4.0	北斗製糖 林慶岐 林慶賢 李雅歆 林柏嵩 謝仁賢 許明來 葉惠清 陳紹年	 彰化廳參事、紳章 北斗區庄長、紳章 彰化銀行董事、紳章 列名紳士錄 北斗糖商 糖廍主 舊眉區庄長 田中央區庄長、彰化銀行監事、紳章	東螺東堡圳寮、西畔、下霸等庄，以及過溪仔庄部分 東螺西堡斗六甲牛稠仔、新庄子、溪墘厝、番仔埔、溪洲、舊眉、三角圳等庄，以及埤頭、連交厝、小埔心、三塊厝、大湖厝、路口厝、潮陽厝之一部分 （今溪州、埤頭部分）

彰化廳中寮庄 （今彰化和美）	1905 ～ 1910	蒸氣 40	2.0	利鎰製糖 簡茂林 許文圖 林天爵 林慶 楊池柳 黃倬其 楊玉衡 楊煥彩	 糖廍主、南投製糖主 米行主 彰化廳通譯 保正 米行主 列名紳士錄 布莊主 衛生組合委員	線東堡中寮庄，以及渡船頭、阿夷、新庄子、柑仔井等庄之一部分 （今彰化市、和美鎮部分）
彰化廳三省庄 （今彰化埔鹽）	1907 ～	蒸氣 80	6.0	辜顯榮	斗六製糖社長、紳章	彰化廳二林上堡石埤腳庄全部，以及浸水庄一部分 馬芝堡菜園角、番社、外中、牛埔厝、洪堀寮等5庄，以及三省、鎮平、管嶼厝、外埔、瓦窯、南勢埔等6庄一部分 （今埔鹽、福興部分）
彰化廳頂寮庄 （今彰化溪湖）	1907 ～	蒸氣 60	4.0	蔡春海	米行主、紳章	彰化廳二林上堡溪湖、頂寮、大突、田中央、汴頭、西勢厝等6庄，以及浸水庄一部分 馬芝堡四塊厝、三塊厝、南港、崙仔腳、廍仔、埔鹽等6庄，以及瓦窯、南勢埔、三省等3庄一部分 （今溪湖、埔鹽部分）

彰化廳大排沙庄 （今彰化二林）	1907～	石油 40	1.0	陳梓成	豪農、保正	彰化廳二林上堡萬興、挖子、塗子崙等3庄 二林下堡周厝崙、大排沙、萬合等3庄 深耕堡丈八斗、面前厝、內蘆竹塘、漏瑤、五庄仔等5庄，以及樹仔腳庄一部分 東螺西堡崙仔庄，以及埤頭、連交厝、小埔心、大湖厝、路口厝等5庄一部分 （今二林、埤頭部分）
彰化廳北斗庄 （今彰化北斗）	1907～1910	蒸氣 60	10.0	ベイン商會		彰化廳東螺西堡北斗街、北斗、北勢寮、溪仔頂等3庄 東螺東堡海豐崙、饒平厝、外三塊厝、大新等4庄 （今北斗、田中、田尾部分）
彰化廳連交厝庄 （今彰化埤頭）	1908～	蒸氣 160	7.0	辜顯榮	改良糖廍主、紳章	彰化廳東螺西堡連交厝、小埔心、牛稠仔、埤頭4庄 二林下堡周厝崙庄 二林上堡塗仔崙庄 （削除陳梓成部分區域）

彰化廳社口庄 （今彰化芬園）	1909 ～	蒸氣 80	3.51	小松繁吉 關善次郎 宮本一學	小松商會負責人、歐美雜貨輸入商 官煙經銷、臺南新報社相談役 總督府學務課屬	彰化廳貓羅堡同安寮、縣庄、芬園、社口、舊社、下茄荖等6庄，以及同安厝一部分 （今芬園部分）
彰化廳溝墘庄 （今彰化鹿港）	1909 ～	蒸氣 80	2.0	楊吉臣	彰化區街長、中部運輸會社長、紳章	彰化廳馬芝堡馬鳴山、埔姜崙、大崙、廖厝、顏厝、安東、頂番婆、外埔、打鐵厝、草港中、馬興、溝墘、南勢、橋頭、海埔厝15庄 線東堡莿桐腳庄 線西堡番雅溝庄 燕霧上堡秀水庄 （今鹿港、秀水、和美一部分）
彰化廳溪底庄 （今彰化伸港）	1909 ～	蒸氣 60	2.0	簡茂林 張舜臣	糖廍主、南投、利鎰改良糖廍主 彰化公學校學務委員、紳章	彰化廳線西堡塗厝、溪底、頭前寮、埤子墘、月眉、泉州厝、新港等7庄 （今和美、伸港部分）
彰化廳漏磘庄 （今彰化二林）	1910 ～	蒸氣 80	4.0	愛久澤直哉	三五公司負責人、源成農場開發	彰化廳東螺西堡大湖厝庄 深耕堡漏磘、五庄子、面前厝、丈八斗等4庄 二林下堡後厝、犁頭厝2庄 （今埤頭、竹塘、二林部分）
臺中廳北勢坑庄 （今臺中沙鹿）	1905 ～	蒸氣 40	1.5	劉以專	臺中殖產信用組合總代	大肚上堡西勢寮、鹿寮一部分 大肚中堡竹林、

						北勢坑、南勢坑等庄，以及沙轆、山腳、龍目井等庄一部分（今沙鹿、龍井部分）
臺中廳大肚庄（今臺中大肚）	1905～1911	石油40	2.5	黃茂盛	大肚區區長	大肚下堡汴仔頭、大肚、社腳等庄（今大肚部分）
臺中廳藍興堡番仔寮庄（今臺中大里）	1907～1911	蒸氣	17.5	松岡富雄	糖務局囑託	臺中廳捒東下堡軍功寮、廍仔、水景頭等3庄 藍興堡番仔路、旱溪、番仔寮、大平、內新、大突寮、草湖等8庄，以及三汴、車籠埔、頂橋仔頭、涼傘樹、大里杙、塗城等6庄一部分 貓羅堡阿罩霧、柳樹湳等2庄一部分 （今中市、大里、霧峰、烏日、太平部分）
臺中廳何厝庄（今臺中西屯）	1909～1911	蒸氣100	6.0	林瑞騰 蔡敏南 蔡惠如 王學潛	糖廍主、霧峰林家林季商之弟 牛罵頭區長 蔡敏南之子 臺中地方法院囑託、紳章	臺中廳捒東下堡邱厝子、賴厝廍、二份埔、上石碑、水湳、乾溝仔、下石碑、惠來厝、馬龍潭、何厝、蔴園頭、潮洋、溝仔墘、新庄子、犁頭店、土庫、永定厝、水碓、蔴滋埔、田心、三塊厝、鎮平、西

						大墩、後庄子、上牛埔仔、陳平、八張犁、劉厝、四張犁、林厝、水堀頭、下七張犁、知高、山子腳、番社腳、同安厝等36庄 藍興堡後壠子庄一部分 （今中市、大雅）
臺中廳福頭崙庄 （今臺中龍井）	1909 〜 1911	石油 40	3.0	張錦上	保甲聯合會長、塗葛堀區長、紳章	臺中廳大肚上堡三塊厝 大肚中堡鴨母寮庄全部，以及龍目井、山腳2庄一部分 大肚下堡塗葛堀、福頭崙2庄全部，以及茄投庄一部分 （今龍井、梧棲部分）
臺中廳溪心垻庄 （今臺中烏日）	1909 〜 1911	蒸氣 120	10.0	臺中製糖 林烈堂 蔡蓮舫	臺中廳參事，紳章 臺中廳參事，紳章	臺中廳貓羅堡溪心垻、喀哩、吳厝等3庄全部，以及柳樹湳、同安厝2庄一部分 藍興堡詹厝園、蘆竹湳、樹仔腳、番婆、頭前厝、五張犁、阿蜜哩、九張犁等8庄 捒東下堡下楓樹腳、下牛埔子等2庄 大肚下堡烏日庄全部 （今中市、烏日、霧峰、大里部分）

臺中廳月眉庄（今臺中后里）	1910～1911	蒸氣 400	10.0	小松楠彌 北港製糖所屬改良糖廊	北港製糖社長	臺中廳苗栗三堡牛稠坑、月眉、后里、墩仔腳、四塊厝、中和、舊社、圳寮、六份、磁窯、大甲東、馬鳴埔、鐵砧山腳、內水尾等14庄（今后里、外埔、大甲部分）
臺中廳臺中街（臺中市東區）	1910～	蒸氣 200	15.0	松岡製糖第二工場		與第一工場共通
臺中廳土牛庄（今臺中石岡）	1912	蒸氣 100	10.0	川瀨周次	辯護士	臺中廳捒東上堡大茅埔、東勢角、校栗埔、石圍牆、社寮角、石崗仔、土牛、仙塘坪、新伯公等9庄（今石岡、東勢部分）
苗栗廳鹽館前庄（今苗栗竹南）	1910～	蒸氣 80	3.0	吳松		新竹廳竹南一堡蟠桃、海口、中港、公館仔、營盤邊、鹽館前、口公館、三角店、尖山下、蘆竹湳、頭份、大埔、崎頂等13街庄（今竹南、頭份部分）
新竹廳南湖庄（今苗栗大湖）	1910～	蒸氣 60	6.0	南湖製糖 鄭鴻儀 森義男 嚴添籌	 前總督府財務局屬官 臺南商人	新竹廳苗栗一堡大湖、馬那邦、南湖之一部分（今大湖部分）

新竹廳後壠庄 （今苗栗後龍）	1910 〜	蒸氣 150	50.0	張作人 秋山善一 吳道源 陳鴻鳴 顏振聲 劉瑞山 劉錫五 吳純仁	醫師、糖廍主、永興製糖取締役、紳章 貨運商 臺南新報取締役、醫生、紳章、舊臺南製糖取締役、永興製糖股東 善化里東堡庄長、舊臺南製糖監查役、永興製糖社長、紳章 醫生、舊臺南製糖監查役 雜貨店主 臺南商人	新竹廳苗栗一堡後壠、大山腳、水尾子、外埔、苦苓腳、二張犁、新港、淡文湖、潭內、造橋、赤崎仔、牛欄湖、公司寮、烏眉、頭湖、後壠底、十斑坑、南勢坑、西山、社寮崗、嘉盛、田寮、外獅潭等23庄 （今後龍、獅潭部分）
新竹廳竹北一堡客雅庄 （新竹市東區）	1907 〜	蒸氣 60	10.0	新竹製糖 鄭拱辰 黃鼎三 陳信齋 鄭俊齋 李文樵	社長、新竹廳參事、新竹首富 紳章 新竹廳參事、新竹街街長、紳章 新竹鄭用鑑孫 新竹廳參事、紳章	新竹廳竹北一堡新竹、客雅、青草湖、牛埔、香山坑、香山、海山罟、鹽水港、楊寮、沙崙、虎子山、浸水、赤土崎、埔頂、金山面、崙仔等16街庄 （今竹市部分）
新竹廳豆子埔庄 （今新竹竹北）	1909 〜	蒸氣 130		新竹製糖分工場 鄭拱辰 黃鼎三 鄭俊齋 李文樵	社長、新竹廳參事、新竹首富 紳章 新竹鄭用鑑孫 新竹廳參事、紳章	新竹廳竹北一堡油車港、吉羊崙、蕃子陂、豆子埔、新港、馬麟厝、溝貝、蔴園、舊港、白地粉、溪州、新庄子、鹿場、六張犁、芒頭埔、十

				姜振乾	新竹廳參事、紳章	興、隘口、安溪寮、犁頭山下、下山、三崁店、東海窟、二十張犁、九甲埔、溪埔子、斗崙、苦苓腳、樹林頭、水田、湳雅、東勢、柴梳山、槺榔、十塊寮等34庄
				岡村庄太郎	前改良糖廍主	
				小松楠彌		
				木下新三郎	臺灣建物會社社長	
				松本徒爾	新竹商人	
				三好德三郎	臺灣商工會幹事	
				松本良輔		竹北二堡上北勢、下北勢、德盛、波羅汶、崁頭、中崙、新庄子、員山、坑子口、大眉、貓兒錠等11庄，以及大湖口、糞箕窩、番仔湖、鳳山崎等庄一部分
				川合良男	臺北運送組合本部長	（今竹北、新豐、湖口部分）
臺北廳大龍峒街（臺北市大同區）	1905～1911	電氣 100	5.0	臺北製糖		大加蚋堡上塔悠、下塔悠、山仔腳、大龍峒、番仔溝等街庄，以及新庄仔、下埤頭等庄一部分
						芝蘭一堡社仔、溪州底等庄，以及里族、內湖、北勢湖、大直等一部分芝蘭二堡和尚洲、中洲埔、樓子厝、水湳、南港仔、溪墘、中路等庄全境與直堡三重埔、二重埔等庄，以及更寮、下竹
				陳鎮印	保甲局長、紳章	
				李種玉	紳章	
				吳昌才	廳農會幹事、紳章、監查役	

						圍、褒子寮、頭前等庄一部分（今北市大同、中山、松山、內湖，以及新北市三重、蘆洲、五股、新莊部分）
臺北廳加蚋仔庄（臺北市萬華區）	1906 ≀ 1911	電氣 60	4.0	艋舺製糖 楊碧山	糖廍主、豪農、紳章	大加蚋堡下崁庄，以及古亭村、龍匣口等庄一部分 擺接堡加蚋仔、江子翠、港仔嘴、龜崙蘭溪洲等庄，以及秀朗、新埔等庄一部分 （今北市萬華、中正，以及新北市板橋、永和部分）
臺北廳番仔園庄（新北市板橋）	1906 ≀ 1911	蒸氣 40	3.0	枋橋製糖 陳秋風 陳有成	糖廍主	擺接堡社后、崁頭厝、枋橋、番仔園、西盛、湳仔、沙崙、員林、溪州等庄，以及新埔、後埔、大安寮、頂埔等庄部分 興直堡柏子林庄 （今板橋、土城部分）
臺北廳溪州庄（新北市板橋）	1909 ≀ 1911	蒸氣 60	3.0	川華製糖 林浩川 許國華 陳洛 林克成	板橋林家執事 糖廍主 總辦、臺北縣參事、紳章 板橋林家管事、紳章	臺北廳擺接堡溪州、沙崙、員林等3庄，以及大安寮、頂埔等 2 庄一部分 （今板橋、土城部分） （削除枋橋製糖部分區域）

宜蘭廳七張庄（今宜蘭市）	1908～	蒸氣 100	5.0	宜蘭製糖 黃鳳鳴	宜蘭興殖組合組合長	宜蘭廳本城、四圍、頭圍、員山、清水溝、二結、茅子寮、民壯圍等8堡（今宜蘭、頭城、員山、五結、壯圍部分）
宜蘭廳茅子寮庄（今宜蘭五結）	1909～	蒸氣 60	7.0	宜蘭製糖分工場		
臺東廳里壠庄（今臺東關山）	1910～	蒸氣 40	3.0	新鄉製糖 增永三吉 仙石吉之助	臺東地區雜貨商	臺東廳新鄉全部，以及南鄉一部分（今關山池上）
臺東廳卑南街（今臺東市）	1910～	蒸氣 40	2.5	野田豁通	男爵、貴族院議員	臺東廳南鄉之一部分（今東市、卑南、太麻里）
花蓮港廳荳蘭社（今花蓮吉安）	1911～	蒸氣 80	4.0	臺東拓殖所屬改良糖廍 荒井泰治	鹽水港製糖社長	花蓮港廳蓮鄉加禮宛、三仙河、歸化、農兵、軍威、花蓮港、飽干、薄薄、里漏、豇豇、荳蘭、米崙、十六股、七腳川等14庄社（今新城、花市、吉安部分）

說明：

1. 存在年代起始、能力、位置、負責人，均以開業年代爲準。核准而未開業者未列入其中。
2. 1909年實行地方制度改革，將20廳併爲12廳，本表1909年以後成立之改良糖廍位置，爲統合起見，仍以20廳時期的廳名爲準。
3. 未列結束年代者，代表糖務局裁撤以後繼續存在

資料來源：

1. 臨時臺灣糖務局，《臨時臺灣糖務局第十年報》（臺北：編者，1912年）。
2. 臺南新報社，《南部臺灣紳士錄》（臺南：編者，1907年）。
3. 下村宏修，《臺灣列紳傳》（臺北：臺灣總督府，1916年）。
4. 《府報》第1853號，1905年10月25日，頁63；第1854號，1905年10月26日，頁71～72；第1855號，1905年10月27日，頁79～80；第1859號，

1905年11月7日，頁12；第1865號，1905年11月16日，頁27；第2093號，1906年12月8日，頁29～30。

5.〈機器談〉，《漢文臺灣日日新報》，1906年3月6日，第4版；〈阿里港之糖業〉，《漢文臺灣日日新報》，1905年9月14日，第4版；〈嘉義機器廍之狀況〉，《漢文臺灣日日新報》，1906年1月24日，第4版；〈機廍損壞何多〉，《漢文臺灣日日新報》，1906年2月2日，第6版；〈機廍改良〉，《漢文臺灣日日新報》，1905年8月24日，第4版。

附錄二　1903～1907年度臺南支局轄內甘蔗栽種概況表

（面積：甲／收穫量：千斤）

一、阿緱廳

年	甘蔗栽種		港西上里	港西中里	港西下里	港東上里	港東中里	港東下里	新園里	合計
明治36～37年	栽種戶數		985	1,572	528	438	447	118	348	4,436
	固有種	栽種面積	780.98	853.62	439.20	414.35	144.33	46.92	162.30	2,841.70
		收穫量	28,892	45,307	24,744	29,799	9,843	2,951	10,015	151,549
	改良種	栽種面積	—	—	—	—	—	—	—	—
		收穫量	—	—	—	—	—	—	—	—
	合計	栽種面積	780.98	853.62	439.20	414.35	144.33	46.92	162.30	2,841.70
		收穫量	28,892	45,307	24,744	29,799	9,843	2,951	10,015	151,549
明治37～38年	栽種戶數		658	1,225	498	338	453	108	338	3,628
	固有種	栽種面積	419.64	1,074.79	469.19	444.15	194.63	31.85	176.03	2,810.28
		收穫量	20,982	53,883	24,583	23,904	8,459	1,449	8,692	141,952
	改良種	栽種面積	—	13.70	8.30	10.50	—	—	—	32.50
		收穫量	—	765	483	604	—	—	—	1,851
	合計	栽種面積	419.64	1,088.49	477.49	454.65	194.63	31.85	176.03	2,842.78
		收穫量	20,982	54,647	25,066	24,508	8,459	1,449	8,692	143,804
明治38～39年	栽種戶數		603	1,010	961	609	189	489	759	4,620
	固有種	栽種面積	528.69	1,028.16	409.51	641.45	197.67	52.90	156.79	3,015.17
		收穫量	20,951	52,265	27,672	34,414	6,047	2,656	10,138	154,142
	改良種	栽種面積	3.57	23.31	7.63	21.46	—	—	4.80	60.77
		收穫量	77	1,221	556	358	27	—	110	2,349
	合計	栽種面積	532.26	1,051.47	417.14	662.91	197.67	52.90	161.59	3,075.94
		收穫量	21,028	53,486	28,228	34,772	6,074	2,656	10,248	156,492

明治39～40年	栽種戶數		1,511	2,639	1,576	1,378	941	327	731	9,103
	固有種	栽種面積	745.9	1,567.24	574.11	534.73	301.05	85.50	161.83	3,970.36
		收穫量	27,375	64,389	34,036	45,299	14,570	6,462	14,645	206,776
	改良種	栽種面積	73.53	97.67	65.37	24.67	13.93	—	19.86	295.25
		收穫量	2,992	4,435	2,114	1,398	339	—	627	11,905
	合計	栽種面積	819.43	1,664.91	639.48	559.40	314.98	85.50	181.69	4,265.61
		收穫量	30,367	68,824	36,150	46,697	14,909	6,462	15,272	218,681

二、鳳山廳（一）

年代	甘蔗栽種		大竹里	鳳山下里	鳳山上里	小竹下里	小竹上里	觀音內里	觀音下里	觀音中里
明治36～37年	栽種者戶數		328	15	70	1,212	563	138	109	559
	固有種	栽種面積	161.38	6.20	3.59	80.18	261.29	52.00	21.72	297.03
		收穫量	6,945	244	322	7,497	12,808	612	1,579	5,694
	改良種	栽種面積	0	0	0	0	0	0	0	0
		收穫量	0	0	0	0	0	0	0	0
	合計	栽種面積	161.38	6.20	3.59	80.18	261.29	52.00	21.72	297.03
		收穫量	6,945	244	322	7,497	12,808	612	1,579	5,694
明治37～38年	栽種戶數		582	60	70	1,144	533	136	108	569
	固有種	栽種面積	350.23	12.20	3.59	159.59	191.20	64.82	14.04	268.83
		收穫量	15,462	669	148	11,385	11,834	3,560	825	8,776
	改良種	栽種面積	4.96	0	0	5.12	1.83	0	0	0.30
		收穫量	347	0	0	461	150	0	0	26
	合計	栽種面積	355.19	12.20	3.59	164.71	193.03	64.82	14.04	269.13
		收穫量	15,809	669	148	11,846	11,984	3,560	825	8,802
明治38～39年	栽種戶數		643	145	59	1,175	631	144	98	346
	固有種	栽種面積	250.47	18.79	23.50	378.04	244.14	51.38	18.45	77.52
		收穫量	9,795	477	366	18,853	10,925	1,987	6312	4,131
	改良種	栽種面積	34.53	0	0	4.72	1.40	0	0	11.70
		收穫量	164	0	0	174	39	0	0	209
	合計	栽種面積	285.00	18.79	23.50	382.76	245.54	51.38	18.45	89.22
		收穫量	9,959	477	366	19,027	10,964	1,987	632	4,340
明治39～40年	栽種戶數		498	89	137	990	709	282	120	353
	固有種	栽種面積	146.98	10.93	16.63	294.73	154.05	98.59	24.18	84.05
		收穫量	5,348	141	576	10,673	5,521	3,326	761	3,052
	改良種	栽種面積	135.18	0	9.70	32.38	44.87	10.36	0.40	21.92
		收穫量	6,707	0	495	1,595	2,294	537	24	921
	合計	栽種面積	282.16	10.93	26.33	327.11	198.92	108.95	24.58	105.97
		收穫量	12,055	141	1,071	12,268	7,814	3,863	785	3,973

鳳山廳（二）

年代	甘蔗栽種		觀音上里	嘉祥外里	長治一圖里	文賢里	長治二圖里	維新里	仁壽上里	仁壽下里
明治36～37年	栽種者戶數		219	501	23	69	201	414	983	450
	固有種	栽種面積	35.88	120.93	40.30	14.00	77.00	150.74	435.83	259.17
		收穫量	2,623	12,717	1,350	252	2,690	3,206	12,494	15,540
	改良種	栽種面積	0	2.04	0	0	0	0	0.27	35.00
		收穫量	0	26	0	0	0	0	3	4,200
	合計	栽種面積	35.88	122.97	40.30	14.00	77.00	150.74	435.56	294.17
		收穫量	2,623	12,743	1,350	252	2,690	3,206	12,497	19,740
明治37～38年	栽種戶數		219	368	81	70	196	467	765	438
	固有種	栽種面積	78.13	180.89	38.58	10.42	73.66	173.86	400.79	287.17
		收穫量	3,325	6,233	2,018	208	3,916	10,269	11,398	16,809
	改良種	栽種面積	0	3.64	0	0	0	0	2.10	42.90
		收穫量	0	252	0	0	0	0	94	5,136
	合計	栽種面積	78.13	184.53	38.58	10.42	73.66	173.86	402.89	330.07
		收穫量	3,325	6,485	2,018	208	3,916	10,269	11,492	21,945
明治38～39年	栽種戶數		158	353	48	157	199	379	680	524
	固有種	栽種面積	78.60	151.18	17.67	14.30	45.51	137.17	323.98	423.11
		收穫量	3,188	6,928	464	403	1,239	5,595	12,284	15,050
	改良種	栽種面積	5.05	8.60	0.72	0	0	2.00	12.94	156.69
		收穫量	118	398	45	0	0	175	890	5,434
	合計	栽種面積	83.65	159.78	18.39	14.30	45.51	139.17	336.92	579.80
		收穫量	3,306	7,326	509	403	1,239	5,771	13,174	20,484
明治39～40年	栽種戶數		249	374	197	64	265	628	1,010	622
	固有種	栽種面積	82.37	138.26	19.53	32.11	77.67	200.78	474.43	289.38
		收穫量	2,165	4,421	655	1,042	2,700	6,496	17,818	10,095
	改良種	栽種面積	57.79	29.82	1.86	0.83	3.46	41.03	105.59	169.85
		收穫量	3,238	1,489	90	41	168	2,059	5,896	7,405
	合計	栽種面積	140.16	168.08	21.39	32.94	81.13	241.81	580.02	459.23
		收穫量	5,404	5,911	745	1,084	2,867	8,555	23,714	17,500

鳳山廳（三）

年代	甘蔗栽種		半屏里	興隆外里	興隆內里	赤山里	合　計
明治36～37年	栽種者戶數		115	91	9	176	6,245
	固有種	栽種面積	6.27	80.00	2.45	39.30	2,182.30
		收穫量	35	6,000	38	1,736	98,611
	改良種	栽種面積	0	0	0	0	0
		收穫量	0	0	0	0	0
	合計	栽種面積	6.27	80.00	2.45	39.30	2,182.30
		收穫量	35	6,000	38	1,736	98,611
明治37～38年	栽種戶數		174	91	9	164	6,244
	固有種	栽種面積	6.27	75.00	2.45	28.18	2,419.90
		收穫量	254	5,505	147	1,769	114,511
	改良種	栽種面積	0	0.10	0.33	0.42	61.70
		收穫量	0	8	32	25	6,531
	合計	栽種面積	6.27	75.10	2.78	28.60	2,481.60
		收穫量	254	5,513	179	1,794	121,042
明治38～39年	栽種戶數		98	12	90	113	6,052
	固有種	栽種面積	32.63	0.81	80.00	37.95	2,404.20
		收穫量	1,322	19	2,416	1,175	97,252
	改良種	栽種面積	2.00	1.00	0	1.25	243.60
		收穫量	49	51	0	31	7,776
	合計	栽種面積	34.63	1.81	80.00	39.20	2,647.80
		收穫量	1,371	70	2,416	1,205	105,028
明治39～40年	栽種戶數		180	209	82	270	7,328
	固有種	栽種面積	46.41	47.92	7.88	37.12	2,284.00
		收穫量	1,618	1,456	239	1,204	79,307
	改良種	栽種面積	10.86	3.33	1.06	8.92	689.21
		收穫量	636	180	56	458	34,290
	合計	栽種面積	57.27	51.25	8.94	46.04	2,973.21
		收穫量	2,254	1,635	294	1,662	113,597

三、蕃薯寮廳

年代	甘蔗栽種		羅漢外門里	崇德東里	港西上里	嘉祥內里	楠梓仙溪東里	合計
明治36～37年	栽種者戶數		80	25	100	0	0	205
	固有種	栽種面積	55.17	3.80	50.75	0	0	109.72
		收穫量	1,655	114	1,523	0	0	3,292
	改良種	栽種面積	0	0	0	0	0	0
		收穫量	0	0	0	0	0	0
	合計	栽種面積	55.17	3.80	50.75	0	0	109.72
		收穫量	1,655	114	1,523	0	0	3,292
明治37～38年	栽種戶數		30	25	172	0	0	
	固有種	栽種面積	32.00	8.50	200.00	0	0	240.50
		收穫量	1,534	441	5,029	0	0	7,004
	改良種	栽種面積	0.80	0	0	0	0	0.80
		收穫量	69	0	0	0	0	69
	合計	栽種面積	32.80	8.50	200.00	0	0	241.30
		收穫量	1,603	441	5,029	0	0	7,072
明治38～39年	栽種戶數		62	20	247	28	0	357
	固有種	栽種面積	45.87	4.36	364.52	5.82	0	420.57
		收穫量	2,074	262	14,581	442	0	17,358
	改良種	栽種面積	4.90	0	4.00	0	0	8.90
		收穫量	441	0	240	0	0	681
	合計	栽種面積	50.77	4.36	368.52	5.82	0	429.47
		收穫量	2,515	262	14,821	442	0	18,039
明治39～40年	栽種戶數		239	68	667	167	21	1,162
	固有種	栽種面積	177.63	12.81	552.60	27.71	8.28	778.13
		收穫量	8,038	769	22,068	1,858	331	33,064
	改良種	栽種面積	17.92	0.38	12.85	0.36	0	31.41
		收穫量	1,612	34	771	23	0	2,441
	合計	栽種面積	195.55	13.19	564.45	28.07	8.28	809.54
		收穫量	9,650	803	22,840	1,882	331	35,505

四、臺南廳（一）

年代	甘蔗栽種		永寧里	仁和里	文賢里	依仁里	崇德西里	仁德南里	仁德北里	長興下里	新昌里
明治36～37年	栽種者戶數		40	171	41	182	240	169	107	170	0
	固有種	栽種面積	22.80	188.37	50.80	118.00	195.00	81.00	48.00	117.30	0
		收穫量	336	4,152	1,005	2,500	4,619	4,793	2,446	2,656	0
	改良種	栽種面積	0	0	0	0	0	0	0	0	0
		收穫量	0	0	0	0	0	0	0	0	0
	合計	栽種面積	22.80	188.37	50.80	118.00	195.00	81.00	48.00	117.30	0
		收穫量	336	4,152	1,005	2,500	4,619	4,793	2,446	2,656	0
明治37～38年	栽種戶數		45	157	41	182	265	199	187	183	0
	固有種	栽種面積	24.40	124.45	48.00	116.80	275.00	104.80	102.60	144.00	0
		收穫量	1,284	7,594	2,880	6,775	16,002	7,513	6,823	6,577	0
	改良種	栽種面積	0	0.24	0	2.00	0.20	0	0	0	0
		收穫量	0	18	0	154	16	0	0	0	0
	合計	栽種面積	24.40	124.69	48.00	118.80	275.20	104.80	102.60	144.00	0
		收穫量	1,284	7,612	2,880	6,929	16,018	7,513	6,823	6,577	0
明治38～39年	栽種戶數		51	159	34	165	170	189	181	135	0
	固有種	栽種面積	30.10	152.12	27.80	48.42	107.00	62.80	95.95	83.50	0
		收穫量	1,357	6,085	1,017	1,937	4,436	3,894	5,469	3,257	0
	改良種	栽種面積	0	1.12	0	5.30	7.00	2.40	4.85	0	0
		收穫量	0	90	0	329	560	168	378	0	0
	合計	栽種面積	30.10	153.24	27.80	53.72	114.00	65.20	100.80	83.50	0
		收穫量	1,357	6,174	1,017	2,265	4,996	4,062	5,847	3,257	0
明治39～40年	栽種戶數		40	305	92	127	236	110	290	205	1
	固有種	栽種面積	15.26	265.70	13.51	72.99	124.88	18.43	101.45	71.48	0
		收穫量	687	13,338	802	3,759	6,909	924	5,077	3,578	0
	改良種	栽種面積	0	4.17	0	3.18	8.70	4.08	7.33	0	0.5
		收穫量	0	334	0	254	696	326	586	0	4
	合計	栽種面積	15.26	269.87	13.51	76.17	133.58	22.51	108.78	71.48	0.5
		收穫量	687	13,672	802	4,013	7,605	1,251	5,663	3,578	4

臺南廳（二）

年代	甘蔗栽種		長興上里	永康上中里	永康下里	外武定里	大目降里	廣儲東里	廣儲西里	內武定里
明治36～37年	栽種者戶數		246	516	147	266	43	171	143	91
	固有種	栽種面積	160.00	385.00	130.50	86.91	26.00	151.67	168.00	65.00
		收穫量	8,799	9,460	3,401	4,747	2,150	5,111	5,040	1,578
	改良種	栽種面積	0	0	0	0	0	0	0	0
		收穫量	0	0	0	0	0	0	0	0
	合計	栽種面積	160.00	385.00	130.50	86.91	26.00	151.67	168.00	65.00
		收穫量	8,799	9,460	3,401	4,747	2,150	5,111	5,040	1,578
明治37～38年	栽種戶數		249	549	157	241	47	152	152	99
	固有種	栽種面積	169.00	418.00	140.00	78.98	83.18	152.00	149.00	64.50
		收穫量	8,255	18,925	8,418	6,105	4,804	9,225	9,816	3,865
	改良種	栽種面積	0	0	0	0	23.20	1.05	0.90	2.00
		收穫量	0	0	0	0	2,790	90	72	164
	合計	栽種面積	169.00	418.00	140.00	78.98	106.38	153.05	149.90	66.50
		收穫量	8,255	18,925	8,418	6,105	7,594	9,315	9,888	4,029
明治38～39年	栽種戶數		157	561	112	249	60	186	204	140
	固有種	栽種面積	100.00	426.50	139.65	99.45	80.30	123.20	149.00	89.10
		收穫量	5,109	15,114	5,586	5,435	4,823	5,433	6,128	3,297
	改良種	栽種面積	0	0	0	0	7.00	3.20	0.90	2.00
		收穫量	0	0	0	0	700	256	54	190
	合計	栽種面積	100.00	426.50	139.65	99.45	87.30	126.40	149.90	91.10
		收穫量	5,109	15,114	5,586	5,435	5,523	5,689	6,182	3,487
明治39～40年	栽種戶數		207	363	169	495	227	314	262	139
	固有種	栽種面積	63.71	259.71	186.53	128.99	83.08	168.32	204.76	76.71
		收穫量	3,292	13,135	10,081	8,807	4,377	9,215	11,016	4,418
	改良種	栽種面積	0	0.21	8.23	0	5.45	9.19	0.67	12.91
		收穫量	0	17	658	0	436	735	54	1,033
	合計	栽種面積	63.71	259.92	194.76	128.99	88.53	177.51	205.43	89.62
		收穫量	3,292	13,151	10,740	8,807	4,813	9,950	11,069	5,451

臺南廳（三）

年代	甘蔗栽種		安定里東堡	善化里西堡	善化里東堡	新化北里	新化西里	新化東里	楠梓仙溪西里	外新化南里
明治36～37年	栽種者戶數		310	214	267	7	12	163	18	7
	固有種	栽種面積	241.40	131.20	154.80	2.70	10.90	100.00	10.00	4.27
		收穫量	7,331	3,445	5,977	53	192	5,661	210	82
	改良種	栽種面積	0	0	0	0	0	0	0	0
		收穫量	0	0	0	0	0	0	0	0
	合計	栽種面積	241.40	131.20	154.80	2.70	10.90	100.00	10.00	4.27
		收穫量	7,331	3,445	5,977	53	192	5,661	210	82
明治37～38年	栽種戶數		334	218	267	9	41	156	30	10
	固有種	栽種面積	264.70	115.00	161.10	30.00	8.62	158.50	10.00	5.10
		收穫量	18,920	7,824	11,180	2,177	668	10,183	450	294
	改良種	栽種面積	3.90	5.50	0	0	5.95	1.50	0	0
		收穫量	293	473	0	0	585	135	0	0
	合計	栽種面積	268.60	120.50	161.10	30.00	14.57	160.00	10.00	5.10
		收穫量	19,213	8,297	11,180	2,177	1,253	10,318	450	294
明治38～39年	栽種戶數		822	375	379	55	26	155	84	148
	固有種	栽種面積	447.12	284.00	311.10	55.00	7.67	140.00	43.90	42.10
		收穫量	21,292	8,176	17,301	3,160	377	8,500	1,394	1,799
	改良種	栽種面積	5.20	5.00	0	0.50	0	5.00	0.25	0
		收穫量	364	400	0	35	0	40	13	0
	合計	栽種面積	452.32	289.00	311.10	55.50	7.67	145.00	44.15	42.10
		收穫量	21,656	8,576	17,301	3,195	377	8,540	1,407	1,799
明治39～40年	栽種戶數		684	185	426	351	106	282	420	401
	固有種	栽種面積	189.81	54.77	129.72	192.05	31.13	206.61	146.15	88.94
		收穫量	13,120	3,749	8,409	11,886	2,102	11,913	8,016	5,627
	改良種	栽種面積	10.08	10.27	18.85	15.93	5.75	25.12	1.47	13.56
		收穫量	806	822	1,508	1,274	460	2,010	118	1,085
	合計	栽種面積	199.89	65.04	148.57	207.98	36.88	231.73	147.62	102.50
		收穫量	13,926	4,570	9,917	13,1601	2,562	13,922	8,133	6,712

臺南廳（四）

年代	甘蔗栽種		外新豐里	永豐里	歸仁南里	歸仁北里	保西里	保東里	新化里西堡	合計
明治36～37年	栽種者戶數		244	211	193	318	350	151	0	5,208
	固有種	栽種面積	169.50	83.00	87.00	119.00	200.60	98.76	0	3,407.48
		收穫量	4,224	3,713	4,468	6,500	6,098	3,532	0	114,279
	改良種	栽種面積	0	0	0	0	0	0	0	0
		收穫量	0	0	0	0	0	0	0	0
	合計	栽種面積	169.50	83.00	87.00	119.00	200.60	98.76	0	3,407.48
		收穫量	4,224	3,713	4,468	6,500	6,098	3,532	0	114,279
明治37～38年	栽種戶數		325	209	195	324	350	150	0	5,523
	固有種	栽種面積	172.50	90.00	92.00	134.00	202.50	117.76	0	3,756.49
		收穫量	8,998	5,700	6,285	9,123	12,137	7,739	0	226,539
	改良種	栽種面積	0	0	0	0	0	0	0	46.44
		收穫量	0	0	0	0	0	0	0	4,790,000
	合計	栽種面積	172.50	90.00	92.00	134.00	202.50	117.76	0	3,802.93
		收穫量	8,998	5,700	6,285	9,123	12,137	7,739	0	231,329
明治38～39年	栽種戶數		463	230	216	335	362	149	99	6,651
	固有種	栽種面積	248.70	93.00	91.00	138.00	241.96	109.61	28.30	4,096.35
		收穫量	8,953	5,115	5,642	8,418	16,211	5,590	1,538	191,841
	改良種	栽種面積	0	0.70	0	0	0	0	0	50.42
		收穫量	0	56	0	0	0	0	0	3,632
	合計	栽種面積	248.70	93.70	91.00	138.00	241.96	109.61	28.30	4,146.77
		收穫量	8,953	5,171	5,642	8,418	16,211	5,590	1,538	195,473
明治39～40年	栽種戶數		315	280	292	384	470	291	114	8,583
	固有種	栽種面積	114.57	111.22	116.68	107.58	183.73	169.34	43.98	3,741.79
		收穫量	6,072	5,895	6,417	5,917	10,105	8,975	3,033	210,652
	改良種	栽種面積	0	1.26	2.33	2.08	0	0.05	2.50	173.87
		收穫量	0	101	186	166	0	4	200	13,874
	合計	栽種面積	114.57	112.48	119.01	109.66	183.73	169.39	46.48	3,915.66
		收穫量	6,072	5,995	6,604	6,083	10,105	8,979	3,233	224,525

五、鹽水港廳（一）

年代	甘蔗栽種		鹽水港堡	太子宮堡	鐵線橋堡	果毅後堡	哆囉嘓東頂堡	哆囉嘓東下堡	哆囉嘓西堡	下茄苳南堡
明治36～37年	栽種者戶數		625	192	359	127	44	118	553	290
	固有種	栽種面積	274.23	116.10	149.10	59.70	15.00	7.20	149.40	104.70
		收穫量	14,032	5,925	7,548	2,609	600	360	7,644	4,440
	改良種	栽種面積	0	0	0	0	0	0	0	0
		收穫量	0	0	0	0	0	0	0	0
	合計	栽種面積	274.23	116.10	149.10	59.70	15.00	7.20	149.40	104.70
		收穫量	14,032	5,925	7,548	2,609	600	360	7,644	4,440
明治37～38年	栽種戶數		622	308	324	114	0	48	235	364
	固有種	栽種面積	363.53	156.89	218.95	99.00	0	32.08	109.27	270.50
		收穫量	20,481	10,282	14,196	3,814	0	2,309	9,719	11,317
	改良種	栽種面積	9.00	0	4.00	0	0	0	2.00	3.50
		收穫量	274	0	179	0	0	0	43	89
	合計	栽種面積	372.53	156.89	222.95	99.00	0	32.08	111.27	274.00
		收穫量	20,754	10,282	14,375	3,814	0	2,309	9,767	11,407
明治38～39年	栽種戶數		622	308	324	114	10	183	235	364
	固有種	栽種面積	274.50	120.47	189.25	112.53	10.25	76.38	278.80	289.44
		收穫量	17,157	6,632	11,165	6,720	626	4,131	15,180	15,783
	改良種	栽種面積	23.78	4.86	16.06	2.03	0	0	1.67	3.75
		收穫量	2,574	598	1,760	220	0	0	169	401
	合計	栽種面積	298.28	125.33	205.31	114.56	10.25	76.38	280.47	293.19
		收穫量	19,731	7,230	12,925	6,939	626	4,131	15,350	16,184
明治39～40年	栽種戶數		477	167	631	391	47	193	720	902
	固有種	栽種面積	126.60	30.09	449.52	289.36	33.99	91.96	405.82	525.12
		收穫量	8,649	2,063	29,660	19,330	2,298	6,004	26,497	34,450
	改良種	栽種面積	58.24	21.69	21.26	12.31	0.80	4.06	3.00	12.51
		收穫量	5,824	2,169	2,126	1,231	80	406	300	1,251
	合計	栽種面積	184.84	51.78	470.78	301.67	34.79	96.02	408.82	537.63
		收穫量	14,473	4,232	31,786	20,561	2,378	6,410	26,797	35,701

鹽水港廳（二）

年代	甘蔗栽種		下茄苳北堡	白鬚公潭堡	龍蛟潭堡	學甲堡	蔴荳堡	善化里東堡	善化里西堡	赤山堡
明治36～37年	栽種者戶數		298	953	387	163	727	85	197	57
	固有種	栽種面積	76.80	287.08	33.42	34.20	283.44	12.60	63.30	30.88
		收穫量	5,006	14,946	11,098	1,890	17,835	792	3,980	1,728
	改良種	栽種面積	0	0	0	0	0	0	0	0
		收穫量	0	0	0	0	0	0	0	0
	合計	栽種面積	76.80	287.08	33.42	34.20	283.44	12.60	63.30	30.88
		收穫量	5,006	14,946	11,098	1,890	17,835	792	3,980	1,728
明治37～38年	栽種戶數		499	959	756	302	765	63	158	84
	固有種	栽種面積	293.70	938.47	563.46	82.07	438.13	33.68	102.07	32.77
		收穫量	17,701	54,624	30,862	2,951	38,183	4,050	6,760	1,835
	改良種	栽種面積	1.00	6.00	2.05	0	5.00	0	0	0
		收穫量	45	161	63	0	164	0	0	0
	合計	栽種面積	294.70	944.47	565.51	82.07	443.13	33.68	102.07	32.77
		收穫量	17,746	54,785	30,925	2,951	38,347	4,050	6,760	1,835
明治38～39年	栽種戶數		499	959	756	302	765	63	158	84
	固有種	栽種面積	459.10	458.48	404.59	118.32	400.63	61.72	162.28	82.60
		收穫量	25,352	27,895	24,163	11,165	33,342	4,507	10,069	6,185
	改良種	栽種面積	3.78	15.08	12.92	0	29.22	0	0	1.00
		收穫量	480	1,591	1,398	0	3,163	0	0	106
	合計	栽種面積	462.88	473.56	417.51	118.32	429.85	61.72	162.28	83.60
		收穫量	25,832	29,486	25,562	11,165	36,504	4,507	10,069	6,290
明治39～40年	栽種戶數		1,121	712	427	855	1,011	104	427	476
	固有種	栽種面積	511.05	390.30	124.23	287.65	424.44	47.57	194.67	209.25
		收穫量	33,837	27,728	8,601	22,356	31,891	3,650	14,153	15,706
	改良種	栽種面積	9.80	24.53	67.97	2.93	42.57	0.15	2.47	6.55
		收穫量	980	2,453	6,797	293	4,257	15	247	655
	合計	栽種面積	520.85	414.83	192.20	290.58	467.01	47.72	197.14	215.80
		收穫量	34,817	30,181	15,398	22,649	36,148	3,665	14,400	16,361

鹽水港廳（三）

年代	甘蔗栽種		茅港尾東堡	茅港尾西堡	佳里興堡	漚汪堡	蕭壠堡	西港仔堡	大坵田西堡	合計
明治36～37年	栽種者戶數		67	25	436	522	931	955	0	8,084
	固有種	栽種面積	31.62	8.70	183.00	133.20	306.00	234.84	0	2,594.51
		收穫量	1,801	392	10,293	8,376	18,738	14,672	0	154,703
	改良種	栽種面積	0	0	0	0	0	0	0	0
		收穫量	0	0	0	0	0	0	0	0
	合計	栽種面積	31.62	8.70	183.00	133.20	306.00	234.84	0	2,594.51
		收穫量	1,801	392	10,293	8,376	18,738	14,672	0	154,703
明治37～38年	栽種戶數		64	10	604	74	600	1,000	0	7,953
	固有種	栽種面積	10.82	3.33	155.26	78.54	251.62	223.59	0	4,457.73
		收穫量	2,512	171	11,077	12,593	15,445	31,867	0	302,750
	改良種	栽種面積	0.50	0	2.00	0	4.00	5.10	0	44.15
		收穫量	19	0	41	0	105	18	0	1,200
	合計	栽種面積	11.32	3.33	157.26	78.54	255.62	228.69	0	4,501.88
		收穫量	2,531	171	11,117	12,593	15,550	31,885	0	303,950
明治38～39年	栽種戶數		64	50	604	74	600	1,000	146	8,284
	固有種	栽種面積	67.33	31.13	194.75	78.69	219.28	286.15	19.90	4,396.57
		收穫量	4,266	1,621	16,682	7,108	19,294	23,338	1,095	293,547
	改良種	栽種面積	0	0	2.77	0	7.82	10.50	0	135.24
		收穫量	0	0	292	0	846	1,089	0	14,616
	合計	栽種面積	67.33	31.13	197.52	78.69	227.10	296.65	19.90	4,531.81
		收穫量	4,266	1,621	16,974	7,108	20,140	24,427	1,095	308,163
明治39～40年	栽種戶數		214	139	1,297	524	842	1,532	216	13,425
	固有種	栽種面積	92.21	57.86	320.28	182.03	362.10	626.91	100.93	5,883.94
		收穫量	6,816	3,891	25,206	14,438	27,958	48,710	6,909	420,801
	改良種	栽種面積	4.20	1.68	5.77	1.76	23.23	9.46	0.76	337.70
		收穫量	420	168	577	176	2,323	946	76	33,770
	合計	栽種面積	96.41	59.54	326.05	183.79	385.33	636.37	101.69	6,221.64
		收穫量	7,236	4,059	25,783	14,614	30,281	49,656	6,985	454,571

六、嘉義廳（一）

年代	甘蔗栽種		嘉義西堡	嘉義東堡	打貓東下堡	打貓南堡	打貓北堡	打貓西堡	牛稠溪堡	大槺榔西堡
明治36～37年	栽種者戶數		531	56	75	87	44	85	211	786
	固有種	栽種面積	400.08	25.55	80.00	36.60	15.47	20.96	131.95	209.62
		收穫量	17,136	1,089	3,000	1,247	535	765	2,915	6,923
	改良種	栽種面積	0	0	0	0	0	0	0	0
		收穫量	0	0	0	0	0	0	0	0
	合計	栽種面積	400.08	25.55	80.00	36.60	15.47	20.96	131.95	209.62
		收穫量	17,136	1,089	3,000	1,247	535	765	2,915	6,923
明治37～38年	栽種戶數		881	54	130	124	32	165	241	1,372
	固有種	栽種面積	581.00	20.30	69.76	63.41	12.48	101.69	143.34	610.43
		收穫量	31,011	922	4,074	3,351	708	5,175	8,678	36,857
	改良種	栽種面積	3.31	0	0	0.30	0	0.23	0	8.67
		收穫量	368	0	0	20	0	7	0	869
	合計	栽種面積	584.31	20.30	69.76	63.71	12.48	101.92	143.34	619.10
		收穫量	31,379	922	4,074	3,371	708	5,183	8,678	37,726
明治38～39年	栽種戶數		1,066	81	394	369	59	413	407	1,847
	固有種	栽種面積	671.11	48.05	210.76	160.19	30.37	194.50	261.20	685.04
		收穫量	28,109	2,403	11,109	7,326	1,379	6,830	7,940	41,470
	改良種	栽種面積	8.20	0.43	2.10	3.94	0	0.40	0.30	32.90
		收穫量	522	22	158	296	0	24	18	2,886
	合計	栽種面積	679.31	48.48	212.86	164.13	30.37	194.90	261.50	717.94
		收穫量	28,631	2,425	11,266	7,621	1,379	6,854	7,958	44,356
明治39～40年	栽種戶數		1,107	245	381	631	89	586	678	2,400
	固有種	栽種面積	612.95	109.83	176.73	157.91	35.37	235.06	388.44	947.23
		收穫量	30,421	5,427	8,537	7,709	1,713	11,747	18,816	47,386
	改良種	栽種面積	44.10	6.50	3.08	2.46	0.50	3.92	10.50	283.97
		收穫量	4,278	631	299	239	49	380	1,019	27,545
	合計	栽種面積	657.05	116.33	179.81	160.37	35.87	238.98	398.94	1,231.20
		收穫量	34,699	6,057	8,835	7,947	1,762	12,127	19,835	74,931

嘉義廳（二）

年代	甘蔗栽種		大坵田西堡	鹿草仔堡	大目根堡	大槺榔東下堡	柴頭港堡	打貓東頂堡	蔦松堡	合計
明治36～37年	栽種者戶數		108	225	0	0	0	0	0	2,208
	固有種	栽種面積	65.56	113.60	0	0	0	0	0	1,139.35
		收穫量	1,991	4,775	0	0	0	0	0	40,375
	改良種	栽種面積	0	0	0	0	0	0	0	0
		收穫量	0	0	0	0	0	0	0	0
	合計	栽種面積	65.56	113.60	0	0	0	0	0	1,139.35
		收穫量	1,991	4,775	0	0	0	0	0	40,375
明治37～38年	栽種戶數		323	468	15	214	0	0	0	4,019
	固有種	栽種面積	129.20	202.57	9.17	61.79	0	0	0	2,005.14
		收穫量	7,978	11,978	459	3,790	0	0	0	114,954
	改良種	栽種面積	0	1.00	0	0.63	0	0	0	14.14
		收穫量	0	82	0	45	0	0	0	1,392
	合計	栽種面積	129.20	203.57	9.17	62.42	0	0	0	2,019.28
		收穫量	7,978	12,060	459	3,835	0	0	0	116,346
明治38～39年	栽種戶數		518	398	16	124	8	58	0	5,758
	固有種	栽種面積	108.99	326.40	10.42	31.09	3.90	32.44	0	2,774.46
		收穫量	8,001	9,168	521	1,925	63	1,460	0	127,702
	改良種	栽種面積	0.45	0.80	0	0	0	0	0	49.52
		收穫量	48	99	0	0	0	0	0	4,072
	合計	栽種面積	109.44	327.20	10.42	31.09	3.90	32.44	0	2,823.98
		收穫量	8,049	9,267	521	1,925	63	1,460	0	131,774
明治39～40年	栽種戶數		998	633	57	275	113	57	117	8,367
	固有種	栽種面積	306.15	322.85	15.03	78.86	28.02	18.82	34.69	3,467.94
		收穫量	16,629	15,655	728	4,216	1,465	910	1,672	173,031
	改良種	栽種面積	22.47	14.35	0.63	2.40	0	0	0	394.88
		收穫量	2,180	1,392	61	233	0	0	0	38,303
	合計	栽種面積	328.62	337.20	15.66	81.26	28.02	18.82	34.69	3,862.82
		收穫量	18,809	17,047	790	4,449	1,465	910	1,672	211,335

七、斗六廳（一）

年代	甘蔗栽種		斗六堡	溪州堡	他里霧堡	打貓北堡	大槺榔東頂堡	布嶼堡	大坵田堡	白沙墩堡
明治36～37年	栽種者戶數		48	178	108	41	92	44	70	127
	固有種	栽種面積	14.00	218.40	83.70	28.77	30.40	32.50	48.82	62.30
		收穫量	490	7,644	2,885	1,006	1,094	1,138	2,796	2,243
	改良種	栽種面積	0	0	0	0	0	0	0	0
		收穫量	0	0	0	0	0	0	0	0
	合計	栽種面積	14.00	218.40	83.70	28.77	30.40	32.50	48.82	62.30
		收穫量	490	7,644	2,885	1,006	1,094	1,138	2,796	2,243
明治37～38年	栽種戶數		0	184	99	82	325	0	195	93
	固有種	栽種面積	0	182.74	81.55	42.47	405.30	0	132.99	68.88
		收穫量	0	6,944	2,093	1,293	13,321	0	7,677	2,755
	改良種	栽種面積	0	2.50	0	0	0	0	0	0
		收穫量	0	102	0	0	0	0	0	0
	合計	栽種面積	0	185.24	81.55	42.47	405.30	0	132.99	68.88
		收穫量	0	7,046	2,093	1,293	13,321	0	7,677	2,755
明治38～39年	栽種戶數		93	463	234	181	776	0	415	180
	固有種	栽種面積	20.68	352.23	227.00	106.20	421.60	0	331.25	126.13
		收穫量	931	19,023	12,033	5,743	22,612	0	17,244	6,377
	改良種	栽種面積	0	0.69	0.05	0	0	0	5.02	0
		收穫量	0	62	5	0	0	0	452	0
	合計	栽種面積	20.68	352.92	227.05	106.20	421.60	0	336.27	126.13
		收穫量	931	19,085	12,038	5,743	22,612	0	17,696	6,377
明治39～40年	栽種戶數		397	1,116	1,325	380	1,013	537	1,563	785
	固有種	栽種面積	157.62	553.38	567.17	162.06	837.63	248.87	626.04	455.25
		收穫量	5,517	25,134	23,015	8,104	41,882	747	24,446	18,210
	改良種	栽種面積	1.00	31.00	6.00	0.85	0.56	0.86	61.00	1.70
		收穫量	52	1,701	326	46	36	43	4,340	94
	合計	栽種面積	158.62	584.38	663.17	162.91	838.19	249.73	687.04	456.95
		收穫量	5,569	26,835	23,342	8,150	41,918	790	28,785	18,304

斗六廳（二）

年代	甘蔗栽種		西螺堡	沙連堡	海豐堡	尖山堡	蔦松堡	打貓東頂堡	合　計
明治36～37年	栽種者戶數		0	0	0	0	0	0	708
	固有種	栽種面積	0	0	0	0	0	0	518.89
		收穫量	0	0	0	0	0	0	19,296
	改良種	栽種面積	0	0	0	0	0	0	0
		收穫量	0	0	0	0	0	0	0
	合計	栽種面積	0	0	0	0	0	0	518.89
		收穫量	0	0	0	0	0	0	19,296
明治37～38年	栽種戶數		53	0	0	0	0	0	1,031
	固有種	栽種面積	26.98	0	0	0	0	0	940.91
		收穫量	640	0	0	0	0	0	34,723
	改良種	栽種面積	0	0	0	0	0	0	2.50
		收穫量	0	0	0	0	0	0	102
	合計	栽種面積	26.98	0	0	0	0	0	943.41
		收穫量	640	0	0	0	0	0	34,825
明治38～39年	栽種戶數		90	0	0	0	0	0	2,432
	固有種	栽種面積	17.95	0	0	0	0	0	1,603.04
		收穫量	898	0	0	0	0	0	84,861
	改良種	栽種面積	0	0	0	0	0	0	5.76
		收穫量	0	0	0	0	0	0	518
	合計	栽種面積	17.95	0	0	0	0	0	1,608.80
		收穫量	898	0	0	0	0	0	85,380
明治39～40年	栽種戶數		395	59	53	211	384	0	8,228
	固有種	栽種面積	115.40	23.73	21.05	73.39	189.54	0	4,212.13
		收穫量	3,693	831	1,038	3,670	9,477	0	165,762
	改良種	栽種面積	3.00	0	0	0	2.72	0	108.69
		收穫量	160	0	0	0	150	0	6,950
	合計	栽種面積	118.40	23.73	21.05	73.39	192.26	0	4,229.82
		收穫量	3,853	831	1,038	3,670	9,627	0	172,712

資料來源：《臺灣總督府統計書》第7-10，以及筆者計算而得。

附錄三　糖務局後期新式製糖場一覽表

會社	工場名稱 （位置）	能力 （噸）	開始製糖日期	原料採取區域	合併或收購會社與改良糖廍
臺灣	橋仔頭第一 （臺南廳橋仔頭庄） （今高市橋頭區）	650	1902.1	鳳山廳嘉祥外里、長治一圖里、長治二圖里、文賢里、維新里、觀音上里、觀音中里、觀音下里、仁壽上里、仁壽下里、半屏里、興隆外里 臺南廳崇德西里、文賢里、依仁里 1910.4.24 追加興隆內里覆鼎金、內惟、前峰尾、桃子園等4庄	
	橋仔頭第二	400	1908.1		
	後壁林工場 （臺南廳二苓庄） （今高市小港區）	1,000	1908.12	鳳山廳鳳山上里全部 鳳山下里鹽水港、中林仔、大林浦、佛公、港子墘、二苓、大人宮、店仔後、鳳鼻頭等庄	王希璧改良糖廍
	阿緱工場 （阿緱廳歸來庄） （今屏東市）	3,000	1908.12	阿緱廳港西中、港西下、港東上、港東中、港東下、新園各里全部，以及港西上里瀰力肚、土庫、三張廍以外的各街庄	南昌製糖會社 藍高川、潘肯、王祺懷、李仲義、陳良、孫邦潔、徐阿蘭、林芳蘭等8改良糖廍

	灣裡工場 （臺南廳六分寮庄） （今南市善化區）	180	1909.10	臺南廳善化里東堡、善化里西堡、新化北里、長興下里、仁德北里、仁德南里、保西里、歸仁北里、歸仁南里、廣儲西里、保東里、安定里東堡全部，以及新化里西堡、永康下里、仁和里、永豐里、廣儲東里、安定里西堡、新化西里之一部分	承繼臺南製糖
	車路墘工場 （臺南廳田厝庄） （今南市仁德區）	1,200	1910.11		承繼臺南製糖之 4 改良糖廍裁撤
	三崁店工場 （臺南廳三崁店庄） （今南市永康區）	850	1907.10	臺南廳外武定、內武定、永康上中、長興上等里 新化西里新市、新店等街庄 廣儲東里車行庄 廣儲西里王田、西勢等庄 保西里媽祖廟庄 新化里西堡大州庄 安定里東堡大塊寮庄 1907 年追加臺南廳西港仔堡公親寮、學甲寮等 2 庄	黃家興改良糖廍升級 承繼怡記製糖工場
	鳳山工場 （臺南廳鳳山街） （今高市鳳山區）	300	1909.12	臺南廳大竹里新甲、五塊厝、新庄子、大港、三塊厝、林德官、大港埔、前金、過田子、苓雅寮、籬子內、戲獅甲、前鎮等 13 庄全部，以及七老爺、五甲、道爺廍一部分	承繼怡記製糖工場 陳晉臣、岡村庄太郎改良糖廍
鹽水港	岸內第一工場 （嘉義廳岸內庄） （今南市鹽水區）	500	1905.4	嘉義廳鹽水港、太子宮、白鬚公潭、龍蛟潭、大坵田西、鐵線橋、茅港尾東、茅港尾西、果毅後、善化里東、善化里西等堡 學甲堡學甲寮、宅子港、溪州仔寮等 3 庄 下茄苳南堡、赤山堡之一部分	承繼臺資鹽水港製糖 周興臣、劉神嶽、劉北鴻等 3 個改良糖廍
	岸內第二工場	750	1911.11		
	新營工場 （嘉義廳新營庄） （今南市新營區）	1,000	1908.12		
	旗尾工場 （阿緱廳旗尾庄）	1,200	1911.11	阿緱廳羅漢外門里蕃薯藔、北勢、溪州、磅碡坑、	先成立高砂製糖，裁撤港

	（今高市旗山區）			圓潭仔等5街庄 港西上里龍肚、竹頭角、瀰濃、中壇、金瓜寮、吉洋、手巾寮、旗尾、瀰力肚、土庫、三張廍等 11 街庄	西、旗尾兩改良糖廍。再併入高砂製糖收購吳烏健改良糖廍
明治	蕭壠工場 （臺南廳蕭壠庄） （今南市佳里區）	840	1908.12	臺南廳漚汪、蕭壠、佳里興等堡全部 學甲堡內中州、溪底寮、學甲等3庄 蔴荳堡內北勢寮、埤頭、大山腳等3庄 西港仔堡內中州、南海埔、劉厝、大塭寮、竹仔、塭仔內、大寮、樹仔林、七十二份、三股仔、十份塭、青草崙、土城仔等13庄	黃廷祥、高仰周、林其章、黃慎儀、楊忠献等 5 個改良糖廍
	蒜頭工場 （嘉義廳蒜頭庄） （今嘉縣六腳鄉）	1,850	1911.11	嘉義廳大槺榔西、大槺榔東下等堡全部 牛稠溪堡，以及打貓西堡從崙子經月眉潭到新港街之牛稠溪右岸至道路西部的部分 1909 年追加嘉義廳大坵田西堡、蔦松堡全境	薛龍、黃讀書、黃連興等3個改良糖廍
	總爺工場 （臺南廳溝仔墘庄） （今南市麻豆區）	1,000	1912.1	與蕭壠工場共通	收購維新製糖 廢止蔴荳工場
東洋	南靖庄製糖所 （嘉義廳南靖庄） （今嘉縣水上鄉）	1,000	1908.12	嘉義廳嘉義西、柴頭港、鹿仔草等堡全部 鹽水港廳下茄苳北、哆囉國西等堡全部 嘉義廳嘉義東堡內甕、樹頭埔、頂六、下六等4庄 鹽水港廳下茄苳南堡三界埔、牛稠埔、馬稠後、埤仔頭、店仔口、下秀祐、烏樹林、土庫、蕃子寮、竹仔門、客庄內、頂	黃有章、黃萬得、蘇觀覽、黃喆、江範才等 5 個改良糖廍
	烏樹林製糖所 （嘉義廳烏樹林庄） （今南市後壁區）	750	1911.1		

				秀祐、本協、安溪寮、卯舍等 15 庄 哆囉國東下堡白水溪、二重溪、大客、番子嶺、關子嶺、六重溪等 6 庄 哆囉國東頂堡牛肉崎庄一部分 1910.4.24 變更與烏樹林工場共通 增加哆囉國東下堡全部；哆囉國東頂堡牛肉崎庄全部；下茄苳南堡卯舍庄、王公廟庄一部分（鐵路以東）	
大日本	第一工場 （嘉義廳大坵田堡五間厝庄） （今雲縣虎尾鎮）	2,200	1908.11	嘉義廳斗六、溪州、西螺、他里霧、打貓北、大坵田等堡全部 打貓東頂堡崁腳、苦苓腳、大湖底、崁頭厝等 4 庄 大槺榔東頂堡後溝庄及草湖、新街、北港一部分 白沙墩堡後湖、子茂、頂寮、鹿寮、客仔厝、內寮、下寮、龍岩厝、元長、山仔內等 10 街庄 布嶼堡大庄、大義崙、番社、惠來厝、八角亭、崩清寮、崙背、新庄仔、二崙、田尾、三塊寮、馬公厝、潮洋厝、羅厝、油車、崙內、埔羌崙等 17 街庄 1910 年核可增設第二工場，區域追加海豐堡全部 布嶼堡草湖、舊庄、阿勸、貓兒干、大有、興化厝、龍巖、同安厝、馬鳴山、月眉 10 庄 白沙墩堡合和、五塊寮、潭內等 3 庄	舊斗六製糖、林本、林謙（土庫）、廖一枝、辜顯榮（施瓜寮）、吳鸞圻、曾席珍等 10 個改良糖廍
	第二工場 同第一工場	1,000	1912.11		

帝國	第一工場 （臺中廳臺中街） （今臺中市區）	750	1910.11	臺中廳藍興堡臺中、東勢仔、旱溪、內新、頂仔橋頭、下橋仔頭、公館、後龍仔、番仔路、三汴、太平、番仔寮、塗城、草湖、詹厝園、大突寮、大里杙、五張犁、阿蜜哩、涼傘樹、頭前厝、蘆滴、樹仔腳、番婆、牛平厝、九張犁等 26 街庄全部，以及車籠埔庄一部分。 貓羅堡柳樹湳、吳厝、丁台、溪心垻、喀哩、同安厝等 6 庄全部，以及阿罩霧、萬斗六等 2 庄之一部分 捒東下堡垻雅、四塊厝、上楓樹腳、上員林、下員林、埔仔墘、六張犁、上橫山、十三寮、下橫山、花眉、大田心、馬崗厝、上七張犁、西員寶、水汴頭、四張犁、後庄仔、陳平、二份埔、三份埔、水湳、舊社、軍功寮、廍仔、水景頭、三十張犁、邱厝仔、賴厝廍、乾溝仔、四大戰、潮洋、馬龍潭、下七張犁、水堀頭、林厝、八張犁、港尾仔、上牛埔仔、下石牌、上石牌、惠來厝、犁頭店、何厝、麻園頭、土庫、田心、溝仔墘、三塊厝、永定厝、新庄仔、劉厝、知高、山仔腳、番社腳、鎮平、同安厝、麻糍埔、水碓、下楓樹腳、下牛埔仔、學田等 62 街庄全部 捒東上堡葫蘆墩、大湳、圳寮、鎌仔坑口、下南坑、上南坑、翁仔、烏牛	購併松岡、臺中、協和等改良糖廍

				欗、大社、社口、社皮、下溪洲、三角仔、車路墘、大埔厝、潭仔墘、瓦磘仔、頭家厝、甘蔗崙、東員寶、茄草角、聚興、校栗林、神崗、北庄、圳堵、新庄仔口、山皮等28街庄全部，以及聚興、鎌仔坑、下南坑、上南坑、翁仔等5庄一部分。 大肚上堡公館、吳厝、大突寮等3庄全部，以及塲厝寮、西勢寮庄等2庄一部分 大肚中堡新庄仔、井仔頭等2庄全部。	
林本源	本工場（臺中廳溪州庄）（今彰縣溪州鄉）	750	1911.1	臺中廳二林上堡、東螺西堡全部 武西、武東堡鐵路以西區域 東螺東、馬芝、深耕、二林下等堡一部分	林慶歧、怡記商會等改良糖廍
新高	彰化工場（臺中廳中寮庄）（今彰縣和美鎮）	750	1910.11	臺中廳大肚下堡全部 彰化廳、線東、線西、燕霧上、燕霧下等堡 馬芝堡馬興、馬鳴山、安東、埔姜崙、曾厝、下崙、鹿港、頂厝、橋頭、打鐵厝、顏厝、海埔厝、廖厝、溝墘、頂番婆、南勢、草港尾、草港中、三汴頭、大崙、福興、廍仔、埔鹽等街庄全部，以及鎮平、管嶼厝、外埔、瓦窯之辜顯榮製糖場以外區域 貓羅堡田中央、快官等庄全部。	黃茂盛、簡茂林等改良糖廍
新興	本工場（臺南廳芎蕉尾庄）（今高市大寮區）	500	1904	臺南廳大竹里竹仔腳庄 小竹上里九曲堂庄、磚仔窯庄、翁公園庄、山仔頂庄	黃遜人改良糖廍

				小竹下里大寮庄、栲潭庄、赤崁庄、潭頭庄、溪洲庄 赤山里牛潮埔庄、赤山庄、崎仔腳庄、鳥松腳庄、大腳腿庄、夢裡庄、田草埔庄、圣埔庄、十九灣庄、山仔腳庄、本館庄、灣仔內庄 1907 年加鳳山廳小竹下里王公廟、林仔邊、港仔埔、中芸、汕尾 5 庄	
中央	本工場 （南投廳南投街） （今南投市）	840	1911.12	南投廳武東、沙連下等 2 堡全部 南投堡軍功寮、營盤口、內轆、包尾、二重溪、番仔寮、小半山、林仔、半山、牛運堀、南投、三塊厝、茄苳腳、新街、大庄、田子、下新厝、草嶺尾、施厝坪等 19 街庄 北投堡月眉厝庄	安部、松本、南投製糖等改良糖廍
北港	本工場 （嘉義廳北港街） （今雲縣北港鎮）	1,000	1909.8 許可	嘉義廳尖山、蔦松 2 等堡全部 大槺榔東頂堡車巷口、番仔溝、溝皂、北港、好收、春牛埔、樹仔腳、扶朝家、土間厝、水燦林等 10 庄，以及草湖、新街 2 庄一部分 （分割自大日本製糖部分區域）	
	月眉工場 （臺中廳月眉庄） （今中市后里區）	750	1912	臺中廳苗栗三堡牛稠坑、月眉、后里、墩仔腳、四塊厝、中和、舊社、圳寮、六份、磁窯、大甲東、馬鳴埔、鐵砧山腳、內水尾等 14 庄	原改良糖廍升級
臺北	本工場 臺北廳下崁庄	500	1911.11	臺北廳擺接堡、興有堡全部	臺北、艋舺、枋橋、川華等

	（今北市萬華區）			大加蚋堡（除卻南港大坑庄） 芝蘭二堡平地一切、八里坌堡之內淡水溪沿岸、 芝蘭三堡（除山地） 芝蘭一堡（除山地） 文山堡（除山地） 石碇堡横科、社後兩庄	4 個改良糖廍
埔里社	本工場 南投廳埔里社堡埔里社街 （今投縣埔里鎮）	300	1912.2	南投廳埔里社、五城等 2 堡全部	併藤澤靜象、羅清水、曾君定等改良糖廍計畫
永興	本工場 臺南廳楠梓仙溪西里噍吧哖庄 （今南市玉井區）	300	1911	臺南廳楠梓仙溪西里噍吧哖、竹圍、鹿陶、沙子田、龜丹、三埔、芒子芒等 7 庄	原改良糖廍升級
臺東拓殖	花蓮港廳蓮鄉吳全城 （今花縣壽豐鄉）	60	1903.5	花蓮港廳北至木瓜溪、南至蓮鄉奉鄉交界、東至小瓜山、西至感應山 1912 年追加奉鄉林田村	承繼賀田組製糖所
斗六	斗六廳大崙庄 （今雲縣斗六市）	500	1912	嘉義廳斗六堡九芎林、石榴班、海豐崙、斗六、九老爺、菜公、內林、大潭、大崙、溝子埧、林仔頭、咬狗、棋盤厝、溪邊厝、新庄、高厝、林仔頭、水碓等 18 庄 他里霧堡新庄、他里霧、舊社、林仔、石龜溪、阿丹、南勢、溫厝角、蔴園、庵古坑 10 庄 打貓東頂堡崁腳、崁頭厝 2 庄	吳克明、薛均堂等 2 個改良糖廍 分割大日本製糖部分區域

說明：1911～1912 年度開始運作者爲準。

資料來源：

1. 臺灣總督府民政部殖產局，《第一糖務年報》（臺北：編者，1914 年）。
2. 《府報》第 2610 號，1909 年 1 月 10 日，頁 12；《府報》第 2907 號，1910 年 3 月 9 日，頁 17；《府報》第 2845 號，1909 年 10 月 1 日，頁 3；《府報》，第 3032 號，1910 年 8 月 23 日，頁 46。

參考書目

一、檔案、官方文書

1.〈三百五十噸ノ機械貸付ニ関スル計畫〉，《後藤新平文書》微捲資料，國家圖書館藏。

2.〈打狗糖度檢查所設置請願ノ件〉，《植民地期臺灣產業・經濟關係史料マイクロ版集成》，國家圖書館藏。

3.〈臺灣總督府官制高等官官等俸給令中ヲ改正シ〉，國立公文書館微捲第021000號，1911年10月14日。

4.〈製糖場能力制限及製糖場能力撤廢ニ關スル案〉，《植民地期臺灣產業・經濟關係史料マイクロ版集成》，國家圖書館藏。

5.〈臨時臺湾糖務局官制ヲ定メ臺灣總督府職員官等俸給令中ヲ改正ス〉，國立公文書館微捲第016000號，1902年6月17日。

6.〈臨時臺灣糖務局官制中ヲ改正ス〉，國立公文書館微捲第018600號，1907年4月17日。

7.〈臨時臺灣糖務局官制中ヲ改正ス〉，國立公文書館微捲第020300號，1910年3月26日。

8.《阿緱廳報》，1902～1912年。

9.《第二十一回帝國議會眾議院豫算委員會第二分科會會議錄・第五回》，東京：日本帝國議會，1904年12月16日。

10.《第二十七回帝國議會貴族院砂糖消費稅法中改正法律案特別委員會議事速記錄第二號》，東京：日本帝國議會，1911年3月11日。

11.《第十六回帝國議會眾議院豫算委員會第一分科會會議錄・第十三回》，東京：日本帝國議會，1902年2月3日。

12.《嘉義廳報》，1902～1912年。

13. 《臺南廳報》，1902～1912 年。
14. 《臺灣總督府公文類纂》，1901～1912 年。
15. 《臺灣總督府府報》，1902～1912 年。
16. 《臺灣總督府統計書》，1900～1943 年。
17. 《鳳山廳報》，1904～1906 年。
18. 《鹽水港廳報》，1904～1906 年。
19. 祝辰巳，〈糖務ニ就テ〉，《後藤新平文書》微捲資料，國家圖書館藏。
20. 臺灣總督府，《臺灣總督府職員錄》，臺北：臺灣日日新報社，1902～1912 年。
21. 臺灣總督府民政部殖產局，《大正二年度糖業試驗場產蔗苗各製糖會社配付第一回 甘蔗優良品種試作成績》，臺北：編者，1916 年。
22. 臺灣總督府民政部殖產局，《大正三年度糖業試驗場產蔗苗各製糖會社配付第二回 甘蔗優良品種試作成績》，臺北：編者，1917 年。
23. 臺灣總督府民政部殖產局，《甘蔗優良品種試作成績（大正四年度）》，臺北：編者，1919 年。
24. 臺灣總督府民政部殖產局，《檢糖所概覽》，臺北：編者，1916 年。
25. 臺灣總督府民政部殖產局，《製糖會社農事主任會議講演》，臺北：編者，1915 年。
26. 臺灣總督府民政部殖產局，《糖務年報》，臺北：編者，1914～1925 年。
27. 臺灣總督府民政部殖產局，《臨時臺灣糖務局第十年報》，臺北：編者，1912 年。
28. 臺灣總督府特產課，《臺灣糖業概觀》，臺北：編者，1927 年。
29. 臺灣總督府殖產局，《臺灣の糖業》，臺北：編者，1930 年。
30. 臺灣總督府殖產局，《臺灣糖業概要》，臺北：編者，1927 年。
31. 臺灣總督府殖產局，《糖務關係例規集》，臺北：編者，1919 年。
32. 臺灣總督府殖產局糖務課，《臺灣糖業統計》，1912～1925 年。
33. 糖業改良事務局，《糖業ニ關スル調查》，東京：編者，1910 年。
34. 臨時臺灣糖務局，《第二次糖業記事》，臺北：編者，1903 年。
35. 臨時臺灣糖務局，《第三次糖業記事》，臺北：編者，1904 年。
36. 臨時臺灣糖務局，《臺灣糖業一班》，臺南：編者，1908 年。
37. 臨時臺灣糖務局，《臨時臺灣糖務局第七年報》，臺北：編者，1909 年。
38. 臨時臺灣糖務局，《臨時臺灣糖務局第九年報》，臺北：編者，1911 年。
39. 臨時臺灣糖務局，《臨時臺灣糖務局第八年報》，臺北：編者，1910 年。

40. 臨時臺灣糖務局，《臨時臺灣糖務局第三年報》，臺北：編者，1905 年。
41. 臨時臺灣糖務局，《臨時臺灣糖務局第六年報》，臺南：編者，1908 年。
42. 臨時臺灣糖務局，《臨時臺灣糖務局第四年報》，臺北：編者，1906 年。
43. 臨時臺灣舊慣調查會，《臨時臺灣舊慣調查會第二部——調查經濟資料報告》，臺北：編者，1905 年。
44. 臨時臺灣舊慣調查會，《臺灣糖業舊慣一斑》，臺北：編者，1909 年。

二、當時人著作

（一）報紙、雜誌

1.《大阪每日新聞》，1914 年。
2.《大阪朝日新聞》，1912 年。
3.《国民新聞》，1935 年。
4.《新臺灣》，總號第 1-38 號，1914～1918 年。
5.《實業之臺灣》，第 1 期-第 14 卷第 5 期，1909～1922 年。
6.《漢文臺灣日日新報》，1905～1911 年。
7.《糖業》，第 1 期-第 16 卷第 5 期，1914～1929 年。
8.《臺灣日日新報》，1901～1941 年。
9.《臺灣協會會報》，第 1-100 期，1898～1907 年。
10.《臺灣建築會誌》，1944 年。
11.《臺灣時報》，1934 年 1 月號-1935 年 12 月號。
12.《臺灣農友會會報》，第 1-15 期，1905～1908 年。
13.《臺灣農事報》，第 16-133 期，1908～1917 年。

（二）專書

1. James W. Davidson，《The Island of Formosa：Past and Present》，臺北：南天書局，2005 年
2. 下村宏修，《臺灣列紳傳》，臺北：臺灣總督府，1916 年。
3. 上村健堂，《臺灣事業界と中心人物》，臺北：臺灣案内社，1919 年。
4. 上野雄次郎編，《明治製糖株式會社三十年史》，東京：明治製糖株式會社東京事務所，1936 年。
5. 大園市藏，《臺灣人物誌》，臺北：谷澤書店，1916 年。
6. 不著撰人，《福建通志臺灣府》，臺北：臺灣銀行，1960 年。
7. 井出季和太，《臺灣治績志》，臺北：長谷理教，1937 年。
8. 古田一夫，《台灣赤糖沿革資料（稿）》，未出版，手抄本，國立中央研究

院民族學研究所圖書館藏。
9. 左宗棠，《左文襄公全集》，臺北：文海，1964 年。
10. 矢内原忠雄，《日本帝國主義下の臺灣》，東京：岩波書店，1929 年。
11. 伊藤重郎，《臺灣製糖株式會社史》，東京：臺灣製糖株式會社東京出張所，1939 年。
12. 吉田靜堂，《臺灣古今財界人の橫顏》，臺北：經濟春秋社，1932 年。
13. 守屋源二，《山田熙君談話》，東京：作者，1933 年。
14. 有島健助，《使命の感激》，東京：故有島健助翁追悼記念出版委員會，1959 年。
15. 朱景英，《海東札記》，臺北：臺灣銀行，1958 年。
16. 江日昇，《臺灣外記》，臺北：臺灣銀行，1960 年。
17. 西原雄次郎編，《日糖最近二十五年史》，東京：大日本製糖株式會社，1934 年。
18. 西原雄次郎編，《最近日糖十年史》，東京：大日本製糖株式會社，1919 年。
19. 西原雄次郎編，《新高略史》，東京：新高製糖株式會社，1935 年。
20. 佐藤吉治郎，《臺灣糖業全誌》，臺中：株式會社臺灣新聞社，1926 年。
21. 村木信治，《日本糖業秘史》，神户：村木糖業事務所，1939 年。
22. 杉野嘉助，《臺灣糖業年鑑（昭和三年版）》，臺北：臺灣通信社，1927
23. 沈有容，《閩海贈言》，臺北：臺灣銀行，1959 年。
24. 河野信次，《臺灣糖業觀》，神户：日華日報社，1915 年。
25. 河野信治，《日本糖業發達史・人物篇》，神户：日本糖業發達史編纂所，1930 年。
26. 河野信治，《日本糖業發達史・生產篇》，神户：日本糖業發達史編纂所，1930 年。
27. 河野還，《本邦寸燐及砂糖論》，東京：隆文館，1910 年。
28. 金子昌太郎，《甘蔗農學》，東京：糖業研究會，1912 年。
29. 阿部留太，《臺灣糖業は樂觀か悲觀か》，東京：ダイヤモンド社，1930
30. 信夫清三郎，《近代日本產業史序説》，東京：日本評論社，1942 年。
31. 南天書局，2005 年。
32. 持地六三郎，《臺灣殖民政策》，東京：合資會社富山房，1912 年。
33. 相良捨男，《經濟上より見たる臺灣の糖業》，東京：作者，1919 年。
34. 相馬半治，《還曆小記》，東京：著者，1929 年。

35. 范咸，《重修臺灣府志》，臺北：臺灣銀行，1961 年。
36. 郁永河，《裨海紀遊》，臺北：臺灣銀行，1959 年。
37. 宮川次郎，《臺灣糖業の批判》，臺北：糖業研究會，1913 年。
38. 宮川次郎，《臺灣糖業概觀》，臺北：臺灣總督府殖產局特產課，1927 年。
39. 宮川次郎，《糖業禮讃》，臺北：臺灣糖業研究會，1928 年。
40. 宮川次郎，《鹽糖の槇哲》，東京：作者，1939 年。
41. 根岸勉治，《南方農業問題》，東京：日本評論社，1942 年。
42. 高拱乾，《臺灣府志》，臺北：臺灣銀行，1960 年。
43. 連橫，《雅堂文集》，臺北：臺灣銀行經濟研究室，1964 年。
44. 連橫，《臺灣通史》，南投：臺灣省文獻委員會，1992 年。
45. 辜顯榮翁傳記編纂會編，《辜顯榮翁傳》，臺北：編者，1939 年。
46. 黃叔璥，《臺海使槎錄》，臺北：臺灣銀行，1957 年。
47. 臺南新報社，《南部臺灣紳士錄》，臺南：編者，1907 年。
48. 臺灣銀行經濟研究室，《臺灣私法商事編》，臺北：編者，1961 年。
49. 澤全雄，《製糖會社要鑑》，東京：作者，1917 年。

（三）期刊文章

1. 丁王生，〈糖界回顧錄（下）〉，《糖業》，第 170 期，1928 年 10 月，頁 24。
2. 丁王生，〈糖界回顧錄（上）〉，《糖業》，第 167 期，1928 年 8 月，頁 23～24。
3. 丁王生，〈糖界回顧錄（中）〉，《糖業》，第 168 期，1928 年 9 月，頁 15～16。
4. 小花和太郎，〈沒す可からざる人人〉，《糖業》，第 8 期，1915 年 5 月，頁 45～47。
5. 不著撰人，〈金田事務官の模範蔗園に關する談話〉，《臺灣農事報》，第 52 號，1911 年 3 月，頁 7～8。
6. 不著撰人，〈臺灣の製糖會社と其現勢〉，《臺灣》，第 5 期，1911 年 4 月，頁 2～12。
7. 不著撰人，〈臺灣糖業發達史（下）〉，《實業之臺灣》，第 121 期，1920 年 2 月，頁 3～6。
8. 不著撰人，〈臺灣糖業發達史（上）〉，《實業之臺灣》，第 120 期，1920 年 1 月，頁 7～9。
9. 不著撰人，〈論臺灣製糖業〉，《臺灣協會會報》，第 14 號，1899 年 11 月 20 日，頁 76～77。

10. 不著撰人，〈糖界評判記〉，《臺灣》，第 5 期，1911 年 4 月，頁 100～101。
11. 佐佐木幹三郎，〈糖業獎勵改善の要〉，《糖業》，第 9 期，1915 年 6 月，頁 6。
12. 近藤武義，〈臺灣糖業の現況〉，《財海》，第 26 期，1908 年 7 月，頁 51～55。
13. 城南生，〈臺灣成功者荒井泰治〉，《實業之臺灣》，第 91 號，1917 年，頁 18～19。
14. 黑谷了太郎，〈台灣製糖界の企業主體の變遷〉，《臺灣時報》，1935 年 1 月號，頁 14～25。
15. 新渡戶稻造，〈臺灣に於ける糖業獎勵の成績と將來〉，《臺灣農事報》，第 43 號，1910 年 6 月，頁 1～14。
16. 溝邊清豐，〈蔗作獎勵と甘蔗農業の發達（下）〉，《糖業》，第 11 卷 11 期，1924 年 11 月，頁 3～6。
17. 溝邊清豐，〈蔗作獎勵と甘蔗農業の發達（上）〉，《糖業》，第 11 卷 10 期，1924 年 10 月，頁 5～9。
18. 坂本軍二，〈鳳山廳下ニ於ケル石油發働器應用ノ製糖業副業トシテノ籾摺兼精米業〉，《臺灣農友會報》，第 10 期，1907 年 5 月，頁 33～35。

三、近人著作

（一）專書

1. 中村孝志，《荷蘭時代臺灣史研究・上卷》，臺北：稻鄉，1997 年。
2. 北海道大學，《北大百年史：通說》，東京：ぎょうせい，1982 年。
3. 吳文星，《日據時期台灣社會領導階層之研究》，臺北：正中，1992 年。
4. 林滿紅，《茶、糖、樟腦業與臺灣之社會經濟變遷（1860～1895）》，臺北：聯經，1997 年。
5. 金城功，《近代沖繩の糖業》，那霸：ひるぎ社，1985 年。
6. 柯志明，《米糖相剋：日本殖民主義下臺灣的發展與從屬》，臺北：群學出版社，2003 年。
7. 涂照彥，《日本帝國主義下の臺灣》，東京：東京大學，1975 年。
8. 張漢裕等，《臺灣米糖比價之研究》，臺北：臺灣銀行經濟研究室，1953 年。
9. 許雪姬等編，《臺灣歷史辭典》，臺北：遠流，2004 年。
10. 黃紹恆，《日治時代台灣機械製糖會社經營狀況之研究（1919 年代～1920 年代）》，行政院國家科學委員會專題研究計畫成果報告，2003 年 10 月。

（二）期刊、論文集論文

1. 小川功，〈"虛業家"による外地取引索・証券会社構想の瓦解——津下精一の台湾証券交換所出資と吉川正夫仲買店買収を中心として〉，《彥根論叢》，第 367 號，彥根：滋賀大學經濟學會，2007 年 7 月，頁 99～100。
2. 古慧雯、吳聰敏，〈論「米糖相剋」〉，《經濟論文叢刊》，第 24 卷 2 期，臺北：國立臺灣大學經濟學研究所，1996 年 6 月，頁 173～204。
3. 吳文星，〈日治時期臺灣糖業改革之序幕〉，《高雄歷史與文化論集》，第 3 輯，高雄：陳中和翁慈善基金會，1996 年，頁 1～11。
4. 吳文星，〈札幌農學校畢業生與臺灣近代糖業研究——以臺灣總督府糖業試驗場技師技手爲中心〉，《臺灣學研究》，第 6 期，臺北：國立中央圖書館臺灣分館，2008 年 12 月，頁 1～26。
5. 吳文星，〈札幌農學校與臺灣近代農學的展開——以臺灣總督府農事試驗場爲中心〉，收入吳茲主編，《日本資本主義與臺灣、朝鮮——帝國主義下的經濟變動》，臺北：博揚文化，2011 年，頁 127～160。
6. 吳美蘭，〈日據時代臺灣的糖業政策〉，《臺灣人文》，第 3、4 期合訂，臺北：臺灣人文雜誌社，1978 年，頁 50～70。
7. 孫鐵齋，〈臺灣農民糖收購問題之檢討〉，《臺灣銀行季刊》，第 9 卷 2 期，臺北：臺灣銀行，1960 年，頁 85～97。
8. 孫鐵齋，〈臺灣糖業契約原料收買制度之研究〉，《臺灣銀行季刊》，第 7 卷 1 期，臺北：臺灣銀行，1954 年，頁 65～83。
9. 許松根，〈臺灣的工業政策：日治篇〉，《國家科學委員會研究會刊》，第 8 卷 2 期，臺北：行政院國家科學委員會，1998 年 4 月，頁 349～371。
10. 陳慈玉，〈日據時期臺灣鹽業的發展——臺灣經濟現代化與技術轉移之個案研究〉，《中國現代史論文集》，臺北：中央研究院近代史研究所，1991 年，頁 579～605。
11. 森久男，〈臺灣總督府の糖業保護政策の展開〉，《臺灣近現代史研究》，第 1 輯（東京：臺灣近現代史研究會，1979 年），頁 42～82。
12. 黃秀政，〈矢內原忠雄『帝國主義下の台灣』的一些檢討〉，吳密察，《臺灣近代史研究》，臺北：稻香，1990 年。
13. 黃紹恆，〈明治後期日本製糖業的「雙重構造」〉，《國立中央圖書館臺灣分館館刊》，第 2 卷第 1 期，臺北：國立中央圖書館臺灣分館，1995 年，頁 79～109。
14. 黃紹恆，〈近代日本製糖業的成立與日治初期臺灣經濟的變遷〉，收入吳茲主編，《日本資本主義與臺灣、朝鮮——帝國主義下的經濟變動》，臺北：博揚文化，2011 年，頁 193～221。

15. 黃紹恆，〈從對糖業之投資看日俄戰爭前後台灣人資本的動向〉，《臺灣社會研究》，第 23 期，臺北：臺灣社會研究季刊社，1996 年 9 月，頁 83～146。
16. 黃紹恆，〈試論初期原料採取區域制〉，《第三屆臺灣總督府公文類纂學術研討會論文集》，南投：臺灣省文獻委員會，2001 年，頁 295～303。
17. 葉淑貞，〈臺灣工業產出結構的演變：1912～1990〉，《經濟論文叢刊》，第 24 卷 2 期，臺北：國立臺灣大學經濟學研究所，1996 年 6 月，頁 227～274。
18. 葉淑貞，〈臺灣近百年來工業成長型態之剖析〉，《臺灣銀行季刊》，第 60 卷 2 期，臺北：臺灣銀行，2009 年 6 月，頁 304～339。
19. 戴寶村，〈陳中和新興製糖會社之發展〉，《高雄歷史與文化論集》，第 3 輯，高雄：陳中和翁慈善基金會，1996 年，頁 70～82。
20. 翼浦漁人，〈夢の跡〉，《臺灣近現代史研究》，第 2 輯，東京：臺灣近現代史研究會，頁 150～174。
21. 顏義芳，〈日據初期糖業獎勵政策下的臺灣糖業發展〉，《臺灣總督府公文類纂專題研究成果研討會》，南投：臺灣省文獻委員會，1998 年。
22. 魏嚴監，〈日據時期臺灣糖業政策之探討〉，《臺中商專學報》，第 24 期，臺中：國立臺中商業專科學校，1992 年，頁 177～200。

（三）學位論文

1. 王怡方，〈日治時代虎尾市街的出現與成長〉，臺北：國立臺灣師範大學地理學研究所碩士論文，1999 年。
2. 王俊昌，〈日治時期臺灣水產業之研究〉，嘉義：國立中正大學歷史研究所博士論文，2006 年。
3. 王俊傑，〈米價比準法之檢討：日治時期甘蔗栽培契約〉，臺北：國立臺灣大學經濟學研究所碩士論文，1996 年。
4. 江辛美，〈日治時期臺灣醬油產業研究〉，彰化：國立彰化師範大學歷史學研究所碩士論文，2008 年。
5. 江芳菁，〈大林糖廠與大林地區社會經濟發展（1909～1996）〉，臺北：國立臺灣師範大學歷史研究所碩士論文，2003 年。
6. 何鳳嬌，〈日據時代臺灣的糖業經營與農民爭議〉，臺北：國立政治大學歷史研究所碩士論文，1991 年。
7. 余國瑞，〈日據時期臺灣的新式製糖工業〉，臺北：國立臺灣大學經濟研究所碩士論文，1992 年。
8. 吳育臻，〈臺灣糖業「米糖相剋」的空間差異（1895～1954）〉，臺北：國立臺灣師範大學地理學系博士論文，2003 年。

9. 吳叔玲，〈總督府時代之臺灣糖業研究——以新渡户稻造之「糖業改善意見書」爲中心〉，臺北：淡江大學日文研究所碩士論文，2007 年。
10. 林思佳，〈臺灣糖業發展和地方特性之形塑——以高雄縣橋頭鄉爲例〉，臺北：國立臺灣師範大學地理學研究所碩士論文，1997 年。
11. 邱顯明，〈日治時期臺灣茶業改良之研究〉，中壢：國立中央大學歷史研究所碩士論文，2004 年。
12. 張榮原，〈省思「米糖相剋」〉，新竹：國立清華大學經濟學研究所碩士論文，2001 年。
13. 莊天賜，〈日治時期屏東平原糖業之變遷〉，中壢：國立中央大學歷史研究所碩士論文，2001 年。
14. 曾立維，〈日治時期臺灣柑橘產業的開啓與發展〉，臺北：國立政治大學史學研究所碩士論文，2005 年。
15. 黃秀梅，〈日治期間臺灣糖業的產業結構分析——臺灣糖業合併的再探討〉，臺北：國立臺灣大學經濟學系碩士論文，1997 年。
16. 黃修文，〈世紀之交的臺灣糖業與蔗農〉，臺北：國立政治大學歷史學系碩士論文，2005 年。
17. 楊慧瑾，〈論殖民糖業生產下殖民城市之建構——日據屏東市之個案研究〉，臺北：國立臺灣大學建築與城鄉研究所碩士論文，1992 年。
18. 葉金惠，〈日本殖民經濟體系下臺蕉問題研究〉，臺北：國立臺灣師範大學歷史研究所碩士論文，1992 年。
19. 葉彥珣，〈戰後與日治時期臺灣原料甘蔗契約買收制度之研究〉，臺北：國立臺灣大學經濟學研究所碩士論文，1993 年。
20. 廖偉程，〈日據臺灣殖民發展中的工場工人（1905～1943）〉，新竹：國立清華大學歷史研究所碩士論文，1993 年。
21. 趙祐志，〈日人在臺企業精英的社會網絡（1895～1945）〉，臺北：國立臺灣師範大學歷史學系博士論文，2005 年。
22. 賴建圖，〈日治時期臺灣鳳梨產業之研究〉，臺北：國立臺灣師範大學歷史研究所碩士論文，2001 年。
23. 鍾書豪，〈花蓮地區的糖業發展（2899～2002）〉，花蓮：國立花蓮師範學院鄉土文化研究所，2004 年。